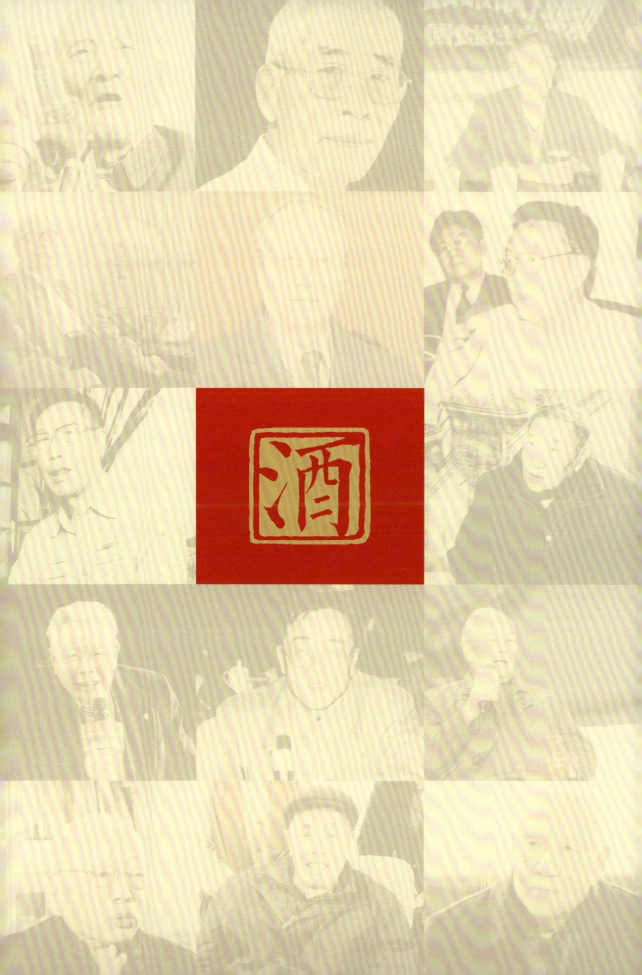

问酒

酿酒大师们的酒道人生

李 宾 牟雪莹 ◎ 主 编

高月明 曾祖训 赖高淮 高景炎

秦含章 周恒刚 陈茂椿

熊子书 吴衍庸 沈怡方

梁邦昌 庄名扬 胡永松

李大和

四川大学出版社
SICHUAN UNIVERSITY PRESS

图书在版编目（CIP）数据

问酒家：酿酒大师们的酒道人生 / 李宾，牟雪莹主编. — 成都：四川大学出版社，2023.1
ISBN 978-7-5690-5918-2

Ⅰ. ①问… Ⅱ. ①李… ②牟… Ⅲ. ①白酒工业—产业发展—中国 Ⅳ. ①F426.82

中国国家版本馆 CIP 数据核字（2023）第 015605 号

书　　名：问酒家——酿酒大师们的酒道人生
　　　　　Wen Jiujia——Niangjiu Dashimen de Jiudao Rensheng
主　　编：李　宾　牟雪莹

选题策划：刘慧敏
责任编辑：刘慧敏
责任校对：周　颖
装帧设计：墨创文化
责任印制：王　炜

出版发行：四川大学出版社有限责任公司
　　　　　地址：成都市一环路南一段 24 号（610065）
　　　　　电话：（028）85408311（发行部）、85400276（总编室）
　　　　　电子邮箱：scupress@vip.163.com
　　　　　网址：https://press.scu.edu.cn
印前制作：成都跨克创意文化传播有限公司
印刷装订：四川盛图彩色印刷有限公司

成品尺寸：185 mm×260 mm
印　　张：36.5
字　　数：598 千字

版　　次：2023 年 4 月 第 1 版
印　　次：2023 年 4 月 第 1 次印刷
定　　价：228.00 元

扫码获取数字资源

四川大学出版社
微信公众号

编 委 会

主　　任：刘　淼　林　锋
副 主 任：王洪波　沈才洪　何　诚　张宿义　杨　平
总 顾 问：曾祖训　赖高淮　高景炎　梁邦昌　胡永松　李大和
顾　　问：秦大文　周心明　陈尚智　熊文生　沈重武　庄　捷　许德富
特别鸣谢：

刘惠卿（吴衍庸先生夫人）　　钟永华（赖高淮先生夫人）

杨洪咏（李大和先生夫人）　　陈永红（陈茂椿先生之女）

曾庆渝（曾祖训先生之子）　　梁少敏（梁邦昌先生之女）

胡　承（胡永松先生之子）　　邓永芳（陈尚智先生夫人）

周宗艾（周恒刚先生之孙）　　高天澍（高景炎先生之孙）

编 辑 部

主　　编：李　宾　牟雪莹
责任编辑：温佳璐
参　　编：兰　余　赵明利　肖桂兰　李蕴峰　付　寒
摄　　影：梁文波　二　代
书法设计：罗　杰

《问酒家》纪录片 酒

《问酒家》是反映中国白酒文化的系列纪录片。

从第一届全国评酒会开始，历经白酒试点，诸名家科研开发、传承创新，到如今白酒已成为国民经济重要产业。《问酒家》拨开氤氲芬芳的浓香，展示中国白酒酿造的匠心独运，讲述酿造大师带有酒香的记忆。

纪录片围绕"薪传""经典""开创""滋味""正宗""师徒""造化""古今"八个主题[①]，再现白酒酿造大师的风采，呈现中国酒业人的匠心。

薪传

中国白酒开始申遗以更好地走向世界，中国名酒历经70年发展翻开新篇章。寻觅历史浓香，放眼酒城泸州，"活态双国宝"就在这里。近700年技艺传承，450年窖池守护，是传承人和守护窖池的酿酒匠人以自

---

① 扫码观看纪录片。

身为薪柴，延续中华浓香之火，人挖窖，窖酿酒，酒成技，技传人，周而复始，数百年瑰宝窖泥因此而生生不息，独特的酿造技艺代代传承而薪火不灭。

经典

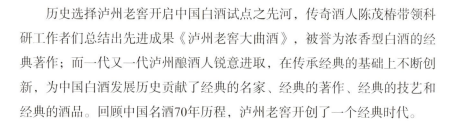

历史选择泸州老窖开启中国白酒试点之先河，传奇酒人陈茂椿带领科研工作者们总结出先进成果《泸州老窖大曲酒》，被誉为浓香型白酒的经典著作；而一代又一代泸州酿酒人锐意进取，在传承经典的基础上不断创新，为中国白酒发展历史贡献了经典的名家、经典的著作、经典的技艺和经典的酒品。回顾中国名酒70年历程，泸州老窖开创了一个经典时代。

开创

白酒试点是中国酒业发展的重大创举。1957年开始的泸州老窖试点，1959年开始的贵州茅台试点，以及1963年开始的山西汾酒试点，被称为"中国白酒三大试点"，深刻影响了现今白酒香型的格局。时隔六十多年，三大白酒试点的带头人已相继谢世，然而他们的开创故事一直流传不辍。致敬这些白酒行业的开创者，客观而真实地呈现三大试点开创者的历史，本身也是一种大格局的开创。

滋味

弹指一挥间，中国名酒已经走过了70年的岁月。从20世纪50年代到80年代末，中国共举办了五次全国性的评酒会，评选出十余种"中国名酒"。诸多名酒之中，五次均跻身名酒行列的，只有泸州老窖、茅台、汾酒。泸州老窖一枝独秀，成为浓香型白酒中唯一蝉联五届"中国名酒"的白酒。了解新中国成立后的五次名酒评选，更有利于呈现从"泸型酒"到"浓香型"的历史演变，真正展示浓香的滋味。

正宗

酒有来源，香有开创，第三届全国评酒会将白酒分为浓香、清香、酱香、米香及其他香型。其中浓香型白酒以泸州老窖特曲酒为典型代表，故而浓香型又称为"泸型"。泸州老窖的发展史是半部白酒的发展史，近乎于整个浓香型白酒的发展史。自元朝以降，近700年工艺传承无断代，泸州老窖特曲在每个时期都大放光彩，留下浓墨重彩的一笔，所以说泸州老窖是"浓香正宗"，是尊重历史的，也是行业公认的。

师徒

师徒授受，代代延绵，在中国名酒70年的历程中，古老的师徒关系正以更多元的形式发展和延续：有诞生于1324年的24代传承谱系，也有20世纪60年代泸州老窖向全国各个酒厂推广浓香工艺的技艺传播，首开先河的封藏大典更是承续师徒传统、延绵封藏祭祀礼法的酒界盛典。师徒授受不断，则酿酒文化不断，亦师亦友的多元师徒关系，培养了众多酿酒人才，让浓香型技艺传播天下。

造化

天地无私，万物皆造而化之。浓香正宗，造化天成，在中国名酒的历史长河里，泸州老窖带动浓香型白酒在全国遍地开花，依然能够呈现独一无二的滋味与独树一帜的风格，只因酿酒讲究天地同酿、人间共生——泸州拥有酿造浓香型白酒的七大优势，地、窖、艺、曲、水、粮、洞，皆为酒而生，得天独厚。细品泸州这七大酿酒优势，才能真正感受到天地之厚赐，这也是泸州老窖不可复制的造化机缘。

古今

由古而今，今古辉映；岁月流转，守正创新。一杯酒中建历史，泸州老窖的发展历程，见证了新中国成立之后中国白酒的辉煌成就。人们在记住一位位酿酒大师的同时，也看到了新旧酒人宗师的交流和传承。泸州老窖在传承中大力创新，构建多元科技创新体系，紧跟时代潮流，不断创造新产品新概念，让浓香遍及天下。

目 录
CONTENTS

周恒刚

陈茂椿

熊子书

吴衍庸

沈怡方

高月明

庄名扬

李大和

后　记

卷

首

JUAN SHOU

弘扬宗师精神 助推酒业发展

中国酒业的发展不仅是行业的发展，同时也是中华民族富强之路最好的见证。伴随新中国的成立和腾飞，白酒行业走过了70余年不平凡的发展之路。

在这70余年的发展历程中，中国酒业群星璀璨，宗师辈出。一代又一代的酒业工匠呕心沥血，引导并推动着中国酒业的振兴、发展和创新。他们将毕生心血奉献给了中国酒业，推动了中国白酒产业向科学化、现代化、标准化方向发展。

器物有魂，匠人温养。他们是方心芳先生、秦含章先生、周恒刚先生、陈茂椿先生、熊子书先生、沈怡方先生、高月明先生……

他们不仅推动了行业不断向前发展，更激励着后来者的传承和创新，他们是中国酒业一笔珍贵的财富。在中国白酒产业不断转型升级的今天，所有中国酒业人都应牢记这些先辈、泰斗和学者的伟大奉献。

当下，泸州老窖编撰这本《问酒家——酿酒大师们的酒道人生》向为中国白酒行业及泸州老窖科研创新、技术传播给予指导和无私帮助的行业泰斗和学者致以永远的怀念和敬意，该书以娓娓道来的方式，讲述了这些酒业巨匠与泸州老窖的情缘和故事，字里行间流淌的是深情厚谊，故事里展现的是一代代中国酒业巨匠执着、专注、开放、创新的敬业精神，他们无时无刻不在坚守匠心，关心企业发展，情系企业，推动中国酒业前进。这样的精神和品质令人感动，更催人奋进。

近现代化工之父范旭东曾说，中国如果没有一班人肯沉下心来，不趁热，不惮烦，不为当世功名富贵所惑，至心皈命为中国创造新的学术技艺，中国决产不出新的生命来。

纵观漫漫历史长河，我们不难发现，那些能够拥有持久性生命力的品牌，无一不是紧随时代潮流，以匠心铸造精品，将责任融入灵魂的典型。

因此，"致敬宗师，致敬匠心"从来不是一句口号，而是一种信念。对于白酒行业来说，品质就是酒的灵魂，是行业健康持续发展的关键。而在新时代，对匠心的致敬，对工匠精神的坚守，是提升白酒品质、壮大白酒品牌的必经之路。在中国白酒正逐步走向国际舞台的今天，我认为我们应当做到以下几点。

一是提升中国白酒品质。

让人民群众喝上绿色、健康的美酒，是当今时代广大白酒企业不断满足人民群众对美好生活需要的生动体现。我们应在酒类行业协会、酒界泰斗和学者的理论研究基础上，不断加强微生物发酵机理研究、酿酒生产工艺、酒体风味组分代谢规律等的研究和创新，保证酒体丰满醇厚，饮后舒适酣畅，使人体更健康。

二是打造中国白酒产区。

当今世界，打造世界级知名产区是世界名酒企业的通用做法。中国白酒走向世界不仅是品牌的竞争，更是产区的竞争。新中国成立以来，在众多白酒宗师的研究基础上，中国白酒出现了以茅台为代表的酱香型核心产区和以泸州老窖为代表的浓香型核心产区。这说明中国白酒产区优势是无可比拟的。我们要充分利用好这些产区优势，整合力量打造世界级中国白酒产区，以更加统一鲜明的形象走向世界。

三是塑造中国白酒品牌。

中国白酒作为与中国丝绸、茶叶等齐名的优秀传统民族产业，是最具有希望和优势代表中国制造走向世界的民族品牌。我们应传承和创新酿酒大家们开创的酿酒理论与技术，以科技创新为引领，提升白酒的酿造水平，实现传统产业与现代科技的有机融合，为传统酿酒技艺插上科技的翅膀。同时，要积极抓住国家大力推进"一带一路"建设的有利契机，加快"走出去"的步伐，用中国美酒的魅力，讲好中国故事，塑造民族品牌。

借由泸州老窖编撰的这本书，呼吁中国酒业弘扬宗师精神，以中国白酒的发展壮大为标杆，引领整个中国食品工业的高质量发展！

中国酒业协会理事长 宋书玉

2023年3月

白酒三老

耄耋论道

〔酒〕

文 / 牟雪莹

2018年10月30日，金庸逝世，享年94岁。2018年11月12日，斯坦·李老爷子逝世了，享年95岁。东西方的文化大家离世，悲伤之余也引得大家追思万千。这两位英雄的缔造者，一位创造了中国古代武侠英雄，一位创造了拥有超能力的现代英雄。他们用自己丰富的想象力，满足了人们对侠客、对英雄的所有幻想，他们创造的无数个经典的形象都是粉丝们心中特别的存在。而本文要撰写的三位老人则是现实世界中，中国酒界的前辈，他们用一生的时间把中国白酒从传统引向现代，他们凭借着"好学习、肯钻研、执着事业"的精神勤奋耕耘，最终成为中国食品行业的著名专家和泰斗。

这些前辈也在泸州老窖的发展之路上给予了泸州老窖充分的关爱和指导，笔者有幸记录下了他们与泸州老窖的故事。

▲泸州老窖拜访秦含章先生

秦含章
泸州老窖无愧为行业技术标杆

　　1983年5月，担任国家轻工业部发酵工业科学技术专业组组长的秦含章先生首次来到泸州老窖。

　　秦老喜好写小诗，泸州老窖酒的浓香激发了秦老的诗兴，他欣然提笔："百年老窖久闻名，特曲浓香堪销魂。造化胜境千水滴，光辉冲破万云山。"此后，秦老不辞辛劳，四次受邀到泸州老窖参观、指导。2001年，在"面向新世纪企业品牌战略研讨会"上，秦老再次赋诗一首赠予老窖："天府酒乡，历史悠长。泸州老窖，首创浓香。"充分肯定了泸州老窖对行业所做的开创性贡献。

　　2018年3月31日，刘淼董事长一行专程去北京拜会秦老。时年111岁高龄的秦老谈及泸州老窖，谦逊地表示自己曾多次到厂参观和学习，念及泸州的人和泸州的酒，秦老赋诗曰："泸州老窖浓香型，四百年来第一名。工艺独特第一等，四百年来大名声。"

▲2018年3月31日，泸州老窖党委书记、董事长刘淼拜访秦含章先生，秦含章先生对泸州老窖产品赞赏有加

在他的专著《含章可贞》中，秦老提出："泸州老窖是最先研究和推广浓香型白酒生产工艺的酒企，以泸州老窖的实验基础为蓝本，业界进行了全面的分析化验，发表了许多科研文章，积累了丰富的实践经验。浓香型白酒的国家标准是依据泸州老窖的生产技术和数据基础来制定的，所以泸州老窖是浓香鼻祖。不管是在计划经济年代，还是在市场经济浪潮下，泸州老窖无愧为行业技术标杆。"

2004年，"国窖酒生产工艺研究"获得四川省科技进步一等奖，打破了酒类行业没有省级科技进步一等奖的局面。此后，依托泸州老窖组建的国家固态酿造工程技术研究中心、国家博士后科研工作站等科研平台，不仅让科研成果服务于企业，更有力推动白酒行业持续创新升级。同时，泸州老窖将国家科技进步奖、中国食品科学技术学会科技进步奖和技术发明奖等奖项尽收囊中。

加强创新、构建产学研结合平台，泸州老窖主动对接科技企业与高校，建立资源共享平台，积极引导企业与高校、科研院所对接，实现产学研一体化的升级和突破。

▲1989年，周恒刚先生为泸州老窖题写"浓香正宗"

周恒刚

"浓香正宗"非泸州老窖莫属

　　2018年11月1日，"传承宗师精神，致敬国酿匠心——纪念中国白酒泰斗周恒刚诞辰100周年"活动在泸州隆重举行。中国酒业协会时任理事长王延才，中国食品工业协会副秘书长、白酒专业委员会常务副会长兼秘书长马勇，中国酒业协会副理事长刘秀华，中国白酒金三角协会副会长陈吉福，著名白酒专家梁邦昌、赖高淮、白希智、李大和、王贵玉以及茅台、五粮液、洋河、汾酒、古井贡、剑南春、郎酒等二十余家名酒企业代表专程赶往泸州，共同缅怀中国白酒泰斗周恒刚先生。周恒刚先生是中国白酒界的泰斗级人物，也是新中国第一批从事白酒技术研究的工作者，他

▲2018年11月1日，纪念中国白酒泰斗周恒刚诞辰100周年活动在泸州隆重举行

还是中国白酒"查定总结试点"工作①的重要奠基人和组织领导者，更是第一位发现"窖底香"主要成分的科研工作者。

1989年，中国白酒发展蒸蒸日上，规模化的酒企迅猛发展，多如牛毛的小酒厂亦纷纷诞生。当时有企业自诩是"浓香鼻祖""浓香正宗"。一贯科学严谨的周老表示："香型可以再创，但是老四大香型的标杆不能改变。标杆一旦发生改变，其他企业就没法遵循这个标杆了。"于是他亲笔为泸州老窖题写了"浓香正宗"四个大字。

周老是泸州老窖的老朋友，1989年首次到泸州老窖调研，后又多次到泸州老窖指导工作，如对"甘醇曲"的调研和指导、技术人才的培养、品评勾调的教导等，周老从未缺席。

2002年，周老再次到泸州老窖近距离参观国宝窖池，亲自品尝刚蒸馏出的1573原浆酒。品评后，周老认为这个酒十分完美：增一分则长，减一分则短，恰到好处，无可挑剔。周老对泸州老窖陪同人员说："现在年龄

① 编者按：20世纪50年代起，国家进行公私合营改造，中国白酒产业发展从此掀开了崭新篇章。20世纪50至60年代，开展了中国白酒酿造工艺试点，其中著名的"三大名白酒查定总结试点"（简称"试点"）——泸州老窖试点（1957—1958年，1964—1966年）、茅台试点（1959—1960年，1964—1966年）、汾酒试点（1963—1965年），对推动中国白酒发展具有重大意义。

大了，以后来一次老窖不容易，可惜这个酒喝不到了。"泸州老窖工作人员马上拿了一个空瓶，装上了刚刚流出的原浆酒交给周老。周老笑着说："原浆的样品在我手里，质量可不能下降哦。"这是周老对泸州老窖质量的一种肯定，也是对泸州老窖品质的一种期许。

多年来，泸州老窖未辜负周老的期许，建立起了原粮种植、大曲生产、酿酒生产、基酒储存、勾调组合、灌装生产和质量检验等一系列质量技术标准体系，以"让中国白酒的质量看得见"为企业的质量管理观，实现了从农田到餐桌全过程追溯。

2017年，泸州老窖成为省内唯一、行业唯一入选首批国家级消费品标准化试点项目的企业。

熊子书
泸州老窖试点推动构建浓香天下的格局

20世纪50年代中期，根据国家制定的《1956—1967年科学技术发展远景规划纲要》及周总理的批示，国务院在1956年指示酿酒工业要立即采

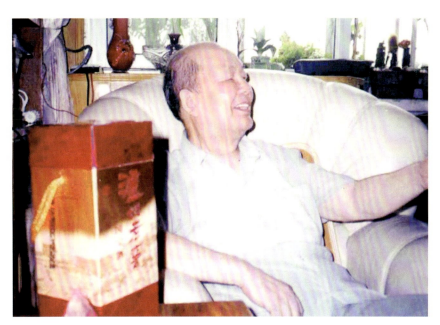

▲2005年，泸州老窖工作人员拜访熊子书先生

取措施，迅速恢复、巩固、提高名酒质量，保护宝贵的民族遗产。泸州老窖大曲酒的试点工作就是在这样的背景下开展起来的。

1957年，中央食品工业部制酒工业管理局特嘱四川糖酒研究室（现四川省食品发酵工业研究设计院）及四川

四川泸州特曲酒为我国历届名酒之一。历史悠久，芳香浓郁，清冽甘爽，饮后尤香，回味悠长，具有独特的风格，是我国浓香型白酒的正宗。

熊子书
1985.2.13

省专卖事业公司、四川省轻工业工会、省工业厅食品局与泸州有关部门和宜宾、泸州、成都等酒厂单位配合协助，由陈茂椿带队任组长、熊子书任副组长的一批专家参加了对泸州老窖生产工艺的查定总结。据熊老回忆，在泸州的半年完全没有休息时间，他们这批科技工作者和泸州老窖酿酒工人同吃同住，通过跟班记录、取样分析、感官尝评等方法总共完成了十七个科研项目的研究。

熊子书负责"温永盛"作坊传统操作法的技术查定，诸葛鑫负责"大中"作坊操作法的技术查定，杜钟在试验研究小组工作，秦朝秀做分析检测。

研究总结出来的包括清蒸辅料、加糠减水、回酒发酵等技术成果都应用到生产实践中，并形成了新中国第一本名白酒酿造专业教科书《泸州老窖大曲酒》。科研者们分析了影响产品质量的因素，确定了最佳工艺条件，制定了规范的传统工艺操作法，有效验证了泸州老窖老窖池是生产优质泸型曲酒的根本保证，并从老窖池中分离出了窖泥中的微生物，为培养人工窖泥提供了依据，也大大提高了出酒率及优质品率，推动了浓香型白酒的发展。

据熊老回忆："那个时候，包括五粮液、剑南春等酒企的技术工作者都到泸州学习并参与试点，把这些技术带回各自的酒厂，使这些技术得以广泛应用，极大提高了产品质量和产量。1957年的泸州老窖试点为后续的

茅台试点和汾酒试点总结了一系列生产实践经验。"

20世纪50年代，泸州老窖酿酒技师张福成、赵子成、李友澄总结形成的先进操作经验和技术措施，在全国白酒行业推广应用，被行业誉为中国白酒"三成操作法"。

20世纪60年代，泸州老窖把研究的"成品酒勾调"等先进技术，毫无保留地在全国白酒厂推广，促进了中国白酒的科技进步，推动了浓香型大曲酒业的发展。20世纪70年代，泸州老窖面向全国开办酿酒技术培训班27期，为四川、河北、内蒙古、江苏等20多个省市区的酒厂培养了数千名酿酒、勾调技术核心技术骨干。

20世纪80年代，泸州老窖成立了全国第一所酿酒技工学校，为全国培训了数千名酿酒技术人才，因此被誉为"酒业黄埔军校"。

熊老认为，泸州老窖一直在为浓香型白酒的发展贡献着智慧和力量。2001年，泸州老窖推出国窖1573，熊老专门赋诗一首予以赞颂："浓香正宗源自谁？泸州老窖当为魁！四百余载传至今，中华文化熠生辉。"

后记：三位白酒巨擘是新中国白酒现代化发展道路上重要的开拓者、科研者、践行者。据笔者了解：秦老90岁高寿后仍然笔耕不辍，撰写了包括《酒文化小品集》等在内的30万字著作；周老不局限于自己的专业领域，书法精湛，且在60岁以后开始学习外语；熊老几十年如一日心无旁骛、埋头钻研，整理形成技术专著留给后人。他们吃苦耐劳、求真务实、谦虚谨慎、不骄不躁的工作态度和学无止境、孜孜以求的钻研精神深深感染了笔者，也必将激励中国白酒的后来者披荆斩棘、开疆拓土，让中国白酒走向更宽广的舞台。

一本影响中国白酒发展的书

——纪念《泸州老窖大曲酒》出版60年

酒

文 / 牟雪莹

1956年，中国白酒产业正处于全面恢复阶段，白酒的产量正在提升过程中。酒，不仅关涉中华文明的传承，也同糖、盐等生活必需品一样备受国家关注。这一年，白酒发展赫然列入了国务院制定的科学技术发展远景规划。

1957年10月，四川糖酒研究室联合四川省专卖事业公司、四川省轻工业工会、省工业厅食品

局等部门开始了一项史无前例的工作——泸州老窖大曲酒传统酿造工艺的查定总结（简称泸州老窖试点）。这项工作集结了包括泸州、宜宾、成都、万县（今重庆万州）、绵竹等地16个单位的62名技术专家。四川省糖酒研究室副主任陈茂椿和四川省专卖事业公司副经理何启瑞及四川省工业厅食品工业局等共同组成了泸州老窖大曲酒操作法总结委员会。在委员会的组织下，数十名技术人员蹲点泸州老窖，开始系统查定。历时半年时间，技术专家终于在1958年4月完成对所有资料的收集、整理。1959年12月，《泸州老窖大曲酒》一书由轻工业出版社正式出版。

▲《泸州老窖大曲酒》与珍贵的手稿资料

六十年弹指一挥，站在新时代的起点，让我们致敬呕心沥血的老一辈白酒科研工作者，致敬中国白酒技艺发展的探索者，致敬激情燃烧的岁月。

分 量
佐证中国名白酒的第一次试点

1952年，依据历史悠久、群众认可、品质优良和斩获国际荣誉等标准，首届中国名酒评选评出茅台、泸州老窖、汾酒、西凤酒四款中

▲熊子书先生仔细阅读《泸州老窖大曲酒》一书

国白酒，"四大名白酒"由此而诞生。消费者对名酒产品品质的认可催生更多消费需求，国家相关部门急需摸索出一整套科学、标准、规范的方法和技术指导酿酒生产，满足人民群众的需要。著名白酒专家沈怡方指出："中国白酒产业的发展是靠试点起家的。"1955年，地方工业部组织全国13个省（市）的酿酒技术人员和干部开展了中国酒界有史以来的首次技术试点——"烟台操作法"试点。此后，试点工作在全国全面铺开。

根据国家制定的《1956—1967年科学技术发展远景规划纲要》提出的"合理利用食品中的糖、酒、油料等资源及改进加工方法的研究"指导精神，泸州老窖大曲酿造工艺与茅台酿造工艺、汾酒酿造工艺被列为重点研究课题。1957年，为总结提高泸州老窖大曲酒生产技术的传统经验，国家、省部有关科研机构抽调精兵强将进驻泸州老窖，重达五吨的分析设备

▲陈茂椿先生在贯彻浓香型白酒国家标准的技术交流会上发言

仪器通过船运抵达泸州，中国名白酒的第一次试点正式开始。

中国白酒有过三大试点——1957年陈茂椿先生主持的泸州老窖试点、1963年秦含章先生主持的汾酒试点、1964年周恒刚先生主持的茅台试点，为中国白酒行业的科学发展奠定了良好的基础。熊子书先生首次参加了泸州老窖试点后又参加了茅台试点和汾酒试点，熊老认为：泸州老窖试点的成功方法和经验对后两次试点工作有着重要的借鉴作用，或者可以这么理解，泸州老窖试点为中国名白酒的试点做出了巨大的开创性贡献。

泸州老窖试点完成后，《泸州老窖大曲酒》一书正式出版。泸州老窖并没有独享其成果，在陈奇遇、赖高淮等酿酒技师的大力推动下，泸州老窖总结出来的技术成果不仅在企业内部进行了广泛的学习，也向其他酒厂进行了全面的推广和传播。20世纪50年代，泸州老窖酿酒技师张福成、赵子成、李友澄总结形成先进的操作经验和技术措施，在全国白酒行业推广应用，被行业誉为中国白酒"三成操作法"；20世纪60年代，泸州老窖把研究的"成品酒勾调""人工老窖"等先进技术，毫无保留地在全国白酒厂推广，促进了中国白酒的科技进步，推动了浓（泸）香型大曲酒的发展。据统计，1952年第一届评酒会结束后，国家名白酒中浓

▲《泸州老窖大曲酒》内页

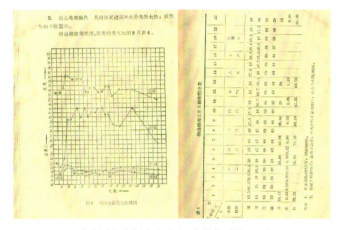

▲ 书中图文并茂展示酿酒工艺操作环节（一）

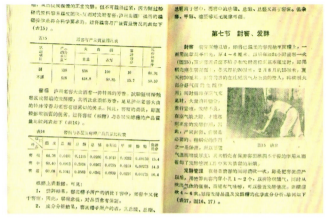

▲ 书中图文并茂展示酿酒工艺操作环节（二）

（泸）香型大曲酒的占比为25%；1963年第二届评酒会结束后，老八大名酒中浓（泸）香型大曲酒占比达50%；1979年第三届评酒会结束后，新八大名酒中浓（泸）香型大曲酒占62.5%。

百舸争流千帆竞，百花齐放万物春。通过试点，泸州老窖出版了《泸州老窖大曲酒》一书，通过培训等方式，使浓香型大曲酒技艺传播天下，造就了当今中国名白酒版图中浓香型白酒一花独占鳌头的市场格局（市场占有率75%左右）。

厚 度
中国名白酒技艺的开山之作

《泸州老窖大曲酒》全书近3万字，分别由原材料和燃料、制曲、酿酒、成品质量等四个章节构成。书的编撰者以图文并茂的方式展示了酿酒工艺操作的逐个环节，包括踩曲、拌糟、蒸酒等，有利于初学者轻松阅读和直观理解。书中还绘制了窖池平面图、生产流程图、温湿度变化图，直到今天仍然有许多借鉴意义。

根据熊子书先生回忆，泸州老窖试点研究囊括了高粱、小麦成分分析，水的成分分析，曲酒储存成分变化分析等内容，形成的泸州老窖操作法是科学技术人员求真务实逐项分析的结果。熊老还回忆，因为沉迷窖池的研究，他22天连续不断地工作，为此，操作工序专家组还专门发放4个鸡蛋（当时鸡蛋价格为2分钱/个）作为奖励。泸州老窖试点期间，包括五粮液、剑南春的科研技术人员边学习边参与进行了辅料清蒸、加醅减水、回酒发酵等17个科研项目的科学实验。半年时间，在酿酒生产现场，技术人员进行数据分析、取样研究……他们和酿酒工人们同吃、同住、同劳动，遇到问题及时商议、仔细记录，以求寻找到最佳的解决方案。《泸州老窖大曲酒》的编撰充分展现了科学性、真实性、严谨性、可读性等特征，正是尊重科学规律、崇尚严谨求实学风、勇于探索与创新的体现。

翻开这本书的第9页，我们可以阅读到一段有趣的内容——"（泸州老窖）不仅在国内拥有广阔的市场，而且已畅销到欧洲、南洋等地。最近南洋的鉴尝家认为：'在长年溽暑的南洋地方，在泸州大曲酒内和以少许冰块饮用，香沁脾胃醇酣肌肉，薰薰然妙不可言。'"当然除了记录这些趣事，在书的第7页，我们还阅读到了史料记录——"在1951年及1955年

▲《泸州老窖大曲酒》内页

先后为四川省地方国营泸州酒厂和四川省泸州市曲酒厂投入资金达50万元以上，恢复和新增窖池200余个……"

立足窖池分析，记录历史人文，承载科学数据，《泸州老窖大曲酒》不仅对泸州老窖酒的技艺总结具有开创性的贡献，更对中国名白酒生产技艺的总结、推广和发展有着举足轻重的作用。

▲2019年，在《泸州老窖大曲酒》出版60周年之际，泸州老窖党委书记、董事长刘淼（左）将此书赠予国家图书馆，由原文化部副部长、国家图书馆原馆长周和平（右）代为转赠，向全球华人读者展示中国酒业人的奋斗征程

树高千丈不忘根，水流万里总思源。伟大的时代，科研工作者们在继承中创造，撰写下一本本重要的科研著作，《泸州老窖大曲酒》便是其中之一。新时代，我们将汲取前辈的智慧和力量，坚守传统酿制技艺，坚持技术创新，以匠心酿美酒，真正让中国白酒走向世界。

（本文撰写于2019年）

秦含章

QIN
HANZHANG

大国工匠 世纪丰碑

——记酒界泰斗秦含章先生

文/牟雪莹 赵明利

　　1908年出生于江苏无锡的秦含章先生，其父是一名私塾先生，幼年受其父影响，饱读诗书。1931年，秦含章从上海国立劳动大学农学院毕业后，启程奔赴欧洲求学，在近6年的留学时间里，他先是进入比利时国立圣布律高等农学院学习，历时4年，获工学选士及农产工业工程师学位。1935—1936年，他又在比利时布鲁塞尔大学进修微生物博士，1936年，他前往德国柏林大学进修啤酒工业。这些丰富的学习经历和知识积累，为秦含章往后几十年的工作实践和辉煌成就打下了牢固的基础。

▲秦含章先生年轻时照片

　　在欧洲留学期间，秦含章的人生目标逐

渐形成。我们通过两段日记可略知一二，其一是记录了先生在比利时国立圣布律高等农学院的理想："我当时选择了技术的路，认为工程师合适，目的是为了将来容易找饭碗，并且在工业界可做一番事业。"其二是反映了先生的爱国情怀："先生们的心思并不和他们学生的心思一样，他们是为了科学而科学……而我呢，主要为个人的生活而学习，更要为祖国的工业技术而学习。"

通晓五国文字、才华横溢的秦含章本可在国外过上优越的生活，但就在1936年9月，他满怀报国之志，毅然决定返回故乡，报效祖国。次年先生在江苏省立教育学院任副教授，为中国食品发酵工业培养后备人才。

1950年7月，经政务院总理周恩来批准，秦含章被任命为食品工业部参事，数月后又被任命为轻工业部参事。

1956年，国务院召集全国著名的科学家300余人，参加国家"十二年长远科技发展规划"编制工作，当时秦含章担任食品工业组副组长，参与了轻工业方面的发展规划，负责食品发酵工业的谋划，为国家食品发酵工业做

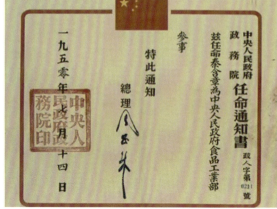

▲1950年，秦含章先生被聘为食品工业部参事、轻工业部参事

出了突出贡献，后受到了周恩来总理的接见，成为中国食品发酵工业界的一段佳话。

秦含章是新中国食品与发酵工业的创始人之一，在八十余载的奋斗过程中，他先后担任食品工业部、轻工业部参事，第三、五、六届全国人大代表，中国食品工业协会顾问，中国食品工业协会白酒专业协会名誉会

长，中国食品发酵工业研究所名誉所长。他的一生为国家乃至世界食品实业做出了历史性的贡献。

先生为我国酒业的科研、生产、发展奋斗了八十余载，撰写的科研成果、报告、论文、著作以及与他人合写的书共40余部，合计6000多万字，由他主持创办的无锡轻工业学院（现江南大学）发酵专业现已成为中国酿造技术人才的摇篮，可谓桃李满天下。

先生更是中国著名的酒界专家，被业界尊为"泰斗"。他常年坚持对白酒的研究，为新中国白酒实业做出了重要贡献。

"含章可贞，或从王事，无成有终"（《易经·坤卦·六三》），秦含章用一生的事业和成就来诠释这个充满哲思的名字——其治学，笃学慎思、明辨尚行；其处事，如良璞玉璋、谦谦君子。

云山苍苍，江水泱泱，先生之风，山高水长！

走近秦含章

2018年3月31日，公司董事长刘淼，副总经理张宿义等一行拜望时年已111岁的秦含章。

秦老居住于北京市朝阳区的一个普通小区。老沙发、老餐桌、老门、老窗、水泥地板……一切都保持着20世纪80年代的样子，墙上挂着秦老及夫人的合影，玻璃展柜里摆放着酒、老照片和科学专著。在儿子的搀扶下，秦老慢慢走来，一身朴素的中山装，满头银发，精神矍铄的老人不停地欢迎刘淼董事长一行："欢迎、欢迎，大家请坐、请坐……"

得知拜望者来自泸州老窖，秦老缓了缓，谦逊地说："多次到泸州老窖学习，那时边参观、边学习，很喜欢泸州老窖酒，和赖高淮是十分要好的朋友。"秦老还与家人谈及1983年5月参观泸州曲酒厂（现泸州老窖公司）时的情景。

秦老的家人介绍说老人年纪大了，反应慢一些，但他说起泸州老窖时却滔滔不绝："解放后，泸州老窖是在公私合营基础上延续生产的，泸州老窖的很多技师在祖上就是生产酒、酿制酒的，泸州老窖的技术传遍了大江南北，在浓香型酒企里，泸州老窖是典型代表。"

拜访中，秦老把他的自传——《含章可贞》赠送给刘淼董事长。秦老

▲2018年3月31日，泸州老窖党委书记、董事长刘淼（左二），副总经理张宿义（左一）等一行拜望秦含章先生（右二）

在自传中称："泸州老窖是中国历史上最悠久的，有400多年，一直到现在，知名度很高……"

秦老在自传中专门强调："在科学研究上，谁首先研究，谁首先推广，你就是发明，你就是老祖宗。研究泸州老窖，全面分析化验，以此作为依据来制定国家标准，人们才知道它是浓香型的鼻祖，所以它是浓香型的标准。方法的建立，标准的建立，首先是从泸州老窖出发，所以说它是鼻祖。"

在秦老心里，浓香鼻祖泸州老窖的发展一直都是他的牵挂。

先生一生心系泸州老窖

秦含章先生曾多次莅临泸州老窖考察指导，为泸州老窖的发展献计献策。

1983年5月19日，秦含章第一次来到泸州老窖考察，在参观四百年窖池后，欣然题诗一首：

百年老窖久闻名，特曲浓香堪销魂。
造化胜境千水滴，光辉冲破万云山。

四年后的1987年，秦含章听闻泸州老窖特曲在泰国曼谷第二届国际饮料食品展览会上斩获金鹰杯奖，特为此作诗一首，以表达祝贺之情：

天府有酒产泸州，四海同呼特曲优。
老窖百年方法好，金鹰一旦誉全球。

1988年，泸州老窖酒厂与中科院计算机研究所联合进行微机勾兑白酒的研究，先生在这一年的12月再次参观泸州老窖酒厂，并写下了两首新诗以作纪念：

其一

百年老窖万年糟，一等名酒特等香。
销路广开传捷报，微机勾兑出新样。

其二

天府泸州，人间名酒。
微机组装，大业新就。

1995年9月10日，秦含章应邀参加泸州国际名酒经济文化研讨会，他在会上即兴题诗两首：

其一

万里飘香醉胸坎，泸州经验四方传。
酒逢知己千杯少，人结同心百家欢。

▲1988年，秦含章先生莅临泸州老窖指导工作，并现场题写墨宝以作纪念

其二

浓香酒市亘古名，科技文化迄今盛。

改革散开龙尾势，腾飞经济虎头情。

2001年，时任泸州老窖董事长袁秀平邀请先生参加"面向新世纪企业品牌战略研讨会"，秦老即兴赋诗，写下："天府酒乡，历史悠长。泸州老窖，首创浓香。"充分肯定了泸州老窖对行业所做的开创性贡献。

秦含章先生先后为泸州老窖写下了十余首诗歌，这些诗作激励着一代代泸州老窖国窖人，以工匠之心，酿大国浓香。

师范长存　永垂千古

2019年8月15日，秦含章先生在北京与世长辞，享年112岁。噩耗传至，全体泸州老窖国窖人衔哀致诚、悲恸万分。从此，中国酒业永失现代酿酒工业的拓荒者和奠基人，泸州老窖痛失恩师楷模。

我们曾感慨先生长寿的传奇，但更多的是感受到了他身上流露出的

▲2001年秦含章先生（右）在"面向新世纪企业品牌战略研讨会"上即兴题诗赠予泸州老窖

宁静与安详、伟大与永恒，这将为每一个泸州老窖国窖人所怀念。我们将秉承先生遗志，努力登攀，继续为中国白酒的高质量发展做出更大的贡献！

向秦含章先生致敬！

专家简介　秦含章

　　江苏无锡人，1908年2月出生，2019年8月15日在北京与世长辞，享年112岁。中国食品工业协会白酒专业协会名誉会长，中国食品工业协会顾问，中国食品发酵工业研究所名誉所长，食品、发酵工业专家，教授、高级工程师，国家有突出贡献专家。

　　秦含章先生是我国老一辈的科学家和工程师，是酿酒界的一代宗师，也是新中国食品科学技术和工业发酵与酿造技术的拓荒者和学术带头人。他兢兢业业为中国食品业和酒业奉献了自己一生的心血和精力。他筹建了华北糖厂，参与了苏联援建"华北药厂"的筹备工作，与科研人员一起研究，研发出了配制啤酒，改良了中国黄酒的生产工艺，解决了张裕葡萄酒厂的技术难题。1963年，组织试点工作组在山西汾阳杏花汾酒厂进行试点，分析了汾酒的工艺，解决了技术难题。1975年，秦含章负责茅台产品化验分析工作，参与异地茅台的研究试制。他带领科研人员克服困难，并开展技术攻关，极大地推动了中国发酵技术的发展。

秦含章先生关心培养青年才俊，先后在北京、天津、广州等城市主持筹建了15所轻工院校。先生一生扑在科研工作中，著作无数，直到晚年仍保持着创作，为中国食品发酵业奉献了自己的一生。几十年来，他撰写的科研报告、论文和著作以及与他人合写的书共计40余部、6000多万字，不仅写出了《白酒酿造的科学与技术》《国产白酒的工艺技术和实验方法》等著作，还曾三度在法国调查研究葡萄酒的科学技术，把法国、德国、意大利等国的经验运用到我国的实际生产中，从而写成了《葡萄酿酒的科学技术》《法国发展啤酒工业的经验》《葡萄酒分析化学》这样的力作。他在中国食品、轻工科技领域奋斗八十余年，被尊为中国食品工业奠基人和酒界泰斗。秦含章先生一生胸怀报国之志，情系酿酒事业，为我国白酒、啤酒、葡萄酒、黄酒生产技术的改造、创新与发展均做出了卓越贡献。

名白酒发展方向和发展方法①

文 / 秦含章

　　我国名白酒工业，在毛主席革命路线的指引下，欣欣向荣，蒸蒸日上，百花盛开，万紫千红，形势一片大好。

　　在这大好形势下，我脑子里产生了一个想法，形成了一个概念。这个概念用两句话阐述："保持原有的特殊风格，优质高产低耗。加强可能的科学研究，内外有别，保障供给。"这是否可以作为名白酒战线今后发展的战略方向？要实现这个方向就要有发展方法，发展方法分五个步骤：第一步摸索法；第二步解剖法；第三步控制诱导法；第四步对比优选法；第五步是通过大搞"双革"运动，使名白酒生产从必然王国走向自由王国。这个发展方法是我们战斗在白酒战线上共同应用的战术，也是我们生产科

---

　　① 本书所收论文较原文有修改，下同，不再说明。

研共同战斗的目标。

白酒是我国传统的蒸馏酒，历史悠久，工艺独特，品种繁多，产量比较大，得到广大劳动人民爱好。白酒风味一般说来，由于原料选择、用曲种类不同和生产工艺条件不同，产品的品种、品质、品级是有差别的，而且差别比较大。劳动人民选择喜爱的白酒品种常常带有地方性和习惯性。对于一种白酒质量品种的评价往往不一致，难以统一。传统白酒生产设备是比较简陋的，目前大多数白酒生产还没有完全摆脱手工操作，劳动强度大，生产效率低。近十年来，白酒战线广大职工遵照毛主席的教导，打破洋框框，走自己工业的发展道路，因地制宜，土洋结合，大搞技术革新，使白酒生产面貌逐步地发生变化，可以说形势大好，形势是发展的。尤其"文化大革命"以来，白酒生产走机械化道路，继续保持固体法酿造的特点，变手工操作为机械操作。为了贯彻增产节约方针，各地酒厂同志遵照毛主席号召的"备战、备荒、为人民"的教导，在降低原材料消耗方面，包括降低辅料消耗，提高淀粉出酒率，以及利用野生植物为代用原料酿制白酒已经做了不少工作，也取得了可喜的成绩。

名白酒、优质白酒的品种发展方向应百花齐放，万紫千红。

名白酒、优质白酒从品质（质量）来说，色、香、味、体是四个相互联系和彼此矛盾统一的概念。酒不仅要从色香味观察，还要考虑到酒体。酒的色香味是容易用感官辨别的，而酒体是酒的物质基础，是酒中的抽出物，代表酒中含有什么化学物质组成，而且会反映为酒的颜色、香气、口味三个方面。名白酒和优质白酒要求各种物质有一个平衡，也就是色香味体平衡，如果不平衡，只进行简单的调香，是不能提高酒质的。研究白酒的质量时，要强调"酒体"，必须从色香味体全面地注意。如何来了解酒体，如何来认识酒体？白酒除大量的乙醇和水以外，还有许多种化学物质，尤其是极微量的物质，是酒体的关键性物质，这就要求应用现代的分析化学来解剖名白酒酒体的组成，搞清名白酒的物质组成，也就是用气相色谱、质谱、光谱的三谱联合作战来解析和认识白酒中的成分，这样才能认识酒的本质。香气成分作用于嗅觉器官，口味成分作用于味觉器官，香气和口味总起来叫作香味成分，是溶于酒精的水溶液，是酒的抽出物，构成了酒体，构成了白酒的风格。各种白酒有自己的风格，也就是白酒有自

己的典型性，所以要求白酒的风格尽量地稳定，不要随便变更。要有相对的稳定性，也就是要保持原有的特殊风格，在工艺生产上要稳定，在质量上要有所提高，这是很重要的。质量问题是个路线问题。名白酒名在质量上，也就是名在风格上，名白酒要讲究风格。

目前白酒品级分类，大体可以划分为全国名白酒，经国家评定后发奖；全国优质白酒，经国家评定后发奖；还有地方名白酒和一般白酒。

今后白酒品级发展方向是逐步提高，必然是有所提高。提高名白酒的品质、品级已经提到议事日程上来了，这也是名白酒生产战线上的主要矛盾。要从色香味体四个方面来决定酒的质量和品级，对一定酒度的白酒而言，色要求无色透明、水晶清亮，酒的香味是大有文章可作的，每一种白酒香味决定每一种白酒的特殊风格，不同成分表现出不同的风格、不同的酒体。酒体是极复杂的。首先介绍国外蒸馏酒和国内名白酒是由哪些物质成分组成的。

国外蒸馏酒有白兰地、威士忌、朗姆酒等，1972年《科技情报》报道"白兰地酒的制造"中提到白兰地的成分，根据不同的酒龄，应用薄层层析、纸上层析、气液相色谱法、质谱法等现代分析技术来化验酒中的酸、醛、酯、醇类等，化验出白兰地酒有81种成分，其中香气成分主要决定于醛类。优质的白兰地酒中含有醋嗡（乙偶姻），带有芥子气味。白兰地酒中含有糠醛，来源有两个：一个是直火加热蒸馏锅时，引起的分解作用得来的，另一个是在老熟过程中，从木桶抽取出来的。

威士忌是以啤酒工业上的麦芽为基础进行液体发酵蒸馏而成的，1972年《科技情报》也报道了国外研究情况，用质谱法等现代技术进行了较系统的、较全面的定性分析，个别进行定量分析，摸清其物质组成和质量的关系。已知威士忌的物质成分有二百一十九种，这些物质混合在一起，调配形成了威士忌的风格，也就是决定了威士忌的典型性。

朗姆酒是一种浓香型酒，是利用生产甘蔗压榨渣和废糖蜜发酵而蒸馏的酒，酒香很浓。香气决定于不同的物质成分，朗姆酒的物质成分在《科技情报》介绍过，特点是内酯类多，其风格便决定于内酯类。

以上三个是国外液体发酵的蒸馏酒。我国对酒类也进行过解析，对固体发酵蒸馏酒——白酒进行的工作如下：汾酒是清香型的代表酒，主体香型是乙酸乙酯，汾酒含有多种复杂的醇、酸、醛、酯类的香气和口味成分，构成了汾酒的典型性，也就是构成了汾酒的鲜明的特殊风格；四川省轻工业研究所关于"泸州大曲酒和宜宾五粮液酒芳香成分的气相层析研究"报告指出：酸类以己酸为主，酯类以己酸乙酯为主，属浓香型；"茅台酒香味成分分析"是由原轻工业部发酵工业研究所和科学院大连化学物理研究所合作对茅台酒采用"三谱"联合作战法进行解剖得出的，茅台酒中含有第二戊醇、第二异戊醇，其他酒类尚未发现含有此种物质，这些物质是否构成茅台酒的特殊风格？茅台酒含有多种酸类，酸的配比适合，不刺激喉咙还有愉快的反应，还含有多种醛类、酯类构成香味成分的基础。

了解酒体的物质成分后，还要了解这些物质对感观器官造成的反应如何。先从单体来识别，把单体分离出来，分别鉴别，然后逐步混合鉴别，经过一段时期的训练，就能很好地鉴别酒体，同时也使评酒建立在比较科学的基础上。名白酒发酵工艺是固态法，采用地缸或地窖、泥巴窖等发酵设备，还有回糟回酒等发酵工艺，不是单纯的酒精发酵，霉菌也参与发酵，细菌如醋酸菌、乳酸菌、己酸菌、丁酸菌等也参与发酵。研究从微生物角度配合化学方面来查清发酵机理、发酵条件和发酵产物，掌握发酵条件和产物的关系，这样才能使白酒生产建立在比较科学的基础上。

优质、高产、低耗是名白酒的发展方向，也是一切产品的发展方向。名白酒就是名在质量上。优质就是必须保持原有风格而且有所前进。高产就是充分利用现有设备，提高淀粉利用率和出酒率，出好酒，多出酒。低耗就是要降低原材料消耗定额，实现机械化或半机械化，节约人力、物力，提高劳动效率。实现白酒生产自动线，大大提高速度，改变白酒生产面貌。

"加强可能的科学研究，内外有别，保障供给"，首先要科学研究走在生产前头，当生产的冲锋队、突击队。要联系生产，在生产上起作用，要起到科研指导生产的作用。

针对名白酒发展方向，提出名白酒的发展方法：

第一步摸索法（摸索前进）：根据现有生产条件，摸索较好的生产条件和方法，使产品优质又高产。

第二步解剖法：解剖成品酒、工艺过程、工艺条件。也就是应用现代分析化学法和色谱、质谱、光谱的三谱联合作战来解剖成品酒，如大连化学物理研究所和轻工业部发酵工业研究所联合对茅台酒的香味成分的分析，四川省轻工业研究所对泸州大曲酒和宜宾五粮液酒的气相层析的研究和应用，都是对成品酒进行解剖，帮助搞好工艺。除此以外，微生物工作要搞清楚有关细菌发酵条件以及产物与成品酒质量的关系，还有酒精发酵的条件及其产物，醋酸菌发酵、乳酸菌发酵、己酸菌发酵条件以及产物等等，搞清了机理，达到人工能控制，然后来制定工艺条件和规程，这样才有科学基础。

第三步控制诱导法：控制生产条件，诱导达到所希望的产品质量。根据前面的基础，针对名白酒生产工艺的特殊组成和酒的化学组成，在特定条件下，利用特殊的发酵设备和蒸馏条件，进行人工控制发酵，用引导的发酵使产物合乎人们的要求。

第四步对比优选法：对比过去，采用优选法，多快好省地达到要求；在控制诱导法成功的基础上，优选出发酵条件、生产曲线、蒸馏条件等等，使生产工艺固定下来，使名白酒生产逐步达到人工控制。

第五步通过搞"双革"运动，实现我们的理想。从小改小革开始到大改大革，进行技术革新和技术革命，改变白酒原来的生产面貌，加强厂间协作，经常交流经验，以点带面，使白酒生产面貌有所变化，达到先进水平。这样做，酿酒行业就可从必然王国走进自由王国。

（原载《山西发酵》1974年第2期）

名优白酒的香型

文 / 秦含章

20世纪60年代初，在对茅台酒和泸州老窖大曲酒的生产工艺进行总结之后，感到白酒的香味成分很复杂，其数量极微而化学物质种类较多，单凭分析总酸、总酯等指标，不能完全说明产品质量的好坏，不能作为评定白酒等级的依据。

为了弄清楚我国名优白酒的香味成分与其风味的关系，第一轻工业部发酵工业科学研究所曾在汾酒厂研究制订了一套汾酒香味成分的化学分析方法，对汾酒的香味成分就其主要的项目进行过分析解剖，肯定了汾酒清香型的主体香是乙酸乙酯，并依据化验分析的定量数据，做出了汾酒的人工合成酒样，证明其香型与发酵法的完全相似。

为了进一步探索名优白酒的香味成分，后来又专门以茅台酒为研究对象，由第一轻工业部发酵工业科学研究所检测了茅台酒的有机酸成分，又由中国科学院大连化学物理研究所用气相色谱法对茅台酒的酸类、酯类等进行了系统的分析研究，得知茅台酒中0.1～200ppm范围内的香味成分有50种以上，其中新测定的有26种；在这些香味成分中，有机酸类和酯类占重要地位。初步肯定酯类和酸类与茅台酒的香型和风格具有极重要的关系。自此以后，内蒙古轻工业研究所、四川省制糖发酵工业研究所、陕西省轻工业研究所、贵州省轻工业研究所、轻工业部食品发酵工业科学研究所、轻工业部日用化学工业研究所（太原），以及双沟酒厂、五粮液酒厂、西凤酒厂等科研单位和生产单位，也先后对白酒的香味成分做过详细的气相色谱分析。

通过一系列的科学分析，得知浓香型的泸州老窖大曲酒和宜宾五粮液酒已被检出的香味成分有30多种是基本一致的，唯含量不同，故风味有异。其酸类中以己酸含量最多，酯类中以己酸乙酯含量最多，醇类中除乙醇外，以异戊醇含量最多，醛类中主要是乙醛和乙缩醛，酮类中则有丙酮。

清香型汾酒的香味成分，已鉴定出58种，其主体香为乙酸乙酯。

西凤酒被剖析出83种香味成分，定量者67种，并进行了量比关系的研究，证明是以低级酯和高级醇等组成复合香型，风味独特，别具一格，构成了凤型酒的典型性。

名、优白酒的主要香味成分是由有机酸、酯、高级醇和羰基化合物等所组成的，各种香味成分彼此协调，才能成为一种好酒。由于分析方法不断改进，检测技术日益发展，白酒的香味成分不断被发现，确认数量日益增多。根据目前统计，各种白酒中已经检出的香味成分为136种，其中定量的有90种，再加上有些尚待确认的成分，其总数将在150种以上。

总酯、总醇的数量及其比值

单位：mg/100mL

酒别	总酯	总醇	总酸	总酯/总醇	总酯/总酸
西凤酒（一）	190.86	140.89	73.80	1：0.74	1：0.39
西凤酒（二）	191.90	115.50	59.60	1：0.60	1：0.31
汾酒（一）	457.59	89.81	126.82	1：0.20	1：0.28
汾酒（二）	569.70	69.11	126.50	1：0.12	1：0.22
泸州特曲酒（一）	540.40	101.16	157.92	1：0.19	1：0.28
泸州特曲酒（二）	511.10	80.43	141.30	1：0.16	1：0.28

由上表可知西凤酒的微量香味成分在组成上是独特的，不像其他酒那样以某种酯为特点，而是以高含量的总醇和低含量的总酯构成协调的独特香味为特点。

各种酒的酿造工艺不同，也会影响成品酒的风格，例如：

汾酒采用清蒸清烧，地缸发酵，陶瓷缸储存老熟。

泸州特曲酒采用混蒸混烧续糟法，老泥窖发酵，陶坛储存老熟。

西凤酒采用混蒸混烧，新泥窖发酵，传统"酒海"储存老熟。

所以，对西凤酒的评价是，"传统的西凤酒有糟香或酒醅香，即刚出甑的香气"；"闻香比清香型白酒放香大，带一点窖香，后味醇厚协调，还带一点酸味"；西凤酒的"口味特殊，喝起来浑厚，原因是高级醇的含量高"；"酒香雅致，温和，柔润，爽净，清而不淡，香而不艳"；"西凤酒醇高酸低，酯香适中，口感浓挺而不暴，收口爽净而不涩，闻香芬芳而不艳腻，具有凤型的独特风格"；"香味介于清、浓之间，比汾酒重，比泸酒淡，幽雅协调，具有自己的风格"。

三

全国确定白酒香型的基本原则是根据酒的代表性、优质性以及典型性。所谓"典型性"是指主体香味成分和感官香味反应的协调和统一，又称为酒的"综合特征"或"独特风格"。

采用毛细管色谱–质谱分析法，从西凤酒检出的微量成分中得知有酯类化合物36种，醇类化合物15种，醛类化合物6种，酸类化合物18种，其他化合物9种。并证明"酯香味"主要是由乙酸乙酯、己酸乙酯、丁酸乙酯形成的，"酸香味"主要是由乙酸、己酸、丁酸形成的，"醇香味"主要是由乙醇、异戊醇、正丁醇、异丁醇形成的。

利用香味界限值，可以告诉人们能够感觉到某一成分的最低浓度；就香味成分的实测数量对于其界限值的倍数多少，可以推算香味成分的强弱程度（简称香味强度）。根据香味强度，通过计算，可以认定乙酸乙酯、己酸乙酯、异戊醇是西凤酒的主体香。

西凤酒微量成分的香味强度

香味成分	含量（mg/100mL）	界限值（mg/100mL）	香味强度
乙酸乙酯	121.10	1.700	71.2
己酸乙酯	26.22	0.0076	3450
异戊醇	64.33	0.65	98.9
乳酸乙酯	35.42	1.40	25.3

模拟配制人工西凤酒，就可验证主体香味成分。配制方法是将市售乙醇或药用酒精用活性炭脱臭净化，配成65%vol的酒精溶液，然后分别加入有关西凤酒的30种主要微量成分（利用市售纯品试剂），并注意其量比关系，即得模拟人工西凤酒，密码编号尝评，重点鉴别所配白酒的风格、口味是否与发酵法西凤酒有差别。凡对风格起决定作用的，即可认为是主体香味成分。

结果，找到了西凤酒主体香味成分的范围为下：

乙酸乙酯　　100～170mg/100mL

己酸乙酯　　20～40mg/100mL

异戊醇　　　50～70mg/100mL

如果失去这种量比关系，就将失去西凤酒的典型性或综合特征。

所以，白酒的酒型就是白酒的风格，或典型性，或综合特征。

四

白酒的酒型，从现代酿酒科学的要求来看，应该包括五个内容：色、香、味、体、卫。

色是白酒的视觉特征（或视觉反应）；

香是白酒的嗅觉特征（或嗅觉反应）；

味是白酒的味觉特征（或味觉反应）；

体是白酒的酒体，或称抽出物，即干物量；

卫是白酒的卫生指标，特指铅、甲醇、杂醇油、糠醛、3,4-苯并芘等有碍人体健康的物质。

表示白酒"典型"或"酒型"的方法，最好按照国际惯例，或化学命名原则，或以原料而名，或以方法而名，或以地区名称而名，或以传统历史而名。

例如：

茅型——茅台酒的典型性；

泸型——泸州老窖大曲酒的典型性；

汾型——汾阳县汾酒的典型性；

凤型——陕西省凤翔县西凤酒的典型性。

其他名、优酒，自可依此类推。

白酒的质量标准，应为无毒无害，符合卫生要求。除用物理、化学方法检测，证明有害成分极少，或符合食品卫生法规外，还必须经过评酒员的感官尝评，审定其风味的优劣，符合传统的典型性以后，才能决定其等级。

我国曾经在1952年、1963年、1979年举行了全国评酒会议，选聘了全国评酒委员，将全国各省、市逐级选拔的优质酒，分别进行了感官尝评，分等论级。

1952年，第一次全国评酒会议，评选出全国八大名酒，其中白酒类有四个（茅台酒、汾酒、泸州老窖特曲酒、西凤酒）。

1963年，第二次全国评酒会议，评选出国家名酒十八个，其中白酒类有八个（五粮液、古井贡酒、泸州老窖特曲酒、全兴大曲酒、茅台酒、董酒、西凤酒、汾酒）；又评选出国家优质酒二十七个，其中白酒类有九个（双沟大曲酒、龙滨酒、德山大曲酒、湘山酒、三花酒、凌川白酒、

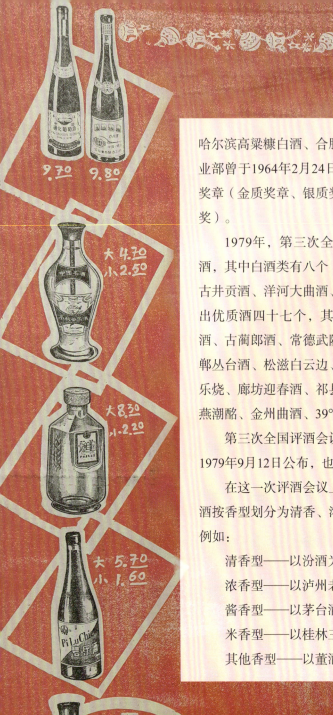

哈尔滨高粱糠白酒、合肥薯干白酒、沧州薯干白酒）。轻工业部曾于1964年2月24日公布评选结果，并分别授予奖状和奖章（金质奖章、银质奖章两种，名酒得金奖，优质酒得银奖）。

1979年，第三次全国评酒会议，评选出十八个国家名酒，其中白酒类有八个（茅台酒、汾酒、五粮液、剑南春、古井贡酒、洋河大曲酒、董酒、泸州老窖特曲酒）；又评选出优质酒四十七个，其中白酒类有十八个（西凤酒、宝丰酒、古蔺郎酒、常德武陵酒、双沟大曲酒、淮北口子酒、邯郸丛台酒、松滋白云边、全州湘山酒、桂林三花酒、五华长乐烧、廊坊迎春酒、祁县六曲香、哈尔滨高粱糠白酒、三河燕潮酩、金州曲酒、39°双沟低度大曲、坊子白酒）。

第三次全国评酒会议所评选出来的结果，由轻工业部于1979年9月12日公布，也同样授予奖状和奖章。

在这一次评酒会议上，全国评酒办法中规定：我国的白酒按香型划分为清香、浓香、酱香、米香和其他香型五类。例如：

清香型——以汾酒为代表；

浓香型——以泸州老窖特曲酒为代表；

酱香型——以茅台酒为代表；

米香型——以桂林三花酒为代表；

其他香型——以董酒为代表。

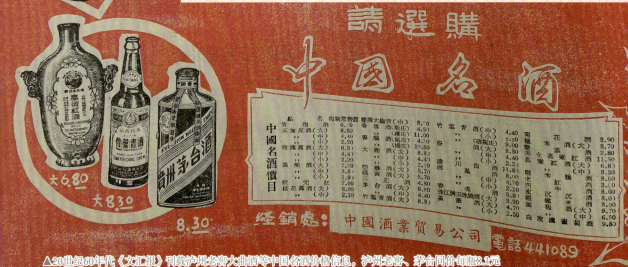

△20世纪60年代《文汇报》刊载泸州老窖大曲酒等中国名酒价格信息。泸州老窖、茅台同价每瓶8.3元

亦可按地点名称划分白酒的香型。例如：

汾型——指以汾酒为代表的清香型；

泸型——指以泸州老窖特曲酒为代表的浓香型；

茅型——指以茅台酒为代表的酱香型；

桂型——指以桂林三花酒为代表的米香型；

董型——指以遵义董公寺董酒为代表的其他香型或复合香型。

此外，根据白酒原料及酿造工艺的不同，也可将白酒产品区别为如下几种酒型：

大曲酒——例如茅台酒、汾酒、泸州老窖特曲酒、五粮液、洋河大曲、双沟大曲、白云边等；

小曲酒——例如全州湘山酒、桂林三花酒、五华长乐烧等；

麸曲酒——例如廊坊迎春酒（麸曲酱香）、祁县六曲香（麸曲清香）、三河燕潮酩（麸曲浓香）等；

一般白酒——例如市售各种普通白酒；

串香白酒——例如坊子白酒（甘薯干液态发酵）等；

调香白酒——例如曲香白酒（青岛酒精厂利用酒精试制的调香白酒）等。

由于酿酒原料不同而制成不同香味的白酒品种，则有：

高粱酒——选用红高粱为原料，直接制成白酒。

薯干酒——利用甘薯干为原料，直接制成白酒。

糯米白酒——利用糯米为原料直接制成。

粳米白酒——利用粳米为原料直接制成。

籼米白酒——利用籼米为原料直接制成。

酒糟烧——利用糯米黄酒糟为原料。

绿豆烧——利用绿豆为主要原料。

高粱糠白酒——利用高粱糠中残余淀粉为原料。

漏水酒（桔水酒）——利用甘蔗废糖蜜为原料。

玉米烧酒——利用玉米为原料制成的威士忌酒。

大麦烧酒——利用大麦芽为原料制成的威士忌酒。

马铃薯烧酒——利用马铃薯为原料依法制成的蒸馏酒，称"伏特加"

或"俄特克"。

甘蔗烧——利用甘蔗汁或废糖蜜为原料，经过发酵和蒸馏，所得蒸馏酒，称朗姆酒。

樱桃烧——为饮料酒精浸泡樱桃后制成的低度蒸馏酒，又名樱桃白兰地。

葡萄烧——以特种酿酒葡萄为原料，先经发酵，制成葡萄酒；再经蒸馏，陈酿制成烧酒，特名葡萄烧或葡萄白兰地，简称白兰地。

青梅酒——以饮料酒精浸泡青梅后制成。根据"青梅煮酒论英雄"的诗句而常称青梅煮酒。

由此可知原料不同，酒种不同，酒香各异，其典型性亦各异。谁名谁优？各有千秋！

根据上述各例，可知白酒或蒸馏酒的划分，尤其是香型的划分，尚待进一步研究和探索。

1984年11月，轻工业部为了检阅全国轻工系统酒类质量的水平，曾组织了酒类质量大赛会，通过这次评比，必将进一步推动酿酒行业质量创优、创

▲1984年，泸州老窖荣获国家金质奖章庆祝巡游活动

名活动的蓬勃开展，促使全国酿酒行业能更好地适应市场消费的需要，而白酒工业产品"优质，高效，低消耗，多品种"的光荣任务也必将胜利完成，因而对加速白酒行业的发展做出积极的贡献。

讲究名、优白酒的香型，正是评比酒质本身高低的理论依据。

这次酒类质量大赛会的评比结果为：

获得金杯奖的白酒21种，获得银杯奖的白酒41种，获得铜杯奖的白酒38种。

（原载《食品与发酵工业》1985年第3期）

我国酿酒工业的发展战略

——白酒工业的发展方向和方针

文 / 秦含章

近年来，中央领导同志曾多次提到，要从人身健康上限制白酒浓度，控制白酒的数量。为了贯彻中央领导同志的这些指示，我们认为我国饮料酒工业仍然必须坚持优质、低度、多品种的发展方向，逐步实现四个转变，即高度酒向低度酒转变，蒸馏酒向酿造酒转变，粮食酒向果类酒转变，普通酒向优质酒转变。

一、高度酒向低度酒转变

这包括两个内容：一是适当降低高度白酒的酒度，已得到国家金银奖的名优酒不包括在内，因为它们有的在国际上已经注册了，比如茅台酒，它有一定的酒度，要保证符合注册的内容，不能随便更动，作为质量指标，要保证达到，所以不能降低其酒度，如降低酒度，应更换名称。

二是生产优质低度白酒。稀释酒度，当以保证质量为前提，究竟降到多少度数，这就需要实事求是。有的可以是38%vol，有的可以是32%vol。降度有一个范围，低度也有一个范围，不是无限度地降，应实事求是，保证质量，乃是上策。

生产低度酒，不论清香、浓香、酱香、兼香，都可以在保持各香型原有风格的前提下，多生产一些酒度在40%vol以下、30%vol以上的白酒，这样，不仅可增加成品酒的产量，大幅度节约粮食，又可缓解名优酒供应紧张的状况，而且具有明显的经济效益。

据上海市场调查预测，烈性酒的销售量今后每年要降低3%～5%。

二、蒸馏酒向酿造酒转变

蒸馏酒或烧酒，一般概指白酒，酿造酒一般指黄酒、啤酒、葡萄酒、果酒等，都没有经过蒸馏工序。

一般来说，蒸馏酒的酒度较高，酿造酒的酒度较低。从营养角度来讲，酿造酒含有丰富的营养成分，它原来的葡萄糖没有完全化为酒精，仍有一部分保留在成品酒内，例如黄酒有16%vol～21%vol的酒度，不算高，其蛋白质保留在酒内，所以营养价值较高。啤酒的原料大麦，在糖化过程中，多数转化为葡萄糖和麦芽糖，只有3.5%vol左右的酒精，也很有营养成分。黄酒是我国人民喜爱的传统饮料酒，酒质温和，滋味醇美，营养成分丰富，性价比高。啤酒也是一种富有营养成分的低酒度饮料，1972年第九届世界营养食品会议曾推荐啤酒为营养食品之一，因此，酿造酒是饮料酒的发展方向。

三、粮食酒向果类酒转变

我国地大物博，果类资源十分丰富。除葡萄外，尚有苹果、柑橘、刺梨、枸杞、猕猴桃、黑加仑子以及野生的莓果、越橘等。凡是山区、边区，野果最多的地区，都可就地取材，因料制酒，可以积极开发，多生产"绿色食品"，其中包括酿造酒。把山区和边区的资源优势变成商品优势和经济优势，这也是帮助内地山区、边区、贫困地区早日脱贫致富的措施之一。广西梧州市饮料厂利用当地的野生资源"子果"为原料，生产"玉液思"酒，每年产值200万元，为国家创造税利80万元。就此一例，可推论其他。此外，提倡使用黄酒、果酒为酒基，配制露酒和补酒。大力发展各种果类酒，不仅可以节省大量的粮食，而且也可为市场提供丰富多样的商品酒，满足人们不同的消费需要。

四、普通酒向优质酒转变

这实质上是提高产品质量，发挥科学技术的功用，使低档酒上升为高档酒。这是根据市场的消费倾向，从提高企业经济效益的角度提出来的。

近年来，白酒中名优酒的比重已从1980年的7.6万吨发展到1985年的18万吨，即在白酒总产量中的比重由3.5%提高到5.3%，但仍然供不应求，特别是国家颁发的金质奖产品（13个名牌产品），年产量只有1万吨，远远不能满足需要。在白酒减少总产量的情况下，努力提高名优酒的生产，使名优酒的产量由1985年的18万吨增加到1990年的50万吨（占白酒总产量的10%左右）。

各地对一般白酒的生产要进行控制，特别是对那些质次价高、耗粮多、出酒率低、滞销积压、偷税漏税以及生产假冒产品的酒厂，要审查清理，限期整顿，必要时要关闭一些不合格的酒厂。淘汰劣质产品，发展优质产品。在不增加粮食原料的前提下，设法增加白酒行业的社会效益和经济效益。

（节选自《我国酿酒工业的发展战略》，原载《食品与机械》1995年第3期）

中华美酒的过去、现在和将来

文 / 秦含章

据历史学家考证，中国农业的起源，约在7000年以前；中国果酒（包括葡萄酒）的起源，在6000—7000年以前；中国酒曲（粗酶制剂）的起源，约在5500年以前；中国黄酒的起源，约在5000年以前；中国白酒（蒸馏酒或烈性酒）的起源，约在2000年以前；中国药酒和补酒的起源，约在2000年以前；中国啤酒的起源，约在100年以前。

可知不同的酒种，具有不同的发展历史。

一、中华美酒的过去

玉液琼浆，源远流长。

就葡萄酒论：中国古代即有原生葡萄（统称山葡萄、刺葡萄、野葡萄），原始人采摘野果充饥解渴，多余的野果，包括葡萄，被贮存于洞穴中。经过自然发酵（利用附着在果皮上的野生酵母），果汁变为果酒，人们爱喝，猴子也爱喝。

在新石器时代，既然有了粗陶酒器，自可认定先人们早在6000年前就有酒喝。周朝已有蒲桃（葡萄）和蒲桃园（葡萄园），葡萄已经人工栽培，成为园林。我国引进欧亚种葡萄，开始于汉武帝时代。汉武帝派张骞出使西域，从中亚细亚的"塔什干"将葡萄引入中国，还招聘了酿酒艺人。于是，中外酿酒技术并存，彼此相互促进，历千百年而不衰。

就黄酒论：黄酒俗称"老酒"，为中国的传统特产酒种，历史悠久，流传甚广。黄酒用粮食为原料，受到酒药、酒曲、浆水的糖化作用和发酵作用而逐渐酿成"老酒"，酒度16%vol~18%vol。相传禹臣"仪狄"始作旨酒（甜美酒），时间约在公元前22世纪，地点约在河南省鹤壁市。

利用谷物酿酒是我国古老的、原始的生物工程技术，这项重大发明当在新石器时代。利用天然曲蘖酿酒早在6000年以前，利用人工曲蘖酿酒亦在5000年以前。

古来曲造酒，蘖造醴。酒曲和麦芽在中国历史上是古老的酶学工程产品。这在酿造黄酒方面，已表现得很有成绩。

就白酒论：白酒是我国传统的蒸馏酒，历史较久，工艺独特，品种繁多，产量甚大，深得广大劳动人民爱好。根据考古文献，我国的蒸馏酒（现称白酒）可能在东汉晚期就已出现了。

唐代开始有小曲蒸馏酒（俗称烧酒）。

宋代出现了"蒸酒"（蒸馏酒）、"白酒"的名称。金代世宗时，已有铜制烧酒锅，可大量蒸取烧酒。

元代盛行蒸馏酒，故有人写明："烧酒"起源于元朝（据李时珍著述）。从外国传入蒸馏酒（指阿拉克酒），历史较晚，应在元代，或在更后期。

明代盛行饮用黄酒和小曲白酒（烧酒或白干）。

清代以后，盛行小曲蒸馏酒和大曲蒸馏酒，都系固态发酵法。

民国继承前朝遗风，未曾有所改变。长江以南的酿酒作坊，多称"糟坊"，生产黄酒和白酒（例如绍烧），长江以北的酿酒作坊，称为"烧锅"或"酒窖"，多生产白酒。

就药酒和补酒论：中国是制造药酒和补酒很早的国家，酒和医同源，故"酒乃百药之长"。

元朝忽思慧写《饮膳正要》叙述当时皇室所用药酒，并说明其疗效。

清朝重视药酒和补酒的生产和销售，流传迄今，仍未衰退。

其他各类酒种：也都从无到有，各自发展壮大。

就酒文化论：酒与文学艺术的关系密切，文人与酒亦结有不解之缘。我国历史上的著名文人，尤其是诗人，例如陶渊明、李白、杜甫、杜牧、白居易、苏轼、陆游、辛弃疾等人，都爱饮酒；有酒，就有诗，有文，也有图画、书法等。以文会友，以酒敬友，在中国历史上是常见的社会习俗。所以酒逢知己千杯少，人结同心万家欢。

二、中华美酒的现在

百花齐放，万紫千红。

新中国成立以后，自1950年至1993年的40多年，由于政府重视，上下协同，酿酒工业获得较大的发展。

酿酒工业的产品门类较多，在国内市场上，人们可以随便选购自己喜爱的任何酒种。大体上，我国的饮料酒可划分为下列八大类：

（1）黄酒、清酒；（2）葡萄酒、其他果酒；（3）啤酒；（4）白酒；（5）露酒、药酒、补酒；（6）开胃酒、消化酒、利口酒、味美思；（7）白兰地、威士忌、伏特加、金酒（或杜松子酒）、朗姆酒、鸡尾酒；（8）牛奶酒、马奶酒、羊奶酒、蛋黄酒、蜂蜜酒等。

中国饮料酒的总产量，1991年为1538.92万吨。其中啤酒838.37万吨，白酒524.48万吨，黄酒80.64万吨，果酒及露酒71.24万吨，葡萄酒24.19万吨（根据《中国食品信息》1992年9月号）。1994年，估计啤酒将达1500万吨，上升到全世界啤酒生产国的第二位。

全中国酿酒企业多数改称酒厂或公司，有的称集团。县区以上注册的国营酒厂或公司共12000多家，职工240多万人（平均每厂有正式职工200人）。

中国酒类的质量，近年来逐步有所提高，有些酒种已进入国际先进行列并获得金奖。1980年，全国酒类行业中只有十余个国优产品，到1990年末，已增加到124个。

1987年，中国酒类出口创汇已达8048万美元，近年则更多。可知，中国的酿酒行业经过四十多年的建设，已经发生了重大变化，今天的中华美酒，真如百花齐放，万紫千红。

三、中华美酒的将来

继承传统，改革创新。

按照国家产业政策、市场发展趋势，利用现实条件和出口机遇，努力促使酒类品种逐渐向多样化、特殊化、国际化的方向发展。在全国范围内，办好酿酒企业，除满足各族人民消费需要外，也可进而促进社会主义的城乡市场经济的全面高涨。

（一）继承传统方面

1. 就地取料，因料制酒

采用发酵法酿制的各种"发酵酒"，可以利用各种原料酿造得来。采用蒸馏法提制的各种"蒸馏酒"，可以用各种发酵酒或有关淀粉糖化以后的发酵醪，经过适当的蒸馏操作和陈酿工艺得来。

不同的原料，不同的工艺，不同的酒名，相互配合，各有特点。根据国内各地的传统习惯、不同的工艺技术，制成不同香味或酒型的白酒品种，像保护各地野生动物一样来保护和继承各地的传统酒种。

为了向世界酒类市场接轨，要学习和应用国外饮料酒的分类方法，以便迎合广大消费者的习惯和爱好，扩大出口数量，占领国际市场。

2. 不同爱好，不同风格

不同的酒种具有不同的风格。通常人们认为合乎自己口味的，就是好酒，这是一般的心理。除了这个心理因素之外，尚有酒本身的物质基础造成的客观因素，这就是酒本身的各种香味成分彼此协调适口，具有自己的独特风格，因而成为一种好酒。独特风格或称综合特征，或称典型性。

希望按照国际惯例或化学命名原则来表示酒的典型性，这是为了统一，为了复关（符合关贸总协定，争取成为世界商品）。

3. 控制商标，保护名酒

名酒所用商标包括其酒名在内，必须专用。

名酒必须货真价实，任何掺杂作假行为都是违法的，应予追究，应予制止。加强工商行政管理，推行商标法、专利法、食品卫生法、知识产权法。

4. 追求质量，严格评酒

大家都说某种酒好，主要是因为它的质量高。各种名酒，就是名在各自的质量上。追求质量，实际上是要厂家多出好酒，少出次酒，使劣变优。严格评酒，就是要求专业人员对酒的质量把好关。名酒的质量标准应为无毒无害，符合卫生要求。除用物理、化学方法检测，证明其有害成分极少或完全符合食品卫生法规外，还必须经过评酒员的感官尝评，审定其风味的优劣，求知其是否符合传统的典型性以后，才能决定其等级。应参考国际酒精性饮料评赛和授奖规则，根据国内早已公布的国家标准和国家技术监督规定，适时举行检评或鉴定，要由有关主管部门负责组织进行，严格评酒程序，树立质量信誉。

（二）改革创新方面

1. 狠抓技术进步，加快技术改造

充分发挥现有企业的潜力，促进酿酒工业现代化。研究创立一座自动化的无人操作的制曲车间，以发扬传统的酶学工程技术。

现有酿酒工业的技术改造应与行业的调整相结合，配合社会主义市场经济体制的建立，促进我国酿酒工业的生产面貌有一个较大的变化。

2. 重点引进国外先进技术，通过消化吸收提高自己

3. 研究试制特定的新型材料、新型机器，补足国内建设新厂所需要的缺门项目

现代化的酿酒工业已体现了现代化的生物工程技术，将高度发展的有关机械、物理、化学、生物工程等学科的成就，综合地应用于生产组织上，这是厂长们日夜关心的大事。

4. 增加花色品种，满足内外需求

根据城乡消费市场的发展情况，把各类酒种的规格标准尽量搞全，做到"买什么有什么"，一应俱全，长流不断。

经营酿酒企业，力求经济效益。今后，我国饮料酒工业仍应逐步向高效、低耗、优质、多品种的方向发展。促使整个酿酒行业完成生产技术现代化、工厂管理现代化，提高现有企业对国内外市场的适应能力和竞争能力。

5. 弘扬民族文化，充实生活情趣

中国的酿酒工业史实际上是一部科学史和文化史，或者说是一部微生物工程发展史，也是一部诗、词、歌、赋、对联、神话、故事等的记事史，简言之，反映了中华民族酒文化的繁荣昌盛。这种酒文化渗入了华夏民族全部的生活史，形成了特具风采的东方文化，并与外交、军事、政治有着密切的联系。可以说，酿酒工业的发展，实质上弘扬了民族文化，充实了生活情趣。

酒文化融化于中华民族的悠久文化之中，它和其他上层建筑一样，是整个华夏文化的一个重要组成部分，与各族人民共生、共存、共同发展、共同繁荣，过去如此，现在如此，未来也将如此。

（原载《科技与企业》1995年第4期）

白酒春秋

——中国蒸馏酒的演变及发展趋向

酒

文/秦含章

　　根据历史学家的考证和论断，中国酒曲（粗酶制剂）的起源在6000—7000年以前，中国白酒（蒸馏酒或烈性酒）的起源约在2000年以前。

一、现代白酒的名称

　　现代白酒可依原料而名，例如高粱酒、甘薯酒；依产地而名，例如泸州老窖、茅台酒；依名胜古迹而名，例如剑南春、董酒；依历史人物而名，例如杜康酒、刘伶醉；依山川名称而名，例如二峨酒、浏阳河；由国家领导人命名，例如四特酒、塞外茅台；依用曲种类而名，例如大曲酒、小曲酒；依工艺技术而名，例如老五甑、双轮底；依发酵形态而名，例如固态发酵酒、液态发酵酒；依酒度高低而名，例如原度酒（66%vol～70%vol）、高度酒（50%vol～60%vol）、中度酒

（40%vol～50%vol）、低度酒（32%vol～39%vol）；依陈酿时间而名，例如新酒、一年陈、十年陈；依特殊用意而名，例如两岸情、酒鬼……

二、糟坊酒窖，世代兴旺

在古代，中国的社会经济以农业为主，国以农为本，民以食为天。在农闲时期多有副业，农林牧渔副，在全国范围内大都同时并举，而且百业兴旺。其中当然也有酿酒手工副业。在长江以南的酒坊，习惯称为糟坊，在长江以北的酒坊，则称为窖房。由于酒业兴旺，人民喜爱饮酒，尤其是士大夫们饮酒成风，所以糟坊酒窖逐步扩展开来，全国都可闻到酿酒作坊飘扬出来的酒香。官方大都"闻香下马"，民间则挂旗卖酒，甚至深巷辟道，也有设店销售，生意始终看好，"酒香不怕巷子深"，只要有好酒，自然有客来。糟坊酒窖对于繁荣农村经济是有一定贡献的，因此，小酒窖或小糟坊逐渐发展而成大酒坊或大酒窖，这就为酿酒逐步工业化奠定了基础。

三、白酒起源，约同公元

中国白酒，历史悠久，相传始于西汉末期或东汉初期，在原始的蒸馏器发明之后，就有蒸馏酒，因为含有较高的酒精度，可以点火燃烧，所以俗称烧酒。根据历史学家和考古学家的推断，中国蒸馏器的发明约在西汉末期或东汉初期。

中国古代的汉朝包括西汉和东汉两个时代。西汉开始于公元前206年，结束于公元8年；东汉开始于公元25年，结束于公元220年（根据上海人民出版社《中华古汉语字典》所附《中国历朝年代表》，1997年），所以，公元纪年开始时期为西汉和东汉交接的时期。这一年代，正恰当于中国具有蒸馏器，可以蒸得蒸馏液或酒液的时期。我国利用固相蒸馏法蒸取固态发酵醅的酒液或蒸馏酒，比西欧利用液相蒸馏法蒸取液态发酵醪取得蒸馏酒，要早1000多年，所以，我国古代的发酵蒸馏技术，在当时是领先的，值得我们自豪。

中华白酒二千年，上库诗文几万篇。

一日三杯常注满，全年百事乐成全。

从酒具看饮酒。山东社会科学院历史研究所王赛时、李海山所写《历代酒具概说》一文，指明我国古代的酒具有独特的风格和特色。这是古代酒文化的一个重要标志。酒具显示了酿酒业的发展水平，也反映着古人的饮食习惯，更可说明酒的古代生产历史；有了生产酒的历史，才有饮酒的生活习惯，才有需要制作酒具来满足古代社会的人民生活和敬祖祭天的风俗习惯。早在新石器时代的遗址中就发现了许多酒具，这说明当时的酿酒业已发展到相当的水平了。最早的陶制酒具有尊、罍、盉、斝、壶、杯等数种，后来也有用青铜制的，或瓷、木、竹制的。

汉晋以后，酒具渐有变更，亦渐有增加。商周时期的各种青铜酒具已不多见，继而代之的有樽、卮、壶、杯等，其制作材料也趋向多样化，出现了铜器、银器、金器、玉器等各种酒具，以适应社会各阶层的需要。唐宋时代，酒具除沿用前代遗传下来的各种产品外，还有瓶、盏、碗等，有

金属制品，也有瓷制品。瓷器在各类酒具中开始占有重要地位。明清时期，各名窑出产的瓷制酒具，烧制工艺精湛，花色品种繁多，风行于国内外，为文化艺术界所珍藏。自后，又有各种玻璃酒具及塑料酒具。酒具的发明和发展，可以说明中华美酒的过去是"玉液琼浆，源远流长"，"酒业兴盛，万古长青"。

我们推断白酒起源于东汉，其论据如下：其一，我国的炼丹术起源很早。其二，发现了东汉前期的蒸馏器。其三，出土了东汉晚期的酿酒图像砖。其四，汉代已有少数人利用酒精为燃料。其五，甑桶蒸酒，工艺独特。

四、历代白酒　演变兴衰

中国酒曲是一种传统的粗酶制剂，主要应用于酿酒工业。利用酒曲所含有的酶类，例如液化酶、糖化酶和酒化酶等，可使淀粉液化、糖化而变为可发酵性糖，再使糖经过发酵而变为乙醇及其他副产物，最后酿成各种酒类（水酒、甜酒、清酒、黄酒、黑酒和白酒）。生产酒曲，利用酒曲，历史悠久，传播广泛，遍及全国，经验丰富，成绩卓著。这是微生物工程在酿酒工业中的应用，值得总结、研究、提高、推广，以便保存和发展我们先人留传下来的宝贵遗产。

（一）古代制曲酿酒

早在6000—7000年前的原始社会前期，有了原始的农业，有了剩余的粮食，人们就开始利用天然寄生在谷物上的霉菌、酵母和细菌等，从事谷物酿酒的生产，为时当在采集野果在洞穴中经过天然发酵制成果酒以后。

（二）制曲酿酒的历史演变

公元3世纪晋人江统所著《酒诰》中提到："酒之所兴，肇自上皇，或云仪狄，一曰杜康。有饭不尽，委余空桑。郁积生味，久蓄气芳。本出于此，不由奇方。"用现代语解释，就是酒的兴起，开始于三皇，由仪狄集其成，另一说法是杜康。吃饭后所余剩饭，弃放在桑树的空穴中，堆积发酵，可生出酒味，贮存日久，就散发酒香。原来酒是这样出现的（天然发酵），没有什么奇特的方法。原始社会前期，早已酿酒、饮酒了，而仪狄集其成，就是说仪狄总结出了一套酿酒的经验，而且付诸实施，照样做出酒来。

到了"三王"的第二位商汤王及第三位周文王和周武王时期，曲蘖的利用有了很大的发展，曲和蘖分开，曲造酒，蘖造醴，前者发展为旨酒，后者发展为甜酒。

到了西汉和东汉，酒曲和麦芽、谷芽的制造方法进一步发展，散曲、饼曲、黑曲（根霉饼曲）的广泛应用，形成"九酝酒法"，有了正规的黄酒（酿造酒或发酵酒）；麦芽除应用于酿酒作坊外，也应用于制糖作坊，用来制造饴糖（麦芽糖）。两汉时代，曲和蘖已分化，成为不同的产品，作不同的用途。

三国时代的魏、蜀、吴酒业兴盛，浊酒很多，通称"杜康"。

西晋和东晋时期，利用草药制造米粉酒曲（或称酒药），专门用来制造甜酒酿、水酒、浊酒、黄酒。也可能在"药食同源"的形势下，出现医药专用的酒曲，用以帮助消化，治疗胃病或消化不良症。

到了南北朝，制曲技术有了发展，出现黄衣（黄曲，即黄曲霉曲）、女曲（大米黄曲）及笨曲（砖曲），也有酿酒神曲，主要用来生产黄酒、绍酒（绍兴黄酒），经过蒸馏，也得烧酒。北魏贾思勰《齐民要术》曾把酒曲分为"神曲"和"笨曲"两大类，相当于近代的"小曲"和"大曲"。

隋朝酒业甚为发达，有"酒池肉林"之说。酒曲的利用更为普遍。劳动人民也喜欢饮酒。

唐朝特别是盛唐时期，文化昌盛，产业发达，人民生活富裕，酒业自更发展。制曲技术有所改进，除原有酒曲如黄曲、女曲及笨曲外，又出现乌衣曲、红曲、黑曲。此时，可能出现了小曲蒸馏酒和大曲蒸馏酒，但主要是黄酒。

宋代制曲技术继承盛唐，亦有小小发展。红曲盛行，也有乌衣红曲，同时还有黑曲。宋代浙江人朱翼中在12世纪初编写的《北山酒经》是一本关于"制曲酿酒"的专著，总结了南北朝以来的实践经验。宋代的酿酒法世代相传，迄今不衰。现在绍兴酒的酿造法，原则上是发展了的《北山酒经》所传下来的方法。

金代的制曲酿酒法大体上继承宋代遗留下来的，没有多大改进。一种散曲（莲子曲）仍以熟大米饭为原料（熟料制曲）。金代已有铜制烧酒锅。

元代的制曲酿酒有明显进步，着重在蒸馏酒。利用大铜锅蒸酒可能已受到西方的影响（学习或引进中东及东欧各国的成熟经验）。自外国（土耳其、埃及等）传入蒸馏酒（Arrack，阿拉克）。阿拉克为阿拉伯语，意为土产白酒，或用椰枣制成，或用其他含糖汁液制成，此酒盛行于中东。

明代盛行红曲，生产黄酒及烧酒。利用大曲进行固态发酵，生产白酒（蒸馏酒）。同时也生产黄酒和小曲白酒。

清代《闲处光阴·蜀秫》记述三河县"境内有烧锅十二家，烧酒之器曰甑，日各例烧一甑，用蜀秫十二石，麦曲二百四五十斤"。在《清会典》一书中也记有"烧锅税"，可知酿酒要纳税，酒税是国家财源之一。长江以南的酿酒作坊，称"糟坊"，或做黄酒，或做白酒，或者兼有。长江以北的酿酒作坊称"烧锅"或"酒窖"，多做白酒。

综上所述，唐代开始有小曲蒸馏酒（烧酒），宋代盛行黄酒，元代盛行蒸馏酒，明、清两代盛行黄酒和小曲白酒（烧酒或白干）。这里所谓"盛行"，是重视和发展的意思，并不排除其他酒种的产生。

五、新世纪、新机遇、新政策、新发展

酒是丰富人民生活的传统商品，也是为国家、为社会提供财政收入的商品。人民爱好，社会需要，世代相传，中外交流，势所必然。

要参加世界贸易组织，争取和世界大市场联合成一个贸易体系。从贸易观点论，世界是一个共同体，同规章共利害，机会均等，交易公平，这是新世纪的特征，我国酒界同仁要有清醒认识。

白酒投入市场，意味着参加竞争，优胜劣败成为规律。我国关税及贸易总协定的缔约地位即将恢复（简称复关），对商品生产和流通领域将产生重大影响。酒类产销工作如何适应这一新形势，已是摆在我们面前的重大新课题，值得认真思考和深入研究。国内一些有远见的名优酒厂，根据国内外市场的新形势、新要求，积极主动采取对策，努力开拓国际市场，

并取得明显成效。

参加世界贸易组织以后，国产酒自然有机会出口外销。同时，外国洋酒亦将乘机大量涌入，有出有进，自由竞争。年轻人多了，好奇心大了，喜饮进口洋酒，可能会成为时髦风尚。形势变了，迫使酒界同仁多费脑筋，考虑办法适应。调查研究国外市场，设法改进自产酒种，必将成为热门课题。

根据国内外市场情况，参考国际酒界专家意见，酒或称饮料酒是酿酒工业的主要产品。饮料酒种大体上可划分为八大类：第一类黄酒和清酒；第二类葡萄酒和其他果酒（如苹果酒、莓果酒、黑加仑酒、猕猴桃酒等）；第三类啤酒；第四类白酒（烧酒、蒸馏酒、烈性酒）；第五类露酒、补酒和药酒；第六类开胃酒、消化酒、利口酒、味美思酒；第七类白兰地、威士忌、伏特加、金酒、朗姆酒和鸡尾酒；第八类马奶酒、牛奶酒、羊奶酒、骆驼奶酒、鸡蛋黄酒、蜂蜜酒等。

产品质量代表国家的精神面貌，也代表民族的文化水平。大家都说某种酒好，主要是因为它的质量高、口味好。根据国际酒精性饮料评赛和授奖规则，每两年举行评赛会一次，由7名著名评酒专家组成的一个国际委员会负责进行。评比标准另有规定。委员会保留从市场上取得任何已评酒种的样品以监督和鉴定其质量的权利。评赛会的组织者有权在特定协议下，让获奖厂家在市场上使用特制盾形徽章标志的权利。国内的评酒方法有自己的传统经验，与国外的并不一致。我们认为好的白酒或名优白酒，应该从产品的"色、香、味、体、卫"五个方面来衡量，也可以说，评定白酒好坏要用五字诀，就是"色、香、味、体、卫"这五个字。"色"是白酒的视觉特征，白酒应无色透明，不能混浊失光。"香"是白酒的嗅觉特征，在酒香中要讲究香韵，如酱香、窖香、曲香、糟香等。"味"是白酒的味觉特征，在酒味方面要讲究味道，如"上口甜"，"落口绵"，"饮后回甜"，"甜、酸、甘、辣、涩五味谐调"等。"体"是白酒的酒体，或称抽出物，即干物量（指微量的有机物和无机物）；把香气成分、口味成分汇总一起，简称香味成分，这是酒的物质基础。"卫"是白酒的卫生指标，特指铅、杂醇油、糠醛、黄曲霉毒素、3,4-苯并芘等有碍人体健康的物质，应尽量减少。每一白酒的香味成分，决定该白酒的特殊风格（或称典型性）。各种白酒的典型性，要尽量求其稳定，不宜随时变更。在酿酒工艺上稳定质量或提高质量，是很重要的工作。著名白酒的风格是要讲究的，出名就是出在风格上。不讲究风格，只是酒精和水的混合液，这种酒要称作"名白酒"，要硬叫好酒，或当作大曲酒上市出售，我想，大家是会有意见的。质量好的白酒或蒸馏酒，一般是内销供不应求，外销也很有前途。新酒的风味，一般表现为口味冲辣，经过多年陈酿，就会变得柔和或软绵。国家规定名白酒在陶坛中的贮存期为3年，实际上，名牌白酒经常陈酿到10年或20年，有时更长。因为新酒中含有一些高级醇类，它们在高酒精度（55%vol～60%vol）或者低酒精度（32%vol～42%vol）时，受到空气的氧化或日光光线的刺激，容易失去溶解性而变为白色浑浊物（俗称失光）。在白酒的体态试验过程中，容易看到这种失光现象。这是因为酒精溶解高级醇类的性能不是一条直线，而是一条曲线。这种物理性是特别现象。但是，经过多年陈酿以后的老酒，因为一些原有的高级醇类和有机酸类相结合而变成酯类（酯化作用），就会改变其物理性能而不产生白色沉淀物，可以始终保持酒液的透明度。所以，白酒的天然降度（挥发作用）或人工降度（加浆降度试验），都能使酒液保持清澈透明的状态。这一化学反应和物理变化现象对于生产低度白酒是很重要的。高级醇类是"杂醇油"的主要组成成分，而杂醇油具有芳香性，若含量较多，酒的芳香性就愈大，酒的香气愈浓。

酒是丰富人民生活的传统商品，劳动人民喜欢饮用它，交际场中时常利用它，地方财政也关心它。所以，近50年来酿酒企业一直受到上下各方领导人士的注意、扶持，才得以较大地发展。

我国饮料酒工业仍然必须坚持优质、低度、多品种的发展方向，逐步实现四个转变，即高度酒向低度酒转变，蒸馏酒向酿造酒转变，粮食酒向果类酒转变，普通酒向优质酒转变。

为了适应新形势，求得新发展，白酒企业应该首先做好自身的基础工作，具体的工作内容如下：调查市场形势；保护名酒声誉；辨别名酒真假；发掘白酒新秀；推荐白酒精品；分析白酒成分；宣传白酒标准；聘请专家亲自品尝，并提出意见，作为改进依据；为将来举行正式国家评酒做准备；促进白酒市场的健康发展。

名白酒厂都重视酒厂管理的科学化，在实践中一般注意查定和制订"工艺操作规程"。从原料进厂开始，注意原料的物理检查、化学分析和生物检测。原料处理有一定的要求和指标。各种原料的配比有一定的标准。从生产中查定其成品酒产量高、质量好的最佳比例关系。制曲工艺有一定的配料比，水分、温度对于微生物生长的最适条件，曲房管理、翻曲程序及培菌条件，都有一定的数据。

出曲贮存日期、成曲酶活性测定、入池用曲比例及其粉碎程度，也都有数据规定。晾场操作方法、入池配料比例，都应严格规定。酒醅管理，关系重大。封池方法，力求严密。在一定的低温条件下进行缓慢的发酵，使成熟酒醅达到一定的香度和酒度。如何出池，亦应规定。抽样化验，更属常事。发酵管理，要符合规定的发酵动态曲线。装甑手艺特别要求熟练。开大汽，放高温，多回流，少闷汽，缓慢蒸馏，快速冷凝，以便接到良好的酒液。这些工艺操作都用文字说明，愈详愈好。酒头、酒身、酒尾分开接收，分别贮存。老熟过程一定要在专门的陈酿车间进行，利用特殊的小口陶坛或陶缸，严密封存，长期贮存。抽样化验及品尝有助于改进管理方法。老熟酒的勾调、降度，更有诀窍可寻，制订详细的操作规程，自属更加重要。此时，感官品尝和化学分析务必配合进行，做好详细记录。勾调完毕，送入暂存车间，再经一月，即可装瓶。装瓶时的操作规程要根据所用装瓶机来确定。封装、堆放等操作也有一定的规范。由此可知，工艺操作规程是从头到尾的详细的行动规范，大家都要遵守。一有犯规，就应追究责任。

应用现代发酵工业的科技成就，选用现代酿酒微生物学选育的优良菌种，可使白酒的发酵工艺程序科学化、先进化。酿酒原料的改良依靠农业科技的进步，酿酒设备的改进依靠轻工机械的进步，酿酒微生物的培育和改良依靠微生物学的进步。这些科技成就较为特殊。酿酒工业是发酵工业的主要内容，在生产过程中要运用细胞工程和遗传工程来选育优良的霉菌、酵母和细菌等大生产菌种；也要运用酶学工程来鉴定和检测曲体的酶活性，尤其是液化酶、糖化酶和酒化酶的活力；还要运用发酵工程的操作原理来改进或提高发酵酒醅的发酵程度和发酵产物，最后得到成熟酒醅。研究、改进、应用这些生物技术，就可达到科技兴酒的目的。

国内大多数小白酒厂仅有职工数十人，而且设在乡间，就地向农村招工，有些生产者尚是文盲或者没有科学常识，除体力劳动外，不宜担任技术工作。国内大白酒厂往往有职工数千乃至上万人从事生产劳动，每人的劳动强度大，劳动成果也大。所以，劳动人民是创造财富的主人，也是创造历史的主人。酿酒职工知识愈高，技能愈高，从而创造的产品愈好，财富愈多，充分证明了用酿酒科技武装酿酒工人的重要性。在生产第一线的职工，应该成为掌握和运用酿酒科技的能手。为了实现这个目标，就应考虑职工的培训、职工的学习。在旧社会，白酒厂的老师傅具有一套生产经验，大都"传子不传女"，保密非常严格，封建意识浓重；在新社会，虽然男女平等，相互帮助，交流经验，但缺乏介绍实践、专谈方法的图书，引不起学习兴趣。为了改变这种局面，需要酿酒科技工作者多动脑筋，多摇笔杆，多编印一些符合实际、通俗易懂、切实可行的科普书，使其跟上时代的发展步伐，而具有现代境界。

（原载《酿酒科技》2000年第5、6期和2001年第1期）

入世后的中国酒业

文 / 秦含章

一、百花齐放、万紫千红

　　酒或称饮料酒，是酿酒工业的主要产品。酿酒工业在全世界范围内，历来是一个重要的工业部门，各级政府、税务机关、卫生部门、科学研究院所、文化教育机关、广大社会消费者，都要重视它们，也都需要它们。酿酒工业的产品众多，分类方法不同，统计数字有异，所以各人主张不同，无法统一规定。

　　琼浆玉液，源远流长，传播全国，品种多样。笔者根据现代酿酒科学的内容，试就全国各省市区有关饮料酒的历史演变、地理分布、生产情况、销售趋势、风格特点、饮用习惯、评酒规范等，综合衡量，统筹归纳，将我国的酒大体上划分为以下十大类：第一类是黄酒和清酒；第二类是葡萄酒和其他果酒；第三类是啤酒；第四类是白酒、烧酒、蒸馏酒、烈性酒（依原料分，有大米酒、高粱酒、甘薯酒、绿豆烧、三粮液、五粮液、六粮液；依用曲分，有大曲酒、小曲酒、麸曲酒、液体曲酒；依工艺分，有老五甑、老六甑、双甑酒、二锅头、玉冰烧、串香法、配制酒、泥池法、石池法、远年老窖法、人工老窖法；依香型分，有清香型、浓香型、米香型、酱香型、药香型、芝麻香型、茴香型、混香型、凤型、四特型等）；第五类是露酒；第六类是滋补酒和保健酒；第七类是药酒；第八类是白兰地、威士忌、朗姆酒、伏特加、杜松子酒（金酒）和柏子酒；第九类是开胃酒、消化酒、利口酒、味美思、配制酒和鸡尾酒；第十类是奶酒、蜂蜜酒和鸡蛋黄酒。

二、中国酒业大形势

在国内市场上比较受欢迎的饮料酒，有各种黄酒、啤酒、香槟酒、开胃酒、消化酒、利口酒、味美思酒（或称苦艾酒）、白酒（高度白酒、降度白酒、低度白酒）、白兰地、威士忌、伏特加、金酒、朗姆酒、鸡尾酒和青稞酒（裸大麦制成的酿造酒和蒸馏酒）以及各种奶酒。黄酒和白酒是中国的传统酒种，历史久，传播广，符合劳动需要，深受人民爱好。市售白酒的酒度有高有低，大体上划分为三类。高度酒：含有酒精50%～55%（v/v）；中度酒：含有酒精40%～49%（v/v）；低度酒：含有酒精32%～39%（v/v）。在这三类白酒产品中，酒厂（或公司）常常根据当时市场的销售情况而有意变动其酒度，或增或减，自由变动。增加或减低了酒度，就可以成为系列酒，而使一家酒厂有白酒品种数十种，任人挑选，机动灵活，销路变热。

酒精对人体具有特殊的生理作用，主要表现为刺激、兴奋、抗疲劳、振精神；在寒冷的季节，可加快血液流动，增加体内热量，从而抗冷御寒，振作精神，忍受苦力；在炎热季节，饮用白酒有助于治疗感冒，预防伤风；在日常饮食中，少量饮酒，可以开胃，帮助消化，甚而放松神经，促进入睡，减轻失眠。因此，农民耕种田地，爱好饮用白酒；渔民下海捕鱼，张帆远航，爱好饮用白酒；矿工下井采煤挖金，劳苦费力，环境阴暗潮湿，为了争多用力，喜好饮用白酒；伐木工人入山采伐，在高寒湿冷环境，忍饥耐渴，伐树锯木，费气费力，工时较长，更难应付，自爱饮用白酒，自多携带酒壶；知识分子和其他脑力劳动者在工作之余或家庭餐桌上，也以美酒佳肴，作为自娱休息和养生之道；文艺工作者，尤其是诗人画家，往往也离不开白酒。正像古代诗人李白所体会到的，可以"斗酒三百篇"，写好诗，离不开白酒；一般公务人员，在整天忙于工作、处理公务之后，也多有同感，其喜欢见到佳肴美酒，一似李白或者杜甫。所以，白酒作坊或酒窖，遍布全国城乡。白酒行业（酒厂、公司、酒庄、集团）遍布各省区市，量多面广；白酒产品，不论高、中、低度的酒种，深受劳动人民的爱好。

以农为本，以食为天。早在春秋战国时期、百家争鸣时代，就有学者提出"国以农为本，民以食为天"的"治国平天下"的大道理。新中国成立以后的50多年，我国一直重视农民的利益，"把农业工作放在一切工作的首位"，"全心全意为人民服务"。

我国农业人口多，将近10亿，他们是劳动者，终岁辛勤生产农业食品，其中如大米、小米、大麦、玉米、高粱、豌豆、绿豆、葡萄、苹果、柑橘、青梅、草莓等，都是酿酒工业的主要原料或辅料。与此同时他们亦是消费者、享受者。

"大力发展食品工业"（包括酿酒工业在内），满足人民生活需要，这是现在的提法，也是实际的"常道"。"开门七件事，柴、米、油、盐、酱、醋、茶"，这是古代的说法，也是古代的实际。其基本精神，都是表明"以食为天"，重视食品开发（包括酒类开发）。酿酒工业是食品工业中的重要组成部分，也是发酵工程的主要科技内容，更是生物工程的重要组成内容之一。在改革开放过程中，我国的酿酒工业（啤酒、黄酒、葡萄酒、白酒、露酒、补酒、药酒、奶酒、蜂蜜酒、保健酒等）在国家直接投资、外商合作投资、公司集股投资、个人独立投资等多种形式的支持和开发之下，展翅腾飞，快速发展，基本上改变了原来的落后面貌，取得了令人刮目的成就。我国酿酒工业在半个世纪内迅猛发展，面貌变新，大功当勋，利在全民。

崇商则富，崇医则健。在学习邓小平理论以后，我认为，"改革开放，脱贫致富"是社会主义初级阶段最重要的工作目标；在发展第三产业过程中，必然农工商三者结合，供产销一条龙，增产商品、开拓市场成为改革开放的重要内容。现在，中国已经"入世"，是世贸组织的正式成员，这对商品生产和流通领域将产生重大影响。酒类产销工作如何适应这一新形势，已是摆在我们面前的重要新课题。

"入世"后，我国市场更加开放，洋酒涌入，多方推销，自由竞争更加剧烈。"入世"以后，就意味着我国市场将逐步对外开放，我国的商品经济由内向型转为外向型，这对国内生产和流通的商品，尤其是饮料酒，必将产生很大的影响。入世后，我国的关税税率必将降低，并将逐步取消许可证或行政审批手续，实质上"保护民族工业、地方商业"的政策将逐渐取消，竞争意识必将加强。进口税降低以后，进口商品的价格也将相应降低，再加上外商可采取大规模的广告宣传、高额的奖售方法、优质商品、优质服务，甚至以赔本酬宾联合倾销等老方法，在中国市场上上演大量促销大战，挑起竞争风潮，迫使我国相关商品没有销路，挣不到钱，受到严重冲击，甚而被迫宣告破产。饮料酒亦不例外，顾客完全可以根据商品的质量、价格、装潢、服务等等，择优选购，优胜劣败，理所当然。与此同时，入世后也会给国产商品和企业"出关"走向世界，创造良好的机遇：如果产品对路，质量优秀，成本低廉，包装美观，一些具有我国特色的名、优商品和一定规模的企业，能够以自身的优势走出国门，寻找外遇，占领市场，获利丰厚，挣取外汇，自然也有成功的事例。

开发"入世"新市场。"入世"后，为了熟悉市场情况，适应各组织成员的消费要求，尤其是不同层次消费者的需求，酿酒行业及其有关协会、学会、基金会、研究会、杂志、报纸等，要多刊发国外酒业市场需求情况、规格标准、价格体系和民俗习惯等。调查世贸组织各成员的民众爱好，认清他们进口酒种的名称、性质、标准、数量、价格、包销经销手续、财务结算方法、运销利润高低，以便决定自己酒厂或公司产品的生产安排、出口安排，开辟外销市场，增强竞争力度，树立产品信誉，由此自可成为优秀的出口商。如果外销不成，亦可转为内销。在国内，加强主要产品的宣传力度，搜集各方面的市场信息，经过研究分析，通晓酒类销售趋向，决定自厂产品的产销安排，不盲目投入，不削价竞争，研究决定投入和产出的比例，掌握营销策略，组织推销力量，分区包销到户，自可获得经济效益，甚而成为酒业大户。有雄厚资产、强大实力的大酒厂或大集团自可发行股票，吸收社会资金，扩大业务范围，也可出国经营，走进世界市场，创造另一新天地。

发挥优势，树立名牌。中国的饮料酒，近年来在经营管理、体制改革、营销策略、评酒规范等方面，已逐渐实现科学化、集团化、多样化、标准化，从而声名大扬，名牌增多。原来的工厂变为具有更强经济优势的公司法人。

截至1990年，中国酒类行业已有国优产品124个，都是名牌货。今天的中华美酒，真是玉液琼浆，万紫千红。保护名牌，占领市场，已成为酒业的共同愿望。严格评酒，规范市场。名酒商标，名酒科技，注册专用，亦已成为厂家的知识产权。名牌名酒销路大，财源广。竞争力量增强，"入世"自有希望。调整产品结构，改善包装装潢。新世纪的消费水平，已由温饱型向小康型或更高的水平过渡。中国酿酒工业自当适应这种变化，满足全国各族人民日益增长的需求。这是一个重大的发展趋势，也是酿酒行业一个重大的研究课题。为了适应"入世"后的外贸需要，适当引进国外酿酒技术，生产一些适应青年们、妇女们喜爱饮用的

新酒种，尤其是外宾们习惯饮用的"洋酒"，正是"入世"后必然要采取的发展战略。

近年来，中央领导同志曾多次提到，要从人身健康上限制白酒浓度。为了贯彻中央领导同志的这些指示，我们认为：我国饮料酒工业仍然必须坚持优质、低度、多品种的发展方向，逐步实现四个转变，即高度酒向低度酒转变，蒸馏酒向酿造酒转变，粮食酒向果类酒转变，普通酒向优质酒转变。

（原载《酿酒》2002年第2期）

周恒刚

ZHOU
HENGGANG

历苦耕耘勤育李 谆谆教诲记心中
——铭记周老遗愿

文/张良 沈才洪 张宿义 许德富

　　中国白酒的大宗师、酒界泰斗周恒刚先生连续主持三届评酒工作，其围绕中国白酒所从事的白酒香气成分剖析、尝评，酿造工艺的查定总结，生料制曲的功能性研究，通释古书，译注外国文献等科研工作，都具有开创性意义。其研究取得的成果和理论，对中国白酒工业发展起到了巨大的推动作用：促进了中国白酒酒体设计工作的科学化；揭示了泸州老窖四百年老窖产好酒之谜；确立了中国白酒基本香型体系；推动了制曲工艺专业化发展。

　　虽然周老已离我们而去，但周老广博的学识，对行业后生的培养和提携，以及坚持

▲周恒刚先生年轻时照片

学术真理的人格魅力，激励和勉励我们为中国白酒业的发展不懈努力。

"国窖1573，恰到好处"

周老于2002年作为专家组组长，组织对泸州老窖酿制的"国窖1573"酒进行鉴评。他盛赞"国窖1573"酒如一位美人，增之一分则长，减之一分则短，恰到好处，无可挑剔！并将"国窖1573"酒确定为中国白酒鉴赏标准级酒品，强调必须推动中国白酒步入超高档消费品牌领域，走出国门与世界级知名蒸馏酒品牌争奇斗艳。

2004年，泸州老窖拥有自主知识产权的"国窖酒生产工艺研究"成果作为中国白酒业"工艺与产品成果"荣获四川省科技进步一等奖。

1996年泸州大曲老窖池群（后称为1573国宝窖池群）被国务院列为"全国重点文物保护单位"，2006年

▲周恒刚先生亲笔题字

又被国家列入"世界物质文化遗产名录"。同年，"泸州老窖百年以上窖池群及酿酒作坊"四川省重点文物保护单位，以原址、原貌、原生态留存使用至今的国宝窖池及其作坊的文物特质通过四川省文化厅组织的专家组评审；另外，"泸州老窖酒酿制技艺""汾酒酿制技艺""茅台酒酿制技艺"分别作为"浓、清、酱"三大白酒基本香型的典型代表酒酿制技艺，一同入选首批"中国非物质文化遗产名录"。

至此，周老所关切的"国窖1573"酒，得到了中国白酒业"双国宝"的呵护，并从物质层面和非物质层面受到全国范围内的关注，显著促进了泸州老窖工业旅游业的发展。2006年，"国窖1573"酒等白酒品牌荣获"中华老字号""中国驰名商标"等称号。

▲ 周恒刚先生赞誉泸州老窖酒曲：四百年来育老窖，三千里外闻曲香

"酒曲是行业发展的关键"

　　周老毕生对酿酒酒曲的研究有着深厚的感情，在他去世前留下的《制曲水分》《制曲营养》《制曲热能》三篇遗稿，都是他毕生对酿酒酒曲研究的总结资料。泸州老窖按照周老的遗嘱，对三篇遗稿进行整理并公开发表，为行业共享。

　　2005年10月23日，白酒著名专家、白酒企业代表汇聚泸州老窖制曲生态园，为周老铜像揭幕。同时，按照周老的遗嘱，周老女儿将父亲倾注毕生心血撰写留存下来的两套制曲资料，赠送给了泸州老窖酒传统酿制技艺

▲周恒刚先生（左一）参观指导泸州老窖

的两位传承人——张良先生和沈才洪先生。

　　泸州老窖作为浓香型白酒的典型代表，长期以来都以"浓香天下"为己任。1996年泸州老窖开始将酿酒大曲进行专业化生产、市场化经营，顺应了周老倡导的"地域资源共享"理念，并将生产的"久香"牌泸州老窖大曲注册保护，获得原产地标记注册认证。

　　2001年，周老参观了泸州老窖制曲生态园后，誉"久香"牌泸州老窖大曲为"天下第一曲"。其后，该曲更是成为中国白酒科学大会指定酒用大曲，获得酒曲商品金奖，产销全国包括台湾在内的二十多个省、自治区、直辖市，并出口马来西亚等。

为顺应周老"地域资源共享"理念，2003年，泸州老窖承办了"首届中国制曲专业化发展趋势研讨会"，形成了"专业化制曲是中国白酒发展的必然趋势"的会议结论；2005年，行业第二次在泸州老窖召开了"酿酒酒曲产业化、商品化研讨会"，形成了"为顺应酿酒酒曲的产业化、商品化发展趋势，要求研究制定酒曲的行业标准甚至国家标准"的会议结论。

地域资源产品的行业共享，为部分白酒企业的快速发展奠定了产品品质基础。2005年至2006年间，许多酒企都纷纷规模化扩建了万吨级的浓香型白酒酿造车间。"久香"牌泸州老窖大曲的销售以每年20%以上的速度增长，也证明行业资源共享促进了中国白酒业的快速发展。

2005年，泸州老窖作为企业主体，与四川理工学院、四川食品与发酵工业研究设计院共同组建了酿酒生物技术及应用四川省重点实验室。该实验室云集了白酒行业及其相关行业的著名专家、学者，成为中国白酒业基础理论和基础技术的重要研究平台，被誉为"中国白酒科学化的孵化器"。

2006年，泸州老窖作为企业主体，与中科院成都生物研究所、四川理工学院、四川省食品发酵工业研究设计院、四川省农科院水稻高粱研究所共同组建了四川省白酒生物工程技术研究中心，为中国白酒业成果集成和成果产业化提供了研究平台，被誉为"中国白酒成果产业化平台"。

所有这些成绩的取得都离不开以周老为代表的先辈们毕生对中国白酒事业的关心、爱护，我们不会辜负前辈们的期望，将共同努力做大做强中国白酒事业。

（本文撰写于2007年）

专家简介　周恒刚

我国著名专家、酒界泰斗，1918年11月出生于辽宁省大连市，2004年6月16日在北京逝世，享年86岁。1937年至1942年就学于哈尔滨工业大学应用化学科。1949年4月参加革命工作，历任东北专卖总局生产处技师，哈尔滨酒精厂工程师，东北烟酒总公司工程师，轻工业部烟酒局、食品局工程师，1972年8月任原廊坊地区轻工业局副局长、高级工程师等职。曾兼任中国食品工业协会理事，河北省食品工业协会副会长，中国白酒专业委员会名誉会长，第二、三、四届全国评酒专业专家组组长等职。第五、六、七届全国人大代表，全国科技大会代表，全国劳动模范，享受国务院政府特殊津贴。

周恒刚先生既是我国白酒行业的知名学者，又是理论与实践相结合的开拓者，为我国白酒发展做出了卓越贡献，在白酒行业中享有极高的威望，是白酒试点工作的创造者、参与者和领导者。周老提出的"低温入窖，定温蒸烧"被奉为白酒酿造的重要操作技艺规则；涿县（今涿州市）试点总结的"稳、准、细、净"经验是提高白酒产量、质量的关键；组织参与了茅台试点，对酱香型白酒进行查定与研究，特别是对己酸乙酯的发现，不仅对茅台酒发展起到了促进作用，还对浓香型白酒的推广和发展起到了重要作用；由其组织并参与的锦州凌川试点、周口试点、玉泉试点、昌平试点等试点工作，有力地推动了我国白酒工业的发展。

周恒刚先生还是白酒原辅料、中间品及成品酒分析方法的奠基人之一。在周恒刚先生的组织领导下，中国白酒品评理论、品评技术、品评方法逐渐形成了一套比较完备的体系。周恒刚先生参与"防止窖泥老化""人工强化大曲"等重要科研项目的研究，推动了我国白酒行业科研工作的开展。周恒刚先生几十年来著书共16册1680多万字，并在全国23个省（市）举办酿酒培训班，培训人员2800余名，学术讲演数百次，发表论文400余篇。

周恒刚先生是新中国白酒工业学科带头人，他一生为我国白酒行业发展不懈奋斗做出了突出的贡献，是老一代知识分子的典型代表。

父亲与泸州老窖的浓香情缘

文 / 周心明

　　白酒继承着我国酒文化和历史，以独特的生产工艺和品味风格享誉世界。父亲一生只从事了一个行业，一干就是一辈子，他与白酒结下不解之缘。每每忆及父亲对中国白酒行业发展所付出的辛劳努力及做出的贡献，尚觉余音在耳，难以忘怀。

生活得不讲究，工作得不将就

　　在我印象中，父亲是一个对待生活不够讲究的人。父亲出门时，扣错扣子顺序或者穿上左右不一致的鞋是常有的事。饭后，父亲喜欢在大院来回遛弯，边走边思考问题，有时院里认识的人同父亲打招呼，父亲由于太沉浸在自己构筑的精神家园里而未听见，搞得外人十分费解，"你们家周工怎么不理人呢？"父亲就让母亲去帮他解释，说他是眼神不好，看不清。但其实，他的眼神好着呢。

工作时的父亲却是一个绝不将就的人。我们家有一条家规，就是吃饭时父亲不上桌，我们都不能上桌吃饭，但如果遇上父亲在写东西或做研究，就算叫上三遍，他也不会放下手头的工作来吃饭。有次见父亲心情不错，我问父亲："为什么全家叫你三四遍，你都不来吃饭呢？"他说："刚好，我也正想说这件事，你也跟全家说一下——以后吃饭，你们来叫一遍就好了，我只要没有起来，就是我在思考，如果我起来吃饭，那么我的思路会被全部打乱。"

我妈有时会说："几十年来，大家都是依着你的习惯来，你能不能尊重一下我的劳动成果？"因为饭菜一遍又一遍热，我妈会付出更多的劳动，但父亲几乎不考虑我们的感受，他把一切的注意力都扑在工作上。我父亲就这样。

但就是这样一个"粗心"的人，在他去世前一年，他的记事本上还记满了行程，不是在天上飞，就是在火车上，而父亲更多的时间，是在酒厂做研究。

不图名利图为民

父亲常说：我不能走仕途，不能沾仕途，不能跟仕途人打交道，我怕

▲2019年，周心明女士在父亲周恒刚塑像和"浓香正宗"碑前留影

耽误我时间。

父亲是第五、六、七届全国人大代表。我记得我帮他请过两次假，父亲请假的理由是，每年4月中旬全国人大代表开会时，正好是酒窖窖泥培育的最佳时间。开会的时间要是撞上了窖泥培养，他会不知如何取舍。父亲说："你们帮我请好假，我就踏实了，可以安安心心去培养窖泥。"

20世纪80年代，酒行业给轻工部一个院士名额，这个名额给到了父亲。名额是给了，相关表格也要填写，那厚厚的像书一样的表格给到我父亲后，在他案头一放就是三个月。相关部门一次次去催填表，我父亲就一句话：钱三强够格，我不够格。于是这事一拖再拖，最后离申报只剩三天，父亲再不填就与院士无缘了。父亲直接说："压根就没缘，我不够格。"于是，这事就不了了之。

还有一件事是，有个著名的上市公司拿出资金，要建立"恒刚基金会"，用以支持行业研究、资助贫困学生，或用于表彰优秀企业。钱都到位了，但我父亲就是不签字，只甩出一句话：宋庆龄基金会够格，我草民一个，不够格。于是这件事情又不了了之。

▲ 酒界泰斗周恒刚先生亲笔题写下
"浓香正宗"赠予泸州老窖

在履职人大代表期间，父亲有一件事，行业内不清楚，家里其他人也不知道，只有我一个人清楚。因为对于人大代表提的议案，国家要定期进行回访，看他的提案是否落地，所以他们到家里回访时，是我帮父亲做的记录。

在20世纪70年代，中国的计量标准没有完全统一，比如酒按瓶算，药按片算，牛奶按磅算，不像现在，都精确到毫克、毫升。所以，如果国家的白酒要出口的话，先要把白酒换算成磅或是瓶，在外汇方面，这样国家是要吃亏的。父亲发现了这一点，于是在第五届全国人民代表大会召开时，他提议国家要进行计量统一，各行各业都要制定统一的计量标准。

父亲每天的思考不仅限于白酒行业，还涉及民生和与老百姓息息相关的很多问题，可以说，他把民生放在了名利之前。

父亲与泸州老窖的二三事

1963年至1984年间，父亲主持了第二、三、四届全国评酒会。在第三届全国评酒会上，浓香型一组选送的酒样最多，泸州老窖因其浓香风格突出、窖香浓郁，得分最高，受到包括父亲在内的评委及专家们一致认可，被国家确立为浓香型典型代表，所以浓香型白酒亦称"泸型酒"。同时，泸州老窖蝉联五届名酒。从此，父亲一心想去泸州看看那从未间断生产、连续使用几百年的活文物——泸州老窖窖池。

而我对于泸州老窖也是印象极深。为什么会很深呢？当年的我年纪小，还没有上学，父亲教我识字就是通过念酒瓶的名字。对小孩子来讲，繁体的泸州老窖大曲酒这几个字，除了"老"和"大"，其他都太难了。

1989年，父亲带着专家们和我，首次到泸州老窖酒厂进行参观考察。后来我才知道，父亲让我去泸州是让我去抠几块窖泥背回北京，而且特意

▲周恒刚先生与研究员共同参与实验

嘱咐要取不同位置的窖泥。在作为技术科研工作者的父亲眼中，这窖泥是宝贝，是珍宝。

当父亲与评酒员交流时，得知他们没经过一线锻炼，便立即说道："那不行，酒品质量来源于生产环节，勾调技术可以锦上添花但不能雪中送炭。"父亲当即向厂领导建议，进厂人员必须下车间锻炼一年，才能对酒的生产产生比较完整的认知。

数年过去了，我再来泸州老窖，得知父亲当年的建议被遵循至今，进厂员工必须先到生产、销售一线进行锻炼已成泸州老窖不变的法则，父亲的建议对企业产生了如此深远的影响，很是让我欣慰和感动。试想，只是指导性的一句话，一个企业就能坚持做这么多年，这就是泸州老窖的过人之处。

正本溯源。在20世纪80年代末，中国白酒正处于发展时期，打着"浓香"旗号的酒厂遍地开花，以谁为标准，行业对此也莫衷一是。是时，恰逢父亲到泸州老窖考察。父亲一向秉承科学严谨的态度，他表示：香型可以再创，四大香型的标杆不能撼动，否则企业就没有遵循的标准了。随后，他在泸州老窖的工作会议上肯定浓香正宗非泸州老窖莫属，并为泸州

▲周恒刚先生题写"浓香正宗"四字赠予泸州老窖

老窖题写了"浓香正宗"四个大字。

2001年，父亲第二次到泸州老窖参观、考察，专程去到了泸州老窖制曲生态园，与厂领导针对酒曲进行了详细的研究和探讨。他掰开曲块，看了又看，闻了又闻，高兴地说："你们不仅自己生产酒曲用于酿酒，还为浓香型白酒企业提供高品质的曲子，这为业界浓香型白酒整体质量的提升提供了保障。因为大曲酒只有中国才有，中国第一的曲子，那不就是天下第一吗？就叫'天下第一曲'吧！"为铭记父亲的叮嘱，2005年，泸州老窖还在制曲生态园为父亲塑铜像以示纪念。

2002年，全国白酒培训班会议在泸州老窖召开，父亲再次来到泸州。他在会议上说："尽管现在白酒行业处于低谷时期，但我对泸州老窖非常有信心。首先，你们不惜重金培养人才，在科研上敢于投入经费做持续性研究，这点我很欣赏。第二，你们非常重视技术和生产质量。销售要靠产品质量作支撑，这是双轮驱动，我相信你们能赢得更大的市场。"随后，他品尝了泸州老窖战略性高端产品国窖1573，并留下了一句精彩的评语：国窖1573如一位美人，增之一分则长，减之一分则短，恰到好处，无可挑剔。

父亲病重期间，嘱托我把他的三篇封笔稿件交给泸州老窖，他对我说："我看好以张良为代表的泸州老窖整个领导班子，都是科班出身，在产品质量和技术方面都有很高的要求。这三篇论文都是关于制曲的，我花了很大的功夫。你交给沈总，让他把泸州老窖关于制曲方面的内容补充完善后，共同发表。"父亲还叮嘱把他写的有关窖泥及制曲的书，赠送给泸州老窖。

2005年，遵其遗愿，我将父亲编写的书正式赠送给泸州老窖，以告慰父亲。而父亲临终前希望泸州老窖能将此传承下去的心愿，亦已得偿。作为新中国白酒学科带头人，父亲无愧于国家和业界给予他开创者、先驱者、奉献者的称号和殊荣。父亲的一生，与泸州老窖结下了深厚的浓香情缘，这无疑是酒界一段佳话，作为子女，我深感荣幸。在2018年父亲100周年诞辰之际，泸州老窖以感恩之心，举行"不忘初心、追寻宗师足迹"等纪念活动。于此，我代表家属，感谢泸州老窖对家父的缅怀。

怀念一个人的最好方式是完成他的遗志和继承他未竟的事业，泸州老窖一直在为中国白酒走向世界做出不懈努力和贡献，这正是父亲一直想做的事！

中国白酒需要这样的企业，将科技创新、工匠精神融入中国制造，将中国白酒的文化符号标记到外国的餐桌！

最后，希望泸州老窖把中国酒文化继续传承下去，不忘初心，砥砺前行！祝愿泸州老窖的事业蓬勃发展！蒸蒸日上！

何当共饮老窖酒 却话浓香情长时

——访周恒刚外孙周宗艾先生

文 / 牟雪莹

　　酒界泰斗周恒刚先生，1918年11月出生，茹古涵今，毕生倾注于中国白酒的发展。在先生100周年诞辰之际，为缅怀大师为新中国白酒事业做出的贡献，笔者专程奔赴北京拜访周老家人。

　　周老对泸州老窖关怀备至，曾多次莅临泸州老窖进行指导：1989年，周老第一次到泸州老窖视察，自称"无量酒徒"的周老为泸州老窖留下"浓香正宗"的墨宝；2001年，84岁高龄的周老第二次光临泸州老窖，专程参观制曲生态园，鼓励泸州老窖坚持做好"天下第一曲"；2002年，周老人生最后一次传道授业讲课也是在泸州，授课间隙，先生还专门品鉴国窖1573，盛赞其"如一位美人，增之一分则长，减之一分则短，恰到好处，无可挑剔"！

抉 择

无量酒徒"钦定"泸州老窖

周宗艾是周老最小的外孙，"80后"的宗艾聪明、活泼、独立，在绘画上天赋异禀。初中毕业后，他便被徐悲鸿绘画学校录取。在美学界深造一年后，17岁的宗艾便转学到了泸州。从全国政治、文化中心来到偏远的四川泸州，"北漂族"变成"南漂客"。这个转学似乎有点儿违背常规模式。

▲周恒刚先生与外孙周宗艾

但其实，这是周老的一个心愿。周老一生为了中国白酒事业奔波于祖国天南海北，曾到各地酒厂实地调研，深入基层一线，写下学术论文400余篇，撰写各种专业论著1680多万字，其中《麸曲酵母》《糖化曲》《白酒生产微生物》等著作不仅成为白酒生产和研究的必备资料，有些还被指定为大学正式教材。周老所研究的《泸型白酒窖泥微生物的选育与防止老化的研究》《生料酿制白酒及其推广应用》《浓香型白酒工艺改革研究》等科研成果多次荣获国家级大奖。

八十高寿的周老对小女儿周心明说："我和酒打了一辈子交道，写了一辈子酒书，到第三代没有人能看懂，很遗憾。"周心明很明白父亲的心愿，立志送自己唯一的儿子周宗艾到专业的酒类学校学习。

经过了解，全国的酒类技术学校仅有两所：一所是陕西西凤技工子弟学校，一所是泸州老窖技工子弟学校。周老做出了自己的决定：两个地方都曾去过，但20世纪60年代以来，泸州老窖响应国务院"提高名酒质量"的号召，在全国开办酿酒科学技术培训班，让全国20多个省市酒厂的技术骨干、勾调人员都接受了专业化的培训，泸州老窖为行业做出了巨大的贡献，且培训时间更早、经验更丰富、知识面更广，还是浓香型白酒的发源地，"浓香正宗"在泸州老窖，让宗艾去泸州吧！周心明遵从周老的决定，把心爱的儿子送至泸州。

南　渡
文艺青年求学路

　　宗艾对泸州、对泸州老窖最初的印象源自姥爷酒柜里珍藏的泸州老窖佳酿。是怎样的城市能酿造出这样的美酒，让人心向往之？

　　带着疑问，宗艾到了泸州——微风吹拂，夹杂着湿润的空气，一丝醉人的芬芳沁入心尖；峰峦叠嶂，山色空蒙，长、沱两江穿城而过，山路十八弯之后花园式工厂映入眼帘，仿佛绿野仙踪、世外桃源；建筑物错落别致，一栋栋整齐的厂房里窖池规整排列，这便是酿造美酒的发酵设备。震撼之余，酒香顷刻袭来，随着氤氲的香雾，流进宗艾的心里。

　　小时候宗艾听姥爷讲过粮食在窖池里发酵再蒸馏转变为酒的原理，是因为淀粉需要在一定条件下先转变为糖，最后才能演变为酒。姥爷偏重求真务实的科学研究，而在宗艾眼里，那一口口窖池仿佛一个个拥有灵气的修炼池，于时光里积攒着深厚内力，等待粮食于池中内外兼修、驯化演变，最终形成柔和、浓郁的舌尖美味。能够深入研究这些窖池的秘密，宗艾乐在其中。酿酒承载着传统农耕文化，两年的学习，宗艾在酿酒技艺和

▲周恒刚先生与外孙周宗艾

中国传统文化的浸润下受益匪浅。

酿酒在中国古代实际上是一个非常有社会地位的工作：一流佛祖二流仙，三流皇帝四流官，五流烧锅六流当，七商八客九种田——这是上九流。烧锅就是酿酒的人，因为古代酿酒业几乎都是官营，所以地位并不低。以至于进酒厂工作能让人特别风光，很受尊敬。

泸州老窖的师徒制度严谨，至今都还保留着师徒传承和传帮带的传统。当年宗艾在泸州老窖技校学习时，所用教材就是根据《泸州老窖大曲酒》这本书编排的。"这是六十二位白酒专家在泸州老窖试点编纂而成的浓香白酒技术秘籍。"但这本书编写出来后，泸州老窖并没有将此保密，而是将其毫无保留地分享出去，作为各大酒厂培训的教材。在厂里学得好的技师，还可以送到泸州老窖进行培训。就这样，泸州老窖培训了一批又一批未来白酒行业的中流砥柱。"我可以自豪地说我是'中国白酒黄埔军校'毕业的，也就是源自这本书。"宗艾回忆道。

缘来缘去怎奈何，聚散匆匆。在泸州两年的求学时光匆匆而过，宗艾不舍在这里求学的500多个日日夜夜，离别时刻，借周华健的《朋友》唱出了心声："一句话，一辈子，一生情，一杯酒……"

回到北京，姥爷询问宗艾的学业情况。宗艾对固态酿造白酒技艺熟记于心，姥爷点头赞许："自己写的书终于有人能看懂了。"

因为一些原因，宗艾最终没有入酒行，但这并不影响他对酒，特别是对泸州老窖产品的推广。推杯换盏间，深谙酒道的宗艾很快成为酒桌上的明星：续糟配料、混蒸混烧、千年老窖万年母糟，浓香型白酒酿造技艺信手拈来；醇香浓郁、饮后尤香、清冽甘爽、回味悠长，浓香型白酒品鉴口感脱口而出……因为酒，宗艾结交到了更多的朋友，他总会说："泸州老窖就是我的第二张名片。"

2004年，身染沉疴的姥爷过世。第二年，姥爷的铜像在泸州老窖制曲生态园揭幕，宗艾应邀参加了揭幕仪式。仪式结束后，宗艾和泸州的同学们欢聚一场，五年一别，再见已是亲人，重要的时节总会想起对方。

2018年的春节，睡在上铺的兄弟杨剑飞给宗艾寄去了泸州的腊肉和香肠。月光下，家人在旁，泸州老窖酒一壶，佐以泸州的美食。宗艾对母亲说：此生，心愿足矣！

泸型酒生产上的十个为什么？

文 / 周恒刚

为什么泸型酒有着特殊的香气？

泸州老窖大曲酒有几百年历史，以香气浓郁闻名，在白酒中独具一格，深受广大消费者的喜爱。泸型酒的香味细腻复杂，是由很多的单体成分共同组成的。它具有香气馥郁，入口绵，回口甜，后味长而尾子干净的特点。茅台试点曾检出己酸乙酯为其主体香味成分，通过纸上层析及合成对照与勾调品尝，都得到了证明。

泸州老窖大曲酒与其他白酒一样，在酯类中，乳酸乙酯及乙酸乙酯占绝对优势，说明它具有白酒应有的典型性。但与一般白酒的不同之处为乳酸乙酯：乙酸乙酯＝2：1，这在白酒中是比较罕见的。因为一般的酒接近于1：1。推论其可能是乙酸乙酯被梭菌进一步加工成为丁酸、己酸乙酯所消耗掉了。泸州酒的己酸与口味的浓厚有着密切关系。己酸乙酯在酒内不但具有呈香作用，对回味亦有一定影响，但必须与其他香味成分保持平衡，否则己酸乙酯过于突出而使酒味单调，就会起到相反的效果。

生产泸型酒为什么要用泥窖和老窖？

早在1868年，贝弥普氏曾发现以106克酒精，加入土块和碳酸钙，经放置以后可得到75克不纯的正己酸，但在当时并未引起人们的注意。尽管这个试验还很粗糙，但已能够说明酒精培养液中添加带有土壤细菌的泥土，经培养后可以产生己酸。1936年巴克尔氏用奥氏甲烷杆菌在酒精及二氧化碳中培养，生成物为醋酸和甲烷。次年重复试验时，竟生成了许多挥发酸。其中醋酸33%，丁酸26%，己酸37%。经深入研究，得知其中混有甲烷菌类的"鼓槌形"嫌气性有孢子菌，由乙醇与乙酸生成丁酸，进而合成己酸。当其与甲烷细菌共栖时，或在培养基中添加酵母自溶液，则己酸的生成量显著增加。该菌产生己酸时，主要基质为乙醇与乙酸。添加磷酸盐、酵母自溶液、生长素及P-氨基安息香酸时，发酵极为良好。生成己酸过程中，放出发酸气体和氢，有时并有少量的碳化氢。在有酵母泥的情况下生成量有明显的增加，它与泸型酒所用的窖泥极为相似，并使土壤细菌接触酒醅，该菌经酒醅的长期驯养，供应黄水中的酵母自溶液，利用酒醅内乙醇与乙酸大量合成己酸。特别是利用酒醅中的乙酸乙酯为接受体使其合成己酸乙酯，遂成为以己酸乙酯为主体香气的泸型酒。土壤中的嫌气性梭菌（老熟时生成孢子，因为一个孢子生在杆的一端而呈鼓槌形）与甲烷杆菌，经长期在窖泥内驯养，数量不断增加，适应性不断增强，遂有生成较多的己酸及己酸乙酯的能力。因为它毕竟是土壤细菌，所以具有与其他土壤细菌一样的离不开土壤的特性。例如人工培养的种子接入泥巴的效果好，接入酒醅里的效果则不佳。打新窖时，窖泥中是否有较好的菌种和足够的数量，以及适应期的长短，是能否产好酒的基础，因而培养窖泥是需要一些年月的。这就是窖池老熟的重要性。由于泥土中菌的种类与数量的不同，以致出现有的窖池好，有的次，有的老熟得快，有的老熟得慢。如果泥土中主要栖息的是丁酸菌，势必长期存在着丁酸臭，需要长期贮存，待己酸菌占了优势方能扭转。所以，窖池老化时，添加己酸菌是适宜的。因为丁酸菌不能产己酸，经常合成到丁酸就停止了。一般窖需2～3年始能老熟，方能产正品酒。如果人工老熟的窖，只需5～6个月即可老化成熟。老窖泥是产泸型酒的基础，所以要使酒醅充分接触窖泥。成熟的好窖泥封顶，增加接触面，有明显的效果。采用塑料布盖窖不但会减少窖泥接触面，并且会烧包造成损失。有人称塑料布是"懒汉布"，这是有一定道理的。

▲ 周恒刚先生在泸州老窖百酒图前留影

为什么说"万年糟"极为重要？

南方对酒醅及酒糟统称为糟，例如配醅称为配母糟。泸型酒生产配醅量较大，由于配醅量大，酒醅质量的好坏与酒的质量及出酒率有密切关系。经多年循环发酵的酒醅叫"万年糟"。它有以下几点作用：（1）酒醅中残余淀粉生产再利用，提高出酒率。（2）酒醅带来大量香味前驱物质，也可以说是香味的半成品，供微生物再次作用而产生香味。（3）酒醅中含有大量死酵母及其自溶液、蛋白质及核糖核酸、有效磷和其他微量成分，都是梭菌及甲烷杆菌的重要营养物质。（4）调节淀粉浓度，使糖化发酵得以顺利进行。更重要的是调节酸度，因为酸度与酯生成关系极为密切。酸不足则缺乏酯化及生成己酸的原料；酸大时，细菌的酯化能力差。例如醋酸是生成己酸的重要前驱物质，但如果醋酸含量过大，则只能产丁酸或丁酸酯，当酒精分大于醋酸及醋酸酯时，则生成的己酸酯多。因此，酒醅带出来的酸，其种类和数量都直接支配着丁酸与己酸、丁酸酯与己酸酯的生成比例。在酸度大的情况下酯化困难，在工艺上采取控黄水就是降酸与排出杂质的一项重要措施。（5）己酸菌经长期与较稳定的酒醅接触，对酒醅条件有所适应，如果酒醅质量波动，势必影响其生育及产酸与酯化作用。

酒醅之外当然也不能否认曲子的重要性，泸州老窖酒厂采用小麦大曲，大曲酒的质量比麸曲酒强。但是，当大曲制作得不好，不但浪费了小麦，酒的质量也不及麸曲酒。吉林省和辽宁省有的酒厂就是采用麸曲生产泸型酒，质量较好，受到消费者的好评。

泸型酒的发酵期为什么要长？

经验证明，不论生产泸型酒或是己酸发酵，其发酵期都需要长。泸州大曲酒发酵期30～60天。

己酸发酵的梭菌和丙酮酸发酵的梭菌相比较，丙酮酸发酵的梭菌有着极其旺盛的发酵能力，爆发式进行发酵。而己酸发酵的梭菌，其增殖极为缓慢。其缓慢是因为它对能的需要限度极小，即极小量的能就可满足它生存上的需要，这可能是土壤细菌的特性。由于己酸发酵所需热能低，以致菌的生长及其代谢产物的生成都非常缓慢。因此，不但发酵期要长，而且原料浓度（糖及酒精分）也不能过高。如酒精分在2%较为适宜，因其耐酒精度仅有6%。发酵期过长，生成物质浓度低，给发酵己酸工业化带来了困难。因为梭菌发酵慢，所以泸型酒的发酵期需要30～45天。当然发酵期长并不单纯就是为了己酸及其酯类，其他香味物质的生成也是需要时日的。但是有的厂消极地、无限地延长发酵期，这是不甚合理的措施。延长发酵期的酒香味大、己酸乙酯味浓，这一点是不能否认的。但是发酵期过长，己酸乙酯的风味浓了，不该发酵出来的邪杂味也被发出来了，使酒内增加了邪味。泸型酒要求尾子干净，因为去杂比增香还困难，这样延长发酵的效果是不好的。过分延长发酵期的酒，经常存在着一股药气味，不但影响质量，还会影响资金周转，占用大量窖池，降低产量。

为什么有的泸型酒有臭味？

发酵不正常的酒中经常含有丙烯醛、巴豆醛及硫醇等，这些物质都呈臭味或兼有刺激性的辛辣味。硫化氢在浓时呈臭味，在极其稀薄的情况下，与其他香味物共同呈现香味。泸型酒在生产中必然产生硫化氢，但在贮存过程中大量逸失。四个碳的系统多数是汗臭味，正丁醇味甚淡而异丁醇极苦，都臭味极小。丁酸的汗臭味极为突出。丁酸酯浓时呈臭味，在极稀薄的情况下则呈水果香。己酸发酵的经路是醋酸→丁酸→己酸。丁酸是中间产品，是必经之路，当发酵不正常时，己酸菌不能发挥作用，以致发酵到丁酸而中止，积累大量丁酸使酒呈较重的臭味。如果窖泥中有大量丁酸菌（而不是己酸菌），势必使酒内的丁酸含量过多而臭味突出。有的乳酸菌能够利用乳酸和醋酸生成丁酸，这可能是发酵不正常而造成白酒呈臭味的主要原因。在这种情况下，丁酸是最终产物，不能生成己酸。

泸型酒回味不甜是极大的缺陷，不具有泸州大曲酒的典型性。经验证明，凡己酸乙酯浓郁的酒，其回味都甜。其原因推论如下：醋酸是丁酸的前驱物质，但醋酸大时，则丁酸＞己酸。当基质中含有较多的多元醇时，醋酸的生成量相对减少。在醋酸少而并非不足的情况下，必然有效地促进己酸的生成，这就是多元醇间接支配着己酸的生成，可以说酒只有甜才香，而不是因不香而酒甜。实际上，凡是不甜的泸型酒，即使酒很香，但香味也不够纯正。为什么多元醇多醋酸就少，因为醋酸也是多元醇的前驱物质。

泸型酒生产时，产酯酵母为什么最为重要？

国内外对己酸生成有许多研究，但是泸型酒的主体香气毕竟是己酸乙酯，其次才是己酸。尽管窖内有大量己酸，却不等于有大量己酸乙酯。当然两者要有一定的比例关系。脂肪酸随着碳原子的增加，酯化越来越困难。利用产酯酵母进行酯化试验，在含有酒精的液体培养基中添加0.5%的己酸，发酵10天，结果产生的全部是乙酸乙酯，纸上层析和气相色谱鉴定都未发现有乙酸乙酯以外的酯类存在。巴氏近年报告提出，梭菌于酒精培养液中，在正常情况下，氧化转化为醋酸乙酯，然后在这个基础上产生己酸乙酯。梭菌与甲烷菌在共栖条件下，可以在含有酒精的简单培养基中繁殖。但是，纯粹培养，如无大量酵母浸出液是不能繁殖的。而酵母浸出液可以用乙酸乙酯或丙酸乙酯代替（丁酸乙酯的效果差）。酒精和乙酸乙酯合成为丁酸乙酯，进一步形成己酸乙酯和氢。如果用酒精与丙酸酯的混合物，其生成的主要是戊酸酯。应该特别注意的是当乙酸乙酯大于酒精时，其主要产物是丁酸乙酯，当酒精量大于乙酸乙酯时，则有利于己酸乙酯的生成。用乙酸乙酯作承受体产生丁酸乙酯，再与酒精合成己酸乙酯，

▲周恒刚先生讲解"酸的功与过"

这是合成发酵体系，通过代谢途径获得能，使之产生繁殖能。

乙酸乙酯主要是产酯酵母生成的，所以产酯酵母在泸型酒生产上具有重要意义，关于乙酸乙酯有下述三项重要作用：（1）大量产酯酵母在窖内自溶后，其菌体是梭菌及甲烷杆菌的最好养料，能有效地促进梭菌的生育。（2）产酯酵母所生成的乙酸乙酯可以代替酵母自溶液，充作己酸菌的养料。（3）产酯酵母所生成的乙酸乙酯又是合成己酸乙酯的承受体，是重要的前驱物质。但量必须低于酒精才能产生大量己酸乙酯。含量过高时，则产生大量丁酸乙酯，值得注意。

（原载《黑龙江发酵》1975年第2期，有删节）

说南道北

文 / 周恒刚

多年来许多人反映，南方的浓香型白酒质量比北方白酒的质量好，这也确实是不能否认的事实。那么南方浓香型白酒质量优于北方白酒的原因何在？以我个人看来，尽管其中因素很多，但主要有以下几点，提出来与有关同志共同商榷。

一、南方酿制浓香型白酒的优越性

（一）天时

南方的气温高，湿度大，具有得天独厚的优越条件，微生物群系多，数量也多，对微生物的生育与代谢都极为有利，对酿酒和制曲也大有好处。而北方酿酒及制曲请来的野生微生物，居多是专作老白干的客人。

（二）地利

众所周知，酿制浓香型白酒的主力军——己酸菌，是土壤微生物，而南方特别是川贵等地的土质中，含己酸菌量远远超过北方。己酸菌栖息在水分大的土壤中，南方土壤颗粒细，含铝量高，不易渗水，打成窖池能够保存黄水，这对己酸菌的生育代谢极为有利。北方泥土多为砂性，颗粒大，含硅量高，所以渗水，难以存住黄水。当用浆量大时，将窖泥泡塌了的教训很多，不能充分利用黄水，对己酸菌生育代谢极为不利，北方在这一点上吃了大亏。

（三）人和

一切创造都离不开历史因素，南方酿制浓香型白酒的历史悠久，前人不断地改进提高，使工艺日臻完善，因而留下了精湛的技艺。具体说，南方名优酒厂的操作工艺比北方细致得多，这是个极为根本的问题。北方时至今日，有许多厂的白酒生产工艺仍然沿用薯干白酒的粗糙工艺，不适宜于以高粱为原料的优质酒生产。尤其近年来，南方名优酒厂及科研部门对浓香型白酒有关微生物、工艺、贮存勾调等各个方面进行深入研究，并取得了可喜的成果。诚然，其作为销售手段也好，既提高了经济效益，更带动了科研工作的前进。

二、北方酿造浓香型酒存在的问题

由于南方有着得天独厚的自然条件，更主要的是人的因素，致使北方浓香型白酒稍逊一筹。究其原因，我个人认为北方酿制白酒存在"四大一粗"的缺陷，即糠大、窖大、甑大、罐大与工艺粗糙的问题。如得不到解决，是很难迎头赶上的。

（一）糠大

白酒提高质量的措施关键在于"除杂增香"。在除杂、增香两者之间，既有技术问题也有管理问题。但总的来说，增香是技术问题所占比重大，而除杂是管理问题所占比重大。两者相比，除杂的难度要大于增香。

在评酒会上经常遇到，某酒单独品尝时，香气口味都很好，后味干净。但当与好的名酒相遇时，说也奇怪，香味消失了，杂味反而突出。在杂味中，糠腥味最为突出。香味再好的酒，糠杂味大也就前功尽弃了。有的厂对糠壳保管不善，风吹雨淋、鸟粪鼠便狼藉，加以清蒸又不彻底，将这些邪杂味全部蒸入酒内，酒怎么能好呢？

糠杂味往往与用糠量成正比关系。北方在过去制薯干酒时，养成了多用糠、追出酒率的习惯，并将这个习惯带进了优质酒的生产。由于用糠量大，酒内留有糠腥味，这个问题不解决，提高优质酒质量也就无从谈起了。

（二）窖大

己酸菌主要栖息在窖泥中，所以只有酒醅接触窖泥才能产己酸。窖底酒醅接触窖泥好，水分大，营养丰富，所以己酸乙酯含量高。从薯干白酒工艺过渡而来的大窖池，接触窖泥面积小，自然就难以产生大量己酸乙酯。有的厂不但窖池大，发酵期又短，己酸菌本来生育代谢缓慢，这就无疑是雪上加霜了。

（三）甑大

甑大更是薯干酒生产工艺的遗法了。甑大投料多，产量大，完活快。在制薯干酒时期，65%vol就是薯干酒的唯一质量指标，当时还算可以。但优质酒则大不相同，不但要把香味做出来，还要把香味蒸出来才算合格。"快干快了，干完就跑，质量好坏，没有人找"的做法是行不通的。

白酒蒸馏时，蒸汽由甑的四周向甑中心移动，以求心圆的方式向甑中心移动。甑桶大时，蒸汽需要长时期才能转移到甑的中心部位。大甑的中心部位尚未上汽，香味物质及乙醇未待蒸出时，四周酒早已蒸完，开始上水了，于是出现溜边现象。这样不但酒度低，更重要的是许多香味成分难以蒸出而残留于醅内。同时不该被蒸出的大量水溶性物质，如有机酸类却大量流入酒内。于是造成香味之间失去平衡，不但酒味不协调，并使邪杂味大量增加。

（四）罐大

不能把酒库只看成是个收收发发、单纯的贮存单位，而应看作白酒质量管理过程中的一个重要部门。因为白酒在贮存过程中还在进行着一系列的物理、化学变化过程。

大罐存酒有它的优点，即贮存量大、占地面积小，酒的损失少，便于操作。但从在贮存过程中的老熟作用上看，则远不及瓮的效果好。因为其挥发及氧化还原作用小，尤其是大罐是无法勾调的。大罐（5～20吨）贮存的厂，也有一批人天天装模作样地品尝与勾调，事实上，这只是做做样子表演一番，掩耳盗铃而已。大罐中的酒早已自然勾调好了，还做什么样子呢？这个问题在于出厂酒批次之间难以保持一致，很容易出现一批一个味的质量不稳定的局面，这样又如何能抓住消费者呢？又如何保持自家的独特风格呢？

（五）工艺粗糙

生产薯干酒或高粱糠酒，在工艺上粗糙一些也不容易露馅。名优白酒生产，发酵期长，若操作粗糙，势必向窖内带入大量杂菌，造成乳酸乙酯远远超过己酸乙酯的含量，遂出现乳大于己的局面。也正因为工艺操作粗糙，卫生管理不善，导致酒醅中酸度过大，破坏了a-淀粉酶而失去液化与溶解作用，造成酒醅发黏，装甑困难。于是就大量用糠，给酒带来浓郁的糠腥味，出现了恶性循环。

某厂生产浓香型白酒，由于酒内乳酸乙酯含量过大无法解决，从外地请来酒师指导。这位酒师采取了三项主要措施，一是必须缓慢蒸馏，二是上下班都必须用水洗刷场地，三是加强窖池管理，防止烧包透气。这三项真抓到点上了。乳酸乙酯明显下降，己酸乙酯逐日上升，有效地扭转了被动局面。这位酒师的措施是很值得借鉴的。

有的厂，窖池及场地卫生管理不善，不能缓慢蒸馏，以致乳酸乙酯大为超过己酸乙酯。却不肯以简单的方法从根本上解决，而是辛辛苦苦培养丙酸菌，令其将乳酸吃掉，真是本末倒置，画蛇添足，多此一举！

（原载《酿酒》1994年第5期）

川酒为什么那么「火」

文／周恒刚

经常有人问我，川酒为什么那么"火"？以我个人看法："火在天时、地利、人和。"

一、天时

四川古称天府之国，不但物产丰富，气候条件也甚符合酿酒。白酒生产是充分而巧妙地利用自然界野生微生物的结果。蜀地高温多湿，气候条件适宜野生微生物的生长与繁殖。在四川蕴藏着较多的酿酒功能菌，尤其对酿制浓香型白酒更为有利。北方气候寒冷而干燥，自然环境中分布的微生物群及数量都偏少，却适于酿制清香型白酒。四川得天独厚的自然环境，使其成了酿制浓香型白酒的基地。

二、地利

四川土质肥沃，含有大量腐殖质，土中栖息着较多的己酸菌和甲烷杆菌，多于北方数倍，这对浓香型白酒窖泥培养极为有利。况且土质中含铝较高，遇水发硬，打窖后不渗水、不漏浆。这正符合浓香型酒的发酵条件。四川窖内能积存大量黄水，有利于己酸菌的生育，又有利于防止窖泥老化，还能利用黄水提高酒的香味成分。北方土质多硅，呈砂性，不适于己酸菌的界面生长，又渗水漏浆不能贮存黄水，所以采取低水分发酵，因而己酸乙酯低，并因水分低促使窖泥加速老化。

三、人和

四川酿酒师傅有好传统，操作细致，讲究卫生，流酒速度慢（受过去小曲酒操作影响）。而北方多数厂的酿酒技术至今仍没有脱离烧薯干、高粱糠的窠臼，操作极其粗放，存在着"四大一快"（糠大、窖大、甑大、罐大、流酒快）问题，因而影响质量提高。

四川省各级领导对酿酒行业特别重视，给予优惠政策大力扶植，尤其重视酿酒上的科研工作。各厂里都有一批颇具实力的科研队伍。酒厂与科研单位及大专院校联合攻关，近年来不断地有新的突破和发展，工艺上不断改进和提高新技术并得到迅速推广，因而使全省酒业飞跃发展。试看《酿酒》《酿酒科技》国内有影响的两份刊物，有分量、有水平、有价值的科研成果报告居多数出自四川。

在第五届评酒会之前，由省里组织评酒员进行强化训练达8次之多。市级厂级强化训练不计其数。皇天不负苦心人，有多大付出就有多大收获，四川省考取国家白酒评委的人数最多。试问谁下过这么大的功夫？评酒勾调技术的提高，又对川酒发展起到了推动作用。

四川省掌握了天、地、人，焉能不"火"？但有了天时地利，如果没有强人也是无济于事的，关键是事在人为。四川经验再次证明了当今世界，开拓前进者生，抱残守缺者亡！

▲周恒刚先生在泸州老窖授课

（原载《酿酒》1996年第1期）

/ 周恒刚 /

制曲热能

酒

文 / 周恒刚

在自然界中，存在着各种不同形式的能量，各种能量可以互相转化，并且自然界中能量是守恒的——守恒定律。能量是做功的源头，内燃机靠热能做功，电动机靠电能做功，而生物界是靠酶的催化作用所产生的酶做功的。微生物在生长过程中，细胞内会发生一系列的物理、化学变化，这些变化需要一定能量，即要在一定温度条件下才能正常进行。因此，温度对微生物的生长与发育极为重要。能量是微生物呼吸作用、氧化碳水化合物等生成的，能量的散发则是以温度来表示的。温度是能量的间接反映，制曲与发酵操作都以温度为依据，便于管理。热能主要来自微生物的呼吸作用，是在细胞内酶的催化下对营养物质的氧化过程，在此间获得细胞生长与繁殖需要的能量和必需物质。白酒制曲和发酵与其他发酵相同，基本上都属于异养微生物的氧化作用，虽然也有利用光能进行光合作用取得能

量的，如光合细菌，但在酿酒上并不存在。

　　微生物进行生命活动所需要的能量，是通过菌体内酶的催化、分解与氧化各种物质所取得的。微生物呼吸氧化菌体外的各种物质，属于释能反应。而在微生物体内各种物质的合成，则属于需能反应。例如白酒发酵过程中分解淀粉及葡萄糖属于释能反应，而由低分子合成高分子的己酸则是需能反应。释能反应与需能反应被微生物巧妙地结合在一起，二者是偶联进行的，即把释能反应放出的能量立即转用于需能反应。故此微生物对于能量的利用率是相当高的。释能反应的热量并不可能全部

被需能所利用，所以其剩余的能量则以热的方式向周围环境中散发掉。

不论氧化无机质还是有机质，微生物的生长繁殖都需要有足够的能量供应，但反应物的自由能必须大于产物自由能，反应方能进行。如果生成的能量在微生物所需能量之下，这些能量根本不能利用，菌就不能正常生长繁殖。最后这些能量全部作废，并以热的方式全部散掉。微生物自身释能反应的能量，立即转入需能反应，能被利用。从外界赋予的热很难为需能所利用，只能起到防止热损失，即起到保温作用。但在制曲及发酵前期如果没有外界赋予热能，细胞内酶难以活动，不能发生物理、化学变化，微生物就难以繁殖生长。

制曲操作是以温度为依据的。各种不同微生物在呼吸氧化各种物质时产生的能量往往不同，并与呼吸供氧有关。同一菌种在不同时期的呼吸强度也不一样。一般当菌在年轻的时候，处于对数期（晾霉阶段），其呼吸强度较大，生成能量多，消耗碳源也多。此时需要及时通风降温，防止烧曲。同时通风供氧也有助于菌的呼吸作用。更重要的是通风供氧能及时排除由于菌呼吸所积累的CO_2，以利菌的生长。

制曲温度与酶的生成息息相关。微生物繁殖需要有适宜温度，在适宜温度中生长最快。但是微生物生长繁殖的适宜温度并不一定是产酶与发酵的适宜温度。制曲品温同样对酒曲酶的生成有着极大的影响。

众所周知，品温支配着曲坯上酶的生成，然而品温对不同生、熟曲料造成的影响存在很大差异。在熟料小麦上，以不同温度培养根霉，品温由40℃开始，随着品温的升高，糖化力、氨态氮都在下降，唯有液化力及酸性蛋白酶相反，随品温升高而增长。在生料小麦粉上，以不同温度培养根霉时，糖化力随品温升高而下降，液化力则与熟料相同，随品温升高而增长，酸性蛋白酶在熟料上是随品温上升而下降，但在生料上则相反，随品温上升而升高。

切莫片面追求高温大曲。高温大曲目前在白酒厂中比较风行。高温大曲的特点是制曲品温升高，导致最终成品曲的淀粉酶低，酸度、酸性蛋白酶高，而酵母菌严重不足，如是，势必使出酒率降低。白酒生产出酒率与产品质量是平行关系，只有出酒率高，产品质量才有保证。因为白酒中许多香味成分是醇溶性的，如果酒醅中的酒精分子含量低，在蒸馏时必然有许多醇溶性的香味物质蒸不出来而残留于酒糟中，结果势必影响酒的质量。

在没有堆积工序的酒厂，厂家片面追求高温大曲的做法是值得商讨的。孤立地只用高温大曲容易使酒糊苦味重，酒色发黄。如果要采用高温大曲以使酒味丰满或增加后味，建议高温大曲与普通大曲按一定比例混合使用，或高温大曲与中温大曲分别发酵，对产品进行勾调以取长补短。这种既照顾了出酒率又提高了产品质量的方法是可以考虑的。

对高温麸曲的看法。在高温大曲风行时，不问菌的生理特性，不做实验，任凭主观判断，就把高温大曲嫁接到麸曲身上，这个做法是值得商讨的。麸曲用曲霉在熟料上纯种培养，大曲是以根霉为主在生料上多微培养。由于菌种的特性不同，生料与熟料不同，因而对制曲温度控制亦不相同，以致成品曲上，两者酶的组成存在着差异。

不论大曲还是麸曲，制曲品温高时淀粉酶都大幅度下降，于是造成出酒率低，然而大曲随着品温升高，酸性蛋白酶亦随之增长。各厂追求高温大曲，其目的在于提高酸性蛋白酶，增加酒醅氨基氮含量，借以增加酱香和后味。不同的是麸曲与大曲相反，在低温下曲的酸性蛋白酶高。提高麸曲品温，既降低了淀粉酶也降低了酸性蛋白酶，结果既降低了出酒率又未能提高质量，"南辕北辙"，是值得考虑的。

（原载《酿酒科技》2004年第5期）

制曲水分

文 / 周恒刚

生物的生长、细胞的组成都离不开水，水在维持生命活动中起到了重要作用。水在生物体中担负着蛋白质、碳水化合物、无机盐类以及其他有机物的溶解与吸收功能。同时水对排泄废物、调节温度也起到关键作用。更重要的是在细胞组成上，水是重要成分。在一般情况下，菌的生育繁殖培养基（曲坯）水分应与空气中湿度相关。当空气中湿度大时，微生物在低水分下也能生长繁殖。在制曲的不同阶段中，有时湿度比水分更重要。这也是成品大曲要在干燥状态下保存的原因。

制曲水分受环境及季节影响，不同制曲操作和不同香型大曲的用水量不尽相同。曲坯水分：酱香 > 浓香 > 清香。

一、制曲水分调节品温作用

人在强劳动中出汗，借助汗水潜热吸收身体上的热，然后蒸发散去带走一部分热量，以此降低体温。制曲也是如此，制曲用水一个重要作用就是调节品温。由于水的比热高，能够有效地吸收曲代谢过程中释放的热量，使微生物细胞内温度不能骤然上升而被灼伤。同时，水又是良好导体，能有效地调节品温。

二、霉菌孢子发芽与湿度

附着于曲坯上的霉菌孢子，在孢子萌发之前，首先是吸水膨胀，孢子体积增加，孢子重量亦随之增加。在孢子吸水膨胀过程中，孢子内部物质开始溶解，酶开始活动，为孢子发芽创造条件。孢子发芽时，其呼吸旺盛，需要有一定的湿度。在制曲前期室内温度及湿度尤为重要，处理得当可以缩短发芽期（适应期）。此时正值曲坯入房后上霉阶段，要特别注意保温、保潮，以确保上霉顺利进行。

三、曲坯水分变化影响菌的变化

由于各种菌类对水分的要求不同，在制大曲过程中，随曲坯水分变化，微生物群生育速度发生变化，即随曲坯上水分蒸发而减少，曲坯上的菌数消长出现极大差异。大曲培养利用的是自然界微生物，因其种类复杂多变，致使在制曲过程中，曲坯上的菌群及数量波动性很大。总之，在一般情况下，酵母菌随制曲时间的延长、水分的下降而减少。霉菌所需水分偏低，所以在制曲过程中数量会不断增长。

四、制曲水分与酶的生成

水分不足，溶解不好，菌就不能很好地生长代谢。但是加水过量对酶的生成反而不利。如果固体曲水分过大，则生成大量葡萄糖，并在曲坯上扩散。葡萄糖过多对酶的生成有反馈作用，菌的摄取速度降低，于是酶的生成亦随之下降。

制大曲利用自然界微生物、各类菌对水分的要求不尽相同，所以加水量、制曲工艺与成品质量关系极为密切。加水量少，曲发散，不易粘合，散碎曲增多，外皮易光板，中后期曲坯干燥，菌生长不好，酶生成量降低。

虽然重水分曲菌丝长得好，菌丝密集而均匀，从外观看是好曲，但对微生物酶的代谢以及香味物质的形成可能产生影响，需要结合多方面判定酒曲品质。大曲发酵工艺、制曲技术以及发酵过程控制等因素，影响大曲酶活性的高低，清香型低温大曲酶活性强，酱香型高温大曲酶活性低，浓香型中高温大曲酶活性居中。白酒生产用大曲除酶活性之外，并需要由曲供应白酒中的部分香味及形成风格。厂际间虽然在控制制曲水分方面出入不大，但在制曲温度上却有极大的差别。此外，在制曲上还需根据制曲原料调整配比，并对其吸水度、曲室构造等不断进行调整。

五、制曲水分与生酸菌

制曲品温高低、水分大小与生酸菌有密切关系，是无需争辩的事实。例如在蒸米上植入枯草菌的试验表明，随水分加大、温度提高，必然加快枯草菌的繁殖速度。制曲水分加大，枯草菌亦随之增长。另一试验为污染细菌枯草菌与曲霉菌分别培养或两者混合培养，试验结果表明，都是品温高的比品温低的繁殖能力强。近年发现曲霉在旺盛生长时，能产生抗生素抑制生酸菌的生长繁殖。

各种菌类对水分的需要量为细菌＞酵母菌＞根霉＞曲霉＞青霉。伴随着制曲时间的延长，水分不断下降，细菌后期的繁殖能力不断减退，而霉菌在后期逐渐由弱变强。

（原载《酿酒科技》2004年第6期）

制曲营养

文 / 周恒刚

在制曲过程中，曲坯的微生物需要一定营养。我们不但要知道需要哪些营养，并且要了解这些营养物质对微生物生长繁殖、生命活动起到什么作用。各种营养物质直接通过细胞外酶分解后，才能被微生物所吸收，进入细胞内，再经过新陈代谢作用从中获得能量和形成细胞质中的各种物质，组成细胞膜、细胞质，并继续繁殖。

一、制曲过程中微生物所需营养成分

微生物培养过程中所需要的营养成分很多，但其中最主要的成分为碳、氮、磷（包括无机盐）。

（一）碳源

1. 能源

微生物在摄取营养时需要有"能"，有"能"才可以生育繁殖。六碳糖是供应能量的主要来源。制曲时产生大量热能，主要是消耗曲料中的碳水化合物，由菌呼吸作用而产生热量。

2. 碳水化合物对菌的生长与酶的生成的影响

不同碳源生成的菌体量和糖化力相差悬殊，高分子碳源较好。曲霉可以直接利用葡萄糖，因而根本不需要产生淀粉酶。由于曲霉不含有蔗糖

▲泸州老窖黄舣酿酒生态园制曲中心

酶，所以用蔗糖作底物时，不但生长不好也不产淀粉酶，说明不同碳源对
菌的生长及酶的生成有极大的影响。制曲时对碳源的选用值得注意。

（二）氮源

霉菌利用氮源极为广泛，不论是有机蛋白质、蛋白胨、氨基酸，还
是无机盐的铵盐，都可以作为氮源，但微生物不能直接利用有机氮，必
须将有机氮如蛋白质分解成氨后方能利用，摄取后再合成自身所需的蛋
白质。

1. 菌体组成

蛋白质是组成微生物细胞原生质的基础物质，但微生物细胞内的蛋白质多半是与其他物质组成的结合蛋白。例如，原生质中的重要物质核蛋白多以颗粒状分散在细胞内，或与脂类相结合形成脂蛋白，它是细胞膜的重要成分。

2. 酶的生成

微生物的胞内酶及胞外酶都是由蛋白质所组成的，而酶的生成与曲料中的蛋白质种类及含量密切相关，蛋白质匮乏的原料是不能用于制曲的。

以不同氮源制曲，研究酶的生成，可以发现在众多氨基酸中唯有谷氨酸及天门冬氨酸生成淀粉酶高；小麦中谷蛋白（面筋）含量极为丰富，所以小麦是制曲的理想原料；酒糟中有丰富营养（当然也有许多阻碍物质），合理利用酒糟，既能提高酒曲质量，又可以降低成本。

麸皮的酶活性在各项指标上遥遥领先，充分表现出麸皮在制曲原料中的优越性。豌豆的酶活性比其他原料都低，唯有氨态氮高，可能对产酒芳香有所影响，但现在对其产香作用尚一无所知。大麦、小麦都是制曲的好原料，小曲则主要用米粉。豆饼粉一无所长，根本不是做酒曲的材料，但却适于制酱。

3. 生成热能与氮的消耗

曲料中的蛋白质在制曲时也能提供一部分热能，但其量甚小，制曲热能来源主要依靠碳水化合物。

4. 微生物对氮源的选择性

菌体及酶主要由蛋白质组成，因此制曲时必须供给足够的氮源，然而不同种类的氮源对酶的生成及菌体量成长的影响亦有很大差别，因为菌对氮的摄取有极强的选择性，不同氮源对微生物的生长代谢都有影响，菌体量与酶活性之间并不一定是平行关系。制曲工人证实："好看的酒曲并不一定好用。"所以，对大曲质量判定标准进行研究，确立能真实反映大曲内在品质的生化指标，并用于指导制曲和酿酒生产，是酿酒行业亟待解决的一大课题。

营养丰富的氮源培养出来的却是身大体重不能干活的"肥胖儿"，微生物培养也需要使其在艰苦环境中锻炼，不能娇生惯养，否则就会培养出好吃懒做的"肥胖儿"。这再次证明，单纯从酒曲外观上进行质量鉴定是很容易出问题的。土壤不同，生长出来的作物也不一样，制曲原料就是微生物生长的土壤，曲坯就是微生物的培养基，又是酶的贮存库，所以制曲原料成分支配着菌的生长与代谢。要对制曲原料的主要成分及其作用有所了解，特别是掌握碳氮比，才能有效地进行制曲生产。

（三）磷与无机盐

微生物培养以及制曲酿酒都需要有微量无机盐参与，但不是所有无机盐都有用。无机盐可分为有效成分，如磷、钾、镁、钙等，还有无效成分，亦称不良成分，如钠、铁、锌、锰等，特别是铁、铜、锰有催化作用，会使非蒸馏酒着色。无机盐虽然在制曲上是不可缺少的，但需要量极少，不需额外添加，因为制曲原料中的含量足以够用，所以切莫去

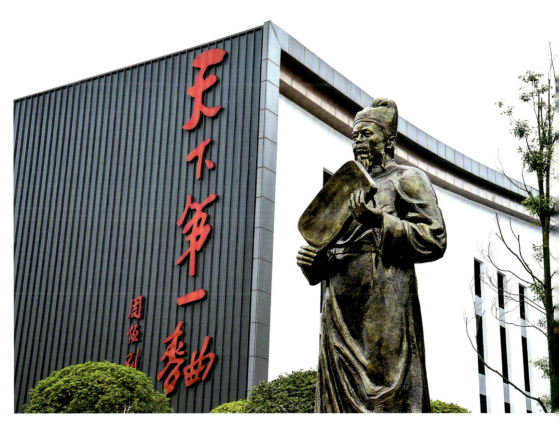

▲泸州老窖黄舣酿酒生态园制曲中心，墙上为周恒刚先生题字"天下第一曲"

拔苗助长。

1. 磷

酿造用水中一般含磷量极低，酿酒过程中所需要的磷主要来自原料，特别是原料中的有机态磷，经霉菌的磷酸酶将其分解无机化后再利用，但商品酶制剂中的磷酸酶含量极低。菌体构成时必须有磷盐存在，磷脂及维生素是微生物不可缺少的成分，微生物的孢子形成、酶的生成与代谢都需要磷的参与才能起作用。归根结底，主要是无机磷形成磷酸酯，确切地说，即核酸在起作用。磷是组成核酸和磷脂的成分，它参与底物水平磷酸化过程，生成高能磷酸化合物，转移能量。磷对微生物的细胞分裂、菌体的形成、孢子的生成及酶的代谢等都有重要作用，是微生物培养不可缺少的成分。在培养基缺乏磷盐的情况下，曲霉孢子很难发芽，充分表明磷在孢子发芽上的重要作用。磷盐对酵母菌的酒精生成、总酸增长及产酯能力提升都有促进作用，这说明在微生物培养上磷盐的重要性。

2. 无机盐

在无机盐中，镁对一些酶有激活作用，并对孢子形成与发芽亦极为重要。钾不参与菌的细胞生成，以游离状态控制原生质胶态和细胞透过过程。无机盐对制曲的重要性，以清酒洗米试验很能说明问题。洗米过程中，可溶性氮大量流失，无机盐中磷盐的流失也较多。洗米后大米原料上的无机盐大量流失，导致曲霉及根霉的生长受到影响，同时再次证明根霉适合在生料上生长，在熟料上生长不好。根霉及曲霉在洗米熟料上发芽诱导期延长，吸氧速度大为下降，至于菌丝成长也慢了许多。

二、曲料粉碎对酶生成的影响

纵然有充足营养供给微生物生长，但也必须为其吸收这些营养创造有利条件。利用曲霉制曲时，粒状与粉状原料培养结果比较，粉状原料较粒状原料的酶活性有明显提高，竟高出数十倍。我国利用麦粉制曲已数千年，从历史上推论，制曲原料也是由粒状演变成粉状的。至于大曲粉的粉碎细度与酶的生成关系尚无明确的试验数据。

（原载《酿酒科技》2005年第1期）

陈茂椿

CHEN
MAOCHUN

透过抗战岁月 追忆『酒界泰斗』陈茂椿

文 / 温佳璐

抗战时期，由于日军封锁，我国运输业燃料严重紧缺。酒，作为燃料的最佳替代品，在抗日战争中上立下了汗马功劳。当今中国有着庞大的制造业，新冠暴发初期，防疫物资一时短缺，为满足迫切需求，数千企业快速响应国家号召，改造原有生产线。面对75%酒精、消毒洗手液市场需求量日益激增，不少酒业也在此时做出了强有力的回应，提前复工复产，发挥酒业职能，积极奋战在抗"疫"后方。

历史总是惊人的相似。今天，我们透过抗战岁月，追忆一位酒业泰斗——陈茂椿。

抗日烽火中的以酒代油

位于川滇黔渝接合部、万里长江上游的泸州老窖，是在明清36家古老酿酒作坊基础上成立起来的，先后公私合营的温永盛曲酒酿制厂、泸州市定记曲酒厂、泸县金川酒厂等，都曾奋力支援前线抗战。

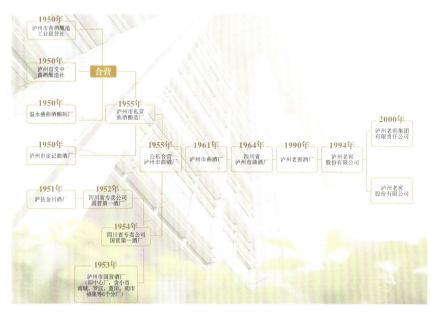

▲ 从公私合营到大型企业集团

"七七事变"后，抗日战争全面爆发，日军封锁我国沿海交通，切断汽油进口渠道。1942年日军攻占缅甸，切断滇缅公路。至此，我国海陆运输通道被全部封锁，致使汽油奇缺。当时打出的口号"一滴汽油一滴血"，正是那段艰难抗战历史最真实的写照。

为解决这一问题，毕业于北京大学化学系的陈茂椿与中央大学教授魏岩寿等撤退到四川，倾尽所学，以科技救国：利用糖蜜混合物，通过发酵蒸馏，去掉白酒中的水分，研制出可以用来作飞机燃料的"无水酒精"。当时舆论界称此为"世界上一大创举"！

酒精是高效的生物燃料，其化学名称叫作乙醇，乙醇用作汽车燃料是很多国家都提倡的事情，但是因为成本相对较高，到现在为止都还没有进行全面推广。据测验，一吨乙醇能够代替0.65吨汽油，而稻米、小麦、玉米、高粱等粮食都可以用于酿酒，酒厂是乙醇的生产源头，如果增加蒸馏次数，加以提炼，便可以得到90%以上高纯度的乙醇，是解决战时燃料问题的首选。

随着抗战持续深入，为保证抗战燃料之急需，1938年3月，国民政府临时全国代表大会通过《非常时期经济方案》，提出要"妥筹燃料及动力供给"。于是在这一特殊时期，乙醇就成了重要的军需物资。1938年12月9日《新华日报》对乙醇的地位予以充分肯定：乙醇是和抗战有密切关系的液体燃料之一。

川南系战时大后方乙醇工业的主要生产基地，一度繁盛，在一定程度上弥补了抗战所需动力燃料的匮乏。究其原因，一是因为千百年传统的酿造工艺得以传承，酒质好、产量大，是提炼高浓度乙醇的原料；二是该地区含糖成分的农副产品多，如高粱、苞谷、番薯、甘蔗等经过糖化、发酵之后就可以生产乙醇。在1940年至1942年的短短时间内，四川酒精厂年产量从400万加仑翻倍增长到了800万加仑，足以说明四川在战时液体燃料生产中的主导地位。

泸州在抗战时期拱卫陪都重庆，又是川江水运、川滇运输线的枢纽和通道，遂在政治、经济、军事上成为大后方举足轻重的大城市。据记载，在燃料制作方面，1938年9月，由咸阳迁到泸县的金川酒厂（泸州老窖合营的酒厂之一），以收购罗汉场20多家糟坊的烧酒为原料，制成高纯度动力乙醇运往重庆。

大后方酒精工业是战时经济的产物，为后方的交通运输和军需民用及时提供了宝贵的能源支撑，有力地支援了前线抗日，为抗战胜利做出了重要贡献。

陈茂椿：始于救国，终于热爱

陈茂椿，被誉为浇灌出现代川酒之花的酒界泰斗、酿酒大师。如前所述，在中国白酒酿造领域，正是他，在抗战时期缓解了我国汽油紧缺的难题，也正是他，在新中国成立后将白酒的生产工艺提升到了划时代的高度，赢得了业界的广泛尊重。

▲毕业于北京大学化学系的陈茂椿先生

　　抗日战争开始不久，大片土地沦陷，海陆交通断绝，汽油来源紧张，大后方畸形发展，汽油资源奇缺，四川大量产酒，可以进行再蒸馏去掉水分，使之成为乙醇，乙醇是燃料之一；另外资中、内江一带，盛产白糖，系土法生产，同时伴生桔糖（糖与蜜的混合物），经过发酵，即生成乙醇，两种方法生产乙醇，均可作为汽车的燃料。

——出自陈茂椿先生《我的自述》

　　1911年，陈茂椿生于四川资中，从小成绩优异、聪明过人。1936年，陈茂椿毕业于北京大学化学系，成为那一时期为数不多的高级知识分子。

　　毕业之后，陈茂椿先后前往日本早稻田大学，东京盐酸厂、啤酒厂和台湾各大酒厂学习和考察，积累了大量的化学知识，为他以后从事酿酒事业打下了坚实的基础。但是一开始，陈茂椿并没有进入酒厂工作，而是潜心教育，他先后任职于资中省立中学和资中县中学，教书育人，为国家培养和发掘年轻人才。

　　直到抗日战争全面爆发，大片国土沦陷，海陆交通运输中断，大量汽车因为没有燃料而无法行驶，这激发了陈茂椿科技报国的热情。

　　根据化学原理，酒只需要进行蒸馏，就能得到乙醇，而作为大后方的四川，自古以来酿酒产业兴旺，白酒的产量位居全国前列，原料来源不成问题。想到了这个解决方案以后，陈茂椿毅然辞掉了教师的工作，来到成都，先后在各大酒厂任工程师兼技术室主任，组织生产出大量的乙醇，提供给成都、资中、内江一带的汽车作为燃料使用。

　　这一次大展拳脚，不仅为抗战事业做出了贡献，也让陈茂椿与白酒结缘，从此开启了他长达50余年的酿酒和酒类研究生涯。

　　新中国成立伊始，百废待兴，政府着手恢复经济，发展生产，改善民生。随后，在半个多世纪的时间里，陈茂椿凭借自己的超凡才智和潜心钻研，在中国白酒的酿造方面取得了无数创新性突破。

　　首先，陈茂椿丰富了酿酒的原料，创造性地以橡子作原料酿制白酒。橡子是一种野生果实，含有一定淀粉。他以橡子酿成的白酒，曾参加轻工业部"酿酒评比会",获得了全国白酒第八名的好成绩。

其次,他系统性地总结出两种白酒酿造的操作法。其一是"糯高粱小曲酒生产操作法",这种方法将小曲酒的出酒率整体提升了20%,节约成本的同时,还增加了产出。

其二就是泸州老窖大曲酒操作法(对泸州老窖操作法的总结史称"泸州老窖试点",是中国名白酒的第一次试点)。1957年,时任四川省糖酒研究室副主任的陈茂椿,带领来自全国16个单位(包括宜宾酒厂、全兴酒厂、绵竹酒厂、文君酒厂等)的62位工程技术人员,蹲点泸州老窖,系统梳理了"泸州老窖大曲酒操作法"300年的历史演变(时为20世纪50年代末),并改良生产工艺,提高出酒率和优质酒比例。试点总结的成果,结集成册后经由轻工业出版社出版发行,即《泸州老窖大曲酒》一书,在全国范围内推广泸州老窖酒的传统经验,以规范浓香型白酒生产工艺。

除了上述研究成果,陈茂椿还开创了中国白酒酿造史上划时代的创新技术研究——"人工培窖"。泥窖,是浓香型白酒酿造的发酵容器,"千年老窖万年母糟,酒好全凭窖龄老"。老窖池中的窖泥长期驯化后富集了种类数量繁多的有益酿酒微生物,是生产出优质浓香型白酒的先决条件。探寻"老窖酿酒,格外生香"奥秘,并将其复刻于新窖酿造,一直是浓香

▲陈茂椿先生(右三)与泸州老窖人员进行技术探讨

型白酒生产技术研究的重要课题。

为揭示泸州老窖老窖池的生物特征和奥秘，进一步提高优质浓香型白酒产量、质量，20世纪60年代，陈茂椿所在的四川省食品工业研究所，和中国科学院西南生物所（现成都生物所），以及包含泸州曲酒厂（现泸州老窖）、四川其他名优酒厂在内的35名科研人员，经过3年潜心研究，认定了泸州老窖酒之所以名扬四海、饮誉华夏，除了炉火纯青的传统工艺外，用于发酵的老窖池是形成优质泸型酒的关键所在；并确定了泸州老窖300年老窖窖泥的主要微量成分，进而提出了人工培养微生物、建造窖池的方案。正是这项技术，对我国传统酿造行业技术创新具有重要的借鉴和示范意义，取得明显成效，1978年获得了四川省首届科学大会奖。

"人工培养窖泥技术"的成功，为"浓香天下"奠定了坚实基础。20世纪60年代至80年代期间，泸州老窖积极响应国务院"提高名酒质量"的号召，将研究形成的"人工培养窖泥""成品酒勾调"等先进技术和理论，毫无保留地在全国白酒厂推广，促进了中国白酒的科技进步，推动了浓香型大曲酒业的发展。

改革开放后，已经古稀之年的陈茂椿对酿酒的热情依旧不减，他奔走于四川30多家酒厂，开办培训班上百次，传授酿酒经验和相关理论知识，帮助大批企业生产出了优质白酒；并亲自参与编写了《浓香型大曲酒生产技术》《白酒生产分析方法》《大曲酒生产技术问答》等多部学术著作，这些专著至今仍是各大酒厂、科研单位和行政管理部门珍贵的学习资料。

据后人回忆，陈茂椿在泸州试点工作期间，下班之后总爱邀约

泸州老窖酒农香酒中冠
风雨肆佰载香飘全世界
泸州曲酒厂惠存
陈茂椿
乙丑年仲春

三五工友到长江边的餐馆，炒一盘鱼，喝一点酒。随和，不摆架子，厂里的工人都爱同陈茂椿打交道。而工作上，陈茂椿勤奋求实，学精研深，成绩卓著：深入生产一线，掌握生产实验的一手数据；在人们熟睡的深夜，又独自伏案查阅技术资料及各项试验数据，亲自总结撰写具有科学性和广泛生产指导价值的实验报告。

陈茂椿治学严谨，平易近人，桃李满天下，从一名普通的青年教师，历尽艰辛，走过五十余年的曲折道路，衣带渐宽，仍不改初衷。他总是强调发挥集体的智慧和力量，经常说："科研工作的成就，你中存我，我中

▲20世纪60至80年代，泸州老窖在全国开办酿酒技术培训班27期，各大酒企争相报名参加

存你。"就是这样不骄不躁的长者之风使陈茂椿在业界受到莫大的尊敬，被尊为"川酒泰斗"。

1996年，85岁高龄的陈茂椿病逝于供职多年的研究所，直到生命的最后一刻，他依旧为中国的白酒事业做着最后的贡献。

始于救国，终于热爱。陈茂椿将自己半生的光阴都投入了白酒科研工作中，正是他，为如今整个四川酒业的繁盛奠定了重要的基础。在历史的悠悠长河里，正是因为有了陈茂椿这些大师的存在，白酒之花才得以在四川大地尽情绽放，最终成就了那一缕享誉全球的醇香。

专家简介　陈茂椿

　　中国著名白酒专家，川酒泰斗，国务院政府特殊津贴获得者，教授级高级工程师，四川资中人。1911年9月19日出生，1996年12月19日在四川温江逝世，享年86岁。

　　曾任第二届全国白酒评酒委员，四川省第三届白酒评比专家组组长，四川省委、省政府科技顾问，四川省食品发酵工业研究设计院高级顾问等职，并先后在多个单位任工程师兼技术室主任。

　　1936年，陈茂椿毕业于北京大学化学系，先后赴日本早稻田大学，东京盐酸厂、精糖厂、啤酒厂和我国台湾各个糖、酒厂考察学习，积累了大量的制糖酿酒知识。抗战期间，先后在成都建华、资中复兴、志成等酒精厂任工程师兼技术室主任，利用桔糖（糖与蜜的混合物）生产乙醇，解决了当时交通运输中汽油短缺、供应不足的问题，从此与"酒"结下不解之缘。

1946年，在经济部中央工业试验所内江制糖站工作。1951年，在西南工业部重庆工业试验所（原中央工业试验所分出）糖酒组任副主任，并协助贵州遵义酒精厂恢复生产，协助银山糖厂创建四川第一家机械化糖厂。1955年研究以橡子为原料酿制白酒，其产品参加轻工业部"全国酿酒评比会"，获评全国白酒第八名（代用品酒第一名）。

1957年，食品工业部四川糖酒研究室（现食研院）参加"永川小曲酒查定总结"试点工作，陈茂椿任技术室主任，开展了"四川糯高粱小曲酒的生产工艺"的查定总结，这是第一次对川法小曲酒进行系统、科学的查定总结，并编写了《四川糯高粱小曲酒操作法》一书，经由轻工业出版社出版。

1957年，食品工业部组织在泸州曲酒厂开展"泸州老窖大曲酒查定总结"工作，参加单位16个，工程技术人员62人，陈茂椿任组长，这是浓香型大曲酒第一次较系统的总结查定。通过近一年的辛勤工作，试点组在陈茂椿的带领下系统整理出"泸州老窖大曲操作法"及制曲技艺，用常规分析方法对"泸州老窖大曲酒"进行较全面的分析，撰写《泸州老窖大曲酒》一书，该书于1959年由轻工业出版社出版发行，将泸州老窖酒传统技术推向全国。

1964年，四川省食品工业研究所承担轻工部十年规划项目——"泸州老窖大曲酒酿造过程中微生物性状、有效菌株生态活动及原有生产工艺的总结与提高"，该项目由中科院西南生物所（现成都生物所）与泸州曲酒厂共同负责，陈茂椿任该项目技术指导，五粮液酒厂、成都酒厂、文君酒厂、太白酒厂、绵竹酒厂等派员参加，历时3年，取得了突破性的成果。

陈茂椿先生通过对新老窖泥成分的理化性质分析和微生物检测，初步揭开了400年老窖之谜，为"人工培窖"配方的制定提供了理论依据，成功地创造了"人工培窖，新窖老熟"技术。1978年，该项目获四川省首届科学大会奖，为浓香型酒在全国的普及与发展做出了重要贡献。此后，陈茂椿先生在酿酒微生物分离、选育及应用、酿酒操作方法上进行了深入的研究，并将成果向全国推广。

20世纪70年代以后，陈茂椿先生的足迹遍及四川的各大名优酒企，他从有机化学、制曲酿酒工艺、分析检验、储存勾调、生产管理等方面对酒企进行全面的指导，为川酒的发展、传承和创新倾注了大量的心血。从20世纪70年代至90年代，陈茂椿先生在全国白酒生产技术培训班上授课，为酿酒行业培养了众多的技术骨干和人才。

陈茂椿先生学精研深、勤奋求实，为川酒技艺的提高乃至全国白酒技艺的提高与发展做出了突出的贡献。在长达50多年的科研工作中，陈茂椿用科学的方法对各种历史名酒进行了缜密细致的分析、研究、归纳、总结，完善了各种名酒的独特风味，在继承的基础上加以创新发展，将生产工艺提升到了新的高度，从而誉满全国，被泸州老窖、宜宾五粮液、成都全兴、沱牌曲酒等30多家名优酒厂聘为技术顾问，被尊为川酒之花的园丁和川酒泰斗。

他还勤于著述，编写了《浓香型大曲酒生产技术》《白酒生产分析方法》《大曲酒生产技术问答》《白酒和果露酒尝评技术》《果酒生产技术》《果酒分析方法》等学术著作，成为各个酒业厂家与科研单位极其珍贵的学习参考资料。

杯酒里的华夏　浓香里的中国

——专访中国名白酒技艺查定第一人陈茂椿的家属

文／牟雪莹

　　渺渺红尘，几度沧海桑田；悠悠岁月，百代沉浮过往。数百年来，酒城先民沿袭着古老的酿酒技艺和自然规律，秋收粮，冬入窖，春出酒，将高粱封存在写满光阴故事的窖池里，随着时间的推移，演变升华，幻化出无数玉液琼浆。和煦的暖阳，温一壶酒，酒城的人文、历史、风俗便从这里开始了。

　　浓郁的芳香、时间的味道消融在山水中，让南来北往的人沉醉其间不愿意醒来。六十多年前的1957年，一批新中国优秀科研工作者不远万里，舟车劳顿，奔赴酒城，掀开了泸州老窖酒的神秘面纱，食品工业部四川糖酒研究室由陈茂椿带队，熊子书等参与

▲陈茂椿先生视察泸州老窖

了这次工作。16个单位的62名科研者怀揣探索求真的科学精神来到泸州，来到这数百年的泸州老窖窖池旁，经过半年的学习和调研，他们查证调研编撰的生产技术资料——《泸州老窖大曲酒》，深深影响了中国白酒发展的进程，也奠定了中国白酒以浓香为王的天下格局。

情 缘
曾经沧海难为水

据陪同拜访的姐姐介绍，听说泸州老窖员工将去拜访，陈茂椿先生的家属们感动之情溢于言表。笔者一行刚到拜访地就充分感受到了这种热情：书桌上，照片影集和资料摆放得整整齐齐，陈茂椿先生的女儿陈永红为笔者端上了热茶，伴着泛黄的历史资料，陈茂椿先生的儿子陈尚智为笔者开启了一段六十多年前的回忆。陈尚智回忆说："父亲出生在四川资中，1936年毕业于北京大学化学系，抗战爆发后，日本飞机对中国进行轰炸，四川也没有幸免。因为抗战，中国许多资源被封锁，导致中国飞机缺乏燃油，无法进行战斗。父亲和其老师则利用乡村土酒蒸馏获取高纯度的酒精（又被称为无水酒精）代替燃油，解决了能源供给

▲陈茂椿之子陈尚智夫妇（左二、左一）和陈茂椿之女陈永红（右一）

问题。当时国民政府还规定无水酒精不能民用，只能用于飞机燃料。"因为陈老卓有成效的研究成果，政府为此还专门颁奖鼓励。陈老与酒最初的缘分便就此结下了。新中国成立后，中国酿酒业翻开了崭新篇章。1951年，陈老担任西南工业部重庆工业试验所糖酒组副主任；1955年，糖酒组一分为二，单独成立酒组，陈老专注于酒类研究。1957年，由食品工业部组织成立"总结四川泸州老窖大曲酒操作法"试验组，陈茂椿任试验组技术室主任，具体负责对"泸州老窖大曲酒操作法"进行全面深入的分析研究，来自全国的酿酒精英汇聚泸州老窖，陈老与泸州老窖的半生情缘也开始了。

陈尚智先生特别强调：从1957年到1958年半年时间里，科研工作者深入了解泸州老窖传统操作法，在继承中传承，在传承中创新，科研人员分别对泸州老窖酒传统酿制技艺的熟糠拌料、粮食用量、入窖温度、发酵时间等十余个生产环节进行了总结查定，并在此基础上进行大胆的革新，取得了突破性的成果，酒的质量和产量节节攀升。"计划经济年代，没有技术壁垒，父亲带领科研工作者在泸州老窖所获得的全部数据和技术总结资料都上交给了国家。随后，全国数十家酒厂纷纷到泸州老窖参观、学习，泸州老窖的酿酒技术在全国飞速推广开来。"1963年，北京召开了全国第二届评酒会，陈茂椿当选全国评酒员。当时评选出的八大名白酒中，四川酒占比最高，而这几家酒厂都是遵循陈茂椿专家一行查定、总结泸州老窖所撰写的大曲操作法进行酿造生产的。第二届全国评酒会结束后，泸州老窖大曲酒操作法得到了更广泛的关注，并进一步在全国普及。"追根溯源，泸州老窖大曲酒技艺的全国推广离不开父亲这一代科技工作者，更离不开泸州老窖所做的重大贡献，出版的《泸州老窖大曲酒》成为全国众多酒厂技术工作者的必读书目。"

曾经沧海难为水，除却巫山不是云。"父亲与泸州老窖的感情最为深厚，可以说在四川乃至全国诸多酒厂中，父亲最牵挂泸州老窖。于父亲而言，泸州老窖就是他心中的'沧海'。"

▲20世纪陈茂椿先生莅临泸州老窖时留影

影 像
桃花依旧笑春风

　　"印象中，父亲常去泸州老窖，一则因为工作地在四川，距泸州近，二则因为很多实践考察都安排在了泸州老窖，所以父亲对泸州老窖了解更为透彻。20世纪50年代，父亲听从国家安排去泸州老窖工作，便和泸州老窖结下了不解之缘，泸州老窖人对父亲及我们家人的感情真诚而浓烈。此后，不管是60、70年代还是80、90年代，父亲也经常去泸州老窖看看窖池，指导技术，顺便探望赖高淮等老朋友。"陈尚智先生拿出一张合影照片向笔者细细讲述：这张80年代的照片非常珍贵，照片上都是陈茂椿先生与泸州老窖酒厂的技术元老的合影，袁光和、梁学湘，这些都是泸州老窖酒厂的生产技术专家、分析专家，代表了那个时代泸州老窖及国内顶级的技术人才队伍。

看完合影，陈尚智先生拿出精心包裹的几张旧照片，继续讲述：手头的这几张照片对泸州老窖来讲更为珍贵，照片背后父亲手写了时间和地点。

1958年温永盛作坊映入笔者眼帘，照片中酿酒师傅正用木锨悉心翻糟；另一张照片里酿酒师傅挥舞着芭蕉扇对粮糟降温；温永盛作坊里的窖池正在发酵生香；酒厂储酒坛的标注清晰可见，酿造师傅们品尝着劳动的喜悦；陈尚智先生也曾跟随其父前往过泸州老窖，照片还展示了80年代他父亲到泸州老窖中国泸型酒质量控制研究中心的场景。

陈先生讲得很激动，他期望通过他的讲解带领笔者回到那个年代，忆及那些过往的美好时光……陈尚智先生说，父亲对泸州老窖的感情是不一

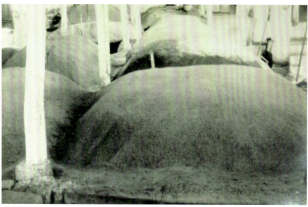

▲20世纪50年代，泸州老窖36家传统作坊之一温永盛作坊酿酒的场景

样的。听说泸州老窖的员工要来拜望陈先生，先生及家人便早早整理好了资料和照片，希望这些资料也能早一天回到泸州老窖博物馆，展示给更多人知晓。

氤氲的酒巷，被怀旧的时光浸染；窖池的故事，被泛黄的岁月尘封。而泸州老窖是一杯浸染了春花秋月的陈酿，光阴流转，将以一种全新的方式去开启那些明媚的春光、感人的故事，追忆那段不能忘却的似水年华。

忆陈茂椿高工在泸州老窖

酒

文 / 任玉茂

　　陈茂椿老师是泸州曲酒厂人人尊敬的酿酒专家，他与泸州曲酒厂有着特殊的感情。如果说陈高工把毕生的精力献给了酿酒事业，那么可以说他把相当的精力献给了全国浓香型白酒的发源地——泸州曲酒厂。从50年代开始至今，陈高工在泸州曲酒厂进行了长期的科学实验，把他渊博的理论知识和生产实践结合起来，开拓了祖国宝贵的民族遗产泸州老窖的发扬光大之路，是他带领的查定试验组第一个揭开了浓香型白酒典型之谜，第一次廓清了老窖微生物疑云，开创新窖老熟的新途径，第一次科学地总结了泸州老窖大曲酒生产工艺操作，使我国酿酒生产技术走上科学管理的正确道路。

　　几十年过去，弹指一挥间，泸州曲酒厂已是全国屈指可数的现代化酿酒企业，今非昔比，但我们没有忘记他与我厂工程技术人员、干部、工人度过的许多日日夜夜，没有忘记他在泸州老窖大曲酒的发展历史上所做出的杰出贡献，更没有忘记一个老知识分子、专家给我们留下的光辉形象。

陈老师生活俭朴，每次来厂都以普通人的身份和工人同吃同住同劳动，并不因为是全国有名的酿酒专家而享受特殊的待遇，俭朴的生活作风和平易近人的品质赢得了工人师傅的好评和尊敬。在甑子边和窖坎上，工人们都乐意和他交谈，主动提出问题请教，陈高工也不顾车间里的酸气和高温，在第一线调查研究，乐意解答工人提出的所有问题。专家和工人一条心，就有共同的语言和感情，所以他每走到一处就会受到热情的接待和欢迎，工人们会敬上一杯泸州老窖曲酒，表达诚朴的感情。

陈老师来厂讲课，常以深入浅出的方式使我们受到深刻教育。虽然当时厂里没有专门课堂，只能因陋就简，但职工都争先恐后地听他讲课。虽然老师的嗓音不大，但大家鸦雀无声，专心地听每一句话。虽然当时工人的文化程度不高，但老师讲的都是生产中需要解决的实际问题，启发式理论加上通俗的语言，大家都能听懂。他那诲人不倦的精神使人感动，他用点点滴滴的知识充实了酿酒工人，换来的是优质、高产、低消耗。

▲陈茂椿先生在泸州老窖指导生产

陈老师作为老一辈酿酒专家，给我们树立了光辉的榜样、学习的楷模，感谢他为我国的酿酒事业所做的巨大贡献，感谢他为泸州曲酒厂的科技发展做出的辛勤劳动，我们永远怀念陈老！

（原载1998年《陈茂椿先生学术论文集》）

/ 陈茂椿 /

四川省曲酒生产技术发展的回顾

文 / 陈茂椿　李大和

　　四川的浓香型曲酒驰名全国。随着国民经济的发展和人民生活水平的不断提高，我省曲酒发展迅猛，产量不断上升，品种不断增加。酒类生产的发展，为国家提供了越来越多的财政积累，为国家建设提供了大量的资金。

　　从产品质量看，泸州老窖特曲一直蝉联中国名酒，宜宾五粮液于1963年、1979年、1984年被评为中国名酒，成都全兴大曲酒于1963年、1984年被评为中国名酒，后起之秀剑南春一跃而居中国名酒之列，古蔺郎酒1984年也被评为国家名酒。省级名酒也很多，除泸州老窖头曲、万县太白酒、邛崃文君酒外，还有荣县大曲、沱牌曲酒和玉蝉大曲等新秀，另外还有不少优质酒。可见，四川的曲酒近年来不仅数量和品种上有很大的增长，而且质量也是日新月异。

三十多年来，我省曲酒生产技术在继承传统操作的基础上，进行了大量的总结和研究工作，取得了较大的成绩，为浓香型曲酒在全国普遍开花起到一定的作用。现就下述几方面回顾一下我省曲酒生产技术的发展，但因收集资料有限，了解情况不够全面，错误和遗漏在所难免，尚请同志们补充指正。

一、总结传统经验

我省曲酒历史悠久，誉满中外。为了总结这个宝贵的民族遗产，食品工业部制酒工业管理局特嘱四川糖酒研究室及四川省专卖事业公司、省食品局与泸州地区有关党政机构和宜宾、泸州、成都、万县、绵竹、合川、江北酒厂等16个单位配合协助，共有领导、工程技术人员、熟练工人和生产管理干部等62人，于1957年10月至1958年4月在泸州组成泸州老窖大曲酒总结委员会，对泸州老窖大曲的传统工艺进行了较全面的查定和总结，并写出《泸州老窖大曲酒》一书，由轻工业出版社于1959年出版。通过这次查定和总结，人们对泸州老窖大曲从历史到发展，从原料到成品，以及制曲和酿酒工艺的方方面面，有了较系统的认识。关于酿造泸州大曲酒的特点，如老窖、万年糟、回酒发酵、低温发酵、发酵周期、熟糠拌料及滴窖勤舀等均做了初步的阐述，并对混蒸续糟发酵法、熟糠拌料、滴窖勤舀、截头去尾、打量水、踩窖等传统操作，在科学上进行了总结和肯定。

二、酿酒工艺的改进

1964年起，四川省食品工业研究所（简称省食品所）承担了轻工业部的十年规划科研项目，与中国科学院西南生物所和泸州曲酒厂共同协作，组织了省内各名酒厂的技术人员，对泸州大曲酒开展了科学研究工作，取得了一定的成绩。后因"文化大革命"，项目于1967年中止。科研期间在入窖发酵条件与产品质量和粮耗关系的探讨，减粮、减曲发酵试验，合理润料、蒸粮时间的试验，分层蒸馏、量质摘酒，"双轮底"发酵等方面取得了一些进展。

三、有效菌株的分离和应用

1964年，中国科学院西南生物所在四川省食品工业研究所和泸州老窖酒厂协作下，在麦曲的培菌过程查定的基础上，取样进行了微生物的分离工作。采集了伏曲、四季曲、新曲、隔年老曲、窝水曲、曲皮、曲心等样品，分离出酵母和霉菌共253株，进行了初步的形态鉴定，并测定与泸酒发酵有关的生理特性，选择出优良菌株，投入生产试验。将从泸州大曲和晾堂上分离的32株菌株（糖化霉17株，酵母15株），分别制成麸曲和液体酵母。麸曲与麦曲混合使用，接种于粮糟中，液体酵母于撒曲后喷洒在粮糟上。

试验窖的酒，通过理化分析和尝评，质量没有下降，保持了泸州大曲酒的特有风味。这说明使用有效菌株，可以减少麦曲用量，而不会影响产酒和质量。

四、人工老窖的研究

1965年，全国名酒会议在泸州老窖酒厂召开，邯郸酒厂介绍了人工培窖的经验。四川省食品工业研究所于1966年与泸州老窖酒厂配合协作，在邯郸酒厂、濉溪酒厂的经验基础上，进一步剖析了泸酒新、老窖泥的主要成分，通过合理配料，补足营养成分，并采用老窖泥培养液混种发酵，提高了香泥中丁酸、己酸菌的数量，同时进行了在发酵中途用老窖泥培养液灌窖等试验，取得了较为显著的效果。此外还开展了人工培窖理论研究、人工培窖配方研究、窖泥培养液的制备试验、窖泥微生物的生态分布研究等工作。

近年来，我省各厂在"人工培窖，新窖老熟"方面进行了大量的工作，取得了不少的经验。人工培窖的研究为推广和普及浓香型酒做出了贡献，它是浓香型酒生产工艺上的重大革新。

五、曲酒芳香成分的剖析

1966年至1967年，省食品所采用纸上层析法对泸州老窖大曲酒及其他名酒进行测试，初步检出了泸型酒中的不挥发酸、挥发性脂肪酸、挥发性脂肪酸酯、高级醇、多元醇、氨基酸等，并采用化学分析法测定其双乙酰、2,3-丁二醇等。

1967年起，省食品所采用气相色谱，剖析了泸型酒的主要芳香成分，检出的芳香成分有39种，初步确认了己酸乙酯是泸型酒的主体香味成分。近年来，五粮液酒厂、泸州老窖酒厂、四川省食品所等单位，在剖析曲酒芳香成分方面也进行了大量的工作。

六、贮存、勾调与尝评

贮存是曲酒生产中一道重要工序，在贮存过程中许多微量成分发生了变化。1957年，通过查定，发现泸州大曲酒在贮存过程中总酯和总醛逐月增加，酒度、甲醇、糠醛等则逐渐减少，但都变化极微。经尝评，贮存三月后的酒已基本无新酒味，且醇而不燥。

▲陈茂椿先生为泸州老窖题字

人们常说生产名优酒是"七分技术、三分艺术",这三分艺术就是指勾调。勾调技术在泸州老窖酒厂和五粮液酒厂最先应用,它是稳定和提高酒质的必要措施。目前已逐渐推广到全国。1980年6月,在成都举办的全国首届浓香型白酒勾兑技术训练班,使参加人员在理论和实践上都有显著的提高,对全国曲酒行业开展勾调、尝评工作及提高产品质量,起到很大的推动作用。

（原载《酿酒》1985年第3期）

/ 陈茂椿 /

泸州老窖大曲酒提高质量的初步总结 🟥

文 / 陈茂椿

泸州老窖大曲酒是我国首届评酒会评出的八大名酒（四大名白酒）之一，是我国劳动人民多年来辛勤劳动所积累的经验结晶，是祖国科学遗产的一部分，由于解放以后在较长的一个时期内，各种名酒尚未恢复到原有的独特风味，因此，提高名酒的质量将有重大的意义。

为了提高名酒的质量，根据食品工业部制酒工业管理局指示及全国名酒会议的精神，指定四川糖酒研究室、四川省专卖事业公司和四川省工业厅食品工业局等单位，组织力量，成立泸州老窖大曲酒操作法总结委员会负责整理历史经验，总结优良传统的操作法，从而恢复、巩固和提高名酒的质量，以继承并发扬这份贵重而丰富的科学遗产。

泸州老窖大曲酒的特殊芳香经试验证明是来自老窖，即接触窖泥近的和时间长的酒糟，其生产出的成品酒则更加浓郁芳香。

△连续450年不间断使用的酿酒"活窖池"与传承近700年的酿酒"活技艺"构成了泸州老窖的"活态双国宝"

泸州老窖大曲酒操作法一贯都是师徒相承，口授心传，相沿甚久。为了对此宝贵的民族遗产尽可能做到保真复原，以便在原基础上进行科学的整理，从而达到巩固提高的目的，故特采取广泛深入地访问老工人和富有经验、熟悉情况的遗老的办法，通过他们的回忆追述，再经过对证、审查，只要是在历史上确有的传统操作法，就其所知者的讲述均加以采纳，分别予以系统整理，凡有出入较大之处，再予以对比实验，经过反复探索、相互印证，虽然不可能完全准确，但基本上比较可靠，同时又根据历年来产品质量变化的情形去探索操作法的演变，再就操作法历次变更的结果来划分时期进行观察，这样既可突出影响质量的关键所在，并可系统地了解其全部演变过程，以便进一步的分析研究。

1937年以前的泸州老窖大曲酒操作法，基本上是固有的传统操作法。总的说来有以下一些特点：曲好、水好、窖老、窖小，发酵时间长，窖帽特别低，投料少，糠壳少，量水少，滴窖时间长，黄水滴得干，天锅黄水酒、酒头自然去得多，不要黄水酒，酒尾也更少，陈化时间长，容器包装好，操作细致，技术管理自成一套。当时的成品酒由于醇香浓郁，饮后回香，清洌甘甜，回味甚长，就已深受广大人民所喜爱。

解放前至新中国成立初期，由于前期国民党反动派的蹂躏摧残，这一宝贵的民族遗产急需保护，这一时期也是对传统的老操作法变更较大的时期。幸而，解放后在党和政府的重视关怀和全厂职工的努力下，局面逐渐扭转。

1955年以后，由于专卖公司在当地党政大力支持和有关方面密切配合协作下，积极采取措施，并对全国名酒会议的精神大力加以贯彻，故对泸州老窖大曲酒传统操作法十分重视，并在逐步恢复巩固的基础上取得了推陈出新的先进经验，产品的产量与质量不断提升。

本次总结工作，自1957年10月15日至1958年1月5日，我们在这历时三月的第一阶段中[①]，在研究泸州老窖大曲酒传统操作的历史演变到制定优良传统操作法草案，以及在观察、记录车间的生产等工作中走了一

---

① 泸州老窖大曲酒总结委员会对泸州老窖传统工艺的查定和总结工作分两阶段进行，皆历时三月。

些弯路，但我们在这些弯路中通过讨论争辩、批评，结合老工人与有关遗老的回忆介绍，以及在当地党政的支持下，基本上摸清了一些影响质量的因素和改进的办法，以及各项工作的关键与规律，从而修正总结了工作计划草案，为以后的研究奠定了有利的基础。由于时间不长，技术较为复杂，影响质量的因素牵涉面广，我们的技术能力、设备条件及经验缺乏等关

▲1958年4月5日，泸州老窖大曲酒操作法有关技术方面的初步总结报告

系，这次的总结工作只能说是提高质量的开始。

（节选自1998年《陈茂椿先生学术论文集》）

入窖发酵条件与产品质量和粮耗关系的探讨 🟥

文 / 陈茂椿

  泸州老窖大曲酒为我国名酒之一，在国内外享有盛誉，是我国劳动人民多年来积累的宝贵遗产，其产品为无色透明、独树一帜的泸型酒。其口味醇香浓郁，清冽甘爽，回味悠长，饮后尤香，具有独特风格。解放前曾于1915年荣获巴拿马万国博览会金质奖章。解放后于1952年及1963年两度被评为中国名酒，1963年并荣获全国名酒金质奖章。泸州老窖大曲酒在国内外市场历来均获得较好的评价。

  由于解放前国民党反动派的蹂躏摧残，针对这一宝贵的民族遗产的保护迫在眉睫。

  解放后在党和政府的重视和关怀下，在全厂职工的努力下，生产规模逐渐扩大，窖池增添，工人增多，年产量增加。技术上，在1957年查定总结的基础上，继承和发扬了优良的传统操作，加强了生产技术管理，提高了酿酒技术水平。在生产工艺上，结合科学化验分析，推广了历史先进经验，进一步总结了"滴窖减水""加回减糠""稳准配料""细致操作""柔熟不腻""疏松不糙""看准温度""低温入窖"等八项技术要点，丰富和发扬了传统操作经验，促使1964年各项指标全面超额完成，突破了本厂历史先进水平。

泸州老窖大曲酒有着悠久的历史，解放后经过长期的生产实践，积累了一些较为成熟的经验。为正确对待口授心传的传统工艺操作，在保持名酒风格的前提下，泸州曲酒厂以革命的精神和科学的态度，去粗取精，推出一套符合泸州老窖大曲酒固有特点的新式酿酒操作法。只有这样，才能使我们祖先遗留下来的宝贵遗产，在我们这一代得到很好的继承和发扬。

根据泸州老窖大曲生产操作的特点，采用混蒸混烧续糟固态发酵法，黄泥老窖，发酵周期长，母糟与空气接触的机会多，在发酵过程中使用菌类很多，生产中的物理化学变化很复杂，工序与工序之间、上排与下排之间相互联系，季节的变化对品温有一定影响，生产工艺条件随着客观条件而变化。

在这样一个错综复杂的情况下，只有掌握入窖发酵工艺技术条件的变化规律，才能达到均衡生产、质量好、粮耗低的目的，所谓入窖发酵的工艺技术条件，包括不同入窖温度、水分、酸度、淀粉含量、用曲量等，根据不同季节气温的变化，相应地变更其他条件，让有益微生物繁殖，达到既有质量又有产量的正常发酵。

因此我们对泸州老窖大曲酒生产入窖发酵的温度、酸度、水分、淀粉、用曲量问题及发酵时间、发酵糟主要成分的变化进行了探讨研究，得出了以下结论。

泸州老窖大曲酒传统操作方法的入窖条件较复杂，它们受自然条件影响，本身也相互影响，互为因果，因此需要根据不同的季节、外界气温与地温的变化，结合配料，发酵期、曲粉质量、回酒数量、糠壳粗细、原料成分和粉碎度，窖容、窖龄、窖级、窖帽高低，晾堂面积，母糟柔熟程度、黄水外观情况，环境卫生等因素来考虑决定。必须严格掌握工艺操作技术，才能使发酵正常进行，达到优质高产的目的。

温度、水分、酸度和淀粉含量是入窖条件中最重要的因素，但入窖条

▲醅糟入窖，循环往复

件不能一成不变，应有一定的幅度，灵活掌握，如果某一条件变了，相应地就要改变其他条件来适应新的环境。例如减粮后应注意减糠减水；加强回酒后，必须从每甑量水中扣除所增加数量，否则各个条件互相脱节，就不可能达到预期的效果。更重要的是不能盲目乱动，随意变更条件，造成母糟显糙或发黏，给下排入窖条件带来困难。上排为下排创造条件，使产量、质量趋于稳定。

泸州老窖大曲酒是混蒸混烧续糟固态发酵，影响的因素较多，只有掌握稳、准、匀、适的工艺操作，加强科学管理和试验研究，才能逐步掌握它的变化规律，通过实践逐步提高到理论，再用理论去指导实践，去粗取精、不断总结提高才能达到优质高产和均衡生产的目的。

（节选自1998年《陈茂椿先生学术论文集》）

熊子书

XIONG
ZISHU

一生事业永流芳　庭余芝草见心田

——记中国白酒科技先行者熊子书先生

文／牟雪莹　赵明利　温佳璐

他把一生都奉献给了白酒。

他是为国家名优白酒发展奠定基础的先行者，也是中国白酒三大查定总结试点（简称"试点"）的见证者、参与者、科研者，亦是第三届、第四届全国评酒会评委。

他是熊子书。

熊子书先生长期从事酿酒科研，在对以泸州老窖为代表的浓香型白酒，以茅台为代表的酱香型白酒，以汾酒为代表的清香型白酒的技艺传承、查定、总结、完善，及提高产品产量、质量等方面做出了

▲熊子书先生1948年毕业于四川省立教育学院（现西南大学）

重大科学贡献。

20世纪70年代末，熊子书先生进行了大容量贮酒工艺的研究，引入气相色谱技术等现代分析技术研究白酒，剖析白酒香味成分，参与制定白酒国家标准，建立白酒评酒方法，其科研项目多次获国家级奖励。而制定浓香型白酒部颁标准（QB 850—1983）、开展大容量贮酒容器研究时，都是以泸州老窖作为参照实验对象。

他亲历了新中国成立后白酒业翻天覆地的变化，见证了中国白酒科研的发展历程，是白酒科研的先行者和开拓者。"在我印象中，父亲总是出差，有时几个月甚至半年。父亲平日心无旁骛埋头工作，回到家里也常常翻阅资料、修改稿件到很晚"，熊子书先生的儿子熊文生回忆起他眼中父亲的点点滴滴，"父亲退休后，还经常参加各类评酒和研讨活动，耄耋之年仍能保持较好的记忆力和敏锐的感官感受力，用准确的语言对酒体进行打分。"

熊子书先生的一生辛勤耕耘在酿酒科研领域，为酿酒行业的人才培养、科学研究、品质提升做出了卓绝贡献，对泸州老窖的发展给予了大力的指导和厚爱。

1957年，熊老同众多专家一道莅临泸州老窖，开启了对泸州老窖生产工艺的查定工作。在长达半年的时间里，熊老没有休息时间，和工人同吃同住，通过跟班记录、取样分析、感官尝评等方法，总共完成了17个科研项目的研究。他们研究总结出来的包括清蒸辅料、加糠减水、回酒发酵等技术成果都应用到生产实践中，并于1959年形成了新中国第一本白酒酿造专业教科书——《泸州老窖大曲酒》，在行业广为传播，极大提升了中国白酒的酿造工艺和质量水平。熊老历来十分关心泸州老窖的发展，1985年，他写下了一段对泸州老窖特曲的评价：四川泸州特曲酒乃我国历届名酒之一，历史悠久，芳香浓郁，清洌甘爽，饮后尤香，回味悠长，具有独特的风格，是我国浓香型白酒的正宗。

1999年，熊老写下论文《中国第一窖的起源与发展——泸州老窖大曲酒的总结纪实》。在这篇38页的论文手稿中，熊老从中国白酒历史发展谈起，讲述了新中国成立后对泸州老窖的酿酒技艺进行查定总结的时代背景，文中重点分析和阐述了泸州老窖的起源、历史传承，对泸州老窖的酿

▲2005年，泸州老窖拜访熊子书先生

酒技艺做了非常细致和科学的分析、论证和总结。2005年，85岁的熊老非常动情地回忆了1957年在泸州老窖进行查定总结工作期间的情况，他对泸州老窖的员工说："1957年到现在，我已经离开泸州老窖快半个世纪了，但是我还是时常回忆起那个我和我的同志们曾经战斗过的地方。"他专门写了一则《国窖酒颂》的诗歌：浓香正宗源为谁？四百余载至吾辈，光大酒魂令心醉；泸州老窖当为魁！

　　2018年9月27日，笔者一行拜访熊老。那天有些冒昧地打扰了老人家的午休，但97岁的熊老一脸和蔼，慈眉善目。落座后，熊老开始谈起

国窖酒颂

浓香正宗源为谁?
四百余载至吾辈,
光大酒魂令心醉;
泸州老窖自为魁!

熊子书
二〇〇五年春

往事:中华人民共和国成立后,国家进行了第一次名酒评选,选出了泸州老窖大曲酒、茅台、汾酒和西凤酒为四大名白酒。虽然评了名酒,但当时全国各地的酒类企业整体生产力低下,产量不高,质量也极不稳定。根据国家制定的《1956—1967年科学技术发展远景规划纲要》提出的"合理利用食品中的糖、酒、油料等资源及改进加工方法的研究"的指导精神,泸州老窖大曲酒酿造工艺与茅台酿造工艺、汾酒酿造工艺被列为重点研究课题。

此后,根据食品工业部制酒工业管理局指示及全国名酒会议的精神,1957年,四川糖酒研究室、四川省专卖事业公司和四川省工业厅食品局等单位,开启泸州老窖大曲酒总结工作,熊子书和泸州老窖大曲酒试点的负责人陈茂椿、诸葛鑫、杜钟、秦朝秀一行共16个单位62人来到泸州老窖参加了查定试点工作,这是中华人民共和国成立后的第一次名酒试点。试点按两条技术路线进行研究,即泸州老窖大曲酒操作法(又称老法)和现行操作法(又称新法,由诸葛鑫负

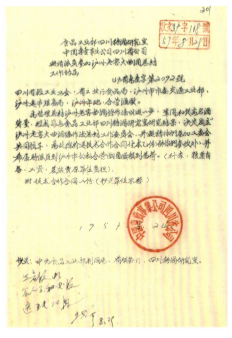

▲1957年8月,食品工业部四川糖酒研究室、中国专卖事业公司四川省公司邀请派员参加泸州老窖大曲酒总结工作的函

▲1958年3月，泸州老窖大曲操作总结工作委员会部分同志合影（陈茂椿在第二排右起第二，熊子书在第三排右起第一，诸葛鑫在第三排左起第五，秦朝秀在第一排左起第四）

责）。熊子书负责温永盛酿酒作坊传统操作法的技术查定。他回忆：当时把温永盛作坊里的酿造数据和大中作坊的数据进行比对，查找出两个作坊的窖池生产质量、产量差距，由此重新制订出综合工艺生产方法。

在泸州的半年时间里，熊子书和其他科研工作者进行了清蒸辅料、加糠减水、回酒发酵等17个科研项目的实验，恢复了小甑天锅等传统酿制技艺方法，在保证产品质量的同时，使出酒率提高了37%。熊老特别提到，这些总结出来的科学实验方法得到了有效运用，后由轻工业出版社出版发行了新中国第一本白酒酿造专业教科书《泸州老窖大曲酒》。

在试点工作中，经过反复的实验、调查、取证、化验分析，熊老得出了这样的结论："我国白酒科研课题的研究，都是从浓香型白酒开始的，如白酒降度实验、制定白酒质量标准和大容量贮酒容器的研究等，极大地促进了泸型白酒的发展！"这一结论得自熊老生前所写的一篇题为《中国

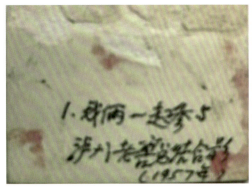

▲熊子书先生和夫人秦朝秀当年一起参加泸州老窖试点的合影照，背后记录了"我俩一起参与泸州老窖总结合影"

三大香型白酒的研究之浓香·泸州篇》的论文。

同行参加试点的人中，有来自宜宾、德阳、成都等酒企的技术工作者，这些工作者把在泸州老窖学习到的经验用于各自企业，使其产量和质量都得以稳步提升。

在熊老的自传中，记载了他和爱人秦朝秀当年参加泸州老窖试点研究的情况。"父亲和母亲是大学同学，母亲在泸州老窖试点中主要从事分析检测工作。

1963年第二届全国评酒会评选出了包括泸州老窖酒在内的八大名白酒，其中浓香型白酒占比1/2，浓香型白酒繁盛开花的结果与泸州老窖试点密不可分。据统计，第五届全国评酒会中，浓香型白酒占17种国家级名酒中的9种，占55种国家级优质酒中的29种，足以说明浓香型白酒生产面广、产量大、获国家级名优酒奖牌数最多，为全国白酒行业之冠。

于传统中继承、提炼，于科学中革新、提升，试点不仅对泸州老窖酒的技艺总结和传承具有开创性的贡献，更是对中国传统名白酒技艺的总结、提炼、推广和发展有着举足轻重的作用。熊子书随后还参与了茅台试点和汾酒试点。熊老特别谈到，正是泸州老窖试点的经验，为后来的茅台试点和汾酒试点奠定了坚实的基础。

那次拜访告别的时候，熊老在国窖1573和特曲60版上签字留念，边签字边低语："现在年纪大了，不怎么喝酒了，以前品酒的时候，最爱品的还是泸州老窖。"

机缘巧合，2019年1月21日，我们又一次去北京拜望熊老，并带去了1959年出版的《泸州老窖大曲酒》。北京的冬天很寒冷，房间却很暖和。熊老热情地和我们握手，招呼我们落座、喝茶。看着我们带去的书，熊老一页页仔细、认真地翻读，并感慨道："现在眼睛看不大清楚了，但当年付出的很多心血，都凝聚到了这本书里。"

熊老还委托儿子熊文生专门对我们撰写的有关泸州老窖查定总结的文稿进行了指导。他对我们说，关于1957年在泸州老窖的查定总结，自己后来专门手写了一份总结材料，现收录在中国食品发酵工业研究院的档案馆，希望能找到这些资料，将其也放入泸州老窖的档案馆中，作为一份珍贵的历史资料存留。

在熊老家人的帮助下，笔者一行赶到中国食品发酵工业研究院查阅到了这份珍贵的档案，其记录了新中国一批科研工作者在以泸州老窖为代表的白酒企业中潜心耕耘、执着求真的峥嵘岁月。

中国科学院院士方心芳曾在评价熊子书先生时说："四十多年来，他参加过我国多种酒类的研究试验，都得到很好成绩，成果斐然。"中国微生物协会秘书长程光胜也给予熊老很高的评价，他说："熊子书长期坚持亲临现场，仔细考察中国白酒的生产过程并详加记录整理；作为学养深厚的高级技术人员，将亲身实践总结的技术专著整理出版，海内外共享其实用成果，感其仁爱之心，钦佩他一生低调做人、踏实做事、不慕虚荣、为国为民的精神。"

熊子书先生的一生是与白酒研究相伴的一生。

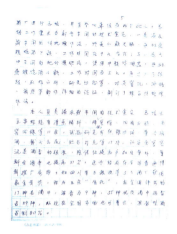

▲中国食品发酵工业研究院留存的
熊子书先生手稿

"文明古国酒飘香，千年传承有良方。依靠科技求发展，微生物里作文章。"这是熊老在半生实践中得出的结论，也可看作他对中国白酒行业前景的展望。当我们回顾熊子书先生为白酒科研做出的历史性贡献时，也更加深刻地认识到坚定地走依靠科技进步发展中国白酒这条道路的重要意义。

泸州老窖国窖人将继续为中国白酒事业的发展开疆辟土，砥砺前行！

专家简介　熊子书

　　1921年2月26日出生，四川云阳县人，2019年7月9日在北京逝世，享年98岁。1948年毕业于四川省立教育学院（现西南大学），大学毕业后留校任教。1952年应聘到轻工业部重庆工业试验所，1956年调到食品工业部四川糖酒研究室，1958年调到中国食品发酵工业研究院，教授级高级工程师。曾任第三届全国白酒评酒委员，第四届特邀全国白酒评委。

　　熊子书先生长期在国家科研单位工作，亲历了白酒发展各个阶段的研究，取得多项成果。新中国成立以后，在较长的一段时期各种名优酒的品质均有不同程度的下降，为此国务院在1956年指示酿酒工业要立即采取措施，迅速恢复、巩固、提高名酒质量，保护宝贵的民族遗产。在这一背景下，国家集中了大批专家和技术人员立项开展研究。熊子书主持参加了泸州老窖试点、贵州茅台试点和山西汾酒试点工作，对传统工艺进行生产写实，归纳总结，整理成文字，并进行技术攻关，解决难题，使其产量和质量得到极大提高。他是唯一参加了三次名优白酒试点的专家，试点为中国白酒从凭经验小作坊式生产走向科学化、工业化生产奠定了基础，具有里程碑意义。

1957年10月至1958年4月，国家科委重点项目"泸州老窖大曲酒总结"共有16个单位62人参加。通过这次试点，泸州老窖大曲酒传统酿制技艺得以科学整理，保真复原，总结提高。泸州老窖试点的重要价值在于：新中国成立后对名优白酒的总结试点工作，泸州老窖开展得最早，具有开创性意义；泸州老窖总结试点对1959年茅台酒试点和1963年汾酒试点在研究方法上有着重要的借鉴作用；泸州老窖试点的研究成果得到了广泛推广，涌现出一大批生产浓香型白酒的优秀企业，浓香型白酒在全国名优白酒总产量中占到多数，泸州老窖亦成为浓香型白酒的典型代表。

1959年4月至1960年3月，熊子书先生参与茅台试点工作，对茅台酒传统酿造工艺进行了一次全面系统的发掘和整理研究，解决了生产中长期影响茅台酒质量和产量的问题。1963年，山西"汾酒试点"由轻工业部发酵研究所秦含章所长带队主持，熊子书任技术秘书，负责生产工艺和技术资料的汇集整理工作。除此之外，熊子书先生还进行了优选酒精酵母菌、白酒贮存与老熟机理的研究、橡子酿酒试验、小曲酒总结试点等多项白酒的研究工作。1980年，熊子书主持轻工业部重点项目"大容量贮酒容器的研究"，分别对我国浓香型、清香型、酱香型白酒进行研究试验，该项目获轻工业部重大科技成果三等奖。1983年，熊子书作为主要起草人之一制定《浓香型白酒及其试验方法》的部颁标准（QB 850—1983）；1994年，熊子书作为主要起草人之一，制定《白酒工业术语》国家标准（GB/T 15109—1994）。

熊子书先生主要撰有《中国名优白酒酿造与研究》《酱香型白酒酿造》等专著四部，发表文章140余篇。熊子书一生辛勤耕耘在酿酒科研领域，踏实严谨、兢兢业业，见证了新中国白酒科研的发展历程，目睹了中国白酒工业发生的翻天覆地变化，主持参加了国家重大科研项目，为中国酒业做出了历史性贡献。

白酒的贮存与老熟 [酒]

文 / 熊子书

　　白酒是我国传统的蒸馏酒，在生产工艺上规定需要有一定的贮存期，贮存期依不同香型、质量优劣和供销情况等而有不同。白酒发酵期和贮存时间长短不同，其质量和风味亦有区别，每种酒在勾调时采用不同贮存期的新老酒，或在生产中选用一些调香、调味酒，互相取长补短，形成独特的风格。因此，白酒的贮存期应按香型品种和市场供销情况来决定，这是有科学依据的。

　　白酒的贮存容器，历来大多采用陶坛（罐），因其能够保持酒质，且各地均有生产，成本较低，还容易进入空气，促进酒的老熟；另一种是桑皮纸猪血涂料容器，制造容易，容量稍大，陕西西凤酒厂俗称它为"酒海"。容器对产品质量也有一定的影响，各种容器各有优缺点。

　　白酒质量的优异，除与贮存前生产的原酒质量有关系外，贮存条件和生产管理也对其有影响，现就老熟机理、贮存容器等分别进行论述，以供参考。

一、老熟机理

刚蒸出来的白酒，辛辣刺激，称为新酒。经过一定时间的贮存，香味比较协调，风味有所改进，其刺激性和辛辣味有明显的减少，芳香渐浓，口味柔和，绵甜甘爽，后味增长，具有陈酿的老熟风味，证明起了老熟作用，称为陈酿酒。

老熟因素大概可分物理因素（外因）与化学因素（内因）两方面。物理因素应从光、热（温度）和空气（溶解氧）等来考虑，如四川古蔺酒厂贮存在酒库与防空洞两个不同地址的郎酒，其风味也有区别。新酒含有低沸点的醛类等物质，经过贮存后这些成分大多挥发，或发生化学变化。还有时间与温度的关系，贮存时间长当然可以增进老熟，而温度则对化学反应的进行有直接影响，温度高，则老熟快，两者都是重要的因素，这里还要注意氧的介入。

白酒在陶坛或水泥池中贮存时与空气接触，必须注意氧的溶解。一般气体溶解于液体（吸收）是温度愈低溶解愈多。另外，酒精溶液比水溶液易溶，从这两个条件来考虑，增高酒精的温度会对质量有影响。

白酒中含量最多的成分是酒精和水，其芳香和辛辣味虽同微量成分有关，但主体还是酒精。白酒经长期贮存，不但会由于化学变化而形成香味物质，而且会由于物理变化而改变白酒中酒精的辛辣味和刺鼻气味，这主要是因为在贮存中改变了酒精分子的排列。酒精和水都是极性分子，有很强的缔合能力，它们都可以通过氢键缔合成大分子。当酒精与水混合时，由于相同分子间的距离增大，故同分子间氢键便减弱，从而形成酒精和水的缔合物，此过程的相互作用很复杂。酒精分子与水分子间形成的氢键被认为起了主要的作用。

酒精与水的缔合，大大改变了它们的物理性质。当把水加入酒精时，其体积缩小，并放出热量。如用无水酒精53.94毫升和水49.83毫升混合时，由于分子间的缔合作用，其体积不是103.77毫升，而是100毫升，这时表现出最大的收缩度，这就是由于分子间的缔合力使分子间靠得很紧。饮酒时，在口味上只有自由酒精分子和味觉、嗅觉器官发生作用，在白酒中自由分子越多，刺激性越大。随着白酒贮存时间的增长，酒精与水分子通过缔合作用构成大分子结合群，其数量越增加，会使更多的酒精分子受到束缚，这样自由酒精分子数量就会减少，也就必然缩小了对味觉和嗅觉器官的刺激作用，饮酒时就感到柔和，这就是白酒在贮存过程中所发生物理变化的缘故。例如茅台酒的酒度，在传统上规定为53%vol~54%vol，而这个酒度正是酒精和水混合时收缩度最大的区域，这时酒精分子受到水分子的强力束缚，自由酒精分子数目少，因此在口味上柔和绵长，这就是茅台酒芳香醇厚、味长回甜和刺激性小的一个原因，也是符合科学道理的。

白酒在老熟过程中所起的缓慢化学变化主要有氧化、酯化和还原等作用，可使酒中的醇、醛、酯等成分达到新的平衡。其反应如下：

醇经氧化成醛　$RCH_2OH \xrightarrow{(O)} RCHO + H_2O$

醛经氧化成酸　$RCHO \xrightarrow{(O)} RCOOH$

醇、酸酯化成酯　$RCOOH + R'OH \xrightarrow{-H_2O} RCOOR'$

醇、醛生成缩醛　$2R'OH + RCHO \longrightarrow RCH(OR')_2 + H_2O$

例如酒精一部分氧化生成乙醛，其中一部分进一步氧化生成醋酸，这些醋酸再与酒精作用，生成醋酸乙酯或高级酯。酯类具有愉快的水果样香味，可以改进酒质和风味。酯类是白酒中的主体香味成分，虽然含量少，但能增进产品质量。

新酒的辛辣味成分以醛类和高级醇为主体，经过一定时间的贮存，醛与醇缩合，则减辣增香。乙醛为羰基化合物中最多的成分，主要由酵母发酵生成，有特殊的刺激性香味，蒸酒时集中在酒头，难以完全分离。但乙醛富于反应性，易与水结合生成水合物，和醇生成缩醛，形成柔和的香味。

白酒中金属离子的多少对老熟也有直接的影响，现已发现的有铁、铜、锰等，对酒老熟的影响尚需要进一步证明。

白酒中酸度的大小（pH值的高低），对氨羰基反应的进行有特别影响。pH值的高低不同，反应程度当然有所不同。pH值愈低，则酯化反应易于进行，从而使香味成分的含量也不相同，对风味有直接影响。

综上所述，白酒在贮存过程中所发生的物理、化学变化，有以下几点：

（1）酒精分子与水分子缔合度增加，使酒味柔和；

（2）低沸点的成分如醛类、硫化物等的挥发能减少酒中的邪杂味；

（3）贮存过程中由于酒精分子的挥发，酒度降低；

（4）醇与酸作用可生成酯类，增加香气；

（5）醛与醇作用生成缩醛类，可增加香气，减少辛辣味；

（6）贮存期中还可增加一些联酮类化合物，给酒以绵软的口味。

从以上几点看出，白酒贮存过程中的变化主要有三个作用：

（1）排除低沸点的醛类和硫化物等成分，减少邪杂味；

（2）增加酒精分子与水分子缔合作用，使口味绵软；

（3）合理的贮存使酒中有机酸和酯类等增加，使香气浓郁，口味醇厚。

二、贮存容器

白酒的贮存容器种类也较多，各种容器都有其优缺点。在确保贮存期中的酒不变质、少损耗，有利于加速老熟的原则下，可因地制宜地选择利用。

（一）陶土容器

我国历来用陶土容器盛酒和贮酒，通常以小口为坛，大口为缸，各地都有生产，成本较低。但陶土容器容积较小，一般为225～350公斤，占地面积大，每吨酒平均占地面积约4平方米，只能适于少量酒的存放，若大批量贮存时，则操作甚为不便，不能适应形势的发展。

陶土容器容易破损，主要是机械强度和防震力较弱，或搬运时受震后会产生一些内在的裂纹，虽然外观不易察觉，但对贮存白酒有影响。另外，其陶土配料和材质粗细也不一致，江苏宜兴的陶土粒粗，四川和广东的陶土较细腻，其成品陶坛片通过金相观察，可发现许多微孔网状结构，

▲ "液体黄金库"泸州老窖天然藏酒洞——纯阳洞

如果釉面质量不好，酒液长期存放，就会逐渐出现微弱渗漏现象，俗称"冒汗"。

陶土容器的贮酒管理，各酒厂均有不同的经验。首先检查陶土容器的质量，看制作和上釉是否精良，有无裂纹、砂眼，还可洗净用清水浸泡数天，以减少"皮吃"、渗酒等损耗。坛口的封盖问题也很重要。例如有的酒厂采用猪尿泡封好，再用瓦钵盖上，涂以"三合灰"；有的酒厂使用塑料布，再用几层纸加麻袋布封好；有的酒厂使用猪尿泡和塑料布封口，然后用木板或石板盖上；也有的酒厂单独使用猪尿泡或塑料布。但单独用猪尿泡容易遭蟑螂等虫害，如果封口不好，还容易造成酒精挥发损失，香味也受到影响。

（二）血料容器

用荆条或竹篾编成筐，或用木箱、水泥池，内糊以桑皮纸、猪血料，作为盛酒或贮酒用具，通称血料容器。这种容器在我国有悠久的历史，是我国劳动人民创造的。所谓"血料"是用猪血和石灰制成一种可塑性蛋白质胶质盐，遇酒精即形成半渗透的薄膜，这种薄膜的特性是水能渗透而酒精不能渗透，证明酒度在30%vol以上其有良好的防止渗漏作用。

血料容器的优点是就地取材，造价较低，不易损坏。四川用竹篾编成篓，糊猪血料纸，供盛酒运输用；陕西用荆条编成筐，糊猪血料纸后，称为酒海（贮酒容量在5吨以上）；东北用木料做箱，糊猪血料纸，其容量在10吨左右；江苏双沟酒厂有钢筋混凝土结构，用猪血料糊以桑皮纸（容量25吨），已使用20余年，效果良好。

（三）金属容器

随着生产的发展，白酒产量成倍增长，小容量贮存已不能满足需要，酒厂开始采用铝质等大容器贮酒。金属容器容量大，比较坚固，但多数金属容易被酒中有机酸腐蚀或易受氧化，生成盐类。例如白酒接触铁后，酒中铁等金属离子过多，产生黄色或带铁腥味，对产品质量仍有影响。我国民间传统常用锡壶盛酒，但商品锡中常常含铅较多，使酒中铅含量超过1ppm，不符合卫生部门规定的标准。搪瓷容器效果虽好，但造价较高，老熟较慢，因此酒厂采用不多。

铝制容器具有轻便、不易破损和能较好地密封等优点，如贮存时间短，对酒质影响不大，可作一般的运输容器使用。但铝是两性金属，易被酸腐蚀。酒中如含有铝的氧化物（酒中有机酸起了化学作用），就会产生混浊沉淀，使酒味带涩，对饮者健康也不利。所以，铝制容器只适于贮存期较短的一般白酒，或作生产勾调用具。

用不锈钢制作金属容器，经茅台酒厂和绍兴酒厂贮酒试验，对酒质尚无影响，可克服铝制容器的不耐腐蚀和易氧化的缺点，但造价较贵，少数酒厂的高档产品可考虑使用。

（四）水泥池容器

水泥贮酒池是一种大型贮酒设备，采用混凝土钢筋结构。普通水泥池不能用来贮酒，因池壁渗漏，不耐腐蚀，不仅损耗大，而且给白酒带来水泥味。水泥池必须经过加工，在水泥表面涂（贴）上一层不易被腐蚀的材料，使酒不与水泥接触，目前采用的方法有下列几种。

1. 桑皮纸猪血贴面

水泥酒池建成后，先把表面处理清洁，然后将猪血加生石灰及水拌和均匀，每5张桑皮纸粘成一帖，而后交叉贴于池的四面。顶部贴40层，底部80层，四周60层。再用木炭文火烤干，表层涂以蜂蜡。此种涂料如加工得法，经久耐用，效果良好。

2. 内衬陶瓷板，用环氧树脂填缝

我所与江苏双沟酒厂协作，用宜兴陶瓷厂加工陶板在双沟酒厂建造了两个50吨的内衬陶板贮酒池，用环氧树脂刷缝后，再用猪血涂料勾缝，其效果与陶坛容器类似。

3. 内衬瓷砖或玻璃贴面

这类材料的优点是加工费用低，酒与环氧树脂接触面小。但施工难度较大，要求平稳不能有气泡，填缝要严实，水泥的干燥时间长。

4. 环氧树脂或过氯乙烯涂料

水泥池表面的涂料除了应有良好的粘附性，不溶于酒精和水以及在池壁上坚固耐用外，还要求不影响酒质，特别要对饮者无毒无害。这类涂料的优点是加工简便，若表面处理达到要求，使用期也较长；但随着使用时间的延长，特别是酒未浸泡的地方容易起泡而脱落。以上涂料对贮酒质量有无影响，卫生部、哈尔滨医科大学卫生系等单位正在研究中，有待得出结论。环氧树脂涂料加入二胺类作固化剂时，二胺类与酒中糠醛反应生成席夫碱，这种物质呈棕色或红褐色，可使酒色加重，口味淡薄，影响酒的质量，含糠醛较高的酱香型白酒，不宜使用含有这种固化剂的涂料。

（原载《酿酒》1983年第4期）

制定浓香型白酒部标的回顾

文 / 熊子书

为了促进白酒生产的发展，提高出厂产品的质量，让消费者饮着放心，就必须制定标准。标准可分企标、部标和国标三种。1980年开始，我们首次制定了浓香型白酒部标。这个标准由轻工业部食品发酵科研所、辽宁省食品研究所、泸州老窖曲酒厂、双沟酒厂的科技人员组成工作组，搜集有关资料、调查生产现状、研究分析方法、分期座谈讨论、制定标准方案等，历时约3年，于1983年6月30日发布，同年10月1日实施。该标准适用于以高粱、小麦等粮谷为原料，经固态法发酵，具有以己酸乙酯为主要酯类香味特点的蒸馏白酒。

白酒是我国的传统饮料，尚有地方性和习惯性。随着我国实行改革开放政策，人民生活水平日益提高，酒类的消费逐渐增多，饮酒习惯亦发生变化，对产品质量也提出了更高的要求。因此，制定白酒标准应考虑产品的感官、理化和卫生指标。下面略谈一下这些指标与产品质量和饮者健康的关系。

一、感官要求

酒类质量的感官指标，一般划为色、香、味和风格四个范畴，采用感官检查法有其一定的客观标准，但亦受到不同习惯的影响。对酒类物理、化学性质的评价，仪器和化学分析法尚不够理想，因为其微妙的物理性质、微量的香味成分均不易测出，故香与味常用感官检查判断，并已发展成为一门新的科学。

1963年，轻工业部组织茅台酒和汾酒试点，应用先进的分析技术剖析白酒香味成分，才开始提出浓香、清香型白酒的典型香味成分，为白酒香型的分类提供了科学依据。从1979年举行的第三届全国评酒会起，白酒感官质量按香型分类评比。

感官检查必要的器官为眼、鼻、舌等，以此为基础，用眼观色，鼻闻香，舌尝味，其嗅觉和味觉的综合感觉称为风格，简称为格。该标准以酒度和香味成分多少的不同，其风味也有明显的区别，分为优级、一级和二级，制定其相应的感官评语。总的来说，浓香型白酒具有以己酸乙酯为主要酯类的复合香，集香、醇、浓、绵、甜、净、爽、长八字于一体，保持窖香浓郁、绵甜甘洌、香味谐调、尾净味长的独特风格，尤其讲究"回味"，川酒称为"陈味"，深受消费者的喜爱。

二、理化指标

白酒的主要成分为酒精（乙醇）和水，占总量的98%以上，其余成分多为微量的香味成分，却是决定白酒风味的呈香、呈味的有机化合物。白酒的香味成分很复杂，种类很多，含量甚微。据目前初步统计，经现代分析技术剖析，各类香型白酒中微量香味成分共为321种，其中醇类37种，酸类42种，酯类99种，氨基酸类15种，羰基化合物30种，缩醛21种，含氮化合物6种，含硫化合物7种，酚类化合物13种，呋喃化合物6种，醚类10种等，此外还从有的酒中检出甲基萘等3种，随着科学技术的进步与发展，它们将逐渐被人们所认识。

酒度是指酒精含量的体积比，按我国饮酒习惯分为高、中、低三种酒度。其中高度酒的酒精含量在50%vol以上，低度酒在40%vol以下，符合国际社会消费潮流（现在世界上，蒸馏酒的酒度一般都在40%vol左右，统称烈性酒）；介于两者之间的称为中度酒，又称降度酒。实现低度酒消费是白酒发展的必然趋势。

浓香型白酒以泸州老窖大曲酒为代表，又称泸型，其质量与风味的优劣取决于酒中香味成分的含量。名优白酒香味成分的含量有如下规定。

1. 酸类

泸型酒主要有机酸含量顺序为乙酸＞己酸＞乳酸＞丁酸，一般是总酸较多的酒质好，突出在己酸上，有利于提高酒的浓郁感。总酸与总酯的平衡协调十分重要。四川5种浓香型名酒的酸酯比在1∶4左右。

2. 酯类

酯类含量顺序是己酸乙酯＞乙酸乙酯＞乳酸乙酯＞丁酸乙酯＞戊酸乙酯＞庚酸乙酯＞辛酸乙酯。丁酸乙酯与己酸乙酯比为1∶10，乳酸乙酯与乙酸乙酯的比值为0.6～0.8较好，一般在1以下，乳酸乙酯在泸型酒中含量多少与酒的风味关系很大。

3. 醇类

高级醇含量顺序为异戊醇＞正丙醇＞仲丁醇＞异丁醇＞正丁醇，其中正丙醇和正丁醇含量偏小为好。优质泸型酒的醇酯比为1∶6左右。

4. 醛类

醛类物质以乙醛和乙缩醛为主，其次是糠醛。乙醛有刺激味，乙缩醛是白酒中主要香味成分之一，有助于酒的放香，并与陈香有关，是白酒老熟和质量的指标，也是有别于低档次酒的指标之一。糠醛带有一定的焦香，对酒后味起作用。

5. 其他高沸点成分

还有许多微量的高沸点成分可影响酒体的香气和醇厚，有呈香定香的作用。

该标准还规定添加剂中不得加入任何非发酵物质，并限制了固形物含量，不得超标。

▲泸州老窖部分老酒系列

三、卫生指标

为了保障人民身体健康，国家标准局发布了蒸馏酒及配制酒的卫生标准，从1982年6月1日起实施，即国家标准GB 2757—1981。

从标准中看出，制定标准就是制定酒法，凡是出厂产品必须符合制定的标准，否则不允许销售。名酒出名，贵在风格。除酒中理化和卫生指标外，还要考虑芳香，更要重视口味，树立不同香型的品牌。

白酒的香型较多，浓香型白酒发展很快。从1952—1989年的全国历届评酒会共评出国家级名酒17种，其中浓香型白酒占有9种，55种国家级优质酒中浓香型白酒占有29种，说明其生产面广、产量大、酒质优异、声誉高，是荣获国家级奖最多的酒种。例如1997年，全国白酒经济效益下滑约20%，而四川"六朵金花"白酒却增长40%，占全省工业利润的近50%；"六朵金花"白酒年产量占四川白酒总产量的

1/3，其中浓香型白酒占98.8%，说明在国民经济中浓香型白酒起着重要的作用。

该标准为我国制定了其他香型白酒的样板，成为我国名优白酒的发展方向。

（原载《中国酒》2001年第4期）

中国第一窖的起源与发展

——泸州老窖大曲酒的总结纪实 酒

文 / 熊子书

　　白酒是中华民族特有的酒精饮料，是广大劳动人民最喜爱的传统蒸馏酒，也是群众逢年过节的当家酒，历史悠久，源远流长，究竟源于何时，说法尚不一致，有汉代说、晋代说、唐代说、宋代（包括西夏和金）说和元代说五种。根据文献记载和文物资料推测，白酒已有两千多年的悠久历史。1975年，安徽天长县出土了一件甗式青铜器，类似酒具，上海博物馆进行了仿制，并模拟试验。同年又在河北省青龙县的金代遗址中出土一件青铜蒸物器，高41.5cm，上半部像只木桶，敞口，下半部为半球形。经专家鉴定为金世宗时期（南宋孝宗时）器物，制造时间不迟于1161年。

　　在贫穷落后的旧中国，劳动人民没有受教育的机会，一般工人目不识丁。如原泸州曲酒厂称酒师为"瓦片"，原因是酒师与资本家要把屋上的瓦片掰为两块，各持一块作为合同的凭证。酿酒工人在长期操作中不断总结经验，形成了泸州老窖大曲酒的定型生产。按照其传统工艺就能生产出好酒，优质率高，这是师徒用口授心传继承下来的经验，是劳动人民智慧的结晶。解放前，这一宝贵遗产尚未受科学技术界所重视，从未加以总结提高，因而长期停留在原有的水平上。

新中国成立后，我国十分重视酿酒科学研究。1956年，国家科委制定的十二年长期科学技术发展规划，列有总结提高民族传统特产食品的内容，其中有四川泸州老窖大曲酒等研究课题。为了贯彻执行上述科研任务，笔者首次参与泸州老窖大曲酒的总结，负责温永盛车间传统操作法的查定工作，恢复了小甑天锅蒸酒设备，并与大中车间的现行中甑冷凝操作法标定对比，历时半年，摸清了影响酒质的因素，并拟定改进措施，制定了一套比较完整的泸州老窖大曲酒综合操作法，使我国泸（浓香）型白酒得到迅速的提高和发展。

第三届国家白酒评委名单，第二排左起：杨文华、夏义雄、熊子书、龚文昌、耿兆林、周恒刚、于树民、何锡贵、曹述舜

▲第三届全国评酒会专家合照

　　白酒香型的分类是从1979年第三届全国评酒会开始确定的，有酱香、浓香、清香和米香等酒种，以浓香（泸）型白酒在全国年产量最大，生产面最广，国家级名优酒品牌最多，受到广大消费者的喜好，因此发展特别快。泸州老窖大曲酒总结后，迄今已有40余年的生产实践。它的操作和经验仍然是浓香型白酒生产工艺的重要参考，在全国各地受到重视，并被许多酒厂普遍采用。现将中国第一窖的起源与发展分别进行阐述，尤其是其近20余年来在生产中行之有效的实践经验，值得进一步总结与提高，期望能提高产品质量，弘扬祖国灿烂的酒文化。

一、泸州老窖的起源

　　泸州古称江阳，在四川盆地的南部边缘，长江、沱江合流之处。它是沟通滇黔的川南重镇，经济文化发达，自然条件十分优越，终年气候温暖，雨量充沛，土壤肥沃，物产丰富。早在2000年前，《淮南子》就有"清醴之美，始于耒耜"的记载，即清酒的甘甜来自农耕的辛劳。只有依靠农业的发展，人们才有条件酿造美酒。

　　泸州自古以来便享有"江阳古道多佳酿"的美誉。根据泸州地区出土文物考察，泸州酒史可以追溯到秦汉时期。在泸州市博物馆陈列室里，有两只当地出土的陶质饮酒角杯，经有关部门鉴定，当属2000多年前秦汉之际的器物，专供宴饮宾客之用。

　　1983年秋，泸州出土的第8号汉棺上发现了一幅"巫术祈祷图"。图中有两个峨冠博带的巫师，相对举樽，似乎在完成某种神秘的巫术仪式。这幅祈祷图表现了汉代巫师以酒为祭的场面，不但说明当时泸州人已懂得"酒以成礼"，而且证明泸酒的质量使其可以进入俎豆祀神的庄严祭坛了。

　　汉武帝天汉三年（前98年），开始由国家管理和经营酒类的生产和买卖。当时，酿酒的制曲技术已经从散曲发展到饼曲，泸酒也随之向前发展。北宋诗人黄庭坚曾因贬谪来泸州住了半年，并吟出"江安食不足，江阳酒有余"的诗句，描绘了泸州酒业的兴盛，州境之内，作坊林立。

　　据《宋史·食货志》记载，宋太宗太平兴国八年（983年）以后，四川境内的泸州、开县等地已出现"小酒"与"大酒"。从酿造工艺上看,"小酒"是自春至秋,酝成即鬻,用酒米(糯米)为原料,生产的一种米酒。"大酒"是采取蒸馏工艺,经过酿、蒸出来的新酒,还要贮存半年,待其自然老熟,方可出售,接近今天泸州老窖大曲酒的操作法。

宋代"大酒"的出现,为泸州酒业进程揭开了新的一页。泸州老窖是用黄泥建造的,称为酒窖或窖池。建窖要选择地势,最好是黄泥底,讲究土质水质,筑窖的黄泥是从距城5km的五渡溪运来的,以求其色泽金黄,绵软细腻,不含砂石杂土,特别富于黏性。

建造窖池时,夯底糊泥都有奥妙,窖底夯实了不行,窖壁糊得不好也不行。在窖壁上钉楠竹制的竹钉,钉长约30cm,宽约3cm,竹节向上,竹头缠苎麻丝,钉入窖壁约20cm,以角尖向上的三角形钉成横列,钉与钉的距离约20cm。另用黄水加绵软、细腻、无夹砂的黄泥踩柔,搭于窖壁,厚约10cm,窖底则用净黄泥夯紧,厚约30cm。

新窖使用七八个月后,黄泥由黄变乌,再经约两年时间,逐渐变成灰白色,泥质由绵软变得脆硬,酒质随窖龄增长而提高。这样再经过20余年,泥质重新变软,脆度却进一步增强(无黏性),泥色由乌白转变为乌黑,并出现红绿等彩色,开始产生一种浓郁的香味,初步形成了"老窖",产品质量也随之显著提高。此后年复一年,窖香越来越浓,酒质越来越好,这就是"三百年老窖"大曲酒特别有名的由来。

陈年老窖对产品质量有决定性的影响,被称为是浓香型白酒的命根子。因此,酿酒师对老窖无不非常爱护,无论出窖、入窖或滴窖等操作都十分小心,避免损伤窖泥。若因年久泥碎,窖泥松脱,必须修补时,也会在脱落的老窖泥内加入少量新黄泥来修补,这样修补的酒窖才对产品质量影响不大。

1958年,轻工业部委托四川省人民政府组织全国的有关专家,对泸州老窖大曲酒的传统工艺和老窖窖龄进行了专门考察,一致认为这些老窖建成时间是明朝万历年间(1573—1619年)。这种"三百年老窖"的说法早在100年以前就出现了。现泸州南城营沟头的陈年老窖,是被评为全国首家国家级重点文物保护单位的老窖池群,这些窖池是我国建造最早、连续使用最长、保护最完整的珍贵民族遗产，被誉为"中国第一窖"。

泸州市曲酒厂珍藏有乳白色筒形粗陶包装酒罐，正面通行竖写着"三百年老窖"五个大字，背面有"豫记温永盛曲酒厂"的款记，大约在19世纪70年代就已有"三百年老窖大曲"的名称出现，据说今天的泸州老窖大曲酒已有400余年的历史可稽。18世纪五六十年代（清乾隆年间），继续增建酒窖；19世纪（清嘉庆年间），舒家的酒窖全部卖给温永盛经营。1792年（清乾隆壬子年），善饮酒的诗人张问陶（号船山）夜宿泸州时，曾赞美老窖大曲酒的风貌，赋诗评价：

▲清代爱仁堂三百余年老窖曲酒厂酒瓶

> 城下人家水上城，酒楼红处一江明。
> 衔杯却爱泸州好，十指寒香给客橙。

随着泸州老窖大曲酒的声誉增高，销路扩大，生产相应的发展，泸州城里已经遍布酒窖，酿酒作坊多达36家。1915年，泸州老窖大曲酒在美国旧金山举办的巴拿马太平洋博览会上，一举夺得金奖，为泸州老窖酒获得国际上的特殊荣誉。当时夺取金奖的泸州老窖大曲酒，正是温永盛大曲酒。因此，泸州老窖酒享誉神州，名驰全球，系中国最古老的传统四大名白酒之一。

1916—1926年，泸州老窖大曲酒多次获得南洋劝业会、北洋劝业会一等奖，上海展览会甲等奖，重庆劝业会甲等奖，成都劝业会特等奖等奖章和奖杯；1952—1989年举办的五届全国评酒会上，亦连续被评为国家级名酒，荣获金奖。因此，人们称泸州老窖特曲酒是名酒中的"老寿星"，被国家确定为浓香型白酒的典型代表。

二、泸州老窖大曲酒的总结

为完成国家科委制定的十二年长期科学技术发展规划，原食品工业部四川糖酒研究室、四川省糖酒专卖公司和泸州市有关单位，还有四川宜宾、绵竹、成都、万县、合川和贵州毕节等地16个相关单位，共有党政领导、工程技术人员、生产工人和生产管理干部等62人在泸州曲酒厂进行总结。

为组织领导这项任务，特成立了泸州老窖大曲酒总结委员会，下设办公室，分生产记录、试验研究、化验分析和尝评鉴定四个小组进行工作。总结工作重点以温永盛传统操作法（重新恢复的小甑、天锅蒸酒设备，每班干活7甑）与大中车间的现行操作法（设备为中甑、冷凝器，每班干活4甑）标定对比，找出其优异点。

总结工作分为筹备、试验和总结三个阶段，按计划要求完成了任务。

（一）工作内容

（1）生产记录组在新老操作法两个车间，分别选出窖龄相同的6口窖，其中3口为重点窖，进行总结标定，通过车间观察、化验分析、试验研究以及尝评鉴定等，找出影响酒质量的因素，从而鉴定新老操作法的优异点，并提出改进措施，经过试验研究，最后整理为泸州老窖大曲酒的综合操作法。

（2）试验研究组为保证和提高产品质量，对影响酿酒的因素分别列有课题进行试验，科学地加以总结和肯定。

①关于分析取样。名酒是固态法发酵生产，取有代表性的样品较为困难，在不影响生产的前提下，找出合理的取样方法，如用竹子作工具，取样较均匀，分析数据也有说服力，能指导生产。

②掌握发酵温度。酿酒是借微生物的作用，各类微生物有其最适宜的温度，例如入窖温度不同，菌类繁殖的速度和种类也不同，因而产品质量就不一样。经验证明，低温入窖发酵生酸量少，淀粉利用率高，产品质量好，其酒味带甜。

③采用熟糠拌料。酿酒使用稻壳（简称糠）为填充料，生糠拌料蒸酒

时会给成品酒带来不快的邪杂味，如采用清蒸的熟糠，晾干备用，则可避免上述缺点，在不影响操作的条件下，应尽量减少稻壳用量。

④窖帽高低的影响。泸州老窖大曲酒有特殊芳香，愈接触窖底和窖壁的发酵糟（醅）愈浓郁。因此，窖帽的高低，直接影响酒质的优劣。将同一窖内各层发酵醅分别进行蒸酒试验，发现窖底醅所产的酒优于窖中，而窖中又优于窖顶。

⑤回酒发酵试验。酒头、酒尾和丢（扔）糟黄水酒质量较差，如复蒸为成品酒则影响质量，如将此等酒稀释后入窖发酵，使其有机酸与醇类起酯化作用，则可提高产品酒质量。不过回酒发酵时由于酒精挥发等损失，粮耗稍高。

⑥延长发酵周期。延长发酵期可以促进酯化作用，使其总酸和总酯含量增高，从而提高了产品质量。但延长发酵期，出酒率偏低，粮耗有所增高。

⑦滴窖减糠关系。开窖起母糟后，即在窖内剩余的母糟中央挖一黄水坑滴窖，随即将母糟的黄水流入坑内舀净，以后则滴出多少舀多少，每窖舀4~6次，自开始滴窖到起完母糟止，要求达12小时以上。母糟滴干了黄水可减少糠的用量，有利于提高产品质量，否则带有苦味。

⑧适当截头去尾。蒸酒时最初蒸出的产品含有低沸点成分，如醛类较多，最后蒸出的酒中含有高级醇和糠醛等高沸点成分，影响酒味、糙辣、苦涩和刺喉，有害饮者健康。为了提高产品质量，适当截头去尾是必要的。试验结果证明，截头可除去低沸点的醛类和醇类，但总酯亦受影响；去尾主要去掉苦味物质，如糠醛等。一般截头率为1%左右，去尾以断花摘酒为佳。这与历来操作相吻合，且易于控制。

⑨天锅与冷凝器蒸酒的比较。泸州老窖大曲酒的传统操作法，解放前是用小甑、铁质天锅蒸酒，冷却面积仅约1㎡，流酒温度为68.85℃~77.29℃（6次平均值）。现行操作法改用中甑，采用锡质冷凝器蒸酒，冷却面积为6㎡，因此冷却较好，流酒温度低（35℃以下），酒的回收率高。经多次试验证明，天锅蒸酒流酒温度高，挥发的成分多，故味道醇和，进口爽快，确有清香感觉，成品酒中杂质少。冷凝器蒸出的酒香浓，稍有不愉快的感觉，但成品酒经贮存后，其风味与天锅蒸出的酒出入

不显著。天锅的蒸馏率为88.66%，锡质冷凝器为92.25%，即锡质冷凝器蒸馏效率比天锅高3.59个百分点。

⑩关于打量水。粮糟出甑后泼入热水，称为"打量水"。打量水宜清洁，水温要高（一般为85℃左右），才有可能钝化水中的杂菌，同时促使淀粉粒迅速吸收水分，以保持足够的含水量，有利于正常发酵。如水温过低，使大部分水附于糟子表面，就是所谓"水鼓鼓的"，叫作"不收汗"，入窖后水分很快向下沉，致使上层糟子干燥，发酵不良。

⑪踩窖的利弊。踩窖可以减少窖内的空气，抑制好气性生酸菌的繁殖，从而促进缓慢的正常发酵。但踩窖不能踩得过紧，要根据糟子的具体情况来掌握，否则会使糟子发腻（黏），影响正常发酵和操作。

⑫清烧与混烧对比。泸州大曲酒采用混烧法，即续糟法，将高粱粉拌入发酵糟（醅）中蒸酒。这样使发酵醅中一部分酸和水分被原料吸收，给蒸粮糊化创造有利条件，另外增加了成品酒中的部分粮食香味，以提高质量。经试验证明，混烧比清烧酒尝评得分高，酒味醇和回甜，总酸和总酯含量均高于清烧酒。

⑬原度酒与加浆酒试验。为了调整酒度，必须加浆兑水，通称"加浆"，究竟使用何种水较好？在不影响产品质量的前提下，经试验证明，原度酒质量比加浆酒要好些。经数据分析得出，除总醛外，其他成分，原度酒均高于加浆酒；加浆用水以蒸馏水质量好，冷开水次之，井水和自来水再次之。

⑭上甑与摘酒的关系。上甑（又称装甑）是蒸酒生产操作中最重要的工序，与产品的产量和质量大有关系。上甑要轻撒薄装，火力要均匀，穿汽应一致，切忌重倒起堆塌汽，必须做到上甑疏松，不跑汽、漏汽。新酒质量的优劣与摘酒关系很大，流酒时必须有人边尝边接，切实做到摘酒不离人，截头去尾，量质摘酒，按质并坛，验收入库，确保产品质量。

（3）化验分析组进行各种原材料、半成品和成品酒的检测，并提出不同等级的大曲酒理化质量标准，同时测定重点窖的发酵变化，如水分、酸度、淀粉、含酒量和酵母数等，为新老操作法提供总结依据。

（4）尝评鉴定组检查总结试验中的样品酒，判断其质量的优劣，并制订出不同等级酒的感官质量指标、评酒记分方法和感官评语等。

（二）酿酒概况

现将泸州老窖大曲酒酿造有共性的问题简述如下。

（1）主原料。高粱又名红粮，分糯、粳两种，糯高粱的出酒率高，酒的质量好，泸州老窖大曲酒所用的主原料就是糯高粱。在选料上要求颗粒饱满，特别要无水湿、霉烂，因为泸州老窖大曲酒是续糟混蒸，原料不好会给成品酒带来邪杂味。制曲小麦要颗粒饱满、干燥，无水湿、霉烂。

▲泸州老窖采用川南有机糯红高粱，并坚持传统的"单粮"酿造工艺

（2）辅料。稻壳为酿酒最好的辅料，如用量较多或质量不好，对于大曲酒的风味影响很大。因此，要求稻壳以新鲜、干燥，无水湿、霉烂，呈金黄色的粗糠为佳。因粗糠的骨力好，可以少用，细糠则不得多用，用多了酒味不纯，还会使糟子发黏，影响产量。为了提高酒的质量，要将稻壳清蒸半小时，除去邪杂味，晾干后使用。

（3）酿造用水。水质的好坏不仅影响酒味的优劣，也关系到出酒率的高低，所以生产名酒对酿造用水非常重视。泸州老窖大曲酒使用龙井泉水，微甜，呈微酸性，有利于糖化与发酵，且硬度适宜，能促进酵母菌的生长繁殖。

（4）酿酒工艺。

工艺流程：

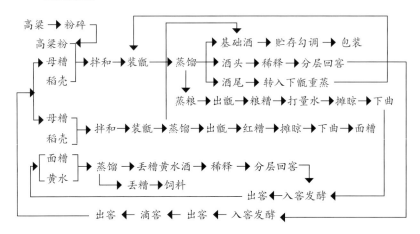

（5）质量标准。泸州老窖大曲酒分特曲、头曲、二曲等级别，由专职验收人员检查，用感官鉴定法逐坛尝评后决定。

（三）操作特点

（1）操作时严格按照工艺规程，先测定地温，以地温决定入窖温度，并根据气温变化决定下曲温度。所谓"地温"是用一支温度计放在车间晾堂一角接触地面的温度，该温度变化较稳定，更接近窖内发酵的温度。

（2）发酵管理认真。入窖发酵24小时后，每日清窖的同时清吹一次，即把窖泥清严以后，用竹签向窖内穿1~2个小孔，以排除碳酸气（二氧化碳），同时从吹出气体的强弱、高低和气味等，可以检查其发酵情况。连续清吹4~6次，可判断其发酵是否正常。

（3）开窖后舀黄水，称为"滴窖"。由于窖池下半部的母糟含有过多的黄水，其中含杂质较多，如不预先滴干，将影响成品酒的风味。滴窖后要求母糟内含水分为61%~62%，以便为配料及打量水创造稳定的条件。黄水以似蛋黄色，有酸涩味，泫长发亮为佳。如检查黄水有其他现象，就是发酵不正常。

（4）每次窖内母糟挖出完毕，由小组进行质量检查。母糟又称"万年糟"，一般认为母糟似猪肝色，有酸涩味、疏松油气者最好。若无上述现象，可能是操作中有问题，要设法改进操作。窖池母糟挖空的时间以越短越好，常在窖底留一甑母糟待下轮醅入窖前挖出。

（5）蒸出的大曲酒在陶坛存放数天后，经尝评分为特、头、二曲酒等级别。

三、浓香（泸）型白酒的发展

泸州老窖能产生酒的香味，与老窖窖泥有密切关系。老窖泥中是哪些微生物在发酵过程中起作用产生香味物质，是需要研究的课题。同时白酒生产规模逐渐扩大，产品产量和品种越来越多，解决好产品质量标准和贮存老熟等有关问题，有利于白酒工业的发展。

（一）剖析白酒的香味成分

20世纪50年代末，笔者主持、参与贵州茅台酒和泸州老窖大曲酒生产工艺的整理总结后，感到白酒香味成分非常复杂，其种类繁多，含量甚微，单凭分析总酸、总酯等指标，不能说明产品质量的好坏，又不能作为确定白酒等级的依据。因此向部领导汇报工作时，提出剖析白酒香味成分，得到了上级重视。原轻工业部曾发文通知部发酵工业研究所等单位展开研究工作。1963年，我们开始研究贵州茅台酒、泸州老窖特曲酒、山西汾酒和陕西西凤酒的香味成分，由万良才工程师先采用纸、柱和薄层色谱法，后来应用气相色谱法，证明泸型酒是以己酸乙酯为主。1964年，笔者等在山西汾酒试点时，根据掌握的分析数据，合成了汾酒、五粮液和泸州特曲酒，曾在同年12月20日华北白酒协作会议上获得好评。1983年，四川省食品工业研究院对泸州特曲酒进行了定性剖析，共分离出香味成分136种，其中定量108种，在定量的成分中计有酸类25种、酯类39种、醇类26种、羰基化合物18种，并对各种香味成分与风味的关系进行了探讨，具有一定的参考价值。

（二）分离老窖泥中的微生物

白酒的酿造是以霉菌糖化，酵母菌发酵，先将淀粉变成糖，再将糖发酵成酒精，这是众所周知的事实。我们总结泸州老窖大曲酒的工作后，发现白酒中有机酸和酯类香味成分与细菌参与发酵有关，这是泸型白酒香味成分的主要来源，因此开始分离老窖泥中的微生物。

1963年，中科院西南生物研究所、四川省发酵研究所和泸州曲酒厂协作，开始分离老窖泥中的微生物。其以嫌气性芽孢杆菌为其优势微生物群落，它们主要栖息在窖壁和窖泥的黑色泥层中，对分离出的菌株加以培养，就能获得产生浓香型白酒主要香味成分的菌种。随后利用这些菌种，采用人工培养窖泥，即所谓新窖老熟新工艺，为改进传统工艺起了积极的作用。

1966年，笔者等在山东临沂酒厂进行全国新工艺白酒试验，选用丁酸菌等细菌参与培制香醅试验，其酒中有己酸和己酸乙酯（纸色谱分析）等成分，具有泸型酒香味，对提高产品质量有一定的作用。

1975年，内蒙古轻化工研究所从老窖泥中分离出15#、30#己酸菌，应用于浓香型白酒的生产，同时还有许多单位对其进行了研究。目前，国内白酒生产上使用的己酸菌有黑轻80#、山大C$_1$#、广西1#和辽大L-Ⅱ等，这些菌株多数未经种的鉴定。

（三）大容量贮酒容器的研究

白酒的贮存容器，过去一般大的陶坛（缸）能装350kg酒，个别酒厂使用"酒海"，其容量均较小，占酒库面积大，酒损耗也较多，年损耗在3%～6%，最高达9.7%，同时周转时间慢，劳动强度大，生产成本高，积压流动资金，只能适于少量酒的存放，若大批量贮存时，则操作甚为不便，不能适应生产的发展。

1980年，原轻工业部列有大容量贮酒容器重点研究课题，笔者任课题组组长，先在江苏双沟酒厂进行浓香型大曲酒不同贮酒材料和不同贮酒条件与酒质关系的对比试验。检测结果表明，它们的变化规律基本相同，其增减值无大的差异，这与尝评结果也一致，说明50吨大容量贮酒池代替小容器传统陶坛是完全可行的。选取较有代表性的陶坛年损耗平均为9.39%，四种类型大容器为1.15%，池比坛少损耗8.24个百分点，只占酒库面积约1/10，配套的计量装置性能稳定，测定较方便准确，经部级鉴定，建议因地制宜，推广应用。该课题于1983年获江苏省科技成果二等奖，同年荣获轻工业部重大科技成果三等奖。

（四）制定浓香型白酒质量标准

为了掌握白酒质量情况，促进企业发展，提高产品质量，严格验收制度和加强市场管理，必须制定白酒质量标准。白酒质量标准可分企标、部标和国标三种。1980年初，原轻工业部酿酒处提出制定部标，经过反复调查讨论，分析酒样，找出分析香味成分的误差，写出了《浓香型白酒及其试验方法》的标准草案。1983年10月1日发布实施。笔者是该标准主要起草人之一。

该标准适用于以高粱、小麦等粮谷为原料，经固态法酿制，具有己酸乙酯为主要酯类香味特点的蒸馏白酒。技术要求分感官和理化两个方面，感官指标为无色（微黄）透明，窖香浓郁，绵甜爽净，香味谐调，余味悠长，具有本品固有的独特风格。理化指标分优级、一级和二级三等，每个等级分别制定有具体指标，但己酸乙酯含量有上下限制，不得加入任何非发酵物质，即添加剂。同时还有检验规则，包括包装、标志和运输保管以及试验方法，均有较详细的条款。

该标准的特点是以酒中己酸乙酯含量为重要依据来判断白酒风味和等级，为我国第一个部标（QB 850—1983），为制定其他香型白酒质量标准提供了参考。

（五）实现白酒酒度低度化

白酒的酒度，解放前是看花量度，各厂情况尚不一致。笔者在现场蹲点时请老酒师依原始方法试验，例如贵州茅台酒以"满花"出厂，经测定平均酒度为48.5%vol，后规定为53%vol ~ 55%vol；另四川泸州大曲酒过去为57%vol左右，后规定出厂酒度为60 ± 1%vol，说明解放后酒度有偏高的倾向。从全国白酒的酒度看，北方高，南方低，这与自然气候和生活习惯有关。例如山西汾酒酒度为65%vol，北京二锅头62%vol，个别酒的酒度达71%vol；川酒的国内酒度为60%vol，出口酒52%vol，一般白酒50%vol，在40%vol以下者甚少，还有人认为酒度高质量就好，这是一种片面的看法。

国外蒸馏酒的酒度各国要求也不一样，一般多在40%vol左右。例如威士忌和白兰地的酒度有37%vol、40%vol和43%vol三种，分别称为特级、一级和二级，以43%vol特级质量最好。日本烧酒的酒度有20%vol、25%vol和30%vol三种，以25%vol的酒度为基准。日本要求进口酒的酒度为35%vol，美国不超过50%vol，并规定其酒度误差范围为0.3%。苏联伏特加酒度为32%vol～49%vol。德国销售产品若酒精含量超过55%（v/v），其质量再好也不允许出售。

1975年，笔者作为代表参与了广交会，受部里委托调查贵州茅台酒和青岛啤酒出口外销情况，同时了解到每个国家或地区制定有酒法、税法等，要求的条件较为严格，如不符合规定，就会影响出口与销售。又如香港地区以酒度在40%vol以上为烈性酒（高度酒），规定酒税以30%vol计算，酒度每增加1%vol，则1L酒提高酒税0.79港元，酒度越高其酒税越重。为了出口或招待外宾，满足社会各方面的需求，必须降低白酒酒度，并要保持原来的风格，增加花色品种。

1976年，笔者等协助河南张弓酒厂试制38%vol浓香型大曲酒，将该厂送的样品进行分析勾调。张弓酒厂为我国最早生产低度酒的厂家之一，曾在1984年第四届全国评酒会上被评为国家级低度酒，获银质奖。

目前，全国白酒的酒度可分为高度、中度和低度三种。高度指酒度在60%vol以上，估计占总销售量的10%；中度酒又称降度酒，酒度在41%vol～59%vol之间，大概占总销售量的40%；低度酒酒度在40%vol以下，以试制生产38%vol产品居多，占总销售量的50%以上，现已形成了产品系列化，基本实现了由高度酒向低度酒转化的目标。

（六）泸州老窖改窖的试验

浓香型白酒的香味是酒醅在老窖内经发酵产生的，即常说的老窖产生香味。如老窖发生退化等问题，必须采用适当措施来补救，以提高产品质量。现举泸州老窖改窖的试验，其已成为生产中行之有效的经验。

1965年，第三届全国名白酒协作会在泸州市曲酒厂召开，原轻工业部酿酒处因邀请代表多，特派笔者代部参与会议。会上河北邯郸酒厂介绍了人工培养老窖的经验，泸州市曲酒厂受到上述经验的启发，当年在小试车间进行改窖试验。后与四川省食品发酵研究所协作，分析了新老窖泥的成分，通过合理配料、补足营养成分，并采用老窖泥的培养泥混合发酵，或在发酵中途加老窖泥的培养泥灌窖等，取得了良好的效果。

（七）白酒老熟中缔合作用的研究

老熟是指新酒在贮存过程中起了一定的变化，又称陈酿。老熟可分物理和化学因素两个方面，前者是时间与温度的关系，贮存时间长，可增进老熟，而温度对化学反应的进行有直接影响，两者都是重要的因素。后者有氧化、还原、酯化、缩合、聚合作用等，可产生相应的化合物，老熟主要是指酒的口味发生变化，经过老熟作用，由新酒变成老酒。人们常说白酒老熟有氧化、还原和缩合三大作用。

（八）泸州老窖的腾飞

我们研究泸州老窖的生产技术，一是从老窖泥做文章，分离其中梭状芽孢杆菌，简称己酸菌，取得了明显的效果，用以培养人工老窖，生产优质酒；二是从成品酒勾调下功夫，这是一种新技术，也是一门特殊艺术，现为白酒工业生产管理的一个重要组成部分，是按统一的特定标准进行平衡的工艺技术，使酒与酒之间进行相互调配，起到补充、衬托、制约和缓冲的作用。通过勾调可统一酒质，统一标准，使出厂产品质量得以长期稳定和提高，更突出其风格。

原泸州曲酒厂赖高淮先生于1979年、1980年受商业部、轻工业部和农牧渔业部的委托，分别组织全国浓香型白酒勾调技术培训班，推动了这项新技术的发展，使白酒质量前进一大步。

1993年底，国家统计局对全国白酒品牌质量进行调查，全国主要白酒生产企业的50个品牌中，泸州老窖荣获"知名度最高、口感最好、包装最好、最受欢迎的酒"综合评价前三名，这是泸州老窖的腾飞。

（九）浓香型白酒的发展优势

1979年，第三届全国评酒会首次按香型组织评比，对白酒的发展起到了积极的促进作用，尤其促使浓香（泸）型白酒发展更快。

（1）从四川"六朵金花"白酒的现状可以看出，曾派员参与泸州老窖大曲酒总结的五粮液、剑南春和全兴酒厂，按照查定总结操作和经验，结合各厂生产实践，提高了产品质量，先后被评为国家级名酒，获金质奖。1997年，全国白酒经济效益下滑约20%，而四川"六朵金花"白酒却增长40%。四川省工业利润为36.63亿元，"六朵金花"白酒实现利润为18.05亿元，占全省工业利润的近50%；"六朵金花"白酒年产量为31.26万吨，占四川白酒总产量的1/3，其中浓香型白酒占98.8%。

（2）从我国历届评酒结果来看，1952—1989年共举办过五届全国评酒会，现已发展有酱香、浓香、清香和其他香型等10多个香型，其中国家级名酒17种，浓香型白酒占9种，获金质奖；国家级优质酒55种，浓香型白酒为35种，获银质奖，说明浓香（泸）型白酒占有绝对的优势，受到广大消费群体的偏爱。

四、体会

（1）我国驰名白酒的发酵容器，一般有清香型汾酒的地缸（陶缸）、浓香型泸州老窖酒的窖池（黄泥）、酱香型茅台酒的酒窖（又称石池，用方块石或砂条石制成）和凤型西凤酒的土窖（一般土）等。黄泥建成的发酵池称为泥窖，使用时间长的窖称为老窖，可生产优质浓香型白酒，对产品质量与风味至关重要。泸州老窖延至清代，遍布泸州市区，共有老牌酿酒糟坊36家，迄今保存完好。其中舒聚源、温永盛等明代老窖窖龄已达400多年，成为全国老窖最多、窖龄最老的唯一老窖池群，被国务院命名为全国重点文物保护单位，成为永载史册的"国宝窖池"、名副其实的"中国第一窖"。

（2）我们通过对泸州老窖大曲酒的总结，在原基础上进行了科学整理，从而达到去粗取精、去伪存真和巩固提高的目的，继承和发扬了这份宝贵而丰富的民族遗产。通过标定总结，提高了产品质量。通过对比试验，找出其优异点，又对影响质量的因素进行了研究，找出改进措施，最后制订出综合操作法，如精选原辅料、分层堆积、熟糠拌料、降低窖帽、滴窖减糠、低温发酵、回酒发酵、延长发酵期、量质摘酒和分级贮存等，使泸州老窖大曲酒质量达到新的水平。

（3）我们在总结泸州老窖时，得知国务院指示酿酒工业要立即采取措施，迅速地恢复、巩固和提高名酒的质量，以保护并发扬这份宝贵而丰富的民族遗产，这鼓舞了全体工作人员。当时我们工作条件较差，物质生活也不好，但是干劲很足。例如酿酒用水不够，我们每周就为车间集体担水半天，体力强者挑水，弱者两人抬水，增进了干部与工人的感情，这与国务院的指示精神分不开。

▲陈奇遇（前排正中）勾调技术发明及在全国的推广

（4）泸州老窖总结工作组织较好，分工明确，大家都有完成任务的责任心。每月办公室发有总结简报，汇总工作进展情况，表扬先进的事例，这是一条好经验。名酒的名贵，名在质量，贵在风格，评酒是工作中的重点之一。当时总结工作由泸州市糖酒专卖公司陈奇遇科长任尝评组组长，他长期从事酒的验收工作，富有实践经验，首创"摩闻尝评法"，群众信得过。他组织有关人员成立评酒小组，每周尝评试验酒样一次。另外恢复铁制天锅蒸酒，开始蒸出的酒带闷气不爽快，成为生产试验的难题。经成都江孝忠酒师建议，将铁制天锅经烧紫红擦猪油后，解决了上述存在的缺点，说明吸取群众的点滴经验很重要。

（5）这次泸州老窖总结工作，原食品工业部四川糖酒研究室很重视，组织全室18名科技人员参与工作，提供5吨重的化学仪器、药品，创造了分析条件，与四川省糖酒专卖公司和泸州曲酒厂等单位同志共同完成了任务。本研究室于1957年10月下放四川省，抽调笔者等7人去北京，支援筹建的原轻工业部发酵工业研究所，于1958年五一节前抵达首都。

回忆泸州老窖大曲酒的总结工作，经过16个单位62名酿酒工作者长达半年的共同努力，明确了"中国第一窖"与浓香型白酒接触窖泥的关系，为今后人工培窖提供了依据，使我国传统白酒摆脱了原来的生产方式，提高了产品质量，受到广大人民的青睐。酒厂特意在酒名中加上"老窖"二字，这是该香型白酒的独特风格特征。

（原载《酿酒科技》2001年第2期）

中国三大香型白酒的研究之浓香·泸州篇 酒

文 / 熊子书

　　我国应用酒曲酿酒，是世界上独创的技术。日本东京大学名誉教授坂口谨一郎认为中国创造的酒曲，可与中国的四大发明媲美。白酒是用酒曲酿制而成的，为中华民族的传统特产饮料，也是世界上独一无二的蒸馏酒，通称烈性酒，历史悠久，工艺精湛，品种繁多，香型各异。以酱香、清香和浓香三大香型白酒为主，成为全国人民的当家酒，在中国政治、经济、文化和外交等领域发挥着积极作用。其传统工艺和优秀酒文化应得到继承、发扬和开发，以建设祖国的酿酒事业。

　　1979年，第三届全国白酒评酒会评比的酒样分为酱香、清香、浓香、米香和其他香，称为我国五大香型，又称五类型。嗣后其他香又发展为芝麻香、兼香、凤型、豉香和特型，称为全国十大香型。从全国白酒销售市场看，各种香型白酒都有不同程度的增长，其中浓香占70%，酱香和清香各约占15%，这三大香型白酒企业经过几十年的艰辛努力，不断地革新与提高，为我国财政税收和出口创汇等做出了重要的贡献。

笔者有幸参与、主持泸州老窖大曲酒、贵州茅台酒和山西杏花村汾酒的总结试点，经过长期下厂蹲点、跟踪研究与总结工作，达到去粗取精、推陈出新的目的，使三大香型白酒成为行业的佼佼者。业内人士一致认为，白酒工业是经试点工作发展起来的。试点就是科研，科研就是生产力。全国三大香型白酒是我国传统工艺产品，经过总结试点在科研上做了大量基础工作，为推广其传统生产技术发挥了重要的作用。为了抚今追昔，展望未来，笔者按三大香型白酒总结试点的顺序进行阐述，期能进一步巩固、提高和发展中国白酒事业。

泸州为我国历史名城，古称"江阳"，是沟通滇黔的川南重镇，又是扼守重庆上游的屏障，在长江与沱江的汇合处，盛产糯高粱和小麦。泸州曲酒具有"醇香浓郁，饮后尤香，清洌甘爽，尾净味长"的独特风格，带有一种特殊的爽快感觉，故有"衔杯却爱泸州好"的美誉，闻名遐迩。

▲1989年，《四川日报》报道泸州老窖在全国第五届名白酒评比中名列前茅

1952年，全国第一届评酒会上，泸州老窖特曲酒被评为全国八大名酒之一，八大名酒中白酒有四种，被称为中国四大名酒，泸州老窖迄今连续五届全国评酒会都被评为国家级名酒，荣获金质奖，称为"五连冠"，成为我国浓香型白酒的典型代表，亦称泸型。

1956年，国家科委制定的十二年长远科技规划中，列有总结提高泸州老窖大曲酒的研究课题。1957年10月，食品工业部四川糖酒研究室下放四川，中央抽调笔者等去北京，提出要完成泸州老窖大曲酒的总结工作。

1957年10月至1958年4月，食品工业部四川糖酒研究室与四川省专卖事业公司等成立泸州老窖大曲酒总结工作委员会，参加单位有食品工业部四川糖酒研究室，四川省专卖事业公司，泸州市专、市服务局，泸州地、合营酒厂，贵州毕节酒厂及宜宾、成都、绵竹、万县酒厂工程技术人员、生产工人和管理干部共计16个单位62人，总结工作委员会下设办公室和秘书组，前者又分生产记录、试验研究、化验和尝评4个小组，分别按照总结计划完成了任务。

总结工作重点是新老操作法的技术查定，在温永盛和大中车间各选出窖龄相同的总结窖8口，其中3口为重点窖，分别进行了总结标定。温永盛车间为传统操作法，恢复小甑天锅，每班蒸粮蒸酒7甑，工作时间在9小时左右；大中车间为现行操作法，使用中甑冷凝器，每班蒸粮蒸酒4甑，工作时间为8小时。通过跟班记录、取样分析、感官鉴定以及试验研究等，找出了影响产品质量的因素，制订了综合传统操作法。

一、传统操作

传统操作即温永盛传统操作法，窖老且小，配料适当，操作细致，窖帽装得低，发酵周期长，天锅蒸酒，杂质除去较多，酒质优异。通过这次总结，基本恢复了传统操作法，总结出其操作中的特点和影响产品质量的因素。

（一）劳动组合

本车间共8人，其中设正副组长各一人，负责生产技术和思想工作。

全组分上下两班，每班4人，分别负责看甑、量水、检查温度和安全工作。每班蒸粮蒸酒7甑，工作时间在9小时左右。

（二）酿造原料

泸州老窖大曲酒的原料，历来使用高粱、麦曲、稻壳和井水。原料应具备的条件为高粱成熟饱满、干净和淀粉含量高；麦曲白洁质硬，内部干燥，有浓厚曲香气；稻壳新鲜干燥，呈金黄色，不带霉气和水湿等现象；酿造用水是龙泉井水，透明爽口带甜味。

（三）原料处理

高粱和麦曲均须先粉碎备用。高粱的粉碎，粗细要均匀，其粗细程度一般以过20目筛，粗的占28%为佳。麦曲用木锤打碎，再经石辊碾细，用竹筛筛之，粗粒再碾，其粉碎程度以细粉较多为宜。

（四）配料蒸粮

在蒸上排发酵糟（醅）时，应按下列比例配料，同时进行蒸粮蒸酒，每甑发酵糟用量为248~270kg，加入高粱粉70kg和稻壳17~19kg，拌和三次，使三者拌和均匀，堆放30~42分钟，然后进行装甑。装甑前须加够清洁的底锅水（以龙泉井水为主），安放甑桥、甑箅，撒稻壳1~1.25kg。装甑时，端撮糟子要均匀，做到轻倒旋撒，穿汽一致，避免夹花掉尾，共计时间约30分钟。在蒸粮过程中须防止塌甑、溢甑、漏汽等现象，每甑粮糟共蒸45分钟，从断酒尾到出甑，约24分钟，火力宜大。

（五）加入量水

出甑粮糟按每100kg高粱粉加入蒸酒时冷却热水95kg的标准进行，称为"打量水"，水温保持在55℃左右，并使用清洁的龙泉井水作量水。靠近窖的下层粮糟，每甑打量水约50kg，中间每甑约75kg，最上层的约100kg，量水与粮糟必须充分拌和均匀。

（六）摊晾撒曲

出甑粮糟摊晾要快，用木锨将粮糟摊铺晾堂后，即用竹扇扇凉，当品温降至比"地温"高6℃~12℃时（地温在10℃以下时，撒曲温度高

9℃～12℃；在15℃以下时，撒曲温度高6℃～7℃），即撒曲。麦曲的用量为高粱粉的20%，即每甑撒曲为14kg。曲块必须先行打碎、碾细。撒曲的方法为"撒垵子曲"，力求避免曲粉损失，并需充分拌和均匀，撒曲完毕，即行装窖。

（七）装窖发酵

每窖底糟2～3甑，根据窖的大小来决定。严格掌握入窖的温度，底糟品温20℃～21℃，粮糟品温在18℃～19℃，红糟每甑撒曲7kg，其品温较粮糟高出5℃～8℃。每装入两甑粮糟踩窖一次，装完粮糟须不超出窖坎15cm，红糟完全装在粮糟表面发酵，必须认真贯彻降低窖帽的要求。

（八）发酵管理

装窖完毕，即用黄泥封窖。每天定时检查窖温及"吹口"变化，做好"清吹"，防止窖泥开裂陷塌并加盖稻壳保温，以保证发酵正常进行。

吹口是指入窖发酵对时（24小时）后，每日检查窖的同时清吹一次，即将窖泥抹严以后，用竹签向窖内穿小孔1～2个，以排除碳酸气。从吹出气体的强弱、高低和气味等，可以了解发酵是否正常。连续清吹4～6次，可判断本窖发酵的好坏。

（九）出窖蒸酒

揭去窖泥，起出面糟、发酵糟（又称母糟），堆积于规定地点，以备蒸酒。应特别注意防止酒精挥发，要拍紧并撒上一层薄稻壳，在起发酵糟过程中还要严格控制滴窖时间，一般须保持在6～12小时。勤舀黄水，尽可能滴干黄水，及时舀尽黄水，按先蒸丢糟、继蒸粮糟、后蒸红糟顺序进行蒸酒，火力要大，且要均匀，并须防止塌汽、掉尾、漏汽等现象。经常检查天锅冷却水，保持流酒温度在75℃左右，尽可能防止流酒温度过高，出酒浓度保持在62%vol～64%vol。

黄水酒另做处理，丢糟酒分开装坛，并分别评级，每甑酒尾掺入下甑底锅水蒸酒，蒸酒时间为15～20分钟，不包括追酒尾与蒸粮时间。

二、总结经验

泸州老窖大曲酒的质量，以老窖、原料、工艺和管理为至关重要因素，其实质是精湛的工艺。常有"千年老窖万年糟"的说法，认为"老窖第一"，有了老窖质量就有保证，以老窖著称。这次总结工作是围绕生产工艺进行的，其总结经验可归纳为下列三个方面。

（一）总结工作经验

总结出清蒸辅料、分层堆积、熟糠拌料、降低窖帽、低温发酵、回酒发酵、延长发酵期、滴窖减糠、量质摘酒、分级贮存、精心勾调等11项操作经验，制定出泸州老窖大曲酒综合传统操作法。这些操作经验受到全国各酒厂的普遍重视，迄今有些操作经验还在继续应用。

（二）试验研究成果

进行熟糠拌料、量水用量、麦曲用量、入窖温度、踩窖、滴窖、截头去尾、原度酒与加浆酒、贮存、不同容器贮酒对酒质的影响和酿造用水分析等17项试验，均与传统操作法进行对比，确定最佳工艺条件，使产品质量进一步提高。

（三）续糟法、老窖、万年糟与酒质关系

泸州老窖大曲酒沿用传统续糟法，以老窖、万年糟和酒质为基础，说明三者与产品质量的关系。总结试验的老窖选择窖龄相同的，其中最老的建造于明朝年间（1573年），连续使用至今已有400余年的历史。1996年11月，经国务院审查批准，该老窖池群以国发〔1996〕17号文件确定为全国重点文物，称为"中国第一窖"。1995年，老窖池群被称为400年老窖，载入吉尼斯世界纪录，成为世界酿造史上的奇迹。

从老窖粮糟的蒸酒试验发现在老窖的酒质上，下层优于中层，中层又优于上层，而且窖边又较中间部位的为好，这足以证明泸型曲酒的香味与窖泥分不开，老窖是优质酒的命根子，也为浓香型白酒发展提供依据。老窖泥为酸性，氨态氮、腐殖质和有效磷高出一般土壤10倍左右，这是窖泥微生物长年累月栖息和母糟黄水作用的结果。从微生物检测结果可以看出，老窖和新窖窖泥微生物数量和类群有明显差异，充分说明

浓香型白酒的老窖是嫌气微生物，特别是嫌气芽孢杆菌的主要栖息地，这是泸州老窖窖泥的独特微生物学特征。利用老窖泥中分离出的梭状芽孢杆菌，又称己酸菌，可培养窖泥建新窖或改造老窖，在短期内就可生产优质酒，纠正了过去非50年老窖不能生产名酒的说法。酒厂历来都很重视产品质量，泸州老窖大曲酒分为特曲、头曲、二曲和三曲酒四个级别，以感官尝评为主，二曲酒以上为名酒，三曲酒为一般曲酒。除特曲酒外，其余三者产量各占三分之一。该酒的酒度，过去采用摘酒看"酒花"方法，经检测酒度在57%vol左右，规定内销酒度为60%vol，外销为52%vol，仍有外销出口酒任务。名酒主要技术经济指标，每100kg酒度60%vol大曲酒的高粱消耗定额由解放前的320kg以上降为200kg左右，即

将原料出酒率提高了37.5%以上。

三、浓香之源

四川酿酒积累了丰富的经验。酒厂一般分为大曲酒厂和小曲酒厂两种，亦称为糟坊（或作坊）。小曲酒又称"土酒"，设备更简单，用曲量少，发酵期短，出酒率高，生产成本低，受到消费者喜欢。酒糟养猪积肥，发展农业生产，形成了良性循环。四川过去小曲作坊众多，产品除供饮用外，大多被收购加工成酒精作燃料，称为"国代"汽油。

20世纪60年代开始，大曲酒需求量增大，国内掀起"学名酒，创品牌"热潮，各地纷纷到泸州曲酒厂参观学习。据粗略统计，全国有河北、内蒙古、安徽等地酒厂27家到泸州参观学习。该厂技术人员在全国指导生产的酒厂达300多家，而且其中十多家已创出部优或国优产品。这次泸州老窖大曲酒的研究总结，使传统操作与科学理论相结合，提高了生产技术水平，并在全国各酒厂推广和应用。

四川五粮液、剑南春、成都全兴和沱牌曲酒等，应用泸州老窖大曲酒的总结经验，结合本厂实际操作，很快提高了产品质量，都被评为国家级名酒，获金质奖，与泸州老窖大曲酒合称为川酒"五朵金花"。四川现有国家优质酒达7家，被称为全国浓香型白酒之乡。从全国白酒销售市场可以看出，浓香型产品最多，其中新秀有小糊涂仙、河套老窖酒等，均受到青睐。

据统计，历届全国白酒评酒会中，浓香型白酒占17种国家级名酒中的9种，55种国家级优质酒中的29种，足以说明泸型白酒生产面广，产量大，获国家级名优酒奖牌数最多，为全国白酒行业之冠。

我国白酒科研课题的研究都是从浓香型白酒开始的，如白酒降度试验、制订白酒质量标准和大容量贮酒容器的研究等，极大地促进了泸型白酒的发展。

（原载《酿酒科技》2005年第2期）

吴衍庸

WU
YANYONG

情系泸酒　酝酿芬芳

文／肖桂兰

　　泸州大曲酒久享盛名，泸州老窖酒以窖香浓郁、绵甜甘洌、香味协调、尾净余长著称。泸州老窖历史悠久，拥有400年以上窖龄的老窖池，被国务院列为全国重点文物保护单位。从微生物生态学而言，老窖又是一个微生物特殊的生态环境，形成了一个微生物资源宝库。

　　20世纪60年代，泸型酒相关课题被列为轻工业部十年规划科研项目，中国科学院微生物学家方心芳院士推荐中科院西南生物研究所（今中科院成都生物研究所）参与泸型酒（浓香型白酒）研究，以泸州曲酒厂（现泸州老窖）为试点单位。是时，中国科学院

▲吴衍庸先生年轻时在外考察

正倡导各地方研究所应为"两当"服务，即为"当时""当地"服务，为建设社会主义多做贡献。时任中科院西南生物研究所微生物室负责人的吴衍庸先生在泸型酒研究规划项目中，分工负责泸型酒传统工艺中微生物学的研究，这项研究也被列入轻工业部计划。参与泸型酒的研究，正是为"两当"服务的体现。

现如今科技让人类遨游太空，深探海底，可新中国成立初期的贫困和艰难是我们想象不到的，那时科技发展水平有限，试点单位也还没有独立且系统的研究机构，所以吴衍庸先生从成都前往泸州开展研究工作还需要自带必要的仪器设备，在酒厂建立实验室。除了固定在实验室试验各类样本，还需要在酿酒现场蹲点采集，几乎是全天候观察，窖池和万年母糟等任何一丝细微的变化，都难以逃过他们的法眼。

初到泸州曲酒厂时，时任厂长张福成就对吴衍庸先生讲："在工艺、原料相同的情况下，老窖比新窖更会出好酒，不知是什么道理。"张福成厂长这样的疑惑也点碰到了吴衍庸先生的研究触角，先生具有农化与微生物的知识，知道这与微生物有关，但需要做必要的基础研究。于是，他以"老窖是微生物特殊生态系统"为指导思想，并结合生产实践研究开来。

经过研判分析，吴衍庸先生带领团队运用专业知识开始进行系统研究。首先是进行必要的基础研究。先易后难，他首先从车间空气、生产用水、晾堂地糟等中分离、筛选出酵母、霉菌酿酒高效菌株，又用散曲做产酒试验（做简单对比试验），在面糟上使用散曲代替块曲，在不加麦曲的情况下增加了产酒量，取得了明显经济效益，受到车间工人的欢迎。这一成果后来也成为"强化酯化菌曲技术"的基础，在全国进行了推广。

泸型酒发酵，窖泥是基础，核心在微生物。研究工作进

入第二阶段，吴衍庸先生又对窖池微生物生态进行分析。研究发现，在窖边、窖墙、窖底泥微生物中发现的产己酸的梭状芽孢杆菌更多存在于老窖泥中。其分布情况为，窖底泥多于窖墙泥，老窖多于中龄窖和新窖，证实了底糟酒质量高的原因，用研究结果解答了张福成厂长提出的问题，并揭开了400余年老窖之谜。

此项工作对泸州老窖的窖泥进行了系统的科学研究，对窖泥的成分、微生物种类等进行了系统的分析、筛选、鉴定和研究，为人工老窖变为现实奠定了基础。以己酸菌培养的窖泥建窖，开创了"新窖老熟"人工老窖第一代微生物技术，为全国发展泸型酒创造了条件。该项研究于20世纪80年代由四川省食品院牵头上报，获得全国科学大会奖。

随着对窖池微生物的深入研究，发现己酸菌为老窖微生物资源，甲烷菌同样为老窖微生物资源，两者均是老窖出好酒的标志，吴衍庸先生以此创新二元发酵技术，形成了新窖老熟"人工老窖"的第二代技术。此外，吴衍庸先生还通过试验挖掘了泸型酒微生物资源，有效地利用了窖泥甲烷菌与己酸菌的互利关系和功能作用的二元发酵技术，使新窖老熟"人工老窖"培养窖泥技术又上了一个新台阶，该技术获四川星火奖。

吴衍庸先生对泸州老窖微生物资源的开发、创新研究，取得了"香泥"培制、"人工老窖"、"二元发酵"等重大科研技术成果，这些技术成果转化为了生产力，在全国泸型酒生产中推广应用，为泸型酒快速发展做出了卓越的贡献。

新窖老熟技术首先在四川范围内应用，并逐渐推广到全国。当时，受成都市科技服务中心的委托，成都生物所、四川大学、省农科院和轻工业部抗菌素研究所对成都酒厂全兴酒的质和量进行攻关，吴衍庸先生担任攻关组组长、成都酒厂为副组长单位进行攻关试验，试验酒第三排即达全兴水平，"人工老窖"成果为全兴酒夺回金牌做出了贡献。

汉源酒厂地处雅安地区，酒质很差，技术落后，在四川省商业系统评比中曾排名末尾，得知成都酒厂改窖成功，该县提出支援请求。吴衍庸先生团队对该厂首次进行"人工老窖"移植，按泸酒新窖老熟要求，经连续两排试验，使其酒质达到了优质酒水平，并通过成果鉴定，获四川省级重大成果三等奖、地区成果一等奖，当年在四川省评酒会中获新秀第一名。

泸型酒新窖老熟技术不仅在川内有大量成功案例,在川外的移植应用也非常成功。在方心芳院士的引荐下,吴衍庸先生研究团队步入中原参加会战,首战河南伊川杜康和赊店老酒。试验在曲、窖、糟方面,通过模拟泸型酒老窖微生物生态条件进行菌种、技术的移植,取得成功。杜康酒成果通过鉴定,获得国家银质奖称号,填补了河南省酒业当时没有国家奖牌的空白,也打破了在新窖池、新工人、半机械化新车间中一般认为不可能出好酒的断言。

在河北省,经秦含章教授引荐,吴衍庸先生完成曹雪芹家酒的研制,该酒当时进入香港市场,定名香港回归酒。1996年,河南仰韶酒厂全面使用人工老窖第二代技术、强化酯化菌曲技术、酯化酶生香酶工程技术等三项微生物技术,使仰韶酒厂从一个不知名的小酒厂一跃发展成为一个大型企业,经济效益曾跃居河南省第一,全国排名第四,取得利税上10亿的佳绩。另外,在新疆、内蒙古、山东、湖南等地还有许多成功例子。

经过继续深入研究发现,虽然"人工老窖"在提高泸型酒质量上起到很重要的作用,但是"人工老窖"仍不能与传统老窖相比,传统工艺制造的老窖窖泥对厌氧菌的富集,不仅反映在窖底泥表层,也反映在窖底泥深层中,这是新窖和"人工老窖"难以达到的,这就是窖龄愈长酒质愈好的老窖功能所在,更体现了泸州老窖的国宝价值。

吴衍庸先生一生与泸酒有很深的情缘,泸州老窖酒厂是吴衍庸先生最初进入白酒领域并从事名酒研究的第一个研究基地,在学习总结泸型酒工艺基础上,吴衍庸先生所在的中科院西南生物研究所微生物室以工业微生物为方向,开辟了中国名白酒微生物研究这一新课题,应用理论结合实践阐明泸型酒微生物发酵机理,并通过厌氧功能菌的发现、发掘,微生物酶学研究,不断创新泸型酒新技术、新成果,把泸型酒种子撒遍全国。而在这个过程中,泸州老窖微生物资源库做出了重要贡献。后来,吴衍庸先生回顾在泸州老窖进行泸型酒微生物研究蹲点这段历史,对泸州老窖酒厂领导及同仁的支持,协作单位合作共事,同事间团结友爱、艰苦奋斗的精神始终难忘。

2005年,泸州老窖获得巴拿马万国博览会金奖90周年之际,吴衍庸先生还特别撰稿纪念。同年10月,吴衍庸先生的论文集《中国泸型酒研

▲2005年，吴衍庸论文集《中国泸型酒研究》赠送仪式在泸举行，吴衍庸先生（左）出席仪式并为行业代表赠书

究——老窖微生物发酵理论与应用学术论文集》赠书仪式在泸州老窖举行，当时已近80岁高龄的吴衍庸先生出席了活动。赠书仪式上，吴衍庸先生对泸州老窖将他数十年的研究成果收集成册形成论文集，帮助他完成心愿表示由衷感谢，并希望他的书能带给白酒技术人员一些新的启迪，为中国白酒行业的科学化尽自己的一份心力。时任中科院成都生物研究所常务副所长的吴宁也高度赞扬了吴衍庸先生对创造中国白酒微生物学做出的重大贡献，并对吴衍庸先生为我国白酒事业建树了不朽的丰功伟绩，培育了大批白酒科学工作者，推动了中国白酒健康持续发展表达了崇高敬意。

2010年5月，时年84岁高龄的吴衍庸先生又一次来到泸州老窖酒厂，在泸州老窖股份有限公司副总经理张宿义全程陪同下，全方位参观了酒厂，并对泸型酒的传承与创新产生了更多的认识。几十年来，吴衍庸先生始终关注着中国白酒的科技进步，也热爱泸型酒的发展，为中国白酒事业做出了重大贡献。

专家简介　吴衍庸

　　中国著名酿酒微生物学家，有突出贡献国家级专家，国务院政府特殊津贴获得者，四川成都人。1926年11月出生，2018年4月8日在成都逝世，享年92岁。

　　首任中国科学院西南生物研究所（今中国科学院成都生物研究所）微生物室主任，研究所学术委员会副主任。曾任国际酒文化研讨会二届、三届学术委员，四川省自然科学理论成果奖审评小组成员，四川省微生物学会副理事长，省食品协会、省食品发酵学会、省白酒协会理事、常务理事，成都市微生物研究会副理事长，市生物化学学会常务理事，中国科学院成都情报中心《天然产物研究与开发》编委，国家科委技术市场中心生物工程专家组成员。

吴衍庸先生1951年毕业于四川大学农化系，同年参加科研工作，1958年前在中国农科院西南农科所从事农业微生物研究，1958年调至中国科学院西南生物研究所，任微生物室主任，研究所学术委员会副主任，从事工业微生物学研究，1963年起从事泸型酒研究，20世纪80年代在研究室设立名酒研究组，先后培养硕士研究生8名，申请国家自然科学基金3项，获中国科学院自然科学奖1项，省、市重大科技成果奖多项。

长期以来，吴衍庸先生对中国白酒微生物特殊功能菌的发掘与应用进行了深入研究，取得了可喜的成果，为中国白酒的发展做出了重大贡献。20世纪70年代，他利用甲醇的生丝菌的发现与分离来降低白酒中的甲醇含量；80年代，他分离出高乙醇浓度特殊环境中的甲烷氧化菌，其应用方面范围广、潜力大。随后又从浓香型酒的老窖中分离出一株产甲烷杆菌，开发出甲烷细菌与己酸菌共栖的二元发酵技术，直到90年代，这项技术彻底解决了北方浓香型白酒优质品率偏低的难题。1985年从泸州老窖窖泥中分离出产己酸的细菌，为推广人工老窖技术生产浓香型酒做出了重要贡献。又从泸型麦曲中分离出一株红曲霉菌，又开始了他的浓香型白酒己酸乙酯窖外合成的酶学研究。

吴衍庸先生从事工业微生物学研究六十年，先后主持甾体微生物转化、酒类及食品工业微生物、厌氧微生物等多项研究，发表了中国名白酒传统酿制微生物学理论及技术论文近100篇，有《浓香型曲酒微生物技术》《中国泸型酒研究——老窖微生物发酵理论与应用学术论文集》等著作，代表性论文有《泸州大曲与微生物》《甲烷菌与己酸菌共酵关系及生态功能》《中国名酒传统酿制微生物生态学理论》等，获得专利1项。

他以理论为指导探索创新的"人工老窖厌氧功能菌培泥新技术"解决了泸型曲酒异地移植问题，开发的"浓香型曲酒优质高产酶工程技术"有效地解决了长期困扰名优酒优质品率低的技术难题，为浓香型白酒优质、高产开辟了新路。其他前期研究成果有微生物参与转化的甾体药物：培地美松中间体一位脱氢技术，生物合成大力补（Dianabol）技术已在生产上应用。

参与泸型酒研究的总结

——贺中科院成都生物研究所建所50年

文 / 吴衍庸

一、历史背景

20世纪60年代泸型酒相关课题被列为轻工业部十年规划科研项目，科学院微生物学家方心芳院士推荐西南生物所参与泸型酒研究。当时，由轻工业部下达了文件，认为从工艺、微生物方面，四川都有条件承担泸型酒研究。泸型酒也称浓香型酒，被列为国家名酒研究的白酒有三大香型，除浓香型酒外，另外还有酱香型酒，该酒以茅台酒为代表；清香型酒，以汾酒为代表，这两大香型酒的研究，由轻工业部派出专家直接参加，四川则自行组织力量接受下达任务进行研究。

当时由四川省食品发酵研究所、中科院西南生物所（今成都生物所）以泸型酒立项，以泸州曲酒厂（现泸州老窖酒厂）为试点进行研究，前者负责泸型酒工艺研究，生物所负责泸型酒传统工艺中微生物学研究，泸州酒厂派员参加，提供实验基地，研究单位派出研究人员下厂，并自带必要设备建立实验室，微生物研究人员除蹲点做现场研究，新建简易微生物实验室（无菌室、培养室），也借助原单位实验室做微生物分析的深入研究工作。

在厂工作分工艺、微生物、分析化验三个小组，定期组织交流，作学术性报告，学习十分有序，收获不小。"文化大革命"前，三个单位通力合作，仅用2～3年时间，就完成了微生物普查，对车间、曲室、空气、用水等环境都做了微生物分析，筛选出有效菌株。窖池做窖墙、窖底微生物分布计数，分离出产己酸活性高的菌株应用于生产试验。应用霉菌、酵母作散曲，进行了减曲制酒试验，散曲用量为原块曲用量的1‰。试验时减少原用曲量一半与原用曲量对比考察，其效果不减，对酒质和产量均无影响。《泸州曲酒节粮减曲强化发酵的探讨》一文，曾在1990年的广州全国发酵产品节粮节能新技术讨论会上公开交流，并在《酿酒科技》1992年第2期上发表。另外，分离的产己酸菌用于培制"香泥"，进行改窖、建

▲20世纪70年代泸州老窖化验室

窖，使新窖达到老熟。在泸州老窖酒厂试验的"人工老窖"第一代微生物技术揭开了400余年老窖之谜，为泸型酒大发展打下了基础，也为泸州老窖酒厂播下了重视科技的种子。

二、泸型酒研究取得的成果

（一）理论上的创新

生物所对泸型酒发酵机理的系统研究，在理论和应用方面均取得了丰硕成果。

首次提出老窖是酿酒微生物特殊生态系统的认识，把微生物生态学研究引入泸型酒的研究上，开创了泸型酒传统工艺微生物学研究。

研究中发现泸型酒老窖发酵依赖微生物特殊功能菌群的相互协同作用，特别是甲烷菌、己酸菌、酯化菌是泸型酒生物合成己酸乙酯这一主体香味成分的特殊功能菌群。甲烷菌参与中国白酒发酵，在世界上闻所未闻；在泸型酒中，首次提出"功能菌"这一新术语，成为泸型酒研究的关键词。

甲烷菌、己酸菌二元发酵理论由实验证明，两种菌之间存在"种间氢转移"的关系，这是二元发酵理论的基础，又是理论创新之处。

泸型酒原酒香、味自然协调与老窖发酵存在嗜甲醇菌（经研究鉴定为一种生丝微菌）、嗜杂醇油菌（经鉴定为一种铜绿假单胞菌）、嗜甲烷菌（经鉴定为甲烷氧化菌）有关，这些功能菌的协同作用，保证了发酵原酒的高质量，并证实了老窖发酵微生物的生态功能这一新理念。

窖泥微生物区系的协调性关系到发酵酒体的协调性。窖泥微生物区系结构的合理性与酒体协调性存在内在联系这一新认知，是微生物生态功能的另一体现。

（二）在泸型酒上，利用微生物技术取得的获奖科技成果

泸型酒传统酿制微生物学研究获中国科学院自然科学理论成果三等奖、国家奖证书。

全兴大曲"人工老窖"提高酒质研究获成都市重大科技成果二等奖。该项目由成都市科技服务中心组织攻关，成都生物所任攻关组组长单位，

全兴酒厂任副组长单位。参加单位有四川大学、四川省农科院土肥所和抗菌素研究所。该成果实施后全兴酒不仅质量符合参赛标准，产量也达到参赛规定要求，从而使全兴大曲在第三届全国评酒会上落榜以后，在第四届全国评酒会上又重获中国名酒称号。

四川雅安地区汉源县酒厂"新窖老熟"技术应用。汉源酒厂属四川边远地区的小酒厂，原酒酒质较差，经利用生物所"新窖老熟"技术后，一次试验即取得改窖成功，获四川省重大科技成果三等奖、雅安地区重大科技成果一等奖；所创"襄源春"品牌，当年在评比中获川酒新秀第一名。

四川喜德县凉山州曲酒厂的技术应用。生物所首次利用甲烷菌与己酸菌二元发酵技术提高其酒质，成果获四川省星火计划三等奖，产品获省优、部优双优称号。

泸州大曲"新窖老熟"研究获1978年四川省重大科技成果三等奖。

河南伊川杜康酒厂移植泸型酒微生物技术成功，首次打破地区界线，更打破了新窖池、机械化车间、新工厂不能出好酒的断言，一次出酒试验达到浓香型酒的典型标准，成果通过全国专家鉴定。参加鉴定会的有全国知名专家熊子书、叶贤佐、范国琼、赖高淮等。杜康酒在河南省首次进入国家名酒行列，并获全国银质奖。

河南仰韶酒厂移植成都生物所的微生物技术及酶工程技术，使仰韶酒获得大发展，应用酯化酶工程技术成功，成果通过鉴定，1996年获省重大科技成果三等奖、河南三门峡地区重大科技成果一等奖。

河北省曹雪芹家酒厂移植生物所酶工程技术，成果通过鉴定，1997年获省重大科技成果三等奖、唐山市重大科技成果一等奖。该成果由国内知名专家秦含章、高景炎、邹海晏主持鉴定。

（三）著作及论文发表

吴衍庸编著《浓香型曲酒微生物技术》《中国泸型酒研究》，后者由泸州老窖股份有限公司与中科院成都生物研究所共同主编，2005年出版，该书包括专题研究论文数十篇，是其数十年科研积累和实践经验的总结。

发表研究论文，参加全国学术交流会议。曾先后参加过国际酒文化学术会议、全国性微生物学术会议、生化学术会议、酶工程学术会议和工业生化学术会议，宣传泸型酒研究成果；同时，在国内知名刊物上发表论文上百篇，发表数量最多的刊物为《酿酒科技》，至今仍保持每年撰写论文1～2篇，前期理论性论文多发表在《食品与发酵工业》《微生物学报》《微生物学通报》《生物工程学报》上。

▲ 适逢吴衍庸先生出版白酒科研论文集，秦含章先生撰联祝贺

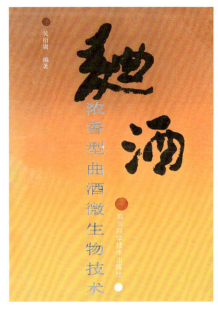

▲《浓香型曲酒微生物技术》

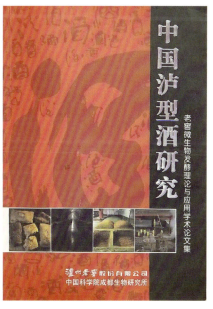

▲《中国泸型酒研究——老窖微生物发酵理论与应用学术论文集》

三、成果推广

（一）举办培训班

举办"人工老窖"厌氧功能菌培泥新技术培训班，1985年前后举办过3～5期，每期培训学员为100人左右。

1987年受泸州市酒协邀请，举办泸州市大曲酒骨干技术培训班，推广二元发酵甲烷菌、己酸菌培泥新技术，参加人员在100人左右。

（二）技术推广情况

20世纪80年代，浓香型曲酒处于大发展阶段，除四川"六朵金花"健康发展外，其他酒企如雨后春笋迅速发展，众多国营中、小酒企业渴望得到新技术，纷纷聘请研究人员支援、咨询。笔者先后被三台县酒厂、宜宾红楼梦酒厂、圆明园酒厂等20多个企业聘为顾问。四川省白酒协会、四川省供销合作社、四川省社队企业局、宜宾地区科技顾问团、宜宾地区酒协等也发有聘书。除四川外，泸型酒微生物技术先后辐射到全国，对新疆、河南、山东、湖南、河北、内蒙古等地诸多酒厂都做出过贡献。笔者先后受聘为河南省科学技术委员会白酒攻关研究顾问、仰韶酒常年顾问、山东兰陵美酒厂研究顾问等。

（三）成果推广成绩

1. 新疆伊犁酒厂

改造老厂窖池上百口，新建分厂1个，窖池采用生物所的人工老窖微生物技术，取得成功。

2. 河南省仰韶酒厂

全面应用生物所研究成果人工老窖第二代微生物技术及酯化酶工程技术，获得质、量效益双丰收。20世纪末至21世纪初，该厂经济规模曾上升为全省第一，并达到全国前10名水平。

3. 山东兰陵美酒厂

推广酯化酶技术，建立了全国第一个具有工业化生产水平的酯化酶车间，填补了全国空白。该厂在20世纪末至21世纪初，酒销量曾获山东省经济效益排名第一，全国前10名之内。

四、后记

　　老窖微生物资源对泸型酒发展的影响和老窖微生物资源的发掘、应用尚有很多工作要做，泸型酒研究是一个长期研究任务，前期总结笔者先后申请国家自然科学基金三项：泸型酒传统工艺中的微生物学研究，泸型酒北移微生物生态学研究，生物合成己酸乙酯微生物选育与酶学性质的研究；先后开发出三项有效微生物技术成果：强化酯化曲技术，甲烷菌、己酸菌二元发酵技术，酯化酶生香生物工程技术。本总结主要侧重于泸型酒传统工艺的微生物学方面，而且也属于阶段性总结。我所其他课题组人员从事的化学生态研究和其他方面研究，未在本总结之列。

（原载《酿酒科技》2008年第12期）

泸酒老窖资源对泸型酒发展的影响

——纪念泸州大曲荣获巴拿马金奖九十周年

文／吴衍庸

泸州大曲酒久享盛名，老窖酒以窖香浓郁、绵甜甘洌、香味协调、尾净余长著称。泸州老窖历史悠久，拥有400年以上窖龄的老窖池，被国务院列为全国重点文物保护单位。从微生物生态学而言，老窖又是一个微生物特殊的生态环境，形成了一个微生物资源宝库。

20世纪60年代中后期以来，成都生物所微生物室先后组织力量对泸型酒老窖的微生物发酵机理与应用进行研究，申请自然科学基金三项：泸型酒传统工艺中的微生物学研究，泸型酒北移微生物生态学研究，生物合成己酸乙酯微生物选育与酶学性质研究。开发出泸型酒微生物技术成果三项：甲烷菌、己酸菌二元发酵技术，强化酯化曲技术，酯化酶生香技术。老窖资源的开发、新技术的应用，促使泸型酒大发展，使科技创新之花开遍全国。

在纪念泸州大曲酒荣获巴拿马金奖90周年之际，回顾这段历史，工厂、科研单位的大力合作，使泸州老窖这一资源所做出的贡献具有特殊意义。

一、泸州老窖的微生物学论证

老窖的奥秘，工艺是关键，核心在微生物，传统工艺的连续性是富集厌氧生香功能菌必不可少的条件，也是泸型酒老窖生态系统功能作用发挥的保障和老窖特征所在。20世纪60年代，笔者在泸州老窖酒厂所做的基础工作为以后科研工作的深入和创新，论证400余年老窖出好酒提供了科学数据，为申报世界文化遗产奠定了基础，发挥了重要作用。

（一）老窖厌氧微生物生态对老窖形成的意义

老窖特征反映在微生物学上，即泸州老窖独具一格的优势微生物群落是嫌气芽孢杆菌，特别表现在以产己酸的梭状芽孢杆菌为主要特征。

泸酒老窖是嫌气细菌特别是嫌气芽孢杆菌的主要栖息地，这是泸酒老窖窖泥具有的独特的微生物学特征。

此项工作于1964年在泸州老窖酒厂进行，由生物所实验室进行分析，论文在1980年的《微生物学通报》第7卷第3期上发表，作为基础资料曾多次在不同文献中被引用，说明了上述基础研究工作的价值。

（二）老窖与新窖厌氧细菌特征的差异

老窖中窖泥嫌气细菌的特征反映在细菌富集数量上，与新窖比不仅在己酸菌上有很大差异，在甲烷菌、丁酸菌、乳酸菌、硫酸盐还原细菌、硝酸盐还原细菌上也有差异，特别是己酸菌、甲烷菌的数量特征，对判断为老窖具有指标意义。

（三）老窖、新窖窖底泥中厌氧细菌垂直分布特征

传统工艺制造的老窖窖泥对厌氧菌的富集，不仅反映在窖底泥表层，也反映在窖底泥深层，这是新窖和"人工老窖"难以达到的，虽然"人工老窖"在提高泸型酒质量上起到很重要的作用，但是"人工老窖"仍不能与传统老窖相比，这就是窖龄愈长酒质愈好的老窖功能所在，体现了泸州

▲泸州老窖荣获"巴拿马金奖"九十周年庆典现场

老窖的国宝价值。

二、泸型酒微生物技术的应用

（一）新窖老熟的初期研究

老窖是一个微生物栖息的特殊生态系统，笔者根据初期的基础研究结果，从微生物生态学观点出发，设计了新窖老熟研究方案，模拟老窖的生态环境，对比新窖、老窖的微生物生态环境和化学生态特征，提出窖泥培养方法用于新窖制造，利用老窖资源己酸菌纯培养物和以老窖泥为种源的混合菌的扩大培养物进行"香泥"培制，进行建窖或改窖。在协作单位四川食品发酵研究所、泸州曲酒厂的共同努力下，经多次试验，由新挖窖或新窖改造后的"人工老窖"均达到了新窖老熟的目的，"人工老窖"一次出酒可达头曲水平，为发展泸型曲酒、创新科技在全国树立起一面旗帜，使"人工老窖"逐步推广到全国。

（二）新窖老熟"人工老窖"微生物技术移植效果

新窖老熟技术首先在四川范围内应用，并逐渐推广到全国。

1. 新窖老熟培泥在全兴酒厂应用的效果

受成都市科技服务中心的委托，对改进成都酒厂全兴酒的质和量进行攻关。参加单位有成都生物所、四川大学、省农科院和轻工业部抗菌素研究所。笔者担任攻关组组长、成都酒厂为副组长单位，进行攻关试验，试验酒第三排即达全兴水平。

2. 新窖老熟技术使汉源酒上新台阶

汉源酒厂地处雅安地区，酒质差，技术落后，得知成都酒厂改窖成功，该县提出支援请求，按泸酒新窖老熟要求，以五粮配方投料，经一次试验即获成功。

技术鉴定会上，与会代表一致认为，微生物技术与传统发酵技术相结合，能在短期内有效提高酒质，这对于我国曲酒生产有着极其重要的意义。同年在省评会上汉源大曲获新秀第一名，地区成果一等奖。

3. 利用泸州老窖微生物资源，创新二元发酵技术

己酸菌为老窖微生物资源，甲烷菌同样为老窖微生物资源，两者均是

老窖出好酒的标志，以此创新的二元发酵技术，成为新窖老熟"人工老窖"的第二代技术。此二元发酵技术由笔者研发。

该试验挖掘了泸型酒微生物资源，有效地利用了窖泥甲烷菌与己酸菌的互利关系和功能作用的二元发酵技术，使新窖老熟"人工老窖"培泥技术又上了一个新台阶，该技术获四川星火奖。

（三）泸型酒新窖老熟技术在川外的移植

1. 在河南伊川杜康酒厂的应用

20世纪80年代，受中科院方心芳院士的委托，应河南省酒协邀请，我们以伊川杜康酒厂为新窖老熟"人工老窖"微生物技术北移的第一试验推广点。由于北方、南方自然条件差异大，气候、土质及酿酒工艺等诸多因素不同，影响着固有微生物区系的形成，试验在曲、窖、糟方面，结合泸型酒北移微生物生态学研究申请的国家自然科学基金课题的研究，模拟泸型酒老窖微生物生态条件进行菌种、技术的移植，取得预期效果，打破了在新窖池、新工人、半机械化新车间中一般认为不可能出好酒的断言。

试验的新酒在鉴定会前先勾调为50度的酒样，样酒经专家评尝，其综合评语为酒体新、无色透明、窖香浓厚、醇甜爽口、味较协调、尾净、味较长，具有浓香型曲酒风格。参加评尝的有全国白酒三、四届评委熊子书、叶贤佐，全国评委范国琼，全国特邀评委赖高淮等，总分得91.8分。

2. 在新疆伊犁酒厂的应用

试验按泸型酒生产工艺操作，移植泸型曲强化功能菌，采用泸型己酸菌混合菌系10株，己酸菌、甲烷菌共酵培泥建窖，产酒效果以窖群计，试验窖比对照窖己酸乙酯（54.6mg/100mL）增加103.3mg/100mL，第二批窖泥己酸乙酯比对照窖增加137.37mg/100mL，反映了四大酯的协调性。以此结果为示范，新建分厂全面推广，效果极佳。泸型酒北移的关键在于调整微生物区系结构，突出移植泸型己酸菌、甲烷菌改造窖泥，移植酒曲功能菌改造酒曲，培养母糟。在试验前对该厂原生态环境微生物做了观察实测，取得基本数据后实施北移方案，从而实现了北方酒厂的新窖老熟。

（四）泸酒老窖微生物资源红曲酯化酶的应用

20世纪80年代初，从泸州曲酒厂分离得到一株产酯红曲霉，定名为泸型红曲霉M-101，该菌具有很强的酯化生香特性，初期用于强化曲生香，以后再深入酶学研究，在完成国家自然科学基金项目"生物合成己酸乙酯酯化菌选育及酶学性质研究"的同时，研究创新的酯化酶技术应用在中国白酒上成为又一项创新成果，1998年在法国图卢兹召开的"红曲霉培养和应用"国际性专题讨论会上，酯化酶生物合成酯香技术及其应用于中国白酒增香，被认为是红曲霉未来研究的方向，在国际上填补了一项空白，受到国际重视。

（原载《酿酒科技》2005年第10期）

白酒工业微生物资源的发掘与应用

文 / 吴衍庸

一、利用甲醇生丝微菌的发现与分离

生丝微菌（Hyphomicrobium）是一类以甲醇作为唯一碳源和能源的、通过出芽过程繁殖的柄细菌，具有独特的形态学特征，过去的研究更多在形态学方面，主要原因是缺乏一种快速培养分离的方法，富集培养至少也需5周至10周时间。此外，极低的生产率也使纯培养研究失去了价值。1972年在分离方法上取得重大进展，以采用甲醇作为底物和厌氧富集步骤才获得一定成功，使生丝微菌得到适宜的生长条件。又克服了其他微生物在富集过程中过量生长的问题，从而才对该菌有了从形态到生理生化方面的研究。笔者提出研究生论文题目"从酒窖中分离嗜甲醇的菌株"，并与团队成员首次从酒窖环境分离出生丝微菌的一株纯培养菌株。该菌不仅对优质白酒有着重要意义，还由于其消耗甲醇的生理特征，有望用于解决某些酒厂产品出现甲醇超标的问题。生丝微菌在老窖中的发现和分离，更加深了对老窖传统工艺的特殊意义的理论认识，突出了老窖佳酿的价值所在和老窖发酵过程中微生物的作用，使甲醇含量得到有效调控。如何利用微生物学方法，通过强化窖池中的甲醇利用菌来降低其甲醇含量，无疑是一项重要而有意义的工作，值得关注，应列入专项研究。再从工业微生物其他领域考虑，生丝微菌又是环境指示菌，它的存在说明水体被污染。现在环境污染已成为人们最为关心的问题，该菌还可去除再利用水中的硝酸盐。此外，还可将甲醇作为碳源，用甲醇利用菌生产氨基酸、维生素、多糖物质等，开辟出更多的新领域。从老窖发酵糟中分离出生丝微菌实属首次，有待扩展到新领域的研究并服务于人类。

二、高乙醇浓度特殊环境中甲烷氧化菌的发现

甲烷氧化菌的分离、纯培养和保存都十分困难，在高乙醇浓度特殊环境中分离甲烷氧化菌是一个大胆的设想。笔者指导的研究生进行了这项创新研究，第一步经过特殊设计方

法发现老窖中确有甲烷氧化作用，以后再进行甲烷菌的分离工作，在乙醇浓度高达6%vol～7%vol，pH值低至3～4的浓香型酒窖发酵糟中，首次检测并分离出一株专性的甲烷氧化菌Methylomonas sp 854-1。通过对其形态学细胞内膜结构、营养和生长特性等的研究，发现它不同于文献上报道过的任何一个已知种。该菌突出的两个特征是在45℃温度下生长良好，能耐受2%的甲醇和0.5%的乙醇，是迄今所报道的对有机醇耐受性最强的一株甲烷氧化菌。甲烷氧化菌以其生理和生物化学特性，不仅成为细胞学、生物化学、能量代谢和生态学等多学科所研究的新对象，而且应用范围广、潜力大，能生产单细胞蛋白、发酵产品包括生物多聚糖、β-羟丁酸、氨基酸，特别是在当前更具有重要价值。在污水处理及排除煤矿瓦斯、研发生物电池等均成为急需解决的问题时，我们所分离的Methylomonas sp 854-1，不仅在酒窖微生物种群间相互关系上有特殊生态意义，具有在酒窖发酵时保持气压平衡的特殊作用，而且在微生物新领域的工业生产上研究潜力巨大，有待开发。

三、泸酒老窖泥中产甲烷杆菌的发现和分离

浓香型白酒传统酿造是在泥窖中完成发酵，窖泥中栖息的细菌特别是厌氧细菌是浓香型酒呈香的决定因素。己酸乙酯是浓香型酒的主体香成分，己酸发酵产生己酸，甲烷发酵产生甲烷，产甲烷菌在酒窖中的存在具有特殊意义。甲烷菌的"种间氢转移"有利于窖内各种产氢型发酵，更有利于促进己酸发酵，有利于己酸乙酯的合成，这就说明甲烷菌在酒窖中存在的生态学意义。从泸州老窖中发现各种产甲烷细菌的存在不是偶然的，它是甲烷菌存在的又一生态系统的发现，为中国所特有。我们采用特殊手段，以绝对厌氧方法首次从泸州老窖中分离出一株产甲烷杆菌，该菌被鉴定为布氏甲杆菌CS（Methanobacterium bryantii cs）。往后开发出的甲烷细菌与己酸菌共酵的二元发酵技术对中国白酒的发展做出了重大贡献。

四、老窖己酸菌分离及应用

20世纪60年代，笔者曾从泸州老窖泥中分离出产己酸的细菌，并已应用于名酒发酵"人工老窖"的雏形，对产己酸的细菌只做了产酸的纸上层

析检测，对己酸菌未做系统的生物学鉴定。20世纪80年代初，笔者再次将其列入研究生论文题目"泸州老窖己酸菌分离特性及产酸条件的研究"，研究组内又对五粮液老窖中的己酸菌进行分离和研究，对从泸州老窖和五粮液老窖中分离出的己酸菌和其他分离菌株均进行了形态、生理、生化特性的鉴定，同时对菌株产酸条件也进行了研究，发现其均表现出高产己酸的特性，泸州老窖酒己酸菌在初期产酸量高达20000mg/kg以上。在生产应用方面，所分离的菌株表现出极佳的效果，为推广"人工老窖"发酵浓香型酒做出了重要贡献。

五、红曲酯化酶产生菌的分离

酯化酶研究在理论上解决了老窖发酵己酸乙酯合成机理，20世纪80年代以前我们对己酸与乙醇合成己酸乙酯的生物化学一无所知。20世纪80年代初，我们从泸型麦曲中分离出一株红曲霉菌，首先将其用于"强化菌曲"试验，产酒具有生香功能，这也是酯化曲的早期应用。关于该菌的分离、鉴定及酯化试验的早期论文发表在1990年的《食品发酵工业》上。从研究到生产应用，不仅解决了己酸乙酯生物合成途径、菌种分离及酯化等难题，在白酒工业生产上开辟了新的广阔空间，掀起了酯化酶的研究热，还有望在今后的生产应用上有所突破，在发展生产上做出更大贡献。

六、后记

浓香型酒的老窖、酱香型酒的高温曲均是我国微生物资源的宝库，可从中发现、发掘出更多的工业微生物有效菌株，用于创新研究、发展生产、服务于人类。我们的研究在己酸菌、甲烷菌、酯化菌应用方面仍继续前进着，而甲烷氧化菌、甲醇利用菌，在当前对环境污染、能源问题特别重视的情况下，很值得拓宽领域去研究。

（原载《酿酒科技》2006年第11期）

论提高泸型酒质量的三大微生物技术

文 / 吴衍庸

　　三大微生物技术经实践证明是提高泸型酒质量的有效技术。20世纪60年代以来，我所名酒研究组为总结和发展中国名优白酒，对泸型酒微生物与发酵做了较系统的基础研究，研究涉及微生物区系、窖池发酵机理、麦曲微生物天然组成、窖外环境微生物、泸型酒新功能菌的发掘等。以理论联系实际，前期开发出"生香功能曲（强化大曲）技术""己酸菌、甲烷菌二元发酵培泥技术"。20世纪90年代，为解决北方浓香型酒工艺中发酵期短、己酸乙酯含量偏低这一问题，开发出"酯化酶生香技术"。追溯三项微生物技术形成过程，其与基础理论研究相结合，在三项国家自然科学基金课题研究中得到提高和完善。三项基金项目为"泸型酒传统工艺中的微生物学研究""泸型酒北移微生物生态学研究""生物合成己酸乙酯微生物选育及酶学性质研究"。这三项微生物技术是泸型酒研究方面的技术创新成果。

一、己酸菌、甲烷菌二元发酵培泥技术

以20世纪60年代研究的"新窖老熟"项目为基础，笔者蹲点泸州老窖酒厂，提出以老窖泥为种源富集培养梭状芽孢杆菌作为第一代技术，用于培泥建新窖。其出酒质量当时已达到泸酒二曲与头曲水平，首创"人工老窖"微生物技术，为泸型酒在全国推广打下了基础。"人工老窖"第二代技术则是应用微生物纯培养方法，我所分离选育的高产己酸菌产酸量最高可达2g/100mL左右，曾应用在河南杜康酒厂培泥上，在新建厂房新窖池中首排出酒己酸乙酯即达300mg/100mL以上水平，一次培泥建窖成功，并通过成果鉴定。第三代"人工老窖"微生物技术基于甲烷菌、己酸菌共酵的生理生态关系，根据其"种间氢转移"原理，将己酸菌发酵产生氢用于甲烷发酵产生甲烷上，使己酸菌消除了氢的抑制而促进产酸，最终提高了己酸乙酯含量。这一技术的应用使己酸乙酯含量及优质品率均有所突破。河南社旗酒厂试验全窖计算优质品率达50%以上，四大酯协调平衡、口感好。这项技术先后应用于新疆、河南、河北、湖南、四川诸地众多酒厂，为各地方经济发展做出了新贡献。甲烷菌纯培养需要专门设备和技术，一般酒厂难以实施。简易方法是通过富集培养来得到甲烷菌的富集菌种。值得注意的是，若直接用大量污泥、塘泥等代替富集菌种，将会影响培泥效果，影响酒质。

二、生香功能曲（强化大曲）技术

传统大曲具有糖化发酵作用早为人所知。大曲的生香功能则是在进行泸州老窖酒麦曲微生物区系分析后，分离筛选出首株酯化功能菌（定名为泸型红曲霉M-101），才得到科学认定。前期推广的强化大曲19株菌中，不仅移植有霉菌、酵母的优良菌系，并配套有酯化生香功能菌，包括红曲霉及生香酵母，因而使用强化大曲后不仅能提高出酒率，而且能减少用曲量。若将以上两项技术结合应用于新建窖池上，其新窖酒质将进一步提高，一加一效应会突出泸型酒风格。原四川汉源县酒厂在改窖上一次试验成功，成果通过鉴定，产品当年在四川省被评为新秀第一名，暗评得90

分。90分意味着达到了名优白酒水平。

三、酯化生香酶工程技术

该技术模拟老窖发酵产酯，采用窖外酸、醇酯化生酯和酶在溶剂中直接反应的新技术。生产高酯液可人为控制，摆脱了传统工艺的束缚，获得高酯调酒液，并可根据反应基质的不同而合成所需要的酯类。如欲生产己酸乙酯，即以己酸为基质的酸、醇酯化来合成，生产乳酸乙酯则以乳酸为基质的酸、醇酯化，以此方法不难生产出稀有酯以及复合类香酯。经试验，应用酶学新技术生产的香酯液中，己酸乙酯可达8%。红曲霉生产酯酶应用在中国白酒上是一项创新，在红曲霉代谢产物应用方面填补了一项空白，20世纪90年代后期在法国召开的红曲霉应用国际会议上受到与会学者的重视。这项技术在国内推广，产酶菌种红曲霉与根霉并用，20世纪90年代中期已在河南仰韶酒厂、河北曹雪芹家酒厂进行试验，应用成果均通过省级鉴定，并获得省级重大成果奖，全国知名专家秦含章、高景炎、邹海晏主持参加了鉴定。20世纪90年代后期与山东兰陵美酒厂的合作研究已达到工业化生产水平。

提高泸型酒质量的三项微生物技术系在总结泸型酒传统工艺基础上的创新成果，经过理论与实践长时期的检验证明是可靠有效的技术。人工优质窖泥和强化大曲对新建窖池是不可少的，它是浓香型白酒获得优质、高产的基础。对当前生产厂家而言，在现有生产水平上，应更上一层楼，提升档次、创新品牌。酯化酶酶学新技术起点高、见效快，更符合现代市场需求。发挥酯化酶技术多功能作用，使普通白酒向优质酒转化，既符合国家对行业的要求，也是企业求生存、求发展的需要，有利于做到质、量效益双丰收，跨出国门参与国际竞争。

（原载《酿酒科技》2002年第5期）

沈怡方

酒界巨星的巨匠精神

——纪念酒界泰斗沈怡方先生

整理／付寒　温佳璐

　　自1953年参加工作60余年以来，中国酿酒界的巨星、我国酒界泰斗、著名白酒专家沈怡方先生为白酒科技进步和文化推广投入了毕生精力：在中国白酒风味成分的检测分析、白酒感官品评的科学总结、确立白酒香型风格标准、新工艺白酒的技术工艺创新，以及中华酒文化的传承和创新等方面，做出了不可磨灭的卓越贡献，对中国白酒的工艺推广与产品普及立下了汗马功劳。

拳拳之心
不愧为一代泰斗

　　沈怡方先生从业的60余年，正是中国酒业从百废待兴到行业复兴的60

▲沈怡方先生年轻时

余年，他既是行业发展的参与者、引领者，也是中国白酒发展的见证者。

1953年，沈怡方毕业于上海华东化工学院（今华东理工大学），他怀揣着为祖国建设事业献身的雄心壮志，服从组织分配来到了位于我国最北端的绥远省归绥市（现内蒙古呼和浩特）的轻工科学研究所。沈怡方的到来，为内蒙古轻工科学研究所带来了一股新鲜力量，也为内蒙古酒业的科学发展带来了希望。

时代造就青年，尽展热血风采。沈怡方或许自己也没想到，他会在条件艰苦、位置偏远的内蒙古坚守了28个年头，也没想到在酒业科学这条看似枯燥而孤独的路上，他会走得更久。

1979年，沈怡方被内蒙古轻工业厅推荐，担任第三届全国评酒会评委。这一次，沈怡方直接参与了国家名酒和名优白酒的品评工作，确定了"色、香、味、格"的评选方法。第三届全国评酒会在中国白酒的发展史上具有里程碑式的重大意义，中国白酒从此确立了正式的香型分类与评定标准。以茅台为代表的"茅香型"白酒正式命名为"酱香型"白酒，以泸州老窖为代表的"泸香型"白酒正式命名为"浓香型"白酒，以汾酒为代表的"汾香型"白酒正式命名为"清香型"白酒，茅台、泸州老窖、汾酒则分别成为三个香型的典型代表，由此确立了泸州老窖作为浓香鼻祖的行业地位。白酒三大香型的确定对中国白酒的普及与发展起到了巨大的推动作用。

在随后的1984年第四届、1989年第五届名酒评比会上，沈怡方分别担任专家组副组长和组长主持工作。这两次评比的意义在于在原有香型的基础之上，促进了其他香型品类的发展，使中国白酒产业的发展更加规范和高速。

沈怡方致力于研究科学酿造，从全国第一家曲种站组建、细菌与白酒发酵关系的独特认识、己酸菌分离培养、色谱分析对白酒香气成分的破解，到窖泥在白酒发酵中重要作用的主张、白酒创新技术的引领、白酒香型流派概念的确立，再到总结、发掘、提高、创新，在我国优质白酒传统生产工艺等方面取得了丰硕成果。1978年，沈怡方凭借优异的成绩和突出的贡献，荣获全国科学大会先进个人奖。

在从事白酒科研的多年时间里，沈怡方撰写研究报告及学术论文100多篇，著有《低度白酒生产技术》《白酒生产技术全书》等多部著作，并参与指导《中国酒曲》《中国酒经》等书的编写。科研之外，沈怡方晚年还执着于酒道文化的传播，他率先提出了对中国酒道文化的研究，致力于构建一个"文明饮酒、健康饮酒、时尚饮酒、高品位饮酒"的新酒风时代。

直到沈怡方先生80多岁的时候，还在为酒业奔波。那个苍老而矍铄、热情而坚定的身影，始终面向酒业发展的方向，不断向前。

"我为什么还要出来到处跑？一个是因为我脑子里全是白酒的事儿，不到行业里转转坐不住；另一方面也是想多跟行业里的年轻人聊聊，把我知道的事情告诉他们，让他们热爱这个行业，专心这个行业"，沈怡方谈到。一如中国食品工业协会副会长兼秘书长马勇在《纪念沈怡方先生文集序言》中所写：沈怡方先生年逾80春秋，他把毕生心血和精力奉献于所钟爱的事业，也奠定了他在新中国白酒工业发展进程中不可或缺的历史地位。

沈怡方与泸州老窖
结下深厚情谊

　　沈怡方先生对中国许多的白酒企业及品牌都曾寄予过厚望。从泸州老窖在第三届全国评酒会上被确定为浓香型白酒典型代表，到1989年蝉联五届名酒称号，再到四川省重点实验室评估论证会、泸州老窖·国窖1573首届封藏大典等重要历史性事件，沈怡方先生都亲临泸州。正是在以他为代表的中国白酒专家的指导下，泸型酒酿制技艺得到了全国性的普及和推广。

　　从昔日宝贵的档案中，我们可以看到他与泸州老窖结下的深厚情谊。

　　1989年4月13日，正值第五届全国评酒会结束后不久，作为国家白酒评比专家组组长的沈怡方就带队考察泸州老窖。泸州老窖罗汉酿酒基地是当时白酒行业唯一的花园式工厂，环境优美的酿酒工厂大大改变了人们对酿酒行业的认识，也是当时白酒行业学习的榜样。

　　1996年泸州老窖1573国宝窖池群被国务院批准为行业唯一全国重点文物保护单位以后，沈怡方等专家到泸州老窖品评国窖酒，称国窖酒为"中国白酒鉴赏标准级酒品"。

　　2001年4月，在人民大会堂召开的"面向新世纪企业品牌战略研讨会"上，沈怡方先生和秦含章、周恒刚、梁邦昌、高景炎等专家到场，共同见证中国白酒超高端品牌国窖1573的诞生。

　　2003年，首届制曲专业化生产发展趋势研讨会在泸州老窖召开，沈怡方等白酒专家再次来到泸州，现场评鉴泸州老窖久香牌大曲，参加泸州老窖"制曲之父"郭怀玉的塑像剪彩仪式，并作为首席专家参与泸州老窖新产品评鉴会。

　　2003年4月21日至25日，对泸州老窖来说是一段繁忙的日子。"中国商业联合会白酒技术协作组成立大会暨一届一次会议"和"首届制曲专业化生产发展趋势研讨会"分别在泸州举行。泸州老窖公司均为承办单位，沈怡方作为白酒专家组组长，出席了两个会议并致辞发言。4月22日这天，沈怡方、高月明、曾祖训、胡永松、庄名扬等国内知名白酒专家对52%vol国窖1573产品进行了鉴评，并留下了珍贵的评语："国窖1573无色透明，窖香、陈香幽雅，绵甜爽净，柔和协调，余香味长，浓香风格典型。适量加水后，在保持无色透明的前提下，放香加大，醇甜尤为突出，更添幽雅、舒适、爽口之感觉，仍保持了本品典型风格。"

2005年10月，泸州老窖公司与四川理工学院、四川省食品发酵工业研究设计院举行"酿酒生物技术及其应用四川省酿酒重点实验室"合作仪式。作为实验室专家评审组组长的沈怡方先生作了重要讲话。同年，由中国酿酒工业协会、全国食品发酵标准化中心主办，泸州老窖承办的酿酒大曲产业化商品化发展趋势研讨会，在泸州老窖制曲生态园举行，沈老再次莅临指导，为加强国内名酒企业专业化制曲技术协作，共享酿酒稀缺资源，营造酿酒企业多赢化局面做出了贡献。

2008年3月23日，酒城泸州迎来中国白酒有史以来最具规模的盛典——泸州老窖·国窖1573封藏大典，开启了中国超高端定制白酒的新纪元。沈怡方与18位各界知名专家一道，作为特邀嘉宾出席并担任封藏祭酒大师。

巨匠精神
当薪火相传

2017年2月21日，沈怡方先生因病辞世，享年84岁。在他躬身酒业的时间里，这是他用生命燃烧的半生光阴，也是中国白酒一路辉煌的历程。

大师远去，音犹在耳。我们至今还记得他给我们留下的许多谆谆教诲："泸州老窖以其上乘的质量，得到了广大消费者的信任。所谓上乘的质量，首先是它具有以己酸乙酯为主的、浓郁而纯正的、复合而协调的香气，给人以极为愉快的嗅感；其次是它具有绵甜爽净、回味悠长、香味协调的味道，给人以非常舒适的味觉。在1952年全国首届评酒会上即以这种嗅感和味觉作为浓香型白酒的典型风格予以确定，有此嗅感与味觉的白酒即称为泸型酒，又称浓香型白酒。这种上乘的酒质，来源于复杂的发酵过程中众多微生物菌群的协同发酵作用。"

▲1961年，《文汇报》刊载"中国名酒"，泸州老窖大曲酒名列其中

"70年代以前，浓香型白酒的微量成分尚未揭秘，称其为泸（浓香）型白酒。顾名思义，泸州老窖是浓香型白酒的典型代表。它之所以能成为一个白酒香型的典型代表，只因为它有几百年的悠久历史，有香、绵、甜、爽风格典型的酒质，深受广大消费者喜爱。70年代初，我以气相色谱剖析过诸多浓香型白酒，因当时技术水平、设备条件所限，对泸州老窖酒只能做出'口感最好'的粗浅评价。"

解放后泸州老窖历代技术人员同沈老交谊深厚，老一辈的技术人员都曾和他共同研究过浓香型白酒的生产技术。许多泸州老窖的年轻后辈也受到他的谆谆教诲和提携，听他的讲座，同他一道到国内白酒企业调研、考察、交流，学习专业的白酒技术知识，从中受益匪浅。

自1952年评选出中国首届四大名白酒，如今，中国名酒经历了70余年光阴变迁，泸州老窖是唯一蝉联历届"中国名酒"称号的浓香型白酒，这是行业、市场给予泸州老窖的荣耀。沈老曾表示：名酒不是自封的，也不是他人赠予的名号，名酒一定是自己做出来的。同时沈老表示做任何事情都要尊重历史，浓香正宗只有一家，那就是泸州老窖。"为什么是浓香正宗？第一要看历史底蕴，第二是历史事件，第三是传承工艺，第四是保护情况，第五是消费者认可。这几条泸州老窖占全了，它就是正宗。"沈老的回答掷地有声。

正是沈怡方先生这样的泰斗级专家和一代又一代酿酒人、科学家，铸就了中国白酒业的脊梁。他们用无悔的青春见证了中国白酒多年的求索之路，以一系列科技成就助推了白酒产业的风云巨变。其可歌可泣的动人故事、不可磨灭的卓越贡献，成为中国白酒产业一笔丰厚而宝贵的精神财富！

专家简介　沈怡方

　　1933年2月出生于江苏海门，1953年毕业于华东化工学院有机合成专业。

　　教授级高级工程师，全国著名白酒专家，曾任江苏省酿酒协会会长等职，曾受聘在复旦大学、无锡轻工业学院讲授白酒酿造专业课。受聘为第三届全国白酒评酒委员，并负责主持了第五届全国白酒评酒专家组工作。历任内蒙古轻工科学研究所、江苏省食品发酵研究所室主任，江苏省轻工食品工业公司总工程师。曾任中国食品工业协会白酒专业委员会副会长。曾荣获"全国科学大会先进个人奖""中国酿酒工业协会特殊贡献奖""振兴苏酒突出贡献奖"。

从首次提出细菌发酵在白酒酿造中的重大作用，到提高白酒产品质量，白酒香味成分检测分析，再到参与或主持第三届到第五届全国白酒评酒会，对泸型酒香味物质成分的科学论断，国窖1573酒等超高端产品的鉴评指导，以及健康饮酒的文化提倡等，沈怡方先生毕生都在为中国酒业的创新与发展不断奔波，以至于80多岁高龄，还在为中国酒业的创新而辗转操劳。

著有《液体发酵法白酒生产》《低度白酒生产技术》《白酒生产技术全书》，参与了《发酵工业辞典》《中国酒经》《中国酿酒科技发展史》的部分编写工作。他的学术研究，在总结、发掘、提高、创新我国传统优质白酒生产工艺方面取得了丰硕成果。他提出：中国酒业必须重视微生物在酿酒中的重要作用，必须深入研究我国白酒区别于国外各种蒸馏酒的香气成分特征及产生差异的原因，在现有十二大香型白酒中，主要是清香、浓香与酱香三大香型，其余的都属于这三大香型派生出来的分支；同时倡导要努力改变饮酒方式，积极倡导创建传播酒文化的酒道馆……

2017年2月21日，沈怡方先生在南京逝世，享年84岁。

泸州老窖

——白酒工业科教兴国的典范

文 / 沈怡方

在1952年第一届全国评酒会上，泸州特曲被评为国家四大名白酒之一。在随后的历届评酒会上，泸州老窖特曲以其无色透明、窖香浓郁、味纯甘洌、香味协调、酒体爽净、回味悠长的优良品质蝉联国家名酒的荣誉称号。长期生产实践显示特曲好酒出自老窖之中，发酵酒窖窖龄愈长，酒质愈为芳香醇厚。记得当时泸州老窖特曲的商标上还特别标志有"老窖"二字，告诉消费者老窖是优秀产品质量的根本。

以往一般建立一个新窖，初始产二曲酒、头曲酒，需要经历20年以上的漫长周期才能获得部分特曲酒。窖香浓郁成为泸型酒（亦称浓香型酒）质量与风格的主要感官指标。如何认识这一自然现象引起了业内人士的重视。通过对酿酒生产工艺的不断总结，尤其是在20世纪60年代中期，当先进的色谱分析技术被引入对白酒香气成分的分析和对窖泥微生物分离工作的开展，白酒工作者们初步认识到泸型酒的主体香气成分是己酸乙酯。它来源于窖泥中栖息的梭状芽孢杆菌己酸菌，以发酵酒醅中存在的乙醇为碳源进行生长代谢产生的己酸，再进一步和乙醇酯化生成己酸乙酯。用于筑窖的泥土，起始存在着少量的己酸菌，经与固态发酵酒醅长期接触浸润，进行着自然培养筛选。随着窖龄的延长，己酸菌的优势逐步扩大，形成了老窖出好酒的结果。随着改革开放以来对泸州老窖传统工艺的总结推广和人工培养窖泥的技术应运而生，一时间浓香型白酒生产技术在全国各地广为传播，突破了历史上泸型酒主要集中产在四川省的"垄断"局面。过去从不生产浓香型酒的我国北方地区以及生产清香型麸曲白酒的地区都相继生产出了浓香型白酒。发展至今各类浓香型白酒占全国白酒总销售量的75%左右，产地遍及大江南北。泸州老窖人对浓香型白酒的发展做出了无私奉献，功不可没。

在揭开老窖之谜的同时，人们又对己酸菌进行了深入的研究。经查阅国内外有关资料后证实国外对己酸菌的研究始于1936年巴克尔在研究甲烷杆菌时的偶然发现。1944年日本北原觉雄为了解决战时合成"山道年"药品原料己酸之需，曾做过2年的研究。他们的实验室研究结果均未用于生

▲1989年，沈怡方先生（后排右二）与众位专家在泸州老窖国宝窖池考察指导

产实际而中断。而泸州曲酒厂的老窖产好酒已有400年以上的历史，说明我国对己酸菌的生产实践应用是居世界第一位的。近30年来各地对己酸菌的分离、培养、应用的大量研究，从理论和实践上更充实和丰富了这一微生物学的知识宝库，在世界上保持着领先水平。

作为国务院重点文物保护单位的泸州老窖，是白酒园中的一朵奇葩。它从漫长岁月生产经验的积累到加以科学的总结研究，反过来又指导着生产实践，从而使产品质量有了大提高，生产大发展，为白酒工业贯彻科教兴国的方针起了典范作用，四百年窖龄的泸州老窖窖池也就显得尤为珍贵。

我们可以从中得到的启示是当传统工艺插上现代化科学技术的翅膀时，将会使白酒工业腾飞在万里晴空，迎来21世纪的新篇章。这正是我们几代人需要坚持不懈努力的方向。

（原载《酿酒》1999年第5期）

/ 沈怡方 /

对于浓香型白酒的一些思考

酒

文 / 沈怡方

自20世纪80年代前后，市场消费向浓香型转化，其原因在于以下几点。

一、生产与消费有基础

浓香型酒香气较清香型浓郁，为生产厂所认可与追求。这从各届全国评酒会各地参评白酒数量及获奖结果可以得到证实。20世纪70年代中期开始，我国由计划经济向市场经济转变。进入市场经济后，随着人民生活水平的提高、社会活动方式的变化，人们对产品质量的要求更高。在以往的全国评酒会上获得国家名、优酒的浓香型酒占有较大的优势。该香型酒的窖香浓郁，既引导消费又受到消费者的青睐，市场的需求促进了生产量的较快增长，一方面是老牌厂的扩产，另一方面是一部分酒厂改产。

二、技术进步快

1975年左右出现了两项重大基础技术，即内蒙古轻工研究所提出了为广大生产厂应用的气相色谱分析白酒香气成分方法及细菌发酵对白酒香味成分的重要作用，即窖泥微生物己酸菌的分离、培养及应用技术（在茅台试点基础上的发展）和四川名酒厂提出的人工培养老窖泥。这两项技术在以后的生产应用，及各地对窖泥微生物的深化研究，极大地促进了浓香型酒的发展。浓香型酒的老根据地四川名酒厂对生产工艺不断总结与研究，提出了众多提高质量的技术措施，诸如双轮底发酵、翻沙、黄水合理利用、多粮发酵、强化勾调等。并自20世纪80年代后期起投入大量资金和当地大专院校、科研单位合作，对窖泥微生物及酯化酶的开发应用、白酒贮存过程中酒质的变化、贮存与容器的关系等进行了研究，都取得了对生产有普遍指导意义的成果。这些重要的技术进步是浓香型酒生产发展的基础。

三、政策与体制改革

（一）产业政策的支持与鼓励

国家从节约粮食及有利于人民健康出发，早在20世纪60—70年代中期，对白酒工业分别提出了大力发展液态发酵法生产白酒及低度白酒的政策。这两项产业政策曾通过全国评酒会从评奖上加以鼓励和引导。而浓香型酒基于自身香气浓郁、香味成分含量较多的特点，以及技术进步快的优势，取得了领先地位。

（二）体制改革

20世纪90年代，民营企业的出现尤以四川为先，数量众多的小企业利用当地名酒厂的技术，大胆采用固、液结合的新工艺，抓住全国市场大流通的机遇，促进了浓香型酒的大普及，并使新工艺酒由低档向中档提升。

四、浓香型酒中的不同流派

从学术观点上讲，笔者认为十个香型主要是清、浓、酱三大香型，其余分别属于它们的不同流派，这是基于基本的生产工艺以及其所含的主要香气成分两大根据来判别其归属何种香型，因此而形成不同风格的流派是历史的沿革、客观的存在。从目前的大曲浓香看，主要为川派和北方派之别，在川派中还有单粮与多粮之别。兼香型也为一流派。至于曾经有过少量的麸曲浓香、小曲浓香乃至近年来有的香型酒增加浓香的组分称之为复合香的，只是具有某一品牌的风格特征，尚未扩大形成一个有一定区域性的产品及生产企业。这些能否成为一个新的流派还需看今后的发展。不同流派之所以产生风格相异的浓香型酒，在于生态环境的微生物区系不同及生产工艺的差别。这也是浓香型酒百花齐放、兴旺发达的象征。四川浓香型酒的特点是窖香浓郁、绵甜甘洌、酒体净爽。川酒的窖香浓郁是倾注了大量的先进生产技术成果的。我们所说的窖香幽雅尽管还未做到尽善尽美，但目标一定要明确，在风格上香气不一定过大，而要努力于口味的完善与提升。川酒实际上也很注重味，它带有陈味、醇和丰满。而淡雅型应该是秀雅、细腻、绵柔爽净。当然不突出香并不是没有典型香，而是要使香和味自然谐调，让人喝到嘴里有一种舒适的享受感。

在市场经济、知识经济时代的今天，技术属于企业的知识产权，因此要提高产品质量，开发新产品，都需要企业做好自己的文章。加快科学研究，振兴传统工业，迎接白酒行业又一个春天的到来，是需要我们共同努力去做的事业。

（原载《酿酒科技》2005年第3期）

白酒生产技术发展回眸

文 / 沈怡方

　　具有悠久历史的传统白酒业，由新中国成立初期的手工作坊，发展至今已形成有一定规模的工业化生产行业，白酒产品质量与产量都有了极大的提高，这是从事行业工作的几代人不懈努力的成果。回顾这段发展历程，有助于激励我们继续前进，开创更加美好的明天。就酿酒生产工艺方面而言，白酒行业发展有几大创新业绩，叙述如后。

一、麸曲法白酒的兴起

　　新中国成立初期，我国经济百废待兴，粮食是民生首要问题，而白酒企业是耗粮大户，因而降低粮耗、提高出酒率，就成为行业的头等大事。传统生产所用的大曲或小曲都是依赖自然培养的发酵微生物，它们对粮食淀粉的糖化发酵能力低，为此选择优良菌种逐步扩大培养在麸皮上制成散曲，以提高糖化发酵力替代大曲或小曲，成为当时急需解决的重大技术问题。1955年初，原地方工业部组织全国11个省、市、自治区的工程技术及管理人员共70余人在山东省烟台酒厂总结了烟台、威海两个酒厂的麸曲法生产经验，提出了以"黄曲加酒母，低温入池，定温蒸烧"为核心的烟台操作法，以替代我国北方地区（华北、东北、西北）沿用的大曲糖化发酵剂，极大地提高了出酒率，并依此作为1956年节约12.5万吨粮食的重大技术举措。1963年3月，轻工业部又组织了9个省、市、自治区的工程技术人员于山东烟台酒厂进一步总结提高该操作法，将黄曲霉改为黑曲霉，多种酵母菌改为一种，酿酒操作注重配料的科学性，其工艺要点修正为"麸曲酒母，合理配料，低温入窖，定温蒸烧"，并推广了通风晾糟操作，随后在各省加大推广力度，使出酒率又提高了2%～3%。麸曲法白酒的出现，在当时无疑是技术进步的体现，较多地提高了出酒率。同时为了提高麸曲酒的风味质量，从20世纪60年代始，吸取各类香型酒的传统工艺技术核心，先后生产出了麸曲清香型和麸曲浓香型以及麸曲酱香型酒。为了鼓励推动这一创新成果，从1963年全国评酒会起，麸曲法白酒先后获得一些国家优质白酒的荣誉称号。我国西南、中南地区是小曲酒的主产区，1957年5月，食品工业部组织12个省、市、自治区共158人在四川永川对全国小曲酒生产技术做了总结，制订了"四川糯高粱小曲酒操作法"，随后贵州省轻工研究所生产了纯培养优良根霉菌和酵母菌并分别培养混合成型的根霉曲，以替代自然培养的小曲，保证了较高的出酒率。麸曲酒是清香型白酒，和传统酿造相比，其优点是粮耗低、出酒率高。

二、低度白酒的出现

传统白酒除广东米酒玉冰烧酒的酒精含量为30%vol以外，绝大部分的产品酒度均在50%vol～65%vol，国家从有利于人民健康及降低单位产品的粮耗角度出发，于20世纪70年代，提出要积极发展酒精含量40%vol以下的低度白酒，1987年在全国酿酒工业增产节约工作会上提出酿酒工业"四个转变"方针之一就是高度酒向低度酒转变。为了鼓励企业生产，引导消费，在1979年第三届全国评酒会上，率先将质量上乘、酒精含量39%vol的江苏省双沟特液命名为国家优质酒。1989年第五届全国评酒会，参赛的各种香型白酒有362种，根据文件规定，新参赛酒的酒精含量必须在55%vol以下，参赛的低度白酒数量由上一届的8个猛增到128个，而且各种香型齐全，改变了先前只是单一浓香型的局面。评比结果是14种低度白酒首次被命名为国家名酒，26种被命名为国家优质酒，展示了生产技术取得的巨大进步。

▲第五届全国评酒会现场

近年来，消费者饮酒习惯发生变化，60%vol以上的产品在市场上已十分稀少，酒精含量52%vol～55%vol成为高度酒，低度白酒在山东省、黑龙江省已成为消费主体，有的产品还降到33%vol，要求酒味醇和绵柔、减少刺激成为一种消费趋势。低度白酒的生产工艺是将蒸馏所得的高度酒（一般为60%vol～65%vol酒精度），再加水稀释到40%vol以下，而产品要保持原有的风格不变。由于白酒稀释后其所含的高级脂肪酸乙酯溶解度下降而析出白色絮状沉淀，同时口感变淡，于是解决低度酒的浑浊度及口感过淡成为两大关键技术。经过20年来的试验研究及生产实践，这两大问题已基本解决。浑浊可经过滤除去絮状沉淀，采用的方法有冷冻法、淀粉吸附法、活性炭吸附法、离子交换法、无机矿物质吸附法、硅藻土过滤法等。各地可因地制宜选用任何一种方法，以尽可能

多保留香味成分为准则。其次是口感寡淡问题，由于酒精度降低，刺激性必然减弱，同时因为香气成分比例失调会使口感发生较大变化。因此经过滤除浊后的低度白酒必须经过勾调以突显其原有风格，口感改善至酒度低而不淡的效果。在上述技术问题基本解决之后，又出现了货架期变酸的质量问题，经研究推翻了先前认为白酒贮存是酸和醇类的酯化使质量提高的推论，而恰恰相反，贮存中的水解变化是影响质量的重要因素，酒度越低水解越强，以至酸味过大，这对正确指导生产工艺起到了极大的作用。

三、科学总结传统生产工艺，正确把握产品质量

1964—1966年，轻工业部抽调了部分省、市、自治区的技术人员，分别由周恒刚先生和秦含章先生亲自领导，对茅台酒和汾酒生产工艺进行了系统的总结。

茅台试点对白酒行业的重大作用是分离出己酸菌，明确了己酸乙酯是窖底香即浓香型的主要成分，进而指出了浓香型白酒的老窖之谜。分离得到产酯能力强的汉逊酵母菌和球拟酵母菌，从辽宁凌川和哈尔滨龙滨酒厂开始应用并推广到麸曲优质酒厂，使其提高了各自产品的质量。当时提出的"4-乙基愈创木酚"可能是酱香型的主体香气，虽为误判，但大胆脱离了白酒中以脂肪族化合物为主香的思路是有前驱性的。

通过汾酒试点制定了汾酒酿造工艺，用微生物实验法、汾酒品质尝评法、汾酒酿造化学分析等60多万字的技术资料，为汾酒以后的发展奠定了科学基础。

以上两项试验不仅揭示了各自酿造的一些技术，同时提出了技术总结的工作方法及工作人员坚持在生产第一线的工作精神，值得我们传承和发扬。

曾经举办的全国评酒会从第三届开始走上科学化、规范化以后，其中按香型编组的举措，对促进各省进行地方区域性的优质白酒生产工艺的科学总结具有重大的促进作用。在大、小共12种香型白酒中，清香、浓香及酱香为三大主香型，其余的在某种意义上讲自古以来都是由它们派生出来的，也可以说是以此为主线，因地制宜地创新生产出各自的优良产品。

（原载《酿酒科技》2016年第11期）

高月明

GAO
YUEMING

高月照人　酒风长存

——致敬中国著名白酒专家高月明

酒

文 / 赵明利　肖桂兰

　　回溯中国酒业的发展史，到今天既恢宏又波澜壮阔。在浩瀚的酒海中，有多少人进取不止，创新不息，一生与酒为伴，播下的是种子，收获的是口碑，对推动中国酒业的发展和酿造技术进步做出了卓越的贡献，同时在中国酒业酿造史上铸就了一道道丰碑。

没有名酒，就没有中国白酒的今天

　　1933年出生的高月明是黑龙江省宁安人。1952年，中国专卖事业总公司主持的第一届全国评酒会在北京举行，这是中国有史以来第一次举办全国性评酒会，全国数以万计的酒厂、公司选送了产品酒样。高老作为评酒专家参与其中。最终，包括高老在内的评委们从众多样酒中选出了8种国家级名酒，其中白酒共4种，分别是茅台、泸州老窖、汾酒、西

▲高月明先生照片

凤酒。这就是现在被世人所熟知的中国"四大名酒"。

此后，高老继续参加了第二届、第三届、第四届、第五届全国评酒会的评选工作。泸州老窖作为浓香型白酒的典型代表，蝉联了历届中国名酒称号。

1979年以前，中国白酒没有香型一说，是在这一年举办的第三届全国评酒会上，由于参选的白酒品种繁多、风格不一，包括高老在内的评委们根据白酒的风格特征，将白酒划分为酱香型、浓香型、清香型和其他香型。而泸州老窖特曲酒则以"醇香浓郁、清洌甘爽、回味悠长、饮后尤香"等特征，被誉为"浓香型白酒的典型代表"，所以又把浓香型酒称为

"泸型酒""泸香型"。"名酒为中国白酒的发展奠定了基础、指导了方向，给中国白酒留下了丰厚的财富，没有名酒就没有中国白酒的今天。"高老曾这样说。作为五届全国评酒会的参与者和见证者，在高老看来，名酒的意义不仅在于高品牌附加值和受人追捧，对于行业、消费者乃至社会而言，也有着进步的意义。他曾指出，名酒应该引领行业，并肩负社会责任。

浓香型白酒的发展离不开泸州老窖

高老与泸州老窖有不解之缘，他曾三次带队考察泸州老窖。他曾同沈怡方、曾祖训、梁邦昌、高景炎等一道为泸州老窖挥毫题字，写下：浓香正宗受之无愧，国窖主人当仁不让。

2003年4月，高老同沈怡方、曾祖训、胡永松、赖登燡、庄名扬等著名白酒专家一起，在认真品尝了"国窖1573"之后，对它的品质一致给予了高度评价：无色透明、窖香幽雅、绵甜爽净、柔和协调、尾净香长。

他还曾就泸州老窖发表过题为《浓香型白酒的发展离不开泸州老窖》的文章，文中提到泸州老窖在新中国成立前就很有名气。新中国成立后，国家举办了五届全国评酒会，评出的中国名酒，每一届都有泸州老窖特曲酒，这在浓香型白酒中是独一无二的。在浓香型白酒的发展中，泸州老窖的贡献是巨大的。

高老认为，泸州老窖生产工艺中的"千年老窖，万年母糟"是生产精髓，是所有浓香型白酒生产的根本。而泸州老窖最古老的窖池使用时间已达400余年，是当今世界上连续使用时间最长的窖池，是当之无愧的"国宝"。

高月明先生一生都奉献给了白酒事业，时至晚年，仍致力于白酒工艺的研究和传承，关心白酒行业特别是白酒企业的生产发展，积极进行技术指导，评鉴酒质，一直未曾停下为中国白酒努力的脚步。

感谢高老一生为中国白酒产业发展做出的卓越贡献。

专家简介　高月明

　　中国著名白酒专家，国务院政府特殊津贴获得者，教授级高级工程师，黑龙江宁安人。1933年出生，2018年12月13日在哈尔滨逝世，享年86岁。

　　历任国家技术监督局酒类标准样品技术委员会副主任，第一、二、三届全国评酒会评委，第四、五届全国评酒会专家组成员。中国酿酒工业协会白酒分会高级顾问、白酒技术委员会副主任，中国食品工业协会白酒专业委员会常务理事，黑龙江省酒业协会名誉会长，黑龙江省委省政府科学技术顾问委员会委员，黑龙江省政府食品工业领导小组顾问。

1952年起，连续五届参加全国评酒会评选工作，并在第四、五届成为专家组成员，见证了中国历届名酒的诞生，在中国白酒香型的确立工作中做出了突出贡献：1955年参与烟台白酒操作法的试点总结工作，并于1963年修订此法；1958年，主持"玉泉试点"工作，同酒界泰斗周恒刚一道总结出了固液结合的工艺路线，完成了浓酱兼香定型试验，是浓酱兼香型白酒的开创者，素有"北高"之称；主持、参与了全国十余个大型技术培训班，为白酒人才的培育做出了杰出贡献。

高月明先生多年来发表专业性论文三十多篇，对不同时期的白酒发展起到了重要的指导作用，在酒类科研工作中，取得了多项科技成果并获得了奖项。

其中包括参与起草的《浓酱兼香型白酒标准》获批准执行，推动了全国兼香型白酒的大发展；参与了黑龙江省地方标准《清爽型白酒》标准的制定，推动了东北酒业的进步；主持完成的"黄酒优良菌种的培育"被评为国家科技进步三等奖；主持的黑龙江白酒科技攻关项目"九九计划"获得省科技进步二等奖及省政府技术推广一等奖；此外他还参与编写了《白酒生产技术全书》《中华大酒典》《50年白酒发展纪实》《中国食品发展纲要》等，为中国白酒工业发展做出了重大贡献。

1984年获评全国酒类质量大赛全省质量先进工作者，1992年获国务院政府特殊津贴奖，1994年被黑龙江省政府评为有突出贡献的专家，2004年获中国财贸轻纺烟草工会与中国酿酒工业协会特殊贡献奖，两次获黑龙江省科技突出贡献专家奖，2009年获由《华夏酒报》举办的建国60年酿酒行业突出贡献奖，2009年获改革开放30周年科技领军人物奖。

浓香型白酒的发展离不开泸州老窖

文／高月明

　　泸州老窖在解放前就很有名气，解放后新中国举办了五届全国评酒会，评出的中国名酒，每一届都有泸州老窖特曲酒，这在浓香型白酒中是独一无二的。泸州老窖特曲代表一个方面，是浓香型白酒的典型代表，而且代表性很强。

　　改革开放以后，酒类行业发展很快，强手如林，不断崛起，市场竞争十分激烈，不少有名的酒厂退下去，近两年的情况是十七家名酒厂八上九下，但泸州老窖仍然榜上有名。全国五次评酒，我每一次都参加了，对泸州老窖印象最深刻。

　　为什么历届评酒会中，泸州老窖特曲都能评为国家名酒呢？目前市场情况足以说明这一点：全国白酒产量600多万吨，在600多万吨白酒中，浓香型白酒占60%，市场覆盖面最大。

业内人士都很清楚，泸州老窖是浓香正宗，是传统浓香型白酒的典型代表，所以浓香型白酒又叫"泸型酒"。浓香型白酒这几年有很大的发展，浓中带陈、浓中带清、浓中带甜，出现这些流派是很正常的，它们都是在正宗浓香型白酒的基础上发展起来的。

在整个浓香型白酒的发展中，泸州老窖的贡献是巨大的。首先，泸州老窖的产品特点是浓香、醇甜、干净、爽口，凡是做酒的、饮酒的都知道这个特点，这个特点让广大消费者容易接受。其次是泸州老窖的生产工艺，酿酒界都知道泸州老窖工艺有两句至理名言：千年老窖，万年母糟，这两句话至今仍是所有浓香型白酒生产的根本。所谓"千年老窖"，是指酿酒的窖池越老，产的酒越好；反过来，窖池使用的时间越长，窖池也越好。用现代科技去解释这句话，那就是窖池使用的时间越长，窖泥里的生香微生物积累越多，窖泥也越成熟，提供给酒的香味就越多，产的酒也就越好。泸州老窖最老的窖池使用时间达四百余年，是当今世界上连续使用时间最长的窖池，说它是国宝，的确是当之无愧的。所谓"万年母糟"，是指酒糟多次连续使用，大量的、多方面的残余香味成分得以继续循环使用，产出的酒当然也就很好了。

我三次带队到泸州取经，印象最深的就是这两句酿酒界的至理名

▲高月明先生（中）与众专家品评泸州老窖酒

言。回到黑龙江，就以泸州老窖为样板，搞人工老窖，学习泸州老窖传统工艺进行酿酒，搞出了玉泉大曲酒，也是浓香型的，在黑龙江这是第一次。

▲高月明先生（左二）到泸州老窖考察指导

改革开放以后，全国各地推广生产浓香型白酒，都是以泸州老窖为样板，也都是从培养人工老窖泥和推广泸州老窖工艺开始的。泸州老窖对推动全国浓香型白酒的发展是做出了巨大贡献的。

泸州老窖还有一个贡献就是从传统工艺中总结出了勾调技术，并使之得到提高和推广。现代的勾调技术加入了计算机、气相色谱等高科技技术，但微机勾调是在人工勾调技术基础上发展起来的，分析仪器也代替不了人的感官品尝，人工勾调技术与现代高科技既要结合，又要两个轮子一起转，这才是一种完美的结合。勾调技术的总结提高使得经验型转变成了技术型，成为一种艺术。在这个问题上，泸州老窖也做出了巨大贡献。第一期勾调技术培训班就是在泸州开课的，由泸州老窖派人主讲。以后虽然有发展，但业内人士谁也不能否认泸州老窖对勾调技术做出的奉献。

浓香型白酒的发展每一步都有泸州老窖的奉献，也离不开泸州老窖的奉献。所以说，泸州老窖是浓香型白酒的正宗典型的代表。

展望21世纪，我国白酒行业的发展需要走勾调技术、传统工艺与现代科技相结合的路子。而勾调技术从泸州老窖起家，推广到全国，发展到现在，技术日趋成熟，这是传统根基与现代科技相结合的必然产物，追根溯源，泸州老窖是浓香型白酒发展的根基，浓香型白酒的发展离不开泸州老窖。

（原载《酿酒》2000年第2期）

中国白酒香型与时同行

文／高月明　高军

　　白酒是中华民族的传统产品，有着几千年的悠久历史。新中国成立以来，随着社会经济的发展，白酒同其他产品一样也在不断前进。

　　白酒的香型在国民经济发展、经济体制调整、人民收入增加、物质文化生活日益提高、行业科学技术进步的形势下，得到了相应发展。

　　目前白酒香型有浓香、酱香、清香、米香、豉香、芝麻香、特香、凤香、兼香及其他香十大香型。

　　据我在白酒行业50年的实践体会，白酒香型发展大体有四个主要过程（阶段），即自然存在阶段，国家评酒推动阶段，条例法规规范阶段，科学技术进步深化阶段。

一、自然存在阶段

从1949年中华人民共和国成立到1979年第三届全国酒类评比以前的30年时期是自然存在阶段。

那个时期人们只是把饮料酒包括白酒、啤酒、葡萄酒、果露酒、黄酒从酒种上进行称呼和划分。祖先遗留下的白酒，香型、质量特征客观存在。因为当时的历史背景和人民生产、生活实际水平，白酒散装占总量90%左右，老百姓称为老白干、二锅头、烧酒等等。少数企业的瓶装酒多按原料、工艺、设备、糖化发酵剂、地域（地方）古人名字起名，统称仍然是白酒。

二、国家历届评酒推动阶段

新中国成立以后，国家举办了五届评酒会，第一届是1952年，评出了八大名酒，其中白酒只有茅台、泸州老窖、汾酒、西凤酒四种，其他四种是葡萄酒、果露酒、黄酒。

▲第二届全国评酒会

第二届评酒会在1963年，评出五粮液、古井贡、泸州老窖、全兴大曲、茅台酒、西凤酒、汾酒、董酒八大名白酒。同时还评出双沟、龙滨等九种优质白酒。17种名、优质白酒自然统称白酒。

第三届评酒会是在1979年，当时国家的历史背景是以"经济建设为中心"，大力推动改革开放。原轻工业部对前两届评酒会的经验教训进行了总结，并从行业的实际出发，特别是在名、优质酒产量增加，质量提高，香型日渐明显，低度酒初露端倪，各地争优夺牌呼声很高的形势下，为了掌握具体情况，又组织若干工作组深入各地做了大量的调查研究。第三届评酒会前，在湖南长沙召开了名酒会议，广泛地征求了各省（市）意见。会议后抽调行业专家去昌平起草了第三届饮料酒评比办法。白酒部分由周恒刚老先生牵头，提出了评委由各地推荐，经过感官能力的考核，择优录取的办法，纠正了前两届多数评委的地方性、习惯性、个人爱好性的偏见。第三届评酒会对白酒品种第一次提出分香型、分糖化剂、分组进行评比。评比前用一周的时间反复讨论，逐字逐句地拟定了浓香、酱香、清香、米香和其他香型感官评语。当届评委提高了对不同香型白酒的色泽、香气、口味、风格、典型的深化认识，掌握了规范的感官评语。领导小组要求评委大公无私，站在消费者的立场上，以酒论酒，做到严肃认真、准确公正，按分进入初、中、终评，最后选出不同香型的国家名、优质白酒。第三届评酒会开创了白酒分香型的先河。

第四、五届评酒会在前三届的基础上又有了新发展。第四届评酒会评出名白酒13种，优质白酒27种，共计40种，占送样总量的27%，比第三届

▲1989年泸州老窖庆祝蝉联五届国家名酒称号，成浓香唯一

提高三个百分点。值得称颂的是，各地香型创立工作进入了一个全面展开的新阶段。特别是由于申报香型失误和要成立新香型的企业，地方领导非常重视，组织企业和科研部门联合作战，在产品特征、香气口味成分、主要成分的量比关系、多数香型较其他香型独有的微量成分等方面，相继都取得了可喜成果。这为香型成立提供了科学数据，为第四、五届评酒会举办奠定了可靠的基础。

第五届评酒会，各省（市）送样362种，是第四届评酒会的2.4倍。其中浓香型酒198种，占总数的54.7%；酱香型酒43种，占11.8%；米香型酒16种，占4.4%；其他香型酒54种，占17.6%。送样要求产品本身除是双优（部、省）外，每个产品单样提供100箱（一吨）。第五届评出名白酒17种，优质白酒53种，共70种，占送样总数的19.3%。历届评酒会，特别是第三届评酒会创立白酒香型，对推动白酒香型发展功不可没，使古老的民族传统白酒更加灿烂辉煌，让世界饮者倍加感到中国白酒的魅力。

三、法规、标准规范阶段

国家有关业务主管部门在发展白酒香型的同时，也在白酒规范化、标准化方面进行了一系列工作。

（1）1989年前后，对浓香型高、低度白酒，清香型白酒，米香型白酒制定了国家级标准。

（2）1989年国家颁布了GB/10344—89饮料酒标签标准，在5.11.3条款规定，白酒必须在标签上标注香型。

（3）1994年、1995年、1996年制定了凤香型白酒行业标准；豉香型、芝麻香型、特香型白酒相继制定了行业标准，2001年制定了兼香型白酒行业标准。

（4）1994年国家技术监督局颁布GB/T 15109—94白酒工业术语国家标准，对酱香型、浓香型、清香型、米香型、凤香型有了明确定义。

（5）1998年国家技术监督局颁布了GB/T 17204—1998饮料酒分类标准，明确了白酒酿制半固态法、液态法等工艺分类。

（6）20世纪90年代初，原轻工业部组织有关专家在陕西省西安市对白酒新香型制定了牵头企业产量及行业产量规模、香型的机理、独特工艺等六项原则，为成立新香型的工作铺平了道路。

（7）国家质量监督检验检疫总局根据国际传统产品原产地域保护的经验做法，发布了六号令。原产地域强制性标准的实施不仅保护了地域传统名优产品，而且使净化市场、打击假冒伪劣有了法制依据。原产地域产品标准较原来的产品标准，增加了地域范围内环境、酿造工艺特点、产品质量的特征等新标准内容。提高产品与世界接轨，与广大消费者当前和将来发展要求相适应的能力，是我国白酒香型发展的新趋势。

（8）2002年10月，黑龙江省质量技术监督局发布了DB23/T 308—2002《清爽型白酒》标准。该标准代替DB23/T 074—1996《营养型复制酒》标准。该标准采用了国际惯例的A、B分级方法，改变了产品优级、普级的模糊质量概念，确定了以液态精馏酒为主体，固、液结合，科学勾调的工艺。取消了添加营养物质的条文，卫生指标值降低了50%，符合国际标准要求。

该标准适用于浓香、清香、兼香三个香型的白酒，为目前企业的实际、市场的规范、香型前景发展带了个好头，一年多来地方的执行情况良好。为国家正在修订白酒标准提供了参考。我认为，这个标准一是提倡白酒行业向市场要求的清爽型发展，二是勾调酒的理化指标都有规范的上下线标准，三是卫生指标值比其他白酒产品降低一半以上。随着人们健康理念的提高，产品定会受到广大消费者欢迎。

四、科学技术进步促进深化香型发展阶段

科技是生产力，创新发展是第一要务。中国传统白酒香型的诞生和不断的发展，也促使我们不断思考研究白酒香型成分是什么，他们的物质基础是什么，他们的动力和发酵机理是什么，进而促使传统的白酒生产从经验型管理走向科学技术管理。故白酒香型是科技进步的结晶。

（一）全国性历次试点，深化了对白酒香型的认识

茅台试点在香气成分剖析、普查工艺的基础上肯定了六项操作。其中提出，茅台酒体是由酱香、醇甜、窖底香三种典型体构成，不仅对当时试

点勾调和香味成分剖析创造了极为有力的条件，也为后来全国的白酒香型确定奠定了思想技术基础。再如泸州老窖试点对微生物进行查定，分离出梭状芽孢杆菌，经过大量的试验鉴定，揭开"老窖"的奥妙，指出微生物参与发酵是传统多种香型白酒的原动力。汾酒试点针对清香型白酒化学成分是什么的"谜"，在试验过程中，通过剖析认定汾酒主体香是以乙酸乙酯为主的复合香。

中国白酒历次的大型试点按着试点的课题不同，在诸如产品质量、酿酒工艺、微生物选育、窖池材质结构、储存容器材质与结构大小等方面都取得了很好的成果。有人说中国白酒的技术进步是靠试点起家的，这话符合行业实际。

（二）分析检验方法的进步，推动了白酒香型的发展

众所周知，解放初期白酒行业制酒靠的是酒师"手抓、鼻子闻、一捧"的古老传统经验进行操作。到1955年烟台操作法试点，才开始采用温度表测温度，计量出入池的淀粉、糖分、水分、酸度、酒精分，比较科学地指导工艺操作。成品酒的研究除了酒精度外，限于总酸、总酯。20世纪60年代以后，科研单位、大专院校参与指导的气相色谱开始在白酒成品分析上应用。20世纪70年代中期，内蒙古轻工科研所成功把气相色谱法运用到检测白酒中的酸类及醇、醛、酯类试验中，突破了白酒成品总酸、总酯的界线。白酒检测手段和技术方法的发展，也是推动白酒勾调技术发展的动力。

（三）勾调是白酒香型特征稳定的主要技术措施

白酒生产原料有单粮（高粱）和多粮的不同，糖化发酵剂也有纯种和多微培养的不同；培养温度又有低、中、高之分；发酵池（窖）有水泥、红砖、木材、条石、陶坛、泥窖等多种；贮存容器有小有大、材质不同；制酒工艺方法各有千秋，有续糟法、清烧清蒸法等。由于中国白酒的原材料、工艺、设备、贮存期不同，所产的原酒各具风格。因此，勾调是把住成品酒质量关的最后一道主要工艺。目前对于白酒勾调，有人说七分技术三分艺术，这三分艺术是指经验的技巧，白酒勾调是白酒技术进步的表现。由于行业宣传不到位，有些消费者将白酒勾调视为假冒伪劣，这是误解。我认为最悲哀的是行业内有些人士，不去正面解释勾调含义，却硬着头皮说："我们的酒是纯粮酿造的，不勾不调。"试问，你的酒是高档优质品吗？你的酒能有特征稳定的香型吗？我赞成沈怡方先生指出的传统工艺生产的名、优质白酒，不存在"同质化"的问题。

五、对白酒香型发展的看法

白酒香型、风格、流派、特征，必将随着社会发展、科学技术进步、消费者的需求，与时同行。近期国家将对原各种香型白酒标准进行修订，使标准适应新形势的需要。中国酿酒工业协会白酒专业委员会也组织有关专家，对当前香型发展和新产品层出不穷的实际进行研讨。就我参与的几次会议，多数专家认为，在香型上应倾向"少香型、多流派、有个性"的方向。具体在个性上提出"淡化香气、强化口味、突出个性、功能独特"，富有科技含量高的内涵。

（原载《酿酒》2003年第6期）

品评与心理

文 / 高月明　栗永清

　　白酒感官指标的检验是通过人的眼、鼻、嘴等感觉器官来完成的。这些器官的灵敏度及工作状态，除受到环境、时间、工作程序及工作量等众多因素影响外，还有一个很重要的影响因素，就是心理活动的影响。这一点已被国内外专家学者所认识。本文就有关品评与心理的关系做一初步的探讨，希望得到专家及同行的指正。

一、感官品评的基本机理

　　白酒的色、香、味、风格四项感官指标是通过有一定专业品评知识和经验的各级评委们来完成的。具体地说，就是靠评委的视觉、嗅觉、味觉器官来完成。对视觉、嗅觉、味觉器官能够观色、闻香、尝味的机理现已研究得比较清楚。

（一）视觉

人是通过眼睛来对酒的颜色、清澈程度、有无悬浮物和有无沉淀物做出判断。一般来说，一个视觉正常的人，在光照正常的情况下，都会对白酒的颜色指标所包含的内容做出正确的判断。这里有两点新情况希望能引起白酒评委们的注意：一是近年来我国低度白酒、超低度白酒（30%vol以下）的品种、产量越来越多，观察这类酒的颜色时应仔细，要认真比较后才能做出正确判断。二是新制定的感官标准中，对某些香型酒的颜色要求有放宽的趋势。如浓香型酒、酱香型酒、兼香型酒都允许微有黄色。我们一定要按新的标准来衡量这些酒。

（二）嗅觉

人的嗅觉部分位于鼻黏膜的深处，称为嗅膜（又称嗅斑）。嗅膜上有呈杆状的嗅细胞，一端在嗅膜表面，附有黏膜的分泌液；另一端为嗅球部分，与神经细胞相连。当有气味的分子接触到嗅膜后被溶于嗅腺分泌液中，使嗅细胞的部分电荷发生改变，产生电流，从而使神经末梢接受刺激而产生兴奋，通过传导到大脑，便发生嗅觉。进入鼻腔的有气味的物质分子有两个渠道：一是从鼻腔直接吸入。把头稍低下，把被嗅物放在鼻下，让气味自下而上进入鼻腔，使气味分子与嗅膜接触增多，有加强嗅觉的作用。二是从口腔进入。当酒从口里下咽时，便发生有力的呼气动作，使带有气味的分子空气由鼻咽急速向鼻腔推进，这时对气味的感觉特别明显。所谓回味也是由此产生的。为此，任何一个评委，嗅觉再灵敏也要靠品尝与闻香相结合的方式来做出最正确的气味判断。嗅觉有以下三个明显特点：（1）嗅觉很灵敏。在50mL的空气中含有2.88×10^{-4}g的乙醇，就能被人嗅出。（2）嗅觉很容易疲劳。对某一种气味嗅得稍久些，就会迟钝不灵。这叫作有时限的嗅觉缺损。但对某种气味迟钝后对其他气味的灵敏度仍保持不变。所以，品评白酒时应将不同香型酒穿插安排轮次。（3）嗅觉敏感性一般随年龄增长而衰减。20岁到70岁间，每22年衰减1/2。这就意味着64岁的人比20岁的人平均需高约4倍的某一气味浓度才能觉察出该气味。

（三）味觉

味觉是由舌产生。舌表面上分布着不同形状的味觉乳头，味觉乳头四周存在着许多味蕾，每一个味蕾又含有几个味觉受纳器细胞，每个细胞又有许多伸延的微绒毛，微绒毛增大了味细胞的感觉面。味蕾里边的味细胞与神经纤维相连，神经纤维连成小束通入大脑细胞。当有味的物质溶液由味孔进入味蕾，刺激味觉细胞使神经兴奋，传到大脑，经过味觉中枢的分析就产生了味觉。味觉也有两个特性：（1）舌的部位不同产生味觉的灵敏度和时间不同。舌尖最灵敏，反应迅速，消失也快；舌的后部味感来得慢，但时间较持久。所以尝酒时应迅速把酒液布满全舌是有一定道理的。（2）味觉容易疲劳也容易恢复。长时间不间断地品酒会使味觉失去知觉。为此，品酒时，每轮要有一定的间歇时间，每进行几天后要休息一天，这些对味觉恢复很有利。配备一定的佐餐食品，也是恢复味觉的有效办法。

二、有关心理的基本概念

（一）脑是心理的器官

人脑是以特殊方式组织起来的物质。它位于颅腔内，分大脑、间脑、脑干和小脑四部分，各有机能。大脑由左右两半球组成，其间由神经纤维构成的胼胝体相连。大脑半球的表层平均厚2.5mm，是神经细胞体集中的地方，呈灰色，故称灰质，一般称大脑皮质或大脑皮层。大脑皮层的神经细胞有140多亿个。它们大小不同，形状各异，机能也不完全一样。大脑皮层是中枢神经系统的最高部位，调节全身各个器官的活动，执行着极其复杂的机能，所以叫高级神经中枢。高级神经中枢是人类行为的最高调节器，在人的一切活动中起主导作用，人的心理活动就是在这里进行的。

（二）心理是脑的机能

心理学研究认为，脑的活动方式是反射。反射是有机体通过神经系统对体外刺激物所做的有规律的反应。人的各种行为从简单的个别动作，到复杂的行为活动，都是脑的反射活动。反射分为两种，一种是无条件反射，如吃东西的时候分泌唾液，这种反射是先天遗传得来的。另一种是条件反射，是人类通过后天学习与训练，从积累的知识和经验中得来的，如吃过梅的人，见到听到梅子，口中就会分泌唾液，"望梅止渴""谈虎色变"都是条件反射极其生动形象的例证。

（三）人的心理是客观现实的反映

从人的心理源泉和内容看，它是客观现实的反映。所谓客观现实是指独立于人的心理之外的，不依赖人的心理而存在的一切事物，它包括自然界和人类社会。人的心理以现实为源泉，同时又是主观与客观的统一。反映在人的头脑里的客观现实，不是事物的本身，只是事物的映象，这种映象的内容是客观的，但表现形式是主观的，要受到每个人的年龄、经验、学识、性格等因素的影响。这段话的意思是说，我们对每个香味物质做出的判断，不一定都是该物质的本来面目，它带进了我们每个人的主观色彩。所以，尽量克服主观偏见，使主观趋向一致是每个品评家追求的目标。

三、品评与心理的关系

通过上面的叙述，大家不难看出品评与心理有着密切的关系。多年的品评实践也证明，品评效果如何与评委的心理状态关系很大。为此，从多个方面来分析研究品评与心理的关系，就显得很有必要。

（一）环境与心理

环境条件会对心理活动产生重要的影响，其中突出的有：（1）光照。波长400～760mm的电磁波是可见光。这段光谱综合作用于机体的高级神经系统，能提高视觉的功能和代谢的功能，有平衡兴奋与镇静的作用，能提高情绪和工作效率。（2）阴离子。空气中的气体分子一般呈中性，受到外界理化分子的强烈作用，会形成阳离子或阴离子。阴离子在一定浓度下，能使机体镇静、降低血压、增进食欲、增强注意力及提高工作效率；相反，阳离子有许多不良作用。（3）噪声。噪声在30～40分贝是比较安静正常的环境。超过50分贝对睡眠和休息有影响；超过70分贝会干扰谈话，造成精神不集中、心烦意乱、影响工作。（4）温度和湿度。温度直接影响到香味物质被人感知的程度。如舌温在60℃以上和0℃以下不再有味觉，又如，5℃时果糖甜于蔗糖，60℃时蔗糖甜于果糖。空气湿度一般与气压有关，而气压影响到机体味组织的疏松和压缩，所以低气压下味感灵敏，高气压下味感迟钝。另外温度适宜，湿度相当，会使人感到温馨、安详、心情放松，使各种感觉器官处于最灵敏的状态。

综上所述，对品酒环境的选择应考虑到使评委身心得到最大放松，产生的正效应多，负效应少。品酒的最佳环境标准是照度100lx；空气中的阳阴离子的比值小于50；噪声，白天40分贝，晚间35分贝；温度冬季不低于18℃，夏季不高于30℃，相对湿度40%～70%，风速0.10～0.50m/s。

（二）香味与心理

在研究香味由大脑做出判断的机理方面目前已有以下结论：视觉和听觉的信号是由代表理性和智力的高级神经承担，由大脑的"新皮质"来执行，而嗅觉的信号是由反映本能和感情的"老皮质"来执行。这表示，视觉是理性智力等高级神经信息源，而嗅觉是性欲、食欲等本能信息源。从这两个不同的来源来看，香味物质与心理的关系更显复杂和微妙。

1. 香味可引起人的感情变化

研究测试表明，人接触某种香味时，可使脑波发生变化，主要是右脑，也叫感情脑引起变化，进而产生感情的变化。如闻到烫酒和炒菜的混合香气，会使你高兴得急于进餐；闻到成熟的威士忌香味，使人有松弛的感觉。有人主张晚上慢慢喝酒，或在火车上慢慢喝酒不易醉；有人体验到高兴时多喝几杯酒也不醉，这些都证明酒的香味与人的感情关系很大。

2. 不同香味对人体有不同作用

香味对脑细胞有作用，脑细胞还受到自律神经的影响。所以有人实验，当闻到茉莉花香味时，支配身体活动的交感神经呈活动状态，使人兴奋；闻到春黄菊时，交感神经呈迟缓状态，使人郁闷。有人说动物性香味一般有兴奋作用，森林的香味一般有镇静作用，这可能是人类喜欢吃肉、喜爱郊游的原因。

3. 香味与记忆关系密切

首先，香味可引起记忆。提到柠檬，见过吃过的人就会想起它的球形、橘黄色、酸味等特征，像这样不需要其他线索，直接可在脑中浮现出事物对象的叫作记忆的再生。对日本50名大学生的调查表明，他们对咖啡和米饭等与日常生活密切相关的香味记忆力强。其次，香味记忆不易消失。有人做过两个实验，第一次只出示物品的颜色让人记忆，第二次只出示物品的香味让人记忆。两者比较，视觉记忆准确率为99.7%，而嗅觉记忆的准确率为70%以下。但过了一年，再进行类似实验，视觉准确率急剧下降，而嗅觉准确率只下降了3.5%，从这个结果看，香味的再认是比较容易的。再次，香味记忆有其方法。其一是多接触。人的记忆库就像一个装满了书的书架，而且进行了分类摆放，常用的放在外头，不常用的放在里面，靠记忆强度来决定提取每种书的速度。这个例子说明香味记忆的强弱与接触香味的次数、时间有关，要想记住某种香味，就得多接触。其二是相似参照。香味除反复接触记忆外，也可先限定该香味与过去记忆中的某种香味相似来帮助加深记忆。最后，香味记忆具有鲜明性，如偏爱性。接触、记忆香味时，时常引起愉快、不愉快的感情变化，就是说记忆香味时往往带有一定的感情色彩。这种感情色彩叫作鲜明记忆。如江淮一带纯浓香型酒甜蜜似的香气给人以快感，尝过一

次就不会忘记。这些记忆都带有感情色彩。对某种香味感情色彩过浓也会产生偏爱心理。由于受地域、饮食习惯等因素的影响，不同地区的人对不同香型白酒的喜爱程度是不一样的。四川人喜欢麻辣口味，所以偏爱香味大的浓香型酒；东北气候寒冷，大多数人偏爱酒度偏高的清香型白酒。做为国家级评酒员应努力克服本地区饮酒习惯对本人的影响，多接触全国各类型酒，并加深对这些酒香味的记忆。同时，主管部门在选择评委时，也要考虑不同区域的代表性，不同香型厂家的代表性，不同职务、年龄的代表性。日本国家级清酒评委的构成结构值得我国借鉴：总数36名，研究所11名，占30%；国税厅（主管部门）20名，占55%；工厂5名，占15%。

（三）工作程序与心理

白酒品评工作程序的安排应以保持评委感觉器官灵敏、心情舒畅轻松为原则，做到科学有律。其中有几条规定应严格遵守：（1）每天品评轮次最多不应多于6轮。（2）每天间歇时间最少不低于30分钟。（3）每轮最多不超过5个酒样。笔者曾做过统计，同一个酒样，在5杯轮次中评，得91.8分；又在6杯轮次中评，只得91.3分，相差0.5分。这就是6杯排序给打分造成的误差。（4）连续品评同一香型三轮之后，应穿插1～2轮其他香型酒，避免长时间品评同一香型酒造成的灵敏度下降。

（四）干扰与心理

大脑对香味进行判断时极易受到外界信号的干扰。品评中常遇到的干扰有：（1）题目的干扰。每轮的题目一定要清晰、明确，否则就会产生干扰。如同一香型轮次中加入另一香型一杯，如不说明，这杯酒将由于评委心理干扰而降低得分。（2）提示的干扰。有时题目写得不清，评委提问，主持人提示也会产生干扰。如某一轮评酒中，主持人提示有名酒，结果这一轮平均得分高出1.2分。（3）邻近人员自言自语的干扰。个别评委遇到酒特别好时或特别坏时，情不自禁对该酒发出评论。这种评论对周围的人干扰很大，往往会影响到其他听到者的打分。（4）交卷后室外议论的干扰。有时交卷后的人员离评酒室很近，议论声又大，这对未交卷的人影响最大。一般后改的卷子大多数受到这段时间的这种干扰。

（五）压力与心理

整个品评过程中，评委的心情应始终保持轻松、愉快的状态。但由于某些原因，部分评委会产生很大压力，这种压力会大大改变评委的心理状态，使品评结果产生极大的误差。其中突出的事例是遇到本厂或本地区产品参评时，总想给予照顾，但大多数是事与愿违，往往搞错。对这个问题光靠说教是不能彻底解决的，应在评比方法上做些改进。其中，最得力的措施就是采取回避制，即遇到有本厂或本地区酒样出现的轮次，该厂该地区评委的打分不做统计。如果事先公布了这条规定，就会减轻评委的压力，使评比结果更准确。采取回避制，每组评委的人数应适当增加，以扣除后实际统计名额不低于20名为好。

（六）心理状态与品评训练

人的知觉能力是生来就有的，但人的判断能力是靠后天训练而提高的。由于经常接触各种香味物质，刺激了感知香味的脑中的"新皮质"，使其工作时处于最佳状态，久而久之也促进了人类认识香味机能的提高。

对于一位已入选为国家级的评委来说，感觉器官灵敏度的训练不是主要内容，训练的主要内容应是以下两大方面：第一，加深对各类酒的认识，尤其是新出现的香型及类别酒的认识。这一要靠个人努力，不断主动地接触、品尝各类新酒；二要靠主管部门定期举行全国性的品评活动，及时将各类新产品提供给评委品评。第二，加强心理素质方面的训练。注意克服偏爱心理、猜测心理、不公正心理及老习惯心理，注意培养轻松、和谐、坚定的心理状态。努力做到不因心理状态不佳而影响品评结果。一般来说，老评委的心理状态相对比较稳定，而且品评经验丰富，对某些酒的记忆力较强。所以评酒队伍中老评委应占有一定比例，以不低于2/3为好。但老评委随着年龄增长，感官灵敏度下降，所以每次评委换届应有一定比例的新的年轻评委加入，其比例保持在1/3左右为好。

品评与心理的关系已引起国外同行的重视，已有若干论文发表。中国各类酒的评委们也应对这一新领域的新知识加深了解和认识，结合我国的实际，把这方面的研究工作开展起来。

（原载《酿酒》1995年第5期）

历届国家评酒会召开的时间、地点和评选出的名酒、优质酒

文／高月明

第一届全国评酒会是在北京进行的。在103种各类酒样中，推选出国内外颇负盛名的八大名酒（白酒四种：茅台酒、泸州老窖大曲酒、汾酒、西凤酒，黄酒一种：绍兴加饭酒，葡萄酒、果露酒三种：烟台玫瑰香红葡萄酒、金奖白兰地、烟台味美思酒）。

▲20世纪50年代，香港五丰行"中国名酒"海报

第二届全国评酒会，由轻工业部主持，于1963年10月在北京召开。从全国27个省、市、自治区的196种各类酒样中，由白、啤、果、黄4个组36名评委推荐并公布的国家名酒为18种，国家优质酒为27种。

18种名酒是五粮液（四川宜宾）、古井贡酒（安徽亳县）、泸州老窖特曲酒（四川泸州）、全兴大曲酒（四川成都）、茅台酒（贵州仁怀）、西凤酒（陕西凤翔）、汾酒（山西杏花村）、董酒（贵州遵义）；绍兴加饭酒（浙江绍兴）、沉缸酒（福建龙岩）；白葡萄酒（山东青岛）、味美思酒（山东烟台）、玫瑰香红葡萄酒（山东烟台）、夜光杯中国红葡萄酒（北京）；特制白兰地（北京）、金奖白兰地（山东烟台）；竹叶青（山西杏花村）；青岛啤酒（山东青岛）。

27种优质酒是双沟大曲酒（江苏泗洪）、龙滨酒（黑龙江哈尔滨）、德山大曲酒（湖南常德）、全州湘山酒（广西全州）、三花酒（广西桂林）、凌川白酒（辽宁锦州）、哈尔滨高粱糠白酒（黑龙江哈尔滨）、合肥薯干白酒（安徽合肥）、沧州薯干白酒（河北沧州）；福建老酒（福建福州）、寿生酒（浙江金华）、醇香酒（江苏苏州）、大连黄酒（辽宁大连）、即墨老酒（山东即墨）；长白山葡萄酒（吉林新站）、通化葡萄酒（吉林通化）、中华牌桂花酒（北京）、民权红葡萄酒（河南民权）、山楂酒（辽宁沈阳）、渠县广柑酒（四川渠县）、香梅酒（黑龙江一面坡）、中国熊岳苹果酒（辽宁盖平）、五加皮（广东广州）、荔枝酒（福建漳州）；特制五星啤酒（北京）、特制北京啤酒（北京）、14度上海啤酒（上海）。

第三届全国评酒会是1979年在大连召开的，由轻工业部主持，各省（市）区共推荐各种酒样313种，由考核录取的65名评委分4个专业组品评推荐18种名酒、47种优质酒，比第二届评出的名、优酒数增加44.4%。

18种全国名酒是茅台酒、汾酒、五粮液、剑南春、古井贡酒、洋河大曲酒、董酒、泸州老窖特曲酒；烟台红葡萄酒（甜）、中国红葡萄酒（甜）、沙城白葡萄酒（干）、民权白葡萄酒（甜）、烟台味美思；烟台金奖白兰地；山西竹叶青；绍兴加饭酒、龙岩沉缸酒；青岛啤酒。

47种优质酒是西凤酒、宝丰酒、古蔺郎酒、常德武陵酒、双沟大曲酒、淮北口子酒、邯郸丛台酒、松滋白云边、全州湘山酒、桂林三花酒、五华长乐烧、廊坊迎春酒、祁县六曲香、哈尔滨高粱糠白酒、三河燕潮酩、金州曲酒、双沟低度大曲酒（39%vol）、坊子白酒；北京干白葡萄酒、民权干红葡萄酒、沙城白葡萄酒（半干）、丰县白葡萄酒（半干）、青岛白葡萄酒（甜）、长白山葡萄酒、通化人参葡萄酒、北京桂花陈、沈阳山楂酒、熊岳苹果酒、渠县红桔酒、一面坡紫梅酒、吉林五味子酒、广州五加皮、北京莲花白；即墨老酒、绍兴善酿、无锡惠泉酒、福建老酒、丹阳封缸酒、兴宁珍珠红、连江元红、大连黄酒、绍兴元红、南平茉莉青、九江封缸酒；沈阳雪花啤酒、北京特制啤酒、上海海鸥啤酒。

第四届全国评酒会由国家食品工业协会主持，是按照酒类专业组分期召开的。

1983年6月在连云港市评选了葡萄酒和黄酒。由各地推荐的评委评选推荐出葡萄酒名酒5种、优质酒10种；黄酒评选出名酒2种、优质酒5种。

1984年5月在太原评选了白酒。由考试录取的34名评委对各地推荐的省、部双优148种白酒进行了评选，最终选评出国家名酒13种、国家优质酒27种，共计40种。

1985年5月在青岛对啤酒、果酒、配制酒进行了评比，经过考核择优录取的啤、果、露3个组评委评选出啤酒国家名酒3种、优质酒3种，配制酒国家名酒3种、国家优质酒8种；果酒国家优质酒11种。

第四届国家分三期总共评选出国家名酒26种、国家优质酒64种，共计90种。比第三届名、优质酒总数增加了38.4%。

第四届获金、银质奖章的产品名称、牌号及生产单位如下。

1. 获金奖的国家名酒

啤酒类：青岛啤酒厂生产的青岛牌青岛啤酒，北京啤酒厂生产的丰收牌北京特制啤酒，上海啤酒厂生产的天鹅牌12度特制上海啤酒。

黄酒类：绍兴酿酒总厂生产的塔牌加饭酒，福建龙岩酒厂生产的新罗泉牌沉缸酒。

葡萄酒类：烟台张裕葡萄酿酒公司生产的葵花牌烟台红葡萄酒，北京东郊葡萄酒厂生产的丰收牌中国红葡萄酒，烟台张裕葡萄酿酒公司生产的葵花牌烟台味美思，河北沙城中国长城葡萄酒有限公司生产的长城牌干白葡萄酒，天津中法合营葡萄酒有限公司生产的王朝牌半干白葡萄酒。

配制酒类：烟台张裕葡萄酿酒公司生产的葵花牌金奖白兰地，山西杏花村汾酒厂生产的古井亭牌竹叶青酒，湖北园林青酒厂生产的园林青牌园林青酒。

白酒类：贵州茅台酒厂生产的飞天牌茅台酒，四川泸州曲酒厂生产的泸州牌泸州老窖特曲酒，山西杏花村汾酒厂生产的古井亭牌汾酒，四川宜宾五粮液酒厂生产的五粮液牌五粮液酒，江苏洋河酒厂生产的羊禾牌洋河大曲酒，四川绵竹酒厂生产的剑南春牌剑南春酒，安徽古井贡酒厂生产的古井牌古井贡酒，贵州董酒厂生产的董牌董酒，陕西西凤酒厂生产的西凤牌西凤酒，四川成都酒厂生产的全兴牌全兴大曲酒，江苏双沟酒厂生产的双沟牌双沟大曲酒，武汉酒厂生产的黄鹤楼牌特制黄鹤楼酒，四川郎酒厂生产的郎泉牌郎酒。

2. 获银奖的国家优质酒

啤酒类：杭州啤酒厂生产的西湖牌特制西湖啤酒，上海华光啤酒厂生产的上海牌12度上海啤酒，上海啤酒厂生产的天鹅牌普通上海啤酒，沈阳啤酒厂生产的雪花牌雪花啤酒，北京双合盛五星啤酒厂生产的五星牌五星啤酒。

黄酒类：上海枫泾酒厂生产的金枫牌特加饭黄酒，福州市第一酒厂生产的鼓山牌福建老酒，绍兴酿酒总厂生产的古越龙山牌绍兴元红酒，大连酒厂生产的辽海牌黄酒，江苏丹阳酒厂生产的丹阳牌封缸酒。

葡萄酒类：北京葡萄酒厂生产的丰收牌桂花陈酒，青岛葡萄酒厂生产的葵花牌青岛白葡萄酒，通化葡萄酒公司生产的红梅牌中国通化葡萄酒，吉林长白山葡萄酒厂生产的长白山牌长白山葡萄酒，河南民权葡萄酒厂生产的长城牌白葡萄酒，江苏丰县葡萄酒厂生产的奖杯牌半干白葡萄酒，民权葡萄酒厂生产的长城牌半干红葡萄酒，安徽萧县葡萄酒罐头联合公司生产的双喜牌干白葡萄酒，连云港市葡萄酒厂生产的花果山牌金梅牌半干白葡萄酒，天津市果酒厂生产的风船牌天津陈酿酒。

果酒类：黑龙江尚志一面坡葡萄酒厂生产的红梅牌紫梅酒和香梅酒，长白山葡萄酒厂生产的向阳牌五味子酒，沈阳酿酒厂生产的三杯牌山楂酒，连云港葡萄酒厂生产的花果山牌山楂酒，大连龙泉酒厂生产的龙泉牌山枣蜜酒，辽宁熊岳果酒厂生产的红梅牌中国熊岳苹果酒，四川万县地区果酒厂生产的双鱼牌中国橙酒，四川渠江果酒厂生产的渠江牌优质红桔酒，四川灌县茅梨酒厂生产的都江堰牌中华猕猴桃酒，牙克石酿酒厂生产的兴安岭牌特制红豆酒。

配制酒类：北京葡萄酒厂生产的丰收牌莲花白酒，天津市果酒厂生产的嘉宾牌嘉宾酒，山西杏花村汾酒厂生产的古井亭牌玫瑰汾酒，天津外贸食品加工厂生产的金星牌玫瑰露酒，长春市春城酿酒厂生产的红梅牌参茸灵酒，通化葡萄酒公司生产的向阳牌人参露酒，张裕葡萄酿酒公司生产的中亚牌至宝三鞭酒。

白酒类：湖南常德武陵酒厂生产的武陵牌武陵酒，黑龙江哈尔滨龙滨酒厂生产的龙滨牌特酿龙滨酒，河南宝丰酒厂生产的宝丰牌宝丰酒，四川宜宾市曲酒厂生产的叙府牌叙府大曲酒，湖南德山大曲酒厂生产的德山牌德山大曲酒，湖南浏阳县酒厂生产的浏阳河牌浏阳河小曲酒，广西全州湘山酒厂生产的湘山牌湘山酒，广西桂林饮料厂生产的象山牌桂林三花酒，江苏双沟酒厂生产的双沟牌双沟特液（低度），江苏洋河酒厂生产的羊禾牌低度洋河大曲酒，天津酿酒厂生产的津牌津酒（低度），河南张弓酒厂生产的张弓牌张弓大曲酒（低度），河北廊坊市酿酒厂生产的迎春牌迎春酒，辽宁凌川酒厂生产的凌川牌凌川白酒，辽宁大连酒厂生产的辽海牌老窖酒，山西祁县酒厂生产的六曲香酒，辽宁朝阳酒厂生产的凌塔牌凌塔白酒，黑龙江哈尔滨白酒厂生产的胜洪牌老白干酒，吉林辽源市龙泉酒厂生产的龙泉春牌龙泉春，内蒙古赤峰制酒厂生产的向阳牌陈曲酒，河北三河县燕郊酒厂生产的燕潮酩牌燕潮酩酒，辽宁金州酒厂生产的金州牌金州曲酒，湖北松滋白云边酒厂生产的白云边牌白云边酒，湖北宜昌市酒厂生产的西陵峡牌西陵特曲酒，黑龙江阿城县玉泉酒厂生产的红梅牌中国玉泉酒，广东石湾酒厂生产的珠江桥牌豉味玉冰烧，山东坊子酒厂生产的坊子牌坊子白酒。

（原载《酿酒》1987年第1期）

曾祖训

ZENG
ZUXUN

泸州老窖是大国浓香的担当者

文 / 温佳璐

"你喜欢黄桷兰还是茉莉花的香味？"对方突然饶有兴致地询问我。我不假思索地答道："茉莉花。"

"很多人都喜欢茉莉花"，对方仿佛预知我的回答似的，笑着解释道："为什么？因为茉莉花的花香幽雅，不似黄桷兰那般香艳。我们中国的白酒也是这般道理。"他进而指出："在我看来，泸州老窖酒的香气就很雅致，符合现代发展的潮流趋势。"

在他看来，中国白酒已有几千年的历史，以粮谷为主要原料，利用经驯养的天然微生物，经固态发酵、蒸馏而成，多达千种香味成分，是风格独特、工艺独有的蒸馏酒，具有通自然、通文化、通政史、通朋友、通身心等属性，并具有包容和谐等时代特征。

眼前同我说话的这位老人是中国著名白酒专家、四川省酿酒协会专家组组长曾祖训，耄耋之年的他依然耳聪目明、身体硬朗，只要谈起白酒便打开了话匣。笔者只是在采访开始前抛出一个极其微小的问题，曾老先生便由此及彼，由此山见那山，滔滔不绝，其精神劲头令二十岁出头的笔者也倍感叹服。

▲曾祖训先生年轻时

▲2000年，曾祖训先生等白酒专家联名题写下"浓香正宗受之无愧，国窖主人当仁不让"的墨宝

影响浓香型白酒香味浓厚的因素：老窖池

1953年，青年才俊曾祖训从四川化工学院毕业后，便只身离开家乡四川来到千里之外的塞北之地——呼伦贝尔，从这里开启自己的科研之路。在内蒙古轻工科研所工作的这段时间里，曾祖训做了许多与食品相关联的工作。在白酒方面，曾祖训发明了"点滴测试法"，成为创建白酒色谱分析法的领先者，并被业内亲切地称为"白酒分析检测方法的鼻祖"。

色谱技术目前已经成为白酒分析检测行业应用最为广泛、作用最大的一种方法。但在20世纪50年代，白酒分析技术尚且落后，上级单位轻工业部便交给曾祖训破译白酒香味成分的工作。用什么方法完成实验呢？绞尽脑汁的曾祖训把目光投向了所里那台因受特殊政策照顾而拥有的、当时国内引进的第二台英国进口气相色谱仪。

为了分析白酒香味成分，全国各大酒厂的白酒都往这送。据曾老先生回忆，泸州老窖送来的是"工农牌"

▲20世纪绝版老酒——泸州老窖"工农牌"特曲

特曲——黄色的标签蓝色的花边。不过当时对白酒香气成分研究不够深入，大家知道浓香型白酒的主体香是己酸乙酯，却仅仅认为其含量是越高越好，实则不然。他对泸州老窖送来的酒样进行分析后发现，其己酸乙酯含量在所有浓香型白酒中处于中间位置，可是泸州老窖闻起来却比其他酒都香，"一间屋子里只要倒上了一杯泸州老窖酒，整间屋子便充盈香味"。

曾老先生说他们后来考证认为，这是由于几百年老窖池所饱含的独特成分令泸州老窖酒放香独特，芳香无比，"以此证明了并不是己酸乙酯含

▲1989年，酒界专家周恒刚先生、曾祖训先生（左一）、沈怡方先生等一行莅临泸州老窖指导，在泸州老窖检验中心留影

量越高就越好，造成浓香型香味浓厚有多个方面的因素，泸州老窖的老窖池就是其中原因之一"。

离开了泸州便酿不出泸州老窖

新中国成立以来，国家一共举办了五届全国评酒会，这是中国白酒界普遍认同、最具权威性的评比。而评酒会评选出的名酒，迄今仍是国人心目中好酒的代表。1984年，曾祖训从内蒙古轻工所调到四川省酒类科研所，专职做白酒技术研究工作。作为第五届评酒会的六名专家之一，他回忆起1989年第五届评酒会时的情景：当时评选分为两个部分，一是对新参选名酒进行评比，二是对过去的名酒进行复查。

泸州老窖作为老名酒成功通过了第五届评审专家组复查，并由此成为唯一蝉联五届国家名酒的浓香型白酒。根据相关资料显示，从第一届评酒会到第五届评酒会，浓香型白酒所占比例逐年攀升。时至今日，浓香型白酒在全国遍地开花，占到了全国白酒市场75%以上的份额。

在曾老先生看来，泸州老窖为浓香型白酒在全国的发展奠定了无可撼动的基础，以至对中国白酒走向世界都有着极大贡献：第一，是浓香型白酒的创始酒厂，在70年代以前，浓香型白酒还称"泸型酒"，是通过在泸州老窖试点才揭露了浓香型白酒的典型香气成分；第二，传承并发展浓香型白酒生产工艺，成功培育出人工老窖泥，培养酒曲，创立勾调技术等；第三，在全国各地培训开班，大力培养酒业人才。

"老窖人对此做出了无私的奉献"，曾老先生补充道，在泸州老窖的带动下，浓香型白酒在全国开枝散叶。但四川以外的地方，酒的风格却与四川所酿之酒截然不同。比如，那时内蒙古酒厂前来学习，即便掌握了技术回去也难以成功，因为内蒙古没有四川这样的气候条件。酿酒讲究天地人和，天地是指生态，人和是讲操作。而四川的浓香型白酒也细分出了许多流派，评酒员通过品尝都能清楚辨别出这些酒的产地，泸州、宜宾或绵竹等。酿酒与生态环境休戚相关，离开了泸州便酿不出泸州老窖这样的美酒。

"我很关注泸州老窖酒的口感，记得有次在江船上吃饭喝的正是国窖1573，品尝后令我印象极为深刻。她给我最大的感觉是圆润，喝到嘴里是能觉出是一个整体"，当谈及对泸州老窖的看法，曾老先生不由得竖起大

▲2014年4月，曾祖训先生（右二）赴泸州参加赖高淮先生从业60周年庆典

拇指夸赞道，"与别的酒不同，泸州老窖是群众喝出来的名白酒。现在浓香型白酒能占据中国白酒市场半壁江山，可以说泸州老窖功不可没。泸州老窖现在发展很快，成了全国著名乃至世界闻名的骨干酿酒企业。泸州老窖可谓是大国浓香的担当者！"

后 记

岁月不居，时节如流。笔者此前通过公司数字档案，查找到几张曾老先生莅临公司指导工作的照片，此次采访前便打印了几张。曾老先生看见这些照片感慨道："你们还存有这个呀。"然后十分惊喜地辨认照片上的故友。在与白酒打交道的60余年时光中，曾老先生与泸州老窖有着难以名状的亲热。时至今日，他依旧心系着泸州老窖的发展。采访之中，曾老先生不时对公司的工艺技术、品牌营销建言献策。拥有上百年历史的泸州老窖就这样，在一代又一代人的关切与爱护下继续躬身实干，踏歌前行！

专家简介　曾祖训

　　1931年10月出生，四川资中县人。1953年毕业于四川化工学院。教授级高级工程师，历任四川省酒类科研所所长，国内贸易部酒类质检中心主任，四川省科技顾问团第二、三届顾问，第五届全国评酒会专家组专家，国家级评酒专家，现任中国食品工业协会白酒专业委员会常务理事、高级顾问，四川酿酒协会副会长、专家委员会主任。1992年被评为享受国务院政府特殊津贴专家。2004年被中国财贸轻纺烟草工会、中国酿酒工业协会授予全国酿酒行业特殊贡献奖。

　　1953年8月至1985年10月，分配至内蒙古工业部化验室，后成立内蒙古轻工科研所，担任质检站长、研究室主任、工程师，1982年晋升为高级工程师、内蒙古区白酒评委、区标准协会副理事长。

1985年10月至1993年2月，调入四川省酒类科研所任所长，国内贸易部酒类质检中心任主任，完成"川法小曲酒香型确定的研究"等项目，参加第五届全国评酒会专家组工作。

在科研方面，曾祖训先生主要从事轻化工产品的分析和分析方法的研究，获得省部级科技进步二等奖五项，三等奖两项。

20世纪50年代完成的"曲子糖化力实验报告""点滴法测定白酒的铅"等分析方法，为解决白酒生产质量问题起了重要作用。20世纪60年代研究出白酒中主要醇、酯、苄酯法测脂肪酸，高沸点成分等气相色谱系统分析方法，其中白酒醇、酯直接测定的DNP-吐温柱色谱法已被列为国家标准；1978年受轻工业部委托，举办全国名酒厂色谱分析培训班，为白酒行业推广气相色谱分析方法做出了重要贡献。

曾祖训先生先后在《化学世界》《食品学报》《发酵学报》《酿酒》《酿酒科技》等全国性的刊物上发表科技论文50余篇，对白酒行业的发展与科技进步提出了许多宝贵的意见；与沈尧绅合著《白酒气相色谱分析》，参加编写沈怡方主编的《白酒生产技术全书》、周恒刚主编的《50年白酒发展纪实》；所编写的《白酒评酒技术资料汇编》《白酒勾兑调味技术》《新型白酒勾调技术》等讲义，被全国10多个省市白酒行业培训班采用，为传播科技知识，培训人才，推动白酒行业的技术进步做出突出贡献。

曾祖训先生是川酒界最权威的专家。曾老认为，公众首先要消除对白酒认识的误区。中国白酒已有几千年的历史，是天然微生物固态发酵而成，其酿造、工艺和风味都独树一帜，是中华文明的活化石之一，也是健康安全的饮品之一。白酒是我们的民族记忆符号，具有通自然、通文化、通政史、通朋友、通身心等属性，并具有包容和谐等时代特征，所以大家不要唱衰白酒，白酒的未来仍然一片光明。

曾老勉励生产环节一定要坚守"工匠精神"，各个技术环节要做精，要将做精的精神传递给一线的酿酒师傅，让他们在泡粮、发酵、流酒等环节都要做精。

从第五届全国白酒评比会展望四川省浓香型白酒的发展 酒

文 / 曾祖训

作为全国白酒评委会专家组成员，我参加了1989年初在合肥举行的第五届全国白酒评比会。根据个人的了解和分析，对我省浓香型白酒的发展谈点意见，供读者和同行们参考。

一、川酒质量好，评比取得好成绩，但面临兄弟省发展快、富有竞争力的挑战

这次参评的全国样品有365个，其中浓香型大曲168个，占全国总数46%。四川参赛57个样品，除中低度郎酒、乐方茅酒、永川高粱酒等4个样品外，全部为浓香大曲。"五朵金花"等国家名优酒共17个进行复查确认。新参赛样40个，其中浓香型大曲有38个，进入决赛的12个全为浓香型

大曲，占我省新参赛样品的30%①。

　　上述情况说明：（1）我省因浓香型大曲酒质量好，是进入决赛样品数量最多的省，根据最近国家技术监督局公告的结果，除我省复查的金银牌全部被确认外，沱牌曲酒获得金奖，宝莲等6种酒获得银奖，我省总计有6朵金花16个品种、7朵银花10个品种，在全国评比中又一次夺冠。（2）从各省参赛样品数来看，四川占30%，略低于平均数，尽管评酒是单循环赛，有一定机遇，但还是能说明情况的，江苏、河南、贵州等省发展较快，我们不能坐井观天。（3）从全国看，无论从数量还是质量上，

---

　　① 编者按：此处数据原作31.6%，今更正。下同。

浓香型大曲酒都达到了相当高的程度；从群众消费习惯看，其他香型酒增长很快，相比之下，我省品种太单一，对今后发展不利。为节约粮食，指导正常消费，调整产品结构，控制生产规模是当务之急。

二、国家统一己酸乙酯含量标准，质量要求更高

这次评比，浓香型酒的己酸乙酯含量是按即将公布的国家标准〔高度酒为1.5～2.5克/升，低度酒（40%vol以下）为1.2～2.0克/升〕进行的，对质量的要求更高。

（1）以香为主的习惯在改变。酒中香味物质越多，不一定有利于人民健康。浓郁的香气是浓香型酒的基础，但更高的要求是放香好，香气纯正、幽雅，能给予人愉快的感觉，还强调醇厚、协调、净爽，发挥自身的风格特色。

（2）白酒质量的提高，必须是技术和管理水平的提高。近年来我省在微机勾兑、微机应用于质量管理、己酸菌和甲烷菌的应用、人工培窖技术的推广、工艺的综合管理、微控架式制曲、固定化酵母、酒糟利用等重大技术上，有突出的发展，但应看到外省白酒勾调和色谱技术发展很快，有人工培窖的"北斗计划"，建有专门培养窖泥的车间，有己酸菌固定化、生料发酵、新香型酒的研究等，我们要取长补短，不断提高。

（3）质量的竞争是人才的竞争。近年通过院校和各种专业培训，四川酿酒业有一支雄厚的勾调队伍。这次国家评委考试，四川一举考中10人，是最多的省。在色谱分析、工艺技术、全面质量管理等方面有一批人才，但也需要加大其知识面，通过酿酒应用基础的研究，来提高理论水平。值得重视的是名酒厂开始应用现代科技来改造传统工艺，注意发挥跨部门、多专业科技力量的协同攻关。

三、降度酒、低度酒发展快、品种多，取得了好成绩

这次评比除名优酒复查样有60%vol外，新参赛样全部为中度和低度酒，其中39%vol以下样品占34.4%，各种香型酒都有，产量不如中度酒多，但白酒低度化的趋势发展很快。

（1）随着世界饮酒兴趣的变化，人们普遍提高了对身心健康的重

视，生活观念也发生变化，饮低度酒是当今发展的潮流。生产低度酒，节约粮食，降低成本，更有现实意义。这方面沿海地区发展更快。

（2）低度酒的生产技术包括澄清和解决水味，办法很多。特别是浓香型低度酒的生产技术日趋成熟，具备了扩大生产的条件。

（3）我省低度酒发展也很快，有的企业较好，如永川39°高粱酒产量较大，产品销至海南，但从全省看，似乎还受盆地意识的影响，特别是以开拓市场带动生产的步伐不如外省大。

（原载《酿酒》1990年第6期）

试论四川浓香大曲酒风格特征

文 / 曾祖训

中国白酒历史悠久，是宝贵的民族遗产。这一传统工艺结合现代科学技术，自新中国成立以来有着很大发展，形成了五大香型。十七个国家名酒是白酒行业的优秀代表，它们都创有自己独特的风格，深受群众喜爱。

白酒是四川省的一大支柱产业，它的产量、质量和声誉在全国占有重要的地位，特别是浓香大曲酒的质量风格，得到了社会各界的肯定。自第三届评酒会确定标准评语以来，在体现窖香浓郁、绵甜甘洌、香味协调、尾净余长的总标准下，四川的五种浓香型国家名酒又有本身的独特风格，概括它们的特点为：泸州老窖以醇香浓郁、回味悠长、清洌甘爽、饮后尤香为特点；五粮液素以喷香、丰满谐调、酒味全面著称；剑南春味陈，爽洌、醇厚，形成醇厚类风韵；全兴大曲以浓而不酽、雅而不淡、醇甜尾净著称；沱牌曲酒则绵甜醇厚、尾净余长，尤以甜净著称。

▲浓香型白酒酿造的至高法则——"千年老窖，万年母糟"

这些风格特征，在感官上、微量成分上、操作工艺上有些什么样的特色呢？现将一些认识简述如下。

一、四川浓香大曲酒口感上的追求

（1）老窖香。人们在生产中比较重视酒中的老窖香，越老的窖池优质品率越高，老窖香就越突出。四百年老窖，窖泥的特殊香气十分浓厚，它们是长期优化微生物菌群的结果，产的酒具有老窖风味，令人十分喜欢。"老窖"曾一度成为酒商标的主要用语，而泸州全市有一万个十年以上窖龄的窖池，这是他们产优质酒的物质基础。

（2）曲香与糟香。曲子与酒香的形成有密不可分的关系，一方面是曲自有的香气，另一方面曲子微生物所分泌的各种酶可以催化窖内发酵产生挥发性芳香物质，故有什么曲出什么酒之说，曲关系着酒的风格形成。如五粮液的包包曲属次高温曲类，其中含有一定的高温曲，这是决定酒香的重要因素。糟香是指经过多轮次发酵产好酒的窖底层发酵糟的优良风味，又称底糟香，经蒸馏而入酒中。这与工艺操作有密切关系，是和采用"分层蒸馏""量质摘酒""按质并坛"等工艺措施分不开的。这种糟香表现明显，上层糟所产的"上糟香"与"底糟香"有质的区别。底糟香香气幽雅，有助于酒味全面、酒质丰满。

（3）陈味。这是川酒的说法，酒的陈味是指新酒经过长期贮存老熟后，酒的粗糙感和辛辣气味消失，在感官上均有陈味出现。陈味是什么？有的说是戊酸乙酯，有的说是乙缩醛，有的说是香味平衡后的复合香气。有的称之为"带酱味"，称陈味更能体现实际。贮存时间越长陈味越突出，陈味与己酸乙酯香结合，使酒窖香浓郁、陈醇幽雅、闻香丰富、味感丰满，再融合一定的曲香、糟香、老窖香等形成综合香味，深受消费者欢迎。

二、在微量香味成分上强调量比关系

在浓香型酒中，各微量香味成分要组成好酒的香味，需强调下列的量比关系。

（1）浓香大曲酒的主体香为己酸乙酯和适量的丁酸乙酯，以及适量的己酸、丁酸、戊酸等。

经统计，在浓香国优产品中，己酸乙酯含量多在160～250mg/100mL。经有关试验，在其他酯和酸的衬托下，酒中己酸乙酯达225mg/100mL左右具有窖香浓郁之感，控制范围在175～300mg/100mL比较好。

主体酯含量顺序是己酸乙酯＞乙酸乙酯＞乳酸乙酯＞丁酸乙酯＞戊酸乙酯＞庚酸乙酯＞辛酸乙酯。丁酸乙酯：己酸乙酯等于1：10，其中乳酸乙酯：己酸乙酯，好酒的比值在0.6～0.8，一般在1以下。乳酸乙酯在浓香型酒中的含量与酒的风味关系很大，这是判别等级酒的关键指标。

（2）主要有机酸含量顺序为乙酸＞己酸＞乳酸＞丁酸，酒质好的一般总酸较多，突出在己酸上，有利于提高酒的浓郁感。总酸与总酯的平衡协调十分重要，四川的五个浓香型名酒二者之比在1：4左右。

（3）高级醇类含量顺序为异戊醇＞正丙醇＞仲丁醇＞异丁醇＞正

丁醇，其中正丙醇、正丁醇量偏少为好。好的浓香型酒醇酯比在1：6左右。

（4）醛类物质。浓香型酒中的醛主要是乙醛和乙缩醛，其次是糠醛。乙醛有刺激味，乙缩醛是白酒香味的主要成分之一，有助于酒的芳香，也有说与陈香有关，糠醛带有一定焦香，对酒后味起作用。乙缩醛是体现白酒老熟和质量的重要指标，也是有别于低档次酒的指标之一。四川的五大浓香名酒，乙醛为50～65mg/100mL，乙缩醛为30～42mg/100mL，糠醛为1～6.5/100mL。

其他高沸点的微量成分有呈香定香的作用，影响着酒体的醇厚。

三、工艺操作中的要点

川酒具有微生物生态环境的优势，在长期生产实践中，摸索了一些经验。浓香大曲酒风格的形成，是从生产上坚持深化质量管理，长期追求提高优质品率的结果。影响风格的因素很多，有下列一些主要之点。

单一粮食和多种粮食的不同原料，影响酒的不同风韵。

人工窖池在筑窖、培泥、工艺等方面，形成了较好的配套技术。

多数酒厂采用的大曲常带有一定比例的高温曲，这关系着酒的风格形式。

一般发酵期较长，多在60天，用双轮底的发酵期更长。适当提高入池的淀粉浓度、酸度，对生香有利，加上近年采用的回酒、回醅、添加酯化液等辅助措施，可生产高酯酒。

对蒸馏工序十分重视，没有"分层蒸馏""量质摘酒""按质并坛"的措施是勾调不出高质量酒的。

强调酒的储存，高度重视老酒在勾调中的作用。

应用酒的色谱分析做指导，在勾调上注意各种糟醅酒，老酒和一般酒，老窖酒和新窖酒，不同季节产的酒，不同发酵期产的酒等之间的组合，探索不同调味酒的应用，才能做到质量稳定，风格典型。

以上是一些粗浅分析，不妥之处欢迎同行们指正。

（原载《酿酒》1996年第1期）

揭开老窖之谜 推动科技进步

文 / 曾祖训

　　泸州老窖窖池是我国工业生产中最早的"全国重点文物保护单位"，是货真价实的国宝。它是浓香型白酒传统工艺的体现，是全国、全川丰富的酒文化的标志，它的历史悠久，酒质优美，一直为后人所颂扬。

　　早在1964年，国家科委下达了总结酿酒工艺传统技艺的十年科研规划，有关科研单位与厂家共同参与，研究了窖池微生物，总结出人工培窖经验，揭开了老窖之谜。通过科学查定，人们发现浓香型白酒的主体香，是由己酸乙酯和适量的丁酸乙酯以及少量的己酸、丁酸等组成的，与窖泥中己酸菌等芽孢杆菌的生香细菌有关。一系列的科技进步，使泸州老窖酒厂发展为传统工艺与现代科技相结合的现代化大型骨干企业，在科学查定总结、揭开泸州老窖之谜的基础上，科研院所与厂家联手开展了多学科的基础研究和应用研究，特别是改革开放以来，大专院校科研院所与企业联

▲20世纪50年代，泸州老窖大曲酒以质量等级划分，提出"特曲"概念

手攻关，不断取得重大突破，气相色谱分析，计算机的应用，酿酒工艺的
改革，为泸州老窖古老的酿酒工艺注入了高新技术，大大提高了浓香型白
酒的科技含量。以"泸州老窖"国宝窖池为样本的"人工培育老窖泥"项
目的研制成功和泸州老窖传统工艺总结，使以泸州老窖大曲酒为典型代表
的浓香型大曲酒生产迅速推向全国，在短短几年中，除西藏地区和港澳台
外，全国各地区都以泸州老窖为范本建起了浓香型酒厂，同时也促进了相
关产业的配套发展，为振兴地方经济，增加财税收入做出了贡献。为了推
广浓香型大曲酒的生产，各级各类培训班办了一期又一期，各地酒厂参观
学习的人来来往往，泸州老窖人对此做出了无私的奉献。

　　当前白酒行业正处于调整时期，困难与机遇共存。白酒的市场声誉，
是以名优酒的高雅质量和优美风格为基础的。为了适应当前形势，各个酒
厂应以提高酒质为中心，强化管理，处理好酒质与出酒率的关系，积极依
靠科技进步，调整某些生产布局，主动为市场的需求而努力奋斗。

（原载《酿酒》2000年第3期）

对白酒香型发展的认识

文 / 曾祖训

　　四川浓香型白酒，如泸州老窖的"四百年老窖"，五粮液的"六百年窖池"遗址，全兴明代的"水井坊"，以及"唐时宫廷酒，今日剑南春"，从杜甫的"射洪春酒寒仍绿"，到今天的沱牌生态园，经历了一个很长的历史时期，有着悠久的历史渊源、丰富的文化内涵，延续着深厚的习俗。

　　新中国建立后，在祖国发达兴旺的同时，川酒浓香风格也深受消费者喜爱，它们在产品质量、产量、科技、规模、管理、效益等各方面，都有大的发展。拟以四川浓香型酒为例来说明白酒香型的发展。

△从牛尾巴里流出的汩汩美酒

一、白酒香型是随着社会经济的发展、人们生活水平的提高、科学技术的进步、社会习俗和文化的影响而发展进步的

（1）随着经济的发展、社会的进步，为了促进酒业的发展和管理，在一定时期内确定香型的规范化举措是进步，是对香型酒发展的推动，是适应了社会需求的变化。

（2）现在的清、浓、酱、米四大香型酒是白酒的基本香型，其他香型酒是在此基础上互相取长补短，创造出来的。白酒现已从四大香型变成了十大香型。

（3）白酒香味的发展经历了如下方面的变化：满足需要→安全需要→尊重和自我需要。消费心态上，从粗犷、豪爽，走向理性化的享受需求。酒质上，从香浓味杂到幽雅细腻，再到淡雅优美、醇爽舒适、谐调自然。

（4）近年来，浓香型酒也在不断地吸收清香、酱香、米香的特点融入自己的酒中，适应着消费趋势的发展。总之，这是一个向高层次发展变化的过程。

二、香型酒发展的主导因素是技术进步，同时受到其他众多因素的影响

（1）浓香型酒技术上的成熟是该酒发展的基础，如窖泥微生物的揭秘、香味成分的剖析、有力的增香措施、酯化酶的分离与应用、工艺上的综合利用、低度酒的质量过关、近年各香型工艺的互用、新的勾调理念的应用等。这些科技进步，促进着该酒种的发展。

（2）基酒大流通，大大地普及了浓香型酒，其中包括相关技术的应用和推广，目前生产浓香型白酒的川酒企业正在树立名牌原酒概念，有营销能力和经济实力的原酒企业积极创出瓶装酒品牌，并与其他企业或川外企业走优势互补联合经营的路，这就意味着原酒将开创一个新的时期。

（3）浓香型白酒虽然发展很快，但不能都是"川味"，而应有许多深受消费者青睐的精品。某些酒的文化附加值不断增长，并形成一定的消

费地位和档次，出现大批的精品，如"国窖"酒。各地区饮用习惯不一样，口感要求不一样，嗜好品的本身就带有嗜好性。发展地方经济应结合当地产酒，创地方名牌，创出新的香型和口感。在浓香型酒中已经形成不同质量、不同档次、不同口感的巨大酒种体系，只要能适应社会发展的需求，今后酒业的发展只能是百花争艳，各有所长。

三、今后的发展

香型的发展首先是口感的提高，口感形成个性化、区域化和工艺特色才谈得上香型的形成。

目前市场对口感总的要求是淡雅优美、醇爽舒适、谐调自然，体现"柔、醇、酸、爽、净"的特点，有人提出"雅香适味、纯净耐饮、常品常新"的概念。

为发展我国白酒行业，我很赞成下面的一些观点：白酒若只有共性，没有个性，将不可避免地被淘汰出局；没有差异化战略，就不存在商品间质的不同，就没有市场的丰富多彩。

当前白酒竞争是个性化、差异化的竞争，发展到高层次便是文化竞争，统治酒的消费是文化，饮酒成为品味人生的一种美好享受。品牌的主要作用不是一种辐射，而是一种吸引力和吸收力，做到这点就必须提高酒质的高雅性，提升酒的文化品位，宣传维护品牌声誉。

白酒业改革要从两个方面着手：（1）传统的白酒发酵技术必须向现代发酵技术转变，应用现代微生物工程、现代检测手段，继续剖析固态发酵酒风味的组成，研究白酒储存机理与应用等。（2）顺应市场，搞好产业结构的调整，才能不断地发展和壮大自己。

（原载《酿酒科技》2002年第1期）

白酒勾调技术的进步与发展
——忆白酒改革开放三十年

文／曾祖训

一、发展概况

白酒勾调技术是在新中国成立后才发展起来的，已走过60年，改革开放30年是其发展最快的时期。在手工作坊的基础上，随着市场需求的推动，于生产中发现蒸馏出的白酒通过储存、酒与酒之间的组合，能改进质量，提高优质品率，提高经济效益，促进技术进步……时至今日，白酒的尝评、组合与调味，已由经验型发展为科学型。

（1）赖高淮经过实际工作的开展和经验的积累与总结，于1986年出版了《四川名优曲酒勾兑技术》一书。正如他在书中指出的那样，尝评、组合与调味工作，统称勾兑技术，是近十年来逐渐开展起来的一项名曲酒生产中的新工艺、新技术。这对于稳定和提高名曲酒质量有着非常重要的意义，泸州老窖为全国举办了推广培训班，历史事实证明，他们是白酒尝评与勾调技术的开拓者。

（2）为加强技术管理，提高质量，相关机构应用新方法开展了科学研究，最早是纸色谱、柱色谱的应用。20世纪60—70年代，气相色谱分析在白酒行业逐渐应用起来，如长春物化所对茅台酒香味成分的剖析，明确浓香型白酒的主体香是己酸乙酯；20世纪70年代，内蒙古轻工所成功研究出适用于当时生产条件，如直接进样、恒温操作及国产载体等，并基本实现白酒中醇、酯、酸、醛等主要成分系列测定的气相色谱方法，轻工部发酵所提出的程序升温的PEG20M测醇酯的方法等。在轻工部组织下，1979—1983年在洋河酒厂开办了三期全国性白酒气相色谱分析培训班，并出版了《白酒气相色谱分析》一书，提供了127种酒的色谱数据，其中DNP测醇酯法被列入国家标准，并一直使用至今。

对白酒香味成分的分析明确了我国白酒香味的特征，为白酒划分香型奠定了科学依据，对提高白酒质量的组合与调味，认识细菌在酿造中的重要作用，起了极大的作用。

（3）有关白酒尝评、组合与调味，出版了多种专著。1994年周恒刚等在《白酒品评与勾兑》一书中提出酒的典型性、平衡性、缓冲性和综合性的要求。徐占成在《名酒新论》中，从生产实际出发，对白酒的尝评、组合与调味，进行了组合化、规范化研究，对数学计算平衡微机勾兑法等做了富有创造性的研究。特别值得重视的是1996年陈益钊所著《中国白酒的嗅觉味觉科学及实践》，这是一本划时代的著作。它将白酒酒体构成，从香味成分作用上划分为骨架成分、协调成分、微量复杂成分，并提出许多新的认识和论述，这是对酒体香味成分认识的飞跃，使白酒的科学组合与调味进入推广应用科学型的发展期。

随着科技进步、市场需求变化、先进仪器设备和技术的应用，如原子显微镜、全二维飞行色质联用仪、临界二氧化碳萃取技术、酿酒微生物群落应用技术，以及传统工艺的发展改进等，采用现代检测手段与感官品评相结合的方式，相信会为白酒的勾调技术带来新的发展、新的成就。

二、对酒体的基本认识

中国白酒历史悠久，文化内涵丰富，是世界独创的固态发酵的蒸馏白酒，其独具特色的酒质风格、发酵酒曲、发明的蒸馏器、以酸控制的开放式微生物发酵工艺等，是开发天然微生物为人类所用的先例。

新中国成立以来，白酒应用现代科技与传统工艺相结合的方式，由小作坊发展为现代生物产业，创有世界一流的花园式生态园工厂，满足了社会文化生活的需求，为社会创造了巨大财富，促进了相关产业的发展，为解决三农问题做出了贡献，并具有深厚的文化内涵，是令人自豪的民族工业。

（1）酒是含乙醇及丰富香味物质与某些功能性物质的酒精饮料，是精神文化产品，也是现代时尚产品，既是嗜好品，也是礼品，还是收藏品，与纯酒精对人体的影响是截然不同的。酒的功能是满足社会交往、文化生活的需求，是人们的情趣和精神的寄托，饮酒是一种文化，是品味人生的一种美好享受。

（2）白酒香型是根据地域文化消费习俗、生产条件和生产力水平等多种因素，在历史进程中加以总结而形成的。通常讲，香型的形成要具备三个条件：有独特的风味特色，包括所组成的香味成分，有自身独具的生产工艺，以及有一定规模的消费群体和区域。白酒香型随着生活水平的提高、市场化的需求在变化，在创新。

（3）中国白酒这一生物产业未来的发展要靠技术创新和技术进步。总体来讲，中国白酒业是随着社会财富的增长、科学技术的进步、国家管理政策的调控及一般消费和奢侈消费的市场需求而发展的。白酒业酒种的发展和酒种间的关系是：立于世界蒸馏酒之林的固态发酵的传统白酒，是中国白酒业发展的脊梁，是民族的骄傲，而功能性白酒是"食药同源"健康思维的创新产物。

（4）白酒以含淀粉质谷物等为原料，以乙醇发酵为主，伴随天然的多种微生物群落，包含曲霉、根霉、毛霉、梨头霉、红曲霉、酵母菌、细菌等，特别是细菌发酵代谢产生的香味物质，经蒸馏、储存、组合与调味形成白酒酒体，其香味物质除乙醇和水外只占酒体2%左右[①]，茅台和剑南春应用现代仪器对酒体进行研究，分析出1000多种成分，按过去的报道明确定性的有342种，能定量出180种的含量，其中包括醇、酯、酸、羰基、缩醛、芳香族、含氮物、呋喃以及无机离子等多类物质。概括起来是，各种成分种类繁多，含量差别较大，来源和作用只能部分清楚。因此，从总体上去体会白酒的整体性、多样性、复杂性和谐调性是很有必要的。

（5）以人为本，白酒与人体健康关系密切，现已发现酒中对人体有利的多种功能性因子，但社会对饮酒的危害，还停留在纯酒精危害的认识阶段，并报道过多，古代就有"酒为百药之长"的说法，以酒为药或配制药酒的药方近千副，为中国养生文化的瑰宝。应在社会上倡导"适量饮酒有益健康""科学健康饮酒新生活"的理念，使人与酒的关系升华至一种新的境界，饮酒行为更趋于理智，以和谐、健康的酒文化促进社会的安定，进一步保障人民生活的健康、安全。

---

① 编者按：此处原作"除乙醇外只占酒体1%左右"，今更正。

三、对白酒质量的追求

各种香型白酒在生产工艺上互取长处，正在发生重大的变化，如多粮发酵，延长发酵期，双轮底工艺，清香型酒续糟发酵，酱香型酒用高温曲，堆积工艺，强化调味酒的制作，提升酒的勾调技术，等等。在白酒风味上有如下特点。

（1）提高白酒醇和度是所有蒸馏白酒最基本的追求目标，其核心是酒体的醇和、圆润，香与味的融合谐调，对白酒尝评与勾调有重要的意义。

（2）突破固有香型模式，创出新的口感，以适应消费水平的提高，满足求新、求变的消费欲望。强调独具的个性特色，如江苏的绵柔型，安徽的兼香特色，北方清香酒的复合口感，山东的芝麻香酒，形成如张锋国等人提出的多香韵、多滋味、多层次、多功能的格局。

（3）近年的四川酒协年会活动，着重强调如何降低白酒醉酒度。醉酒度是指饮酒后对人的精神激活的程度，需要既满足美好的享受，又不至于影响工作，影响健康。从具体表现来讲，要求酒入口时不辣嘴、不刺喉，醇和爽净，谐调自然，饮酒过程醉得慢、醒得快，酒后不口干、不上头，感觉清新舒适。其实质是白酒高品质、高品位的综合表现。

（4）突出陈年老酒组合，以陈香为主体的年份酒市场很热销，可喜的是剑南春酒公司发明了挥发系数测定年份的新方法，这是白酒年份检测工作的一项发明，有助于企业制定年份酒的标准，增添了年份酒的诚信度。由于白酒香型、酒质等条件的千差万别，这个测定方法离成为统一方法还有距离，但已为企业解决了重大难题。

（5）白酒口感的表现有很多，如单粮香、多粮香与窖香、曲香、糟香组合而成的淡雅优美的复合香。应突出表现协调香味成分产生的自然甜感，以适应不同地域的要求。有时在优质基酒组合中，偏重多种酸类，增加非酶反应产生的复合香，突出酒体的酸爽，以改善酒的适口性。

（6）通过不同质量风味特点为有效顾客细分定位，找出科学卖点，评估自身产品"概念"的消费价值，这是企业竞争的重要组成部分。白酒是精神文化产品，除自己的文化包装外，亦需注重品牌建设，时尚品一定是卖品牌，品牌是企业对消费者的诚信、质量、服务等方面承诺的表现。

四、白酒勾调技术的主要理念

白酒的组合与调味是在食品风味化学、酿酒工艺学、酒体香味成分等基础理论的指导下，将酒中香味成分取长补短、互相调剂，保持产品应有风格的平衡性，这是勾调的中心任务。勾调工作的基础，是要有不同风格、不同质量、不同储存期的基酒，生产的基酒必须有不同蒸馏段位和等级、建有基酒色谱数据库，有不同风格和质量的调味酒等。

（一）色谱骨架成分含量的不同比例是构成白酒香型的基础

色谱骨架成分是指按常规色谱分析所得的成分，含量高于20～30mg/L的有20～30种，其含量占成分总量的95%，包括酯、酸、醇、醛等类物质，它们各组之间的不同比例是构成白酒香型的基础。酯类是白酒香的主体，中国白酒以乙酯类为主；酸类是味的主体，并起重要的协调作用；醇类是香与味的过渡桥梁，含量恰到好处，甜意绵绵，在酒中起调和作用；醛类主要是协调香气的释放，提高香气的质量。

骨架成分含量设计来源于生产实践中的总结，好的色谱骨架成分含量，其成分之间及与微量复杂成分之间协调性好，可调范围大，香和味一致性好，风格稳定。这在勾调工作中已成为必需的预控环节，是从科学手段上保证酒质稳定的主要措施。

（二）白酒质量级别的提高取决于微量复杂成分含量

白酒中凡含量小于20～30mg/L的香味物质，统称为微量复杂成分。它们约占香味物质的5%，有的只有μg或ng级含量。这些物质数量多，来源复杂，结构和性质之间差别很大，相互作用的关系复杂，是影响酒质的重要因素，目前还主要是靠在生产中延长发酵期，综合利用酒头、酒尾、黄水等以及强化调味酒等去解决。

（三）白酒中酸酯平衡是酒体谐调的基本因素

在骨架成分合理的情况下，保持酸酯平衡是勾调成功的关键。酒中大部分是羧酸，在酒中能以离子和分子状态存在，酸的极性最强，沸点高，热容量大，对酒放香贡献小。酸是主要的协调成分，作用力极强，功能相当丰富，影响面广，也不容易掌握。

酸能消除白酒的苦味，酸量不足，可能出现酒发苦，邪杂味露头，酒味不净，单调不协调等；酸量过多，使酒变得粗糙、放香差、闻香不正、味发涩等。酸是最好的呈味剂，有机酸能使酒变得多味，口感丰富，出现回甜感，增加醇和度，减少中低度酒的水味。

酸的控制主要是在勾调中找出"味觉转变点"来确定酸的用量，如增乙酸可显甜味，乳酸可增加酒的厚味，己酸增加窖香浓郁感等。

（四）白酒的储存是提高酒质醇和度的基本措施

新酒经一定时期储存后，酒中低沸点成分如醛、硫化氢、硫醇等逐渐蒸发减少至消失，酒中不愉快气味，如刺激性、辣味明显减少，香味更加协调醇和。这称为陈酿或自然老熟，是稳定和完善产品风味的基本措施。

研究表明，白酒在贮存过程中进行着化学变化，有氧化、还原、酯化、水解、缩合等，这一多种成分的乙醇和水的混合体系，互相影响，反应比较复杂。贮存过程中酯降酸增，尤其是低度酒，易造成香味成分比例失调。乙醛和乙醇产生的缩醛反应，是随酒度增高而增加的，它们比例达1∶1时，即达到较好的储存期。储存中微量金属离子和溶解氧的适量存在，是白酒陈酿老熟的必备条件，陶坛是最佳容器。

贮存的经验说明，注重基酒和成品酒两方面的贮存，对改进质量、稳定风格大有好处。应用原子显微镜研究发现，酒体溶液在贮存中由均相分子溶液向非均相的凝聚体或是胶体溶液转变。

（五）白酒勾调技术已是一个科学的系统工程

白酒业的规模化发展已使白酒勾调技术的范围扩大，由几吨的手工操作发展到几百吨的机械操作。白酒香型和类别的增多，勾调实践技术的精化，经验的条理化、科学化、程序化等，管理上各种基酒标准数据库的建立，评酒办法和制度等的建立，重视人才的培养，使白酒勾调技术的发展变得更加科学和完善。

（原载《酿酒》2009年第36卷第3期）

赖高淮

酒
LAI
GAO HUAI

耄耋酿甲子　浓香满天下

——泸州老窖时代人物赖高淮　酒

文／赵明利

　　60年，在历史的长河里，不过是白驹过隙。然而，在一个人生命的刻度上，60年却近乎是他一生最富价值的全部时光。

　　"择一事，终一生"，一个人一生若只爱一个事业，并为之倾力，那么他必将成为传奇。

　　在泸州，就有这样一位耄耋老者把自己的一生都献给了中国白酒事业。他教授的学生不计其数，且大部分已成长为当今中国出类拔萃的白酒专家。

　　他就是赖高淮——国际酿酒大师、首批国家级非物质文化遗产传承人、泸

▲赖高淮先生年轻时

州老窖酒传统酿制技艺第十九代传承人、泸州老窖原总工程师。

选所爱，爱所选

"我是没得选择，档案被老窖人调走了，没法考大学了"，赖高淮眯起一双眼睛，淡淡地说道。这位老人已经80多岁了，满头银发，却精神矍铄，眼睛也包在皱纹里，却炯炯有神，闪烁着智慧之光。

那是六十多年前的故事，不过在今天听起来绝不亚于任何一部家族兴衰史：解放前，赖氏家族有纺织厂、丝织厂、酿造厂、盐厂，被称为"泸半天"，而他曾是"同发生"酿酒作坊的"九少爷"；解放后，他响应国家号召，参军入伍抗美援朝，当了一名炮兵，退役后本想继续读大学，却因在篮球赛中表现优秀，被泸州老窖人事科看中，因缘际会来到了泸州老窖。

"我当时同人事科的同事说，我来泸州老窖可以，但是我想做些新的东西出来，搞实验，建化验室。"当时，化验是个什么玩意儿，人事科的人也是闻所未闻，竟然一口答应了。这一选择，不仅改变了赖高淮的命运，也改变了泸州老窖的发展进程。

"新中国白酒产业是靠试点起家的。"不少专家都这样肯定地说。而赖高淮则可以说是从白酒试点中走出来的浓香白酒质量检验、化验分析佼佼者。

20世纪50年代，赖高淮前往绵竹县参加玉米酿酒实验，去内江银山镇参加"代用品固态白酒酿造"项目，后又参加1957年"泸州老窖试点"等，越来越多的经历让他意识到，白酒分析化验是一双科学的眼睛，这使赖高淮更加注重酿造理论。

后来，在赖高淮的奔走下，泸州老窖酒厂化验分析室终于成立了，这在

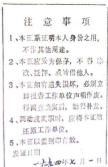

▲编号为02的赖高淮泸州老窖工作证，桂花街46号为公司原办公地点

白酒企业中是首创，他亦是浓香型白酒酿造史上最早将酿造过程数据化的人。

"选择你所爱的，爱你所选择的"，他选择了这条路，并坚持了下来，后来泸州老窖在实践中一直坚持以数据指导生产。

桃李四海，浓香天下

曾经有人这样评价川酒：到了近代，川酒之所以能独冠全国，饮誉世界，是因为四川做了两个创造性的贡献：一是勾调技术的发明，二是低度酒的产生。

"泸州老窖是浓香型白酒标准的制定者"，赖高淮抬高了声音说道，"这跟我们的勾调技术高超是分不开的，标准一致，才能保证酒质的稳定，酒好喝才能站得住脚。"

著名白酒专家周恒刚曾说："评酒勾调既是一门技术，也是一门艺术。评酒不准，勾调不当，即使产出好酒，也难以保证质量。"

20世纪50年代，泸州老窖第18代传承人陈奇遇首开白酒勾调之先河，提高并稳定酒质，减少批差，反过来指导了原酒酿造，实现白酒技术革命的第三次跨越。而将这一技术进行传播和发扬的，则是泸州老窖酒传统酿制技艺第19代传承人赖高淮，第一期勾调技术培训班便是他主讲的。

1978年至1984年间，赖高淮先后为四川省同行企业、轻工业部、农牧渔业部等举办了50余期培训班，学员达4000余人次，教学内容涉及"浓香型白酒生产""理化分析与生产""制曲工艺与质量""勾调技术"等众多白酒酿造工艺和技术，为全国的白酒企业和科研单位培养了大批人才。

在1989年第五届全国评酒委员会招考评委时，仅在四川地区，他的学生里就有十个考上。同期考上的其他省市评委，则有好几个都是他学生的学生。孔圣人门下有三千弟子，经赖高淮指点过的白酒酿造技师也已达数千人，包括五粮液、剑南春、全兴、郎酒、洋河、双沟、古井贡、沱牌等名酒厂在内的很多总工或技术负责人都是他的学生，真可谓桃李满天下。

从1978年到1984年间，在泸州举办酿酒技术人才培训班50余期，学员4000余人次，为全国的白酒企业和科研单位培养了大批人才……四川省内外名优酒企业中，古井贡酒厂总工孙松华，洋河酒厂总工郭永红，双沟酒厂总工黄德润，安徽口子酒厂总工张国强，湖南邵阳酒厂总工郝平交，吉林榆树酒厂总工张武举，德惠酒厂总工许增加，辽源市酒厂总工张宝新，河北丛台酒厂总工韩素芬、王卫平，黑龙江酒协会会长栗永清，沈阳老龙口酒厂总工曹淑芳，湖北枝江酒厂厂长蒋红星、总工时卫平，建始酒厂总工谭惠清，黄山头酒厂厂长邹先宏，襄樊酒厂总工陈佳健，崇阳酒厂厂长王健新，贵州习水酒厂总工曾前德，河南杜康酒厂总工程国熙，都是他的学生，新疆伊犁、内蒙古河套地区等白酒企业的技术骨干中也都有他的学生。

——摘编自《中国白酒六十年回顾与展望（1951—2011）》

"我们不仅对外培训，还组织技术骨干去支援兄弟厂。我们第一家对

▲赖高淮先生在生产现场开展技术培训

口援助的就是吉林榆树酒厂，后来有河北邯郸酒厂、湖北枝江酒厂等。他们亲切地称泸州老窖为"师父厂"，有的先后被评为省名酒和全国优质酒生产厂，甚至有的被选为全国名优酒厂。"短短几十年时间，浓香白酒就占市场份额的75%以上，这与泸州老窖的贡献密不可分。

"道在日新，艺亦须日新，新者生机也，不新则死。"赖高淮一直没有停下创新的脚步：开发了52%vol酒，将泸州老窖特曲酒的酒度从60%vol降到了52%vol，并将其普及到了全国各白酒企业，同时推向国外市场；发明白酒酿造工艺六分法，即分层投粮、分层发酵、分层堆糟、分层蒸馏、分质摘酒、分质并坛，使泸州老窖酒的酒质更上一层楼……

行业里但凡提起赖高淮，都尊称一声"赖大爷"。这正可看出赖高淮在行业里的声望和地位，一生从业六十余载，如今已八十余高龄的他留给行业的是一座精神丰碑。

国际酿酒大师

每一个时代都有自己的英雄。

如果要评泸州老窖时代人物，一定少不了赖高淮，而且是浓墨重彩的一位。

抗美援朝上战场，有他；

勤勤恳恳做实验，有他；

一心一意搞生产，有他；

殚精竭虑护国宝，有他；

桃李芬芳育人才，有他；

著书立说为后人，有他。

"现在这些名酒厂里都有我的徒弟，不乏高工、国评委。"赖高淮露出了骄傲的神情，"当时有人质疑，说教会徒弟饿死师傅，我是想，要万紫千红才是春，要大家都发展，这样才能使浓香型白酒发扬光大。"心怀泸州老窖，胸怀中国白酒，时间证明了赖高淮的正确。

赖高淮还是享誉世界的"国际酿酒大师"。1991年，他到美国参加国际食品质量工作委员会年会，会上发表了中国白酒《泸型酒传统技艺》的论文，受到了参会代表的一致赞扬和好评，为此美国酒业董事会授予他

"国际酿酒大师"的最高荣誉称号。

"我当时英文不好，还是随行的同事说，台上在喊我的名字，我才懵懵懂懂地上台去领了证书回来，后来还是找厂里英文专业的人翻译，才知道上面这样写道：'在世界最大的酒类行业中，您被证明具有无可非议的品质和优秀才智。'"

赖高淮的国际酿酒大师之名很快传遍整个业界，此后，全国名酒厂来泸州老窖取经的人更不胜枚举。大家都以能得到赖大师指点为荣。面对虚心前来的求教者，赖高淮总是热情接待，认真且充满耐心地解答他们的疑问。

▲赖高淮先生讲授酿酒技术

英雄造就了时势，时势也成就了英雄。赖高淮对泸州老窖和中国酒业的贡献是前无古人的，我们将站在巨人的肩膀上传承、创新，再创辉煌！

后　记

笔者曾多次参加与赖老有关的会议和活动。

2014年3月，在"赖高淮先生从业六十周年学术研讨会"上，一个白发苍苍、精神矍铄的老者坐在那儿，身边陪伴着的是同样耄耋的老朋友们——白酒界最负盛名的老专家：沈怡方、高月明、曾祖训、高景炎、梁邦昌、王国春、胡永松、庄名扬、白希智、栗永清、李大和、徐占成、金济良……

放眼会场，随处所见皆是白酒界的代表性人物——茅台、泸州老窖、五粮液、剑南春、水井坊、汾酒、西凤酒等17大名酒及其他名优酒企的掌舵人和酿酒大师，这些赫赫有名的白酒行业领袖们，在这位老者面前都会谦逊地称自己为"学生"。

会后，赖老还亲切地同我们一行合影。

时隔5年后的2019年3月，赖老及其夫人受泸州老窖邀请，出席国窖1573封藏大典及"生命中的那坛酒"活动，笔者有幸作为接待人员陪同赖老参与全程。尽管退休多年，赖老仍心系泸州老窖，他说泸州老窖是数百年传承的品味，有文化、有历史、有个性、有天真。

在"生命中的那坛酒"访谈现场，赖老语气略微有些激动，但他的这席话却给我留下了很深的印象："我20岁进入泸州老窖，那时泸州老窖名叫泸州大曲酒厂，是四川省国营第一酿酒厂。在那时，泸州大曲酒厂就有7个高级工程师，还有7个高级技师，其他没有哪一个酒厂能有这么多，泸州老窖有全国劳模（轻工系统）——李友澄、赵子成、张福成。赵子成还曾受到毛主席的接见……1952年，泸州老窖获评中国四大名酒之一，这是历史传承、人民公认的名酒……"

2021年12月在成都的一个下午，银杏飘飞，满地金黄。笔者一行来到赖老的居所，因提前到达，不忍打扰老人家休息。正在楼下徘徊时，赖老忽然推开窗户，热情地同我们打招呼，声音洪亮，已近米寿之年的赖公依旧精神矍铄。

随后是一下午的拜访交流，赖老把记忆里的峥嵘岁月、泸州老窖的荣光故事以及他这一生对酒的体悟，娓娓道来：

> 我年轻时奔赴战场，去到朝鲜，成为坦克兵的一员，不惧战火，为的是保家卫国……
> 固态蒸馏、固态发酵的中国白酒，是我们祖先智慧的传承，这是中国人的骄傲和自豪……

泸州老窖是中国最老的四大名酒之一，对中国白酒的发展做出了非常重要的贡献……

泸州老窖的老窖池始终在运作、始终在变化，微生物在不断地发展。老窖池很珍贵，越活越好，越老越好……

泸州老窖在20世纪80年代就走向世界了，那时就到多个国家做过展览，斩获过很多次国际大奖……

新一代泸州老窖人一定要在传承的基础上不断创新、发展……

光阴不觉，山高水长。作为泸州老窖的时代人物，他如一盏明灯，为酒业后辈们照亮了前行的路！

专家简介　赖高淮

　　1934年出生于四川泸州，2023年4月20日在成都辞世，享年90岁。国际酿酒大师，全国著名白酒专家，国家级首批非物质文化遗产代表性传承人，国家评酒委员，高级工程师，泸州老窖原副厂长、总工程师。曾任全国食品工业协会专家组成员，全国政协委员、泸州市政协副主席。1984年被四川省政府授予"为四川发展名酒，提高名酒质量做出重大贡献"荣誉称号；1991年，获"全国自学成才优秀人物"称号；1992年，被评选为"全国突出贡献科技人才"、泸州市第二批"有突出贡献的专业技术拔尖人才"。享受国务院政府特殊津贴，1991年被美国酒业董事会授予"国际酿酒大师"最高荣誉称号。赖高淮在业内桃李满天下，曾为包括洋河、古井、双沟、口子窖、枝江、贵州习水、河南杜康、新疆伊犁、内蒙古河套地区等全国白酒企业和科研单位培养了大批人才。

20世纪50年代，赖高淮筹建了中国白酒企业第一家专业化验室，在前人没有走过的道路上开展了原材料、半成品、成品酒的常规理化分析检测工作，为传统酿酒工业向现代化迈进积累了大量宝贵的数据资料。

赖高淮通过全面、科学地对泸型酒的发酵机理、酿造工艺、生产流程进行分析、研究、总结，确认了"分层回酒""断吹回酒""以糟养窖"等提高产品质量的有效措施，制定了中国浓香型白酒的行业标准，并于1959年参与编撰了新中国第一本酿酒工艺教科书《泸州老窖大曲酒》；1963年，参加制定中国八大名白酒标准，建立了浓香型白酒的行业执行标准；1979年，主持完成科研项目"人工培育老窖泥技术"，荣获四川省科技进步三等奖；1988年，主持研发"计算机勾兑技术"，荣获商业部科技成果二等奖；1992年，主持研发"浓香型白酒勾兑技术"，荣获泸州市科技成果一等奖、四川省科技进步三等奖。

先后编写出版了《浓香型白酒勾兑技术》、《浓香型白酒生产工艺学》（上中下三册）、《大曲酒酿造化验分析方法》、《理化检测与白酒质量》等酿酒技术专著。

赖高淮先后举办50多期酿酒技术培训班，对全国300多家曲酒厂开展行业标准培训和生产指导，受训学员达四千余人，遍布全国各大白酒企业和科研单位。

大曲酒老窖发酵工程的近况与展望

——纪念泸州老窖大曲酒获国际金奖七十三周年

文 / 彭明启　赖高淮

　　泸州老窖大曲酒以特有的醇香浓郁、饮后尤香、清洌甘爽、回味悠长的风格，在国内外深受广大饮者喜爱并被誉为佳酿。1915年在巴拿马万国博览会上又以浓香、醇和、回味悠长的特色获得金奖，被国际所承认。四百多年来，特别是经过解放后三十余年的大发展，泸州老窖工艺已从一种技艺发展成为一种老窖工程技术。其特征是：

　　（1）在理论上形成了一套源于实践又能指导实践的浓香型大曲酒的微生物技术；

　　（2）在生产中能使泸州老窖产量持续稳定地增长；

　　（3）在实践中形成了一套防止微生物生化品质蜕变的工业方法；

　　（4）在工程中形成了一整套指导生产、发展生产的工业生产规程，贯彻该规程通常能使扩建窖池一经落成即能生产出曲酒产品，其中不少窖池能生产二曲酒甚至头曲酒。

上述特征正体现了这套技术的实用性与工程性。

但是，从满足人民日益高涨的需要出发，从发展的观点看问题，当前，摆在大曲酒技术工作者面前的一个突出的问题是如何更进一步提高泸州老窖大曲酒产量。考虑到泸州老窖酒生产的特点，要在近期内提高其产量，可行的办法只能是挖掘现有企业内的生产潜力。

其办法有三：一是采用科学方法提高名优酒的合格率；二是充分利用现有老窖池基地，采用先进技术，在保证质量的前提下缩短发酵期，提高窖池利用率；三是设法组织全天候生产，其中心工作是组织好热季的生产（我国南部地区热季发酵掉排量大，这是急需解决的生产研究课题）。

如若能解决好这三个问题，必然可使泸州老窖酒的生产量提高一步，结束发展中产量近十年的徘徊之势。市场上出现之尖锐的供求矛盾，形成了对大曲酒发展的强大推动力，要求泸州老窖酒生产向前大大迈进一步。这一局面与二十多年前我国生物学发展的情况颇为相似。众多的原因归结到一点就是，阻碍泸州老窖酒向前发展的主要原因是泸州老窖生产工艺缺乏完善的理论体系。据此，泸州老窖酒发展急需数学化、现代化。党的十一届三中全会后，"四化"的春风也吹进了四百年泸州老窖窖池深处。一门门指导老窖技术发展的新科学正在兴起。泸州老窖池加近代科学技术是老窖换新颜的总趋势。为此，本文着重介绍大曲酒专业发酵工程学科的结构与现状，并扼要地介绍借助于工程理论分析，探索解决当前大曲酒生产中存在的问题的可能性。

一、大曲酒发酵工程的学科结构

随着科学技术的进步，发酵作为一门工程学科的定义也不断得到发展和充实。目前，人们把利用微生物在有氧或无氧条件下的生命活动来制备微生物菌体本身，或获得直接代谢产物或获得次生代谢产物的过程统称为发酵。利用固态发酵法生产的老窖大曲酒之所以具有独特的风格，乃是由于其拥有一群特殊的微生物区系的参与，有特定的发酵窖池设施，有特殊的培养基，有一套传统的酿造工艺等。

近年来，我国在计算机物理、生物物理、生物统计学以及计算机科学方面的研究取得了长足的进步。它的发展带动了酿酒发酵工程学科体系的建立。现在，这一学科在大曲酒专业上已初露头角，突出表现在两个方面：一是已初具规模的大曲酒实验发酵工程学，二是正在兴起的大曲酒发酵理论工程学。

可以指望在不久的将来，当大容量高速度计算机引入白酒行业后，大曲酒专业的发酵工程将发生巨大变化。毋庸置疑，一门新的学科"大曲酒计算发酵学"将应时而生。至此，大曲酒实验发酵工程学、大曲酒理论发酵工程学和大曲酒计算发酵学三门学科将构成我国大曲酒专业的完整研究体系，指导并实现大曲酒酿造技术的现代化。

大曲酒理论发酵工程是基于一系列的基本原理（如热力学原理、质量传递与守恒和能量守恒），经过数学描述（用偏微分方程、超越方程和统计方程），并求出其显示的解析解或数值解。进一步利用这些解的结果与实验和观测结果对比，以解释已知的发酵过程，并预测未来的发展方向。

大曲酒理论发酵工程学是一门从工程角度研究固态发酵过程宏观现象的科学。它依靠实验发酵工程取得的资料和数据，从理论上去探索其内在联系，用各种方式推导和建立相应的数字模型供计算机快速运算，同时也不断提出新的实验方案，解释实验结果，也解释计算机的计算结果。

大曲酒理论发酵工程学可以方便地通过一些抽象符号写出发酵过程的各个方面并进行抽象计算。为使计算有现实意义，应让这些符号值受到实际工程条件的约束。例如，在发酵过程计算中，可能发现某些窖内过程参量间的关系暂还不很清楚，但整体的结果是大体有数的。对此，可以做一些假设和取舍后继续进行计算，再将计算结果与实验或观测结果相比较，看看这些假设是否合理，并决定是否要做进一步的实验来考察这些假设。这些研究步骤是理论研究工作中行之有效的常用方法。

大曲酒计算发酵学是一门依靠现代计算机为运算工具的理论发酵工程。有人将其形象地称为"纸上的实验发酵工程"。一般地说，要将个别发酵过程或设计出的发酵过程，组合成大范围内都适合的发酵工程规律，可以用计算机来模拟。即是说，把若干个别规律统计并组合成一般规律，局部特征综合成整个过程的特征，都可以用计算机来实现。具体地说，就是发挥计算机拥有的大存储能力来大量记录那些单个的发酵过程，而普遍规律的合成（积累）是靠计算机的高速运算来模拟的。高速运算和大储存量是它能缩短研究时间、推导并解析新的发酵过程的奥秘所在。这种所谓"定向发酵途径"一经设计出来，计算机便可按已掌握的规律把发酵产品的质量和数量以及详尽的过程进行参数计算展示在你面前，供你挑选和修改。这一步工作完成后，提交给实验发酵工程进行具体的发酵实验。在这里我们按照近代物理学发展的结构，用下面的联结图来说明实验发酵工程、理论发酵工程学和计算发酵学三者的相互关系。

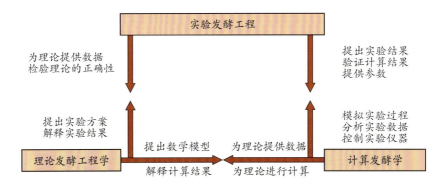

如果我们还注意到一根曲线可以用多根折线来逼近，最终取而代之，那么，一个理想的发酵过程曲线可以用几个部分发酵过程曲线来组合，最终使之逼近这一理想发酵过程曲线。这种对照类比的方法对研究发酵规律是非常有益的。另外，在发酵生化反应中，关于多因素影响与多种数据结构的规律性问题，可以通过生物统计方法处理。其中非线性问题可以通过大量局部的、瞬时的线性问题的组合来构成，而这些大量的瞬时线性问题正好可以通过计算机来模拟。因此，对传统发酵工艺中那些复杂的参数及它们可能的排列方式，不仅可以分门别类逐个予以储存，而且能赋予相应的逻辑关系和加权量。这样一来，对于一个复杂的发酵过程，可以把它分解成若干个简单的基本生化过程来加以认识，然后再进行相关组合，以达到分离出核心过程的目的。反之，也可以把一些简单的过程合成为一个具有理想指标的发酵过程。计算机对这类问题的处理简直是得心应手，不存在问题。总之，复杂的生化反应过程中的"数据群""非线性""变系数"等问题，在现代高速计算机面前将会消失。可以预料在不久的将来，"计算发酵学"将发挥它在发酵工程中的威力。

二、大曲酒理论发酵工程学研究的近况

近年来，老窖大曲酒生产在突飞猛进的科学技术现代化潮流的推动下，引进了计算机系统及其控制设备，在关键的岗位上找准了问题，开展了科学研究工作。例如，勾调技术业已走向科学化，计算机对发酵过程的监督与生产阶段的控制已取得了明显的进展。不仅在四川地区传来使用计算机进行质量管理、遥测控制的信息，而且省外例如山西省也传来找出了发酵升温过程数学模型的喜讯。看来在大曲酒专业生产战线上正孕育着一次技术飞跃，目标是在近代科学技术武装下，保持原有酒质风格，实现国家名优酒产量的大幅度提高。

面对这一技术进步的新形势，摆在大曲酒专业科技战线上紧迫而首要的任务是研究大曲酒生产的基本规律，不断提出更加逼近生产环节特别是关系全局的发酵生产环节的数学模型。建模工作是使用计算机进行管理的前提条件，是当务之急。从当前生产所处的实际情况来看，妨碍大曲酒专业大步向前发展的主要障碍不是来自计算机系统硬件难于解决，而是对酒类生产规律认识的"透明度"问题。例如，现阶段发酵过程对气候与人的依赖性过大，优秀酒师才能酿制好酒的现象比比皆是。

这一现象除说明酿酒本身的复杂性外，还突出地说明了对酿酒的基本

规律尚缺乏系统的理论研究。尽管微生物的共生机理以及有关的生化反应原理尚属正在研究的范畴，但这并不妨碍把整体的发酵过程当作一个工程问题来认识。所谓从工程角度就是可以不苛求对反应途径与反应机制做微观的透彻了解，而只求在宏观上对其共性规律有所认识，即先从现象入手，首先开展对宏观现象的研究。例如，可以用测量窖内二氧化碳气体产生的瞬时流量来判断发酵进展的程度，或者用热流计或温度计来计算葡萄糖于酒精中发酵时放出的热量值来推算发酵的进展情况。又如对一个正处在主发酵期的酒醅，可以通过对窖内有限点温度的连续测量，绘制出窖内温度场的迁移图像，如果再参照这时有关质量好坏的统计数据，我们便可按概率关系计算产生正常香味物质的客观条件，从而建立起迁移图与醇香物质之间的种种统计关系（而不必等待透彻了解生香机理之后再来进行这一工作）。在重复验证这些统计关系的可靠性之后，不难得出正常酯化与特定温度场情况的对应关系。下一步工作是给计算机下达任务，要它为自动维持能产生正常酯化物的那种温度场，提供一个可能产酯的客观环境。当然做到了这一步还不等于就获得了理想的发酵效果。因为老窖风味是一个多种成分的集合体，只有当各个主要发酵阶段都实现了正常化后，一般才能获得好的基础酒。尽管问题是复杂的，但总是可以通过逐项分析而最终获得解决的。

1987年7月，由浙江省自动化学会组织筹备的全国过程控制校际科学报告会，一次就收到数篇关于大曲酒理论研究的学术论文。这些文章涉及关于窖内发酵过程参数的分析，有关缓慢发酵过程的实现条件，以及有关大曲酒活体组织综合糖化酶反应速度的分析等内容。这些文章的共同点是试图建立实用的数学模型，建立起对窖内发酵品质的预测预报算式，最终实现对发酵质量的计算机管理。

在《老窖大曲酒前期发酵过程品质指标相关性讨论》一文中，作者通过对现场发酵的典型实例的分析，找出了在酶作用下发酵过程参数变化的特征。用设定酶促反应速度公因子的办法提出用实测现场发酵温度的数值去估算其他重要过程参数，如活酵母数、含酒量、淀粉糖化率等参数的数值。一般而言，只要在pH值保持最佳且不变化、酸度含量正常且变化甚微的前提下使用此法，仅需知道封窖后2~3天内的窖心温度度数，便可推算出本排前期发酵过程中参数的基本变化范围与变化趋势。这一研究及时为工艺师提供了窖池对配料的响应信息。操作人员可根据测出的最大升温速度出现的早迟（"来火"的快慢）调整配料比例，使之有助于控制窖池发酵速度，使整个生产小组的操作水平相对得以稳定。

在另一篇以可行性论证报告题材写出的《缓慢发酵与低温入池关系讨论》的文章中，作者对购置冷冻设备强行冷却入池酒醅的新工艺路线提出异议。文中用热传导理论计算出了窖壁酒醅的热影响，从而得出结论：在自身发酵酵解热与环境热的双重热源影响下，处于低温入池条件下的酒醅将会出现一般升温速度的温度增量。计算表明，这一过高升温使对微生物的热冲击也随之增大，这种热刺激对微生物的抑制（钝化）作用可能是致命的。这一分析结果对于度夏措施的工艺决策将有参考价值。

三、理论发酵工程学在解决实际生产课题中前进

还需指出的是，尽管理论发酵工程学在解决实际工程问题时常常要舍去一些次要的因素，也要补充一些基本合乎实际的假定，推导的过程也带有一些抽象的色彩，所得结论也不像一个能立即可以实施的方案那样具体而完备。但是它的研究成果毕竟能从原理上说明问题，指出解决途径上的正确与谬误。这些带有方向性与原则性的论证工作，都是保证设计工程能取得成功的首要条件。

例如，对于热季发酵掉排的问题，从理论上分析和解决的可能途径如下：热季发酵因升温过快而导致酸败，谓之掉排，用温度变化曲线表示这一变化过程则得到一条温度上升很快的指数形曲线，它比之较为平缓上升的春季温度曲线来说要陡峭得多。简单地说来，解决发酵度夏问题，按理论发酵工程学的观点无非是要求热季发酵过程线在形状上向春季的发酵过程线靠拢。而要解决的掉排问题也就是让热季曲线以其可能的方式向春季曲线逼近的问题。即把一个工程掉排问题转化成一个研究两根曲线如何以一定的几何精度逼近的问题。再从众多的曲线逼近方法中选择出一个为现场所能接受的方法，再加上实用化、工艺化处理而已。从依照这一观点所拟定出的几个逼近数学模型中（具体方法可参考《模型简化》一文的内容）可以得到几点颇受启发的结论：（1）热季与春季发酵情况尽管在

环境上、窖内因素上差别甚大，但从过程曲线上看，仅有曲线的曲率不同而已。（2）要解决的问题是如何用热季线（有固定的曲率）去凑试出春季线的形状。凑合时仅仅希望在发酵的头四天内有稍高的精度，而在其余时间内仅大约接近就行了。这一点的现场意义是实现封窖后在前四天内要有缓慢的发酵速度。从曲线所在的画面来看，这根凑合起来的线实为有几个折点的不光滑的曲线，它与春季发酵曲线仅近似（其弥合的最大误差当然要能被生产工艺所允许）罢了。这一步骤是解决度夏掉排问题的核心构思。据此，从理论上讲，似乎度夏的问题就被解决了。（3）最后的问题集中到如何在现场实现发酵升温速度的分段转移。当这一问题的最佳数求得之后，实施方案可以因地区、因技术水平而有多种不同的解决形式，现场工程师可以根据这一原则而大显身手。实施的细则当然带有专利的色彩，不管实施的具体方案差异如何，安全度夏问题只是一个实施问题了。

对于缩短发酵窖期的问题，从理论发酵工程学的角度来看，同样可以得出一个明确的结论：窖期在一定条件下可以缩短。其技术的关键措施是适时地向那些进入酯化场所的合成脂肪酸的物质提供恰当的穿越能量。当这一能量供应充足而及时时，生酯率就会提高，或者达到缩短窖期的目的。通过局部的试验业已证实现有的窖池空间确实存在着增产的潜力，可以预见大面积的增产活动可能成为现实。总之，只有当理论研究工作达到一定深度后，固态发酵工程才能走向现代化。

老窖大曲酒理论发酵工程学必然要借助于现代物理学、数学、控制论以及生物工程中的优秀研究成果而壮大起来。它属于发酵工程中重要的组成部分。围绕这一学科的发展要牵动为它服务的一大批有关学科，如针对发酵过程的检测理论、技术与仪器，服务于它的控制理论、方法与设备，以及为解决发酵工程而崛起的发酵工程数学，等等。综观全局，为适应生产发展的需要，微生物发酵学科体系的共同目标是把窖池建设成为一个具有完善能力的发酵床，床内物质将按照人们所设计的途径进行转化。通过可控的发酵手段，把老窖风味酒最大限度地酿造出来。为促进这一局面的早日到来，酿酒业在科技现代化的征途上已做好了准备，满腔热情地迎接纵向和横向学科的全面合作与渗透。

（原载《酿酒》1988年第1期）

论浓香型白酒『原窖分层酿制工艺』

酒

文／赖高淮　李恒昌　游定国

　　我国浓香型（固态法）白酒生产的工艺操作方法习惯分为"原窖法""跑窖法"和"老五甑法"三种类型，其中"原窖法"是一种主要的传统工艺方法。

　　所谓"原窖法"，是指发酵糟醅在循环酿制过程中，每一窖的糟醅经过配料、蒸馏取酒后仍返回到本窖池，而不像"跑窖法"那样将这一窖的糟醅配料蒸馏后装入另一窖池，一窖撵一窖地进行生产。"原窖法"每窖的甑口（容量）不强求固定，窖内糟醅的配料上下一致，而不像"老五甑法"那样每窖固定为五个甑口，窖内糟醅的配料上下不同。

　　传统的"原窖法"生产，每窖糟醅区分为两个层次，即母糟层和红糟层。每甑母糟统一投粮（与投粮量相应的糠、水、曲），每窖母糟配料后增长出来的糟醅不投粮，而是蒸馏后覆盖在母糟上面，称为红糟。红糟、母糟均统一入窖，同期发酵出窖。每窖糟醅发酵完毕后要全部从窖内取出，堆置在堆糟坝上，以便配料蒸馏后重新将糟醅返回原建窖。堆糟的方法是：红糟单独堆放，单独蒸馏，蒸馏后即丢弃（称丢糟），母糟则按由上而下的次序逐层从窖内取出，一层压一层地堆铺在堆糟坝上，上层母糟铺在下面，下层母糟盖在上面，蒸馏时像切豆腐块一样，一方一方地挖取母糟，然后均匀拌料蒸馏。每甑蒸馏摘酒均采取"断花摘酒"的方式，断花前接取的为基础酒，酒度保持在63%vol以上，断花后接取酒尾，用于下次回蒸。丢糟（前一排的红糟）酒单独装坛，母糟酒和红糟酒则统一装坛储存，用于勾调成品酒。

"原窖法"工艺是在老窖生产的基础上发展起来的，它强调窖池的等级质量，强调保持本窖母糟的风格，避免不同窖池特别是新老窖池母糟的相互串换，所以俗称"千年老窖万年糟"。在每排生产中，同一窖池的母糟上下层混合拌料、蒸馏入窖，使全窖的母糟风格保持一致，全窖的酒质保持一致。配料操作比较方便，每窖各排的发酵情况比较清楚，便于掌握，便于总结经验教训，所以这种工艺方法被广泛沿袭采用。

新中国成立以来，随着科学技术的发展，"原窖法"工艺有了很大的改进和发展。生产实践证明，这一传统工艺有很大的潜力，需要深入挖掘和开拓。传统的"原窖法"工艺重视了原窖发酵，避免了糟醅在窖池间互相串换，但对同一窖池的糟醅则实行统一投粮、统一发酵、混合堆糟、混合蒸馏以及统一断花摘

酒和装坛，这种"统一"和"混合"的结果，决定了全窖糟醅的平均和酒质的平均，这对于窖池生产能力的发挥、淀粉的充分利用、母糟风格的培养以及优质酒的提取和经济效益的提高等都有一定的影响。

总结长期的生产实践经验和多年来的科研成果，借鉴其他生产工艺优点，我们研制创立了"原窖分层酿制工艺"，对传统的"原窖法"工艺进行了系统的改革，使之扬长避短，充分发挥老窖的优势和潜力，以达到优质低耗高产的目的。

一、"原窖分层酿制工艺"的思路和方法

浓香型白酒生产区别于其他白酒生产的主要特点是采用泥窖固态发酵。经过常年循环发酵，使窖泥中产生大量的多种类的微生物及其代谢产物，这是浓香型白酒的典型香味——窖香的主要来源之一。生香物质含量越丰富，对发酵糟的培养越有益，酒质风格也越佳。而窖池中生香物质的含量是不均匀的，越到下层窖泥中生香物质越多，窖底泥含量最为丰富，测定表明（表1）：

表1　上下层窖泥含量分析实例

窖号	层次	水分（％）	氨态氮（mg/100g）	速效磷（mg/100g）	腐殖质（g/100g）	厌氧菌（个/克）	pH值
1-1-1号窖	上层泥	31.80	273.87	6.36	4.79	1.20×10^6	6.60
	下层泥	36.10	293.25	37.00	11.92	2.90×10^6	6.00
1-1-2号窖	上层泥	32.80	279.02	31.91	6.49	5.40×10^6	6.50
	下层泥	35.50	310.08	107.87	9.95	5.94×10^6	6.20

从表中可以看出，下层窖泥中的有益微生物生长繁殖的物质都比上层窖泥的含量高些。

糟醅入窖发酵大体上可分为三个阶段。第一阶段为主发酵期，也称发酵前期，时间是密封后1～15天。这段时期主要作用是淀粉变糖、糖变酒，淀粉不断消耗，酒精含量不断增长，还生成少量的酸和乙醛，释放大量的热量和二氧化碳以及部分甲烷和氢。第二阶段是生酸期，时间约在主发酵期后的20天之内。这段时间糖化发酵基本终止，霉菌和酵母菌逐步衰

亡，温度下降，而产酸细菌大量生长繁殖，把残存在糟醅里的淀粉糖分和已经生成的醇类物质转化为各种有机酸。第三阶段为生香期，一般在生酸后期就开始了，即在糟醅入窖30～35天之后。这个阶段糟醅中各类微量成分相互作用而生成新的物质，其中主要是酯化，即由酸和醇生成酯，酸和醇的含量越丰富，酯化效果就越好。窖泥中的微量成分（一般认为是丁酸菌、己酸菌和甲烷杆菌）把发酵生成的物质进一步转化或合成为各种香味成分，越靠近窖泥酯化时间越长，糟醅中形成的香味成分就越多。由于糟醅中"黄水"的下沉，越是下层糟醅其酸、醇和其他微量物质的含量越丰富，再加之越往下层，窖泥中的生香物质越丰富，糟醅中接触窖泥的面积越大，因此在生香期，下层母糟的生香程度远比上层大得多，其所产酒质也要好得多。测定表明（表2）：

表2　各层发酵糟产品质量分析比较实例

层次	酒度	总酸	总酯	总醛	杂醇油	甲醇	糠醛	尝评记分
上层糟	64.76	0.04910	0.11150	0.02660	0.10190	0.02320	0.00139	67
中层糟	60.40	0.09130	0.29340	0.02670	0.07950	0.02190	0.00273	71.5
下层糟	60.08	0.10410	0.35670	0.03410	0.09990	0.02200	0.00175	82

从上表明显看出，上层糟其产品质量较差，越往下层酒质越好，底层糟酒质最佳。

母糟淀粉含量的多少，不仅对糖化产酒数量起决定作用，而且对母糟风格和基础酒质量有着重要影响，母糟留有残余淀粉多，酒质醇和绵柔；反之则燥辣刺喉。可是增大淀粉会导致产量和质量的矛盾，丢糟中所浪费的残余淀粉也会增加。

蒸馏摘酒时机对酒质的影响极大，最先馏出来的酒，酒度高，醇溶性物质多，品味优良，随着馏酒时间的延长，酒度不断下降，高沸点物质逐渐增多，酒的品味也越来越差。下面（表3）是一个不同馏分酒的各种成分变化表：

表3 不同馏分酒的含量成分实例

项目	酒头（500g）	70度以上	60~70度	50~60度	20~50度	3~20度	酒尾
酒精度	76.20	75.20	68.60	56.20	28.20	0.5	23.40
总 酸	0.043	0.029	0.05360	0.06120	0.16680	0.222	0.305
挥发酸	—	0.025	0.02690	0.04330	0.088	0.103	—
总 酯	0.960	0.556	0.29740	0.25340	0.746	0.736	0.098
挥发酯	0.820	0.510	0.253	0.214	0.5	0.487	0.401
总 醛	0.041	0.03750	0.02390	0.01810	0.01320	0.00750	0.010
糠 醛	0.00021	0.0000120	0.00004	0.00040	0.00040	0.00050	0.00079
甲 醇	0.00950	0.00320	0.003	0.082	0.00130	0.00097	0.00340
高级醇	0.090	0.065	0.046	0.041	0.00840	0.00530	0.00420
多元醇	0.470	0.540	0.610	0.660	1.31	1.6	1.0
甘 油	0.00110	0.0000510	0.00006	0.00007	0.00017	0.00021	0.00020
双乙酰	0.00090	0.00009	0.00024	0.00030	0.00032	0.00039	0.00027
乙缩醛	—	0.29340	0.024	0.01050	0.00720	0.00420	—

从上表可以看出，随着馏分的延续，酒体中有益成分逐渐减少，杂味成分逐渐增多，因此，摘酒时机的掌握对区分酒质有着重要的作用。

以上分析说明，在一个窖池内糟醅的发酵质量是不均匀的，每甑糟的蒸馏酒质量也是不均匀的，如果我们能巧妙地利用这种差异性，在工艺上加以区别对待、区别处理，将能产生优质、低耗、高产的最佳效果。

"原窖分层酿制工艺"的基本点就是对发酵和蒸馏的差异扬长避短，分别对待。这个方法可以概括为：分层投粮，分期发酵，分层堆糟，分层蒸馏，分段摘酒，分质并坛，简称为"六分法"。

第一是分层投粮。针对窖池内糟醅发酵的不均匀性，在投粮上予以区别对待。即在整窖总投粮量不变的前提下，下层多投粮，上层少投粮，使一个窖池内各层糟醅的淀粉含量呈梯度结构。其层次的划分最好以甑为单位，但为了操作方便，可大体上分为三层。第一层是面糟（占全窖糟量的20%左右），每甑投粮可比全窖平均量少二分之一左右；第二层是"黄水线"以上的母糟，可按全窖平均量投粮；第三层是"黄水线"以下的母糟

（包括双轮底糟），每甑投粮可比全窖平均多三分之一左右。

第二是分期发酵。根据窖内各层发酵糟发酵过程中的变化规律，在发酵时间上予以区别对待。上层糟醅在生酸期后酯化生香微弱，让其在窖内继续发酵意义不大，就提前予以出窖蒸馏，底糟生香幅度大，就延长其酯化时间。一窖糟醅可区分为三种发酵期：面糟在生酸期后（在入窖30～40天）即出窖蒸馏取酒，只加曲不投粮，使之变为红糟，再将其覆盖在原窖母糟上面，封窖再发酵；母糟发酵60～65天，与面上的红糟同时出窖，每窖留底糟1～3甑，两排出窖一次，称为双轮底糟（第一排不出窖，但要加曲），其发酵时间在120天以上。

第三是分层堆糟。为了保证各层糟醅的分别蒸馏和下排的入窖顺序，各层母糟出窖后在堆糟坝的堆放要予以区别。面糟和双轮底糟要分别单独堆放，以便单独蒸馏，母糟分层出窖，在堆糟坝上由里向外逐次堆放，以便先蒸下层糟，后蒸上层糟（黄水线以上和以下的母糟要予以区分）。

第四是分层蒸馏。针对各层母糟的发酵质量不同、酒质不同，为了尽可能多地提取优质酒，避免由于各层糟醅混杂而导致全窖酒质下降，各层糟醅应分别蒸馏。即面糟和双轮底糟分别单独蒸馏，二次面糟取酒后就扔掉，双轮底糟仍装入窖底；母糟则按由下层到上层的次序蒸馏，并按分层投粮的原则进行配料，按原来的层次依次入窖。

第五是分段摘酒。针对不同层次糟醅的酒质不同、蒸馏中各馏分酒质不同，为了更多地摘取优质酒，要根据不同糟醅适当分段摘取基础酒。即对可能产优质酒的糟醅，在断花前分成前后两段摘酒。具体做法是：

（1）每甑摘取酒头500g左右。

（2）面糟（包括红糟和丢糟）的酒质较差，可不分段，双轮底糟的酒质优良，也不必分段。均仍采取断花摘酒。

（3）母糟酒的摘取，应视窖池的新老、发酵的好坏以及母糟层次分成前、后两段摘酒。一般原则是：新窖黄水线以上的母糟前段酒摘取三分之一左右，后段摘取三分之二，黄水线以下的母糟，前后段各摘取二分之一左右；老窖或发酵特别好的新窖，黄水线以上的母糟前后段酒各摘取二分之一左右，黄水线以下的母糟，前段酒摘取三分之二左右，后段酒摘取三分之一左右；前段酒的酒精度要保持在67%vol以上，最低不少于

66%vol，后段酒保持在60%vol以上，最低不少于59%vol。

第六是分质并坛。采取分层蒸馏和分段摘酒工艺后，基础酒酒质就有了显著的差别，为了保证酒质，便于储存勾调，蒸馏摘取的基础酒应严格按质合并装坛。大体上的原则如下：

（1）酒头和丢糟酒应分别单独装坛；

（2）红糟酒和黄水线上层母糟后段酒可以并坛；

（3）黄水线上层母糟前段酒和黄水线下层母糟后段酒可以并坛；

（4）黄水线下层母糟前段酒单独并坛；

（5）双轮底糟酒单独并坛。

以上各种类型，酒质有明显区别，便于分等定级和勾调成品。如果条件许可还可再分得细一些，例如可以区分新老窖酒。如果发酵情况不正常，并坛时可按上述原则适当调整。

二、六分法工艺的进一步阐述

"六分法"工艺是在传统的"原窖法"工艺的基础上发展起来的。从酿造工艺整体上来说，仍然继承了传统的工艺流程和操作方法。而在关键工艺环节上，系统地运用了多年来的科研和生产实践成果，借鉴了其他酿酒工艺的有效技术方法。这项工艺通过在泸州曲酒厂试行应用，大幅度提高了名优酒比例，发挥了老窖的生产能力，取得了显著的经济效益。

（一）"六分法"工艺与产品质量

"六分法"工艺的根本宗旨是保证和提高产品质量。它抓住投粮、发酵期和蒸馏摘酒三个影响酒质的关键问题，采取了一系列的工艺措施。

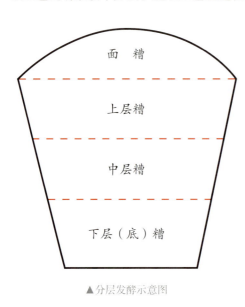

▲ 分层发酵示意图

　　"六分法"的精髓就是一个"分"字，它应用全面质量管理的分层理论，对生产过程中的差异进行不同的工艺处理。针对窖池各层次发酵质量的差异，采取"分层"投粮和"分期"发酵，把"钢"用在"刀刃"上，充分发挥下层糟醅产好酒的潜力，多产好酒，增进酒质绵柔、醇和的优良风格。同时，粮多养糟，下层糟醅越养越好，随着循环配料，下层糟不断向上增长，面糟不断被扬弃，全窖母糟形成良性循环，全窖酒质将会不断提高。进而在蒸馏摘酒上采取分层蒸、分层摘的工艺措施，尽量把发酵质量好的酒和前段馏分的好酒提取出来，使优质酒酒质更纯，比例更高。最后通过"分质并坛"，确保优质酒的质量，同时也兼顾了普通基础酒的质量，使各等级酒酒质规范化，便于储存勾调。

（二）"六分法"与产量、消耗

　　"六分法"充分考虑到生产中质量同产量、消耗的矛盾，采取了一系列在保证质量的前提下增加产量、降低消耗的措施。

　　首先是面糟的二次处理。入窖时，面糟少量投粮，发酵中期就将其出窖蒸馏，再变为红糟（不投粮）入窖，全窖出窖再蒸一次，比传统方法多蒸一次酒，等于使窖池的利用率提高了20%。根据泸州曲酒厂的实验，面糟的出酒率可提高20%以上。

　　"分期发酵"较好地解决了延长窖期和增加消耗的矛盾。窖期长，酒质好，但消耗增大。"六分法"根据窖池各层发酵的不均匀性，采取不同的发酵时间，既照顾了质量，又照顾了产量和消耗。

　　"六分法"充分发挥了"养糟挤回"的作用，下层糟逐次向上增长，投粮量逐次减少，残余淀粉逐渐被利用，直到上升为面糟，再经过二次处理，残余淀粉得到充分利用，丢糟中的淀粉含量可降至7%以下，有效地减少了粮食的浪费。

（三）"六分法"与传统酿造工艺

　　"六分法"在"原窖法"的基础上借鉴吸收"跑窖法""老五甑法"等传统工艺的有效技术，本着"博采众长，为我所用"的原则，不是照搬，而是有机结合。

　　"六分法"吸取"跑窖法"的分层出窖、分层蒸馏特点，保证和提高了酒质。但又不同于"跑窖法"的入窖次序，不是把糟醅上下层次颠倒，而是按原窖内糟醅层次，依次入窖，使下层糟醅向上增长，更有利于发挥老窖优势，提高母糟风格。

"六分法"吸取了"老五甑法"的"分层投粮""养糟挤回"的特点，以充分利用淀粉，提高母糟风格和酒质。"六分法"在"分层投粮"的基础上，又增加了"分期发酵"工艺，充分发挥了老窖容积大的优势，可保留大量老糟，下层糟醅逐次增长，从而养糟更有效，挤回更彻底，对提高母糟风格和提高酒质更为有利。

（四）"六分法"的操作技术

"六分法"是一项系统的不可分割的完整工艺，它使传统的"原窖法"工艺更为细致严密，因而对操作技术的要求更为严格。除了要继承发扬传统工艺"稳准配料，细致操作"的技术要求外，还必须全面掌握"六分"的操作要领，特别要注意两个重要特点：一是糟醅特点。由于分层投粮和分期发酵，全窖各层糟醅将出现明显差异。越往下层，淀粉浓度越大，酸度越大，含水量也越大，这就增加了配料和蒸馏的难度，要注意控制入窖酸度，注意控制上层糟醅的投糠量，提高上甑技术，提高酵母的耐酸能力。特别注意季节转变时的生产配料。此外，由于第一次面糟要投粮，中间要提前开窖蒸馏，所以要注意窖池的密封和维护。二是酒质特点。实行"分段摘酒"和"分质并坛"，要求操作者提高对酒质的判别能力，要能正确识别糟醅发酵质量，正确掌握分段摘酒时机，并坛时要注意检查辨别酒质，防止由于发酵不良、蒸馏不善而造成优劣酒混坛。

（原载《酿酒》1990年第4、5期）

规范酿酒传统工艺
提高新建窖池优质品率

酒

文／赖高淮　李宽亮　王永建　黄燕飞

　　以泸州老窖为代表的浓香型大曲酒是以悠久的百年老窖、优质的大曲和"万年糟"酿制而成的，长期以来，深受广大消费者的青睐，也夺得了无数的殊荣。近十余年来，随着社会的不断发展及社会需求的不断增长，人们对优质酒的消费也不断地增加，各名酒厂为适应这一新形势的需要，都根据其自身特点，在不同时期扩建生产规模，增加了大量的新窖池（就浓香型大曲酒而言），使许多原来只有几千吨生产规模的厂一跃而成万吨厂。但应该承认，由于窖新、基础糟醅来源不一造成的糟醅基础差，再加上生产过程中的管理不尽完善规范等因素，从而造成新建窖池所产酒的名优品率都较低，具体表现为口感不爽快、不协调，酒体浓香不突出；理化分析，主体香——己酸乙酯含量较低，己乳比例一般都在1∶1.1以上。以我厂为例，1991年新建车间全年优质品率只达14.83%，这严重制约了经济效益的进一步提高。

1992年3月，我们针对这一生产实际，提出了旨在提高新建车间质量的举措——"规范酿酒传统工艺，提高优质品率"这一课题，于同年4月开始开展工作。

一、科学依据

长期的生产实践证明，在浓香型（泸型酒）"原窖法"工艺生产中，投产不久的新窖具有两个尤为明显的特征：

（1）同一发酵泥窖中各层窖泥的质量（所含有益物质和微生物）是不均匀的，窖底泥质量最好，越往上层质量越差。

（2）同一窖内的发酵糟醅质量也是不均匀的，接触窖底的糟醅，酒质量好，下层糟醅的酒质又好于上层，并且差异也较显著。

那么，在窖池质量相对固定的前提下，可以认为，糟醅的质量将直接关系到优质品率的高低。因此，如何保证和提高窖内糟醅的正常发酵成了关键问题，也是课题首先要做的工作。为此，我们首先对新建车间的生产配料及生产措施进行了科学的、有针对性的调整，将前期酒精发酵与后期酯化发酵既分开又有机地巧妙结合，达到窖内糟醅前期发酵基本彻底，后期创造条件，使其尽可能多生成酯（主要指己酸乙酯），并对发酵周期实行严格的规范化管理、控制，合理地安排、调整"翻沙窖"与"双轮底糟"及"产量窖"的数量（比例），使窖内糟醅的发酵周期得到相对的稳定，从而为窖内各种功能微生物的生长与繁殖、代谢创造了一个较稳定的场所，糟醅质量也得到了逐步的提高，为高质稳产提供了较好的基础。

窖泥，是浓香型大曲酒之本，它作为特有功能微生物的载体，吸附着数量繁多的微生物，它在窖内与糟醅接触，一方面吸取糟醅中的营养物质，另一方面，又代谢出各种产物，参与发酵过程，从而赋予浓香型大曲酒特殊的风味。新建窖池窖泥一般皆为人工培制，其成熟度和质量均有限，投入生产后，加强对窖泥的保养尤显重要。一些酒厂的窖泥之所以退化，除配料选用不当的原因外，另一个很重要的原因就是缺少对窖泥的保养，造成窖泥失水严重，窖泥板结，使窖泥功能菌难以正常生长、繁殖。我们根据生产实际，选用生产中的物料进行科学的混合培养后，坚持以刷、淋相结合的方式对窖池长期进行保养，从而使窖泥得到了一定的水分及营养补充，为各种功能微生物的生长提供了条件，这也就加速了窖泥的老熟，使之更好地参与发酵过程，保障了优质品率的提高。

浓香型大曲酒生产中有"提香靠蒸馏，勾调是艺术"的精辟说法。这就是说，再好的糟醅，如不在蒸馏工艺上严格把关，不运用成熟的蒸馏技术，也难取得好酒。勾调就如同艺术家的手和笔，运用好了，可使酒质"更上一层楼"，否则，好酒也可能会变成劣酒。我们知道，蒸馏工序中甑桶内的糟醅，存在有气、液、固三相，在液、固二相相对固定的条件下，气相中的酒精浓度对糟醅中多种酸、酯、醇的提取率至关重要。一般而言，气相中酒精浓度高，相应地醇溶性酸、酯的提取率就高；反之，相对来说就要低一些。生产实践中亦如此，即在保证工艺操作和要求的相同条件下，以一定的方式回升一定数量的质量酒，比不回升酒所蒸馏出的酒的质量要好，且同时提高了回升酒的等级，突出地表现在酒中的主体香——己酸乙酯呈增加的趋势，水溶性的酯类，如乳酸乙酯等发生位移，从而可人为地控制其接取量，这也就达到了规范化保证产品质量的目的。同时，运用"六分法"（分层投粮，分期发酵，分层堆糟，分层蒸馏，分段摘酒，分质并坛），对所产酒进行科学合理的搭配，互为补偿，从而显著地提高了酒的口感质量，同时也扩大了整个产酒的质量等级。

▲对半成品酒进行尝评、勾调

二、试验结果

通过历时一年的试验，从调查分析到各项有效措施的制定、实施及严格按照设计的规范化生产、管理、调控，我厂新建车间的生产有了明显的好转，试验前后同期产酒相比，酒的口感有了明显的改善，优质品率由原来的16.13%增长到34.85%，工厂取得了显著的经济效益。

1. 试验前后出入窖糟理化分析

分析项目		酸度（°/10g）	淀粉（%）	水分（%）
试验前	出窖	2.88	9.40	61.44
	入窖	1.39	17.26	56.77
试验后	出窖	3.17	9.10	62.15
	入窖	1.77	17.14	56.19

（所列数据为1991年9—12月同期比较，以下同）

2. 试验前后窖泥质量变迁

从窖泥的检测结果看，泥中的水分有所增加，但关键是泥中的细菌总数、芽孢菌数及厌氧菌数都有不同程度的增加，这充分说明我们实施的"保窖措施"是有成效的，达到了设计的"为窖泥补增水分、营养物质，提高窖泥有益微生物数量"的目标。

检测项目		试验前	试验后
鲜土水分（%）		30.80	36.80
干土水分（%）		5.60	7.60
氨态氮（mg/100g干土）		94.70	97.51
速效磷（mg/100g干土）		402.25	415.76
腐殖质（g/100g干土）		10.14	10.73
pH值		5.2	5.2
微生物检测（个/g）	细菌总数	3.95×10^9	5.45×10^9
	好气菌总数	2.50×10^4	2.57×10^4
	厌气菌总数	1.39×10^4	1.45×10^4
	芽孢菌数	4.10×10^3	3.20×10^4

（以上数据为我厂勾储车间分析反馈统计结果）

3. 试验前后同期酒质情况

项目	乳酸乙酯	己酸乙酯	己：乳	口感
试验前	1.921	1.633	1：1.18	浓香不突出，较涩口，欠协调，不醇厚，有回味
试验后	2.450	2.549	1：0.98	浓香较突出，醇厚、干净、协调，回味较长，爽口

4. 试验前后同期优质品比率情况

生产时间	总产（kg）	特曲（kg）	特曲比	头曲（kg）	头曲比	二曲（kg）	三曲（kg）	粮耗
1991年9—12月	50946	5935	11.65%	2883	4.48%	20414	21711	4.322
1992年9—12月	57655	10190	17.67%	9904	17.18%	9966	27595	4.138
增减率	13.17%	71.69%	6.02%	243.53%	12.7%			−4.2%

从酒质情况可以看出，试验后产酒的口感有了明显的改善，浓香突出，协调，较醇厚，干净爽口；从反馈的色谱检测统计数据看，酒的主体香——己酸乙酯平均提高了91.60mg/100mL，己酸乙酯与乳酸乙酸的比值下降了20%；试验前后同期生产相比，平均优质品率提高了18.72%，累计多产优质酒（以特、头曲计）112.76吨。同时，由于糟醅基础的提高及窖泥的不断老熟，管理规范化的措施不断地完善，对今后的生产安排、优质品率的进一步提高提供了坚实的基础。

三、小结与讨论

（1）"规范化酿酒传统工艺"从整体上说，仍然继承了传统的工艺流程和操作方法，是"六分法"工艺的进一步完善应用，试验中通过应用成熟的科研成果，从而使浓香型大曲酒生产更具科学化，也使酿酒工艺生产措施更加规范，保证了生产计划的顺利完成，克服了生产中的主观随意性。

（2）通过各项科学措施的实施，比较明显地改善了酒的口感，使酒的优质品比率上升了18.72%，取得了较显著的经济效益和社会效益。

（3）"保窖措施"加速了新建窖池的老熟，特别是窖池上半部窖泥的老熟得到了加速，从而使泥中功能微生物更具活力。

（4）糟醅基础经科学的调控后，短期内即得到了提高，从而使生产进入良性循环，真正起到了"以糟养窖，以窖养糟"的作用。

（5）"蒸馏技术"的合理配合使用，也是提高新建窖池优质品比例的关键，否则，难以保证酒质的提高。

（6）本工艺是在我厂新窖车间特定的条件下试验的，在其他条件下应用可能有出入，但其基本原理、基本模式及运行程序则具有共性，因此，应用本成果应紧密结合实际，及时调整工艺参数。

（原载《酿酒》1997年第4期）

从科学技术是第一生产力谈中国白酒的发展

文 / 赖高淮

　　展望我们即将步入的21世纪，伴随着信息技术的迅速应用，以及全球经济一体化的推进，一种全新的经济正在形成、发展，这就是将给我们生活和思维方式带来巨大变革的知识经济。二十年前，邓小平同志高瞻远瞩地提出了科学技术是第一生产力的思想，预见了人类社会必将走向以科学技术发展为动力和以知识为基础的社会。在知识经济时代，知识不是经济增长的外在力量，而是经济增长的核心因素。未来世纪科学技术将是推动社会经济发展的第一要素，高新技术产业将取代传统产业而成为支柱产业。知识经济是一种真正可持续发展的经济，是以知识和技术等无形资产投入为主的知识资本化经济。

　　邓小平同志指出发展生产"最主要的是靠科学的力量、技术的力量"。由此可见，当今经济发展、社会进步主要是靠科学技术的力量来实现的，中国白酒的发展也是沿着这条轨道前进的。

一、科学技术对中国白酒发展的重要意义

中国白酒有几千年的文明史，是我国优秀而宝贵的民族遗产，是最古老的传统工业。对于这样一种传统产业是否需要用现代科学技术改造它、挖掘它、发扬它，长期以来在白酒界存在着分歧。有人认为，民族工业、传统工艺是不能用现代科学技术来改造的，它的厂房、设备（包括容器）、工用器具、原材料、生产操作、工艺流程等都不能改变，否则就不叫民族遗产和传统工艺了，产品的质量就会下降，中国白酒就不存在了。也有人认为，在认真、科学总结传统工艺和产品风格的基础上，分析了解传统工艺原理、作用、优点、缺点、产品风格的形成来源、微量成分的组成及相互关系等，然后用现代科学技术去改造、挖掘和发扬它，在确保和提高产品质量的前提下增大科技含量、增加附加值，从而走入现代工业企业行列，这才是中国白酒的发展之路。回顾中国白酒五十年的发展历史，前者是失败的，后者是成功的。这充分说明了中国白酒的发展离不开科学技术是第一生产力的思想指导。

在中国白酒家族中，变革最多、发展最好最快、最有效益的是浓香型白酒。20世纪50年代，把小甑改大甑、天锅改冷凝器、木锨改铁锨、小窖改大窖、不分等级改分级储存、按质定价（特、头、二曲），增加了品种，提高了质量，赢得了市场。60年代，人工培养老窖，传统工艺改优化组合工艺，自然接种大曲改强化大曲，小容器储存改为大容器储存，人工摊晾改为机械鼓风，等等，促进了浓香型白酒全国性发展。70年代，改常规分析为色谱分析，改丁己酸等菌种的自然生成为人工分离培养，老窖的进一步普及与提高，勾调技术的初步形成，等等，确保了浓香型白酒质量的稳定提高。80年代，改人工勾调为微机勾调，改人工制曲为微机控制架式制曲，改有益细菌的研究培育为有益酯化液的研究和运用，改扩大接种为固定化技术，改窖内发酵生香为窖外发酵生香技术（酯化液的出现），把近代科学技术引到浓香型白酒的传统工艺之中，使传统工艺更加科学化、现代化。90年代，改传统工艺的研究为微生物工程研究，改勾调技术为调配技术（同香型酒之间勾调改为不同香型酒之间勾调），改生产工艺

研究为营养复制型研究（提高白酒有益成分的研究），推动中国白酒的大发展。可以说，90年代是中国白酒的变革年代，一次革命，它将为振兴中国白酒，使之健康、持续地发展发挥积极作用，并做出巨大的贡献。

这就是浓香型白酒发展快的主因，改则进，不改则退，科学技术也是中国白酒发展的第一生产力。这说明传统民族工业更需要用现代科学技术来改造自己，才能得到发展，才能继续成为支柱产业，否则必然会被淘汰。

二、运用现代科学技术改进白酒是中国白酒发展的方向

中国白酒的发展方向是一个至关重要的课题，这个问题不解决，中国白酒就没有发展目标，没有希望，没有前途了，就会萎缩被淘汰。现在有一些说法：中国白酒是一个夕阳工业，再过三五十年就会消失，不复存在了，白酒的市场份额会逐步下滑，一二十年内将会下降至现在的50%以下等。也有人认为，白酒是我们国家宝贵的优秀的民族遗产，有几千年历史，已深深扎根人民群众之中，有很强的生命力和潜在力。它品质好，风味独特，在国际和国内都备受青睐，所以能稳定现在的市场份额，并可稳步增加。近十年来，国家虽然采取了一系列限制白酒生产发展的政策和措施，市场上还出现了一些影响白酒销售的"假酒案"和种种不利于白酒发展的新闻报道，但白酒仍保持较强发展势头，这说明后一种观点是可信的。

（一）中国白酒的发展方向

十年前贵阳会议提出了白酒发展的四个转化方向，即高度酒向低度酒转化，粮食酿造向非粮食酿造转化，无营养向营养型转化，一般白酒向优质白酒转化。这对白酒的发展起到了重要作用。

现在白酒的发展方向又该如何呢？专家们认为应该运用现代生物技术、中医学和营养健康学等理论去改造引导中国白酒的发展，使白酒提高科技含量，生产适销对路的产品，从而改变中国白酒的现状，使中国白酒向着"白酒的风格，果酒的工艺，补酒的功能"的方向发展。这就是说，今后要在中国白酒的风格特征的基础上，降低有害成分甲醇、高级醇、

醛，提高营养成分和保健作用，把中国各类白酒、果露酒、滋补酒、药酒以及各类世界名酒（洋酒）的优点和先进的工艺有机地、科学地结合起来，实现古为今用，洋为中用，使中国白酒的适应性及产品质量上升到一个新的高度，以此来开拓市场，保证新时代的需求。

总而言之，中国白酒要积极地运用现代化科学技术，确保固有风格特征，广泛利用国内外名牌蒸馏酒的优点，努力降低有害成分，提高有益成分含量，向营养、保健型饮料的多元化方向发展。

（二）运用现代科学技术改进白酒

运用现代科学技术改进中国白酒，是当今白酒界科技人员的神圣职责和任务，中国白酒的兴衰，历史性地落到了他们身上，任重而道远，因此，他们要掌握的知识更加广泛，需要学习的东西更多、更深、更全面。现对此提出一点粗浅的看法。

生物工程属高新技术范围，白酒生产为生物工程之一种，近年来在这方面取得了显著成就，酿酒有益微生物的分离、培育与利用，固定化酶（细胞）的运用（酯化液和酯化酶的工业化生产），等等，促进了白酒生产的科技进步和生产发展，但这仅局限于酒类有益微生物的研究，现在出现了许许多多的生物制品，有很高的营养性和保健作用，它们是从植物、微生物、动物体中提炼出来的或培养转化而来的。我们没有去认真研究、加以运用，或者运用得不理想，切入点不对等。例如，人参、西洋参、花旗参类产品中内酯的提炼与利用；螺旋藻中蛋白质、锌等微量金属元素的研究与利用；氨基酸、维生素等的研究与利用，以及动物体中有益成分的提炼与运用；生物技术包括细胞技术、酶技术、发酵技术以及基因工程技术的研究与利用；等等。天地非常广阔，我们要去发现它、挖掘它、利用它，为白酒生产服务。中国白酒与水的关系密切，应研究水和白酒的关系，研究如何与赖以生存的"生命水"相结合的问题。很早以前，人们就把酒作为"生命之水"的概念记入了历史，他们认为酒是由生命之物产生的，因酒是由含淀粉、糖类物质经过微生物的作用而生成的，他们就用"生命之水"来解释这种奇怪或奇特的现象，认为酒是有生命的一种物质，水与酒有着非常重要的关系。所以我们应该把现代对水的研究成果

▲赖高淮先生品评白酒

与酒的生产紧密地结合加以运用。现在有许多白酒厂都在采用纯净水、矿泉水、井水等有一定价值的水来加浆降度以提高酒的品味和质量，增加酒的附加值，取得了一定的成效。最近有人提出用低氚水来作发酵用水或加浆用水，使中国白酒真正成为现代的"生命之水"，增进白酒的保健功能（注：水中含有氚的同位素），把水中的氚提炼出来，即为重水，因为氚有放射性，对人体很有害，把水中的氚提炼出来后或用其他方法减少水中氚的含量后的水叫低氚水，低氚水对人体无害而且非常有益，科学家们把这种低氚水叫"生命之水"。

三、以科学的态度和舆论宣传方式发展中国白酒

长期以来中国白酒的宣传舆论走入了一个误区，很少从正面报道过，贬低它、限制它的报道很多，都说它的缺点、问题（其实有些是不实的、错误的），说得一无是处。在广告宣传上大都是些华而不实的陈词歪调。为了推销产品，把一些封建迷信的东西也搬了上来，得大奖、有好运等类似赌博的花样也来了。甚至胡夸吹牛，不惜血本，不顾后果地争标王、当

标首，使人讨厌心烦。

广告宣传重要，在促销方面能起到作用。若不实事求是，没有质量、服务作保证，那就只会是昙花一现的泡沫经济，不能持续健康发展而走向失败，广告宣传要实在，使人喜欢，才会成功。

中国白酒的舆论宣传，应报道它在当今社会生活中的意义和地位，在经济建设中的重要作用，在促进人民身心健康、美化生活、丰富生活中的功能。以宣传饮用白酒的方法，培养人们具有高尚情操的可能性等，来推动中国白酒的发展。国外的啤酒能引进中国并得到高速高效发展，二十年时间，中国啤酒产量跃居世界之首，靠的就是这种舆论、这样的宣传。它耗用的粮食不亚于白酒，而且都是"细粮"，却没有人说它浪费粮食。我国的黄酒是比白酒更老的国酒，它的营养价值比啤酒高，比啤酒好，唯一的缺点是酒度稍高，这完全可用降度加以改进，但是没有正确的舆论宣传，就没有得到应有的发展，市场萎缩，企业困难。这难道不值得深思吗？不觉得遗憾吗？这样好的民族遗产，这么好的酒种，现在生存无望，实在可惜。再如洋酒中之蒸馏酒，实属中国白酒同类，白兰地、威士忌、金酒、伏特加、朗姆酒等，它们的酒精度比现时中国流行的低度白酒还高，但是他们的舆论宣传有方、奏效，挤入了中国酒类市场，曾一度造成对中国白酒的严重威胁。我国的葡萄酒、果露酒的衰落，也属同样原因。由此可以看出，正确的宣传报道、社会舆论，对中国白酒发展之重要，希望行业主管和有关部门认真加以研究，改进宣传报道，营造良好的社会氛围，促进中国白酒发展。

中国白酒是有希望的，前景是美好的。只要我们不懈努力、共同奋斗，这一民族的传统工业必将成为我国经济建设中的支柱产业，这一古老的优秀民族遗产必将发扬光大、名扬世界。

（原载《酿酒》1999年第4期）

高景炎

GAO
JINGYAN

揭开国宝窖池奥秘 推动白酒工业发展

酒

文 / 高景炎

　　"窖",《说文解字》注"地藏也",指用于藏纳谷物粮食的地穴。《礼记·月令》注"隋曰窦,方曰窖",而"酒窖",就是用于酿酒发酵的盛装容器。泸州酿酒行业称"窖为酒之魂","泥窖酿酒"工艺的发展创新赋予了窖池灵魂,让窖池从一个普通的容器,一跃变成了一个酿酒微生物的大千世界,变成了可以传承并持续酿造生香的"国宝活文物"。

　　泸州地处天府之国的南端,气候温暖,物产丰富,为酿酒生产创造了良好条件。从当地出土的汉棺石刻宴乐图就能知道,早在汉代时期就"以酒为礼"了,以后唐宋明清的文人墨客也有不少吟诵泸酒的诗句。

　　位于泸州城南营沟头的泸州老窖窖池群中最早的窖池初建于明代万历元年,舒姓武举人舒承宗卸甲归田,回到了阔别多年的家乡泸州,在总结前人经验的基础上,慧眼识珠,选取泸州长江边五渡溪的特有黄泥,开始筑泥窖酿酒。这是中国白酒"泥窖酿酒"工艺的开端。

五渡溪独特的黄泥成因在于特殊的地理结构。长江在其南，五渡小溪环绕其北。岛南部的绵沙石有力挡住了上游江水的冲击和可能积淀下来的杂质泥沙，而正北面的山泉水又起到清淤淘沙的作用，在水源上保持了黄泥土壤漫长生长发育过程中所需要的极净环境条件。

亿万年前的板块运动，留下了大量可以搓细至粉末状而又黏性极强的金黄色颗粒状矿物质，在长江水和山泉水的长期交互浸泡作用下，矿物质腐变软化，逐渐演变为美妙的金黄色泥土。

窖池的基质就是这优质黄泥，泥质绵柔细腻、黏性很强，无须经过防渗处理即能保水。用作窖泥的黄泥，在糟、水浸润的漫长岁月中，泥色由黄变乌，由乌转灰，又由灰转

▲ "泸州老窖，中华国宝"墨宝

为乌黑，泥质也由柔变脆，在光照下闪现出红蓝彩色，有一种浓郁的香味沁人心脾。

以泸州老窖窖池酿出的酒醇香浓郁、清洌甘爽、回味悠长、饮后留香。老窖池历四百余年人事沧桑和兵火战乱，仍保持完好，未曾中断过发酵酿造，实在是一份难得的、珍贵的工业遗产。工业遗产是工业文化的重要载体，记录了我国工业发展不同阶段的重要信息，见证了国家和工业发展的历史进程，具有重要的历史价值、科技价值、社会价值和艺术价值。泸州老窖1573国宝窖池群早在1996年12月就被国务院批准为行业内首家全国重点文物保护单位。窖池群从古至今从未因城市的发展而搬迁、破坏，

保存完好，数百余年来持续使用至今，是世界酿酒史上罕见的奇迹。

1957年，食品工业部为了揭开老窖之谜，组织相关科研院所组成"泸州老窖大曲酒技术调查总结委员会"，对泸州老窖池及其传统工艺进行查定总结，从理论高度对泸州老窖大曲酒和老窖泥进行了认真全面的分析，为泸州老窖大曲酒被确定为浓香型白酒的典型代表提供了充分的理论依据。不仅如此，他们还对"泸州老窖传统工艺"数百年的历史演变和操作方法进行了认真总结，认定泸州老窖大曲酒之所以名扬四海、饮誉华夏，除了炉火纯青的传统生产工艺外，用于发酵的老窖池是形成优美酒质的关键所在。

为何老窖池是形成优美酒质的关键？老窖池的奥秘是什么？窖泥中的微生物经过数百年糟、水的接触浸润，进行着自然筛选与驯化，能形成独特的生香微生物群体。窖池使用时间愈长，这类微生物群体愈壮大，在发酵过程中提供和转化的香味物质也就愈多，窖龄愈老，酿出的酒也愈醇厚芬芳。

老窖之谜终于被揭开，这引起了科技界的极大关注。特别是改革开放以来，科研院所与厂家联手进行攻关，开展了多学科的基础研究和应用研

▲2008年，国内知名专家就中国白酒品牌的经营策略和发展趋势进行探讨，图为高景炎先生发言

究，大专院校也开设了关于浓香型白酒的课程，以国宝窖池为样板进行"人工老窖泥培育"和泸州老窖传统工艺推广，这使得一大批生产浓香型白酒的厂家在各地迅速建立。至20世纪80年代中期，除港澳台和西藏外，全国各地都建起了浓香型白酒的厂家，形成了一个庞大的"老窖家族"。这些厂家中有不少成员都走出了自己的路子，成为省、部优酒和国家名酒，使浓香型白酒的生产规模得到了一个飞跃。

以国宝窖池群为核心的泸州老窖对整个浓香型白酒的发展功不可没，称它为"浓香正宗"也是当之无愧。随着改革开放的深入发展，一批科学技术被浓香型白酒厂家大量应用于科研、生产，使国宝窖池的奥秘得到更深入的揭示，也使浓香型白酒的生产得到更大发展，成为全国最盛行的酒种，其生产厂家之众、产销量之多、饮用者之广、经济效益之大，都是其他香型白酒不可比拟的。一批浓香型白酒的生产企业迅速发展，成为当地重要的经济支柱，与之相关的产业也得到配套发展，这对各地经济的振兴起到了积极作用。

饮水思源，在经济繁荣之际，不要忘记保护我们的共同财产：泸州老窖1573国宝窖池群。

专家简介　高景炎

1939年出生，1962年毕业于无锡轻工业学院发酵工程系。我国著名酿酒专家、红星老厂长、北京白酒业首位教授级高级工程师，享受国务院政府特殊津贴。曾任北京市人大代表、北京酿酒总厂技术副厂长和厂长、中国酿酒工业协会首任秘书长、北京酿酒协会会长，中国食品工业协会白酒专业委员会副会长、白酒专家委员会主任委员，北京二锅头酒传统酿造技艺唯一的国家级代表性传承人。

20世纪六七十年代，高景炎先生指导帮助郊县酒厂投产二锅头酒；参与组织酱香型、浓香型、兼香型等白酒工艺引进北京的工作；组织推广应用新菌种"UV-11"，使北京市白酒行业的出酒率达到历史最高水平。

20世纪80年代至90年代，组织北京市各白酒企业开展降低酒度工作。其间，又分别积极参与中国白酒专业协会、中国酿酒工业协会的筹建组织工作；并被推荐为华北地区酒业协会联席会召集人。他组织研制的红星特制二锅头酒和红星御酒，获得全国轻工行业新产品奖。1984年，组织北京酿酒企业参加轻工部质量大赛，获奖牌总数、金奖总数均名列全国第一。

20世纪90年代末至今，参与组织多批次国家名特优白酒标样样品的研发复制工作，以及茅台酒等十余个白酒地理标志产品国家标准的起草编制工作。高景炎先生常年奔波于全国各地，到酿酒企业开展政策、技术、信息服务工作。

由于在科技方面的突出贡献，高景炎先生荣获"科技之星"称号，2017年荣膺"北京酒业领军人物奖"，并在《北京日报》上受到表彰。编纂《白酒精要》《白酒生产技术全书》《清香类型白酒生产工艺集锦》等著作。

白酒讲课提纲

文 / 高景炎

一、白酒的起源

讲白酒起源就得先讲酿酒起源。我国的酿酒生产，历史悠久。关于酿酒的起源，古书上有几种不同说法。

（1）公元前21世纪夏禹时的仪狄所创造。《战国策》中说："昔者，帝女令仪狄作酒而美，进之禹，禹饮而甘之……"接着，它还记载了一个有关夏禹和酒的故事：禹饮过仪狄造的美酒后，并没有从此陶醉于饮酒，而是清醒地预言"后世必有以酒亡其国者"，遂疏仪狄而绝旨（香甜）酒。现在看来，这些虽然是古老的传说，不能作为历史来看待，但起码说明了：①仪狄奉令做酒，在这以前，如果古人早就会做酒了，仪狄就不会是酒的创始人。②当时能做旨酒，说明制酒的技术已有很大进步。③当时禹"绝旨酒",厌恶酒,说明人们早有酒的概念,而且对酒的利弊有辩证的认识。

（2）公元前11世纪周代的杜康所造。《事物纪原》一书中说杜康始造酒,今天河南省汝阳县的杜康村,据说就是杜康的故乡。在《汝州全志》中记载有这样一段话:"城北五十里,俗传杜康造酒处……有杜水。"传说周代某帝王喝了杜康造的酒后,感到食欲大振,精神焕发,就封杜康为"酒仙",赐名杜康村为"杜康仙庄"。1958年前,那里还有"杜康仙庙"的遗址。

以上两个记载虽难确定究竟哪个可信,但可以说明一点,我国酿酒有三四千年或更长的历史。也就是说在仪狄或杜康以前,我国劳动人民早就会酿酒了,仪狄或杜康可能是总结了前人的经验,在酿酒的操作和提高酒的质量上做出了一定的或重大的贡献（"仪狄作酒而美""杜康善酿酒"）,因而被人们所称赞,从而长期在民间流传着种种传说。总之一句话,酿酒与其他生产技术一样,是我国古代劳动人民在长期的生活和生产实践中,反复观察、初步认识后的发明创造。

讲到这里,有人可能要问,你上面讲的只是酒是谁发明创造的,那么当初的酒是怎样出现和逐步被人们认识的呢? 下面我就分几个时期,向大家作一简单介绍。

（一）从"猿酒"谈起

大家知道,人是由猿逐步演变而来的。而最先发现酒、最早会做酒的就是我们的老祖宗——猿。历史记载,先由野生水果（里面含糖）掉在山上或地上的坑洼内,经附在表面和空气中野生酵母的发酵作用,产生酒香扑鼻、酸甜爽口的天然果酒,引起我们祖先的注意。在《蓬栊夜话》中有这样一段话可供参考:"黄山多猿猱,春夏采杂花果于石洼中,酝酿成酒,香气溢发,闻数百步……"这就是说,最先发现最早会做酒的是猿,所以也称作"猿酒"。它与现在我们喝的水果酒（如葡萄酒）相似,唯一不同点,猿酒是天然形成的,后者是人为制成的。不过当时的猿只是发现了野生水果酒,是坐享其成,不劳而获,靠天白喝酒。后来人工制造的果酒是通过劳动获得的,由猿演变到人,才逐步认识到只要将水果破碎,放在容器中自然发酵，产酒后经皮汁分离就可制得初级原始的水果酒。以后随着生产技术改进，慢慢地发展到今天生产的果酒。

（二）酒酿的发现

随着社会发展，人类开始学会了农业生产，种地打粮，并且逐步懂得把成熟的谷物收藏起来备作食用。但是当时储藏谷物的设备很简陋，谷物易因受潮或雨淋而发芽或长霉，就连装在陶罐内吃剩下的干饭或稀饭（尤其夏天）也同样容易长霉。这些发芽和发霉的粮食继续浸泡在水中，粮食中的淀粉受谷芽（如同现在的麦芽）和空气中霉菌、酵母菌的作用引起糖化发酵，于是开始出现了天然的粮食酒（类似今天的酒酿）。当人们发现这种天然酒又甜又香（用现在的话来说，是发酵不完全，酒中还保留有未发酵的糖分），吃了以后浑身发热，精神振奋，有心人便开始意识到让粮食长霉和发芽来造酒，汉代《淮南子》一书中写道："清醠之美，始于耒耜。"意思就是说这种美味可口的酒，创始于农业生产出现之时。从此我们的祖先就开始学会用粮食来酿酒，不过这种酒还不是今天的白酒，而是叫初级的原始黄酒（仍类似今天的酒酿）。以后同样是随着生产技术的发展，这种初级黄酒专门改用江米做原料（也有用大米做原料），经过加酒药糖化发酵、压榨、过滤和煎酒着色，才逐步形成今天生产的一种黄酒。不过早在唐代，就已有压榨、过滤、着色的黄酒了。在李白的诗中有这样的记载："压酒劝客尝。"即请人喝酒前要进行压榨、过滤。另有一句是"玉碗盛来琥珀光"，就是指色泽比较深的黄酒。

（三）用曲蘖酿制黄酒

根据上面讲的发现，我们的祖先经过长期经验的积累，逐步掌握了做酒的规律，就开始有目的地酿酒。在《尚书》一书中，总结了这样一段话："若作酒醴（甜酒），尔惟曲蘖。"意思就是说，要酿制酒必须首先做出曲蘖，靠曲蘖把原料中的淀粉变成糖，靠野生酵母产酒。

这里解释一下，什么叫酒醴和曲蘖。古代人把酒度低而甜的酒，称作醴，饮后一般不易醉；而把不发霉的麦芽和谷芽叫蘖，把不发芽只长霉的粮食叫曲。有趣的是，我国用谷芽酿醴做酒度低而甜的酒，和巴比伦人用麦芽酿制啤酒，差不多出现在同一个时代，彼此之间是否有什么联系已难以考证。但有一点是可以肯定的，巴比伦人因为没有发明出酿造高酒精度粮食酒的方法，所以始终停留在生产啤酒的水平上。而我国后来由于发现了曲（长霉不发芽的粮食），酿制出酒精度高的酒。于是酒度低而味甜的醴就逐渐被淘汰。据文字记载，公元前2000多年至公元700年，我国曲蘖同时并存，还规定了制酒的程序，仲冬之月，"乃命大酋，秫稻必齐，曲蘖必时，湛炽必洁，水泉必香，陶器必良，火齐必得"，大意是说，阴历十一月间，给主管造酒的头领下命令，高粱稻米必须齐备，不得短缺；曲蘖必须新鲜，供应及时；浸蒸米饭必须洁净；泉水必须清香，没有怪味；酿酒陶器必须精良；火候（发酵温度）必须得当。在2000多年前就能制定出这样的酿酒规程，在全世界还是独一无二的。随着生产的进步，后来用曲酿酒压倒一切，就不再用蘖酿酒了。

曲的发现是我国古代发酵技术的最大骄傲，并给现代发酵工业带来极其深远的影响。有了曲才有今天的酿酒工业。关于曲的来历，古人也有种种说法。公元300年，晋朝人江统在《酒诰》中总结的几句话比较能说明问题，他说："有饭不尽，委余空桑。郁积生味，久蓄气芳。本出于此，不由奇方。"用今天的话来说就是，有吃不了的剩饭，扔弃在桑园，时间一长了，这些剩饭就发热（实际上就是发酵）开始产生酒味，再经长久储存，就发出一种芬芳的气味，酒本来就是这样产生的，并没有什么稀奇的方法。根据这种说法，最早的曲就是由空气中的微生物混入残粥剩饭繁殖而成的。后来，凡是谷物以至豆类，不论生熟，整粒或粉末，只要是经过混入各种微生物，繁殖后的制品都叫曲。由于刚制成的新鲜曲不易保存，就发展为晒干的曲饼、曲砖和曲块。这时的曲同现在的大曲相似。当时曲的用途除酿造黄酒以外，还用于制酱、做醋等。并在公元500年至公元600年先后传到日本、朝鲜、印度、越南、老挝、柬埔寨、泰国及南洋各国。总之，我国古代劳动人民所创造的曲，是世界上最古老的微生物自然培养物，古人虽然不能科学地理解微生物的存在，但通过实践掌握了糖化发酵规律，从而开辟了有目的地用曲酿酒的道路。不过这时的酒，还只属于今天黄酒的水平。

（四）白酒的出现

关于白酒的起源，也有各种不同说法。例如，有人认为可能是从唐朝开始，如唐诗中有"荔枝新熟鸡冠色，烧酒初开琥珀香"之句。有人则认为起源于元朝，比较明确的记载见明朝李时珍的《本草纲目》，他说："烧酒非古法也，自元时始创，其法用浓酒和糟入甑，蒸令气上，用器承取滴露，凡酸坏之酒，皆可蒸烧。"从这推断，白酒是由处理酸坏的黄酒开始演变而来的。可见白酒的确切历史，从元朝至今不过六七百年。也有人说起源于金代（1115—1234年），在1975年河北青龙县出土文物中，发现有铜制烧酒锅。

总之，今天的白酒同其他各种酒一样，是我们的祖先经过长期实践，逐步改进提高才做出来的。一句话，就是酒是劳动人民创造的。再拿"酒"这个字来说，同样也是劳动人民创造的，许多古代出土文物上面的甲骨文象形字足以证明这一点。例如，古代储存酒是放在坛子中的（同今天的黄酒坛），但拿起来不方便，我们的祖先就想出一个办法，即用两根木棒，上下拴两条绳，插进坛子内，卡住坛口，一个人拿住露出坛口的一根木棒，就可把这坛酒提起来带走，再结合酒中含有较多的水，古人就把它画成象形文字"酉"，读作酒。久而久之，为书写方便，慢慢把凡有水字旁的都简化成三点水"氵"，从而出现了现在的"酒"字。

二、白酒的用途

白酒同其他酒一样，与人民生活有着密切关系，其用途如下：

（1）适量饮酒，其中的酒精对人的神经有刺激作用，会引起兴奋，产生舒适感，帮助消除疲劳。

（2）适量饮酒可以加速血液循环，使身体发热，可以驱寒，是煤矿工人、林业伐木工人、出海打鱼的渔民御寒的劳保必需品。

（3）逢年过节，欢庆胜利，大家举杯饮酒互相祝贺，表达人民欢欣鼓舞的心情，还可消愁解闷。

（4）白酒酒度高（如二锅头，酒度65%vol），用它既能代替酒精作为消毒剂，又可作为保存食物的浸泡剂。

（5）用作炒菜去腥的料酒。

（6）用白酒来配制药酒和补酒，可以起到医疗和强身健体的作用。

不过，因白酒属于烈性酒，酒度较高，一旦饮用过量极易喝醉，有害身体。所以喝酒不能过多，必须适量，否则有害而无益。

三、白酒生产的任务

白酒不仅用途很多，而且它在国民经济中还有很重要的任务。主要如下：

（1）为市场提供商品，起到繁荣经济的作用。

（2）为国家贡献财富。白酒的纳税率在各种饮料酒中最高。

（3）为农业提供饲料，促进养猪产业的发展，猪多肥多粮就多，有利于农业增产。

四、白酒的成分

上面讲了白酒的用途，又讲了白酒生产的任务，说明白酒产品在国民经济中占有很重要的地位。那么，同志们就会提出这样一个问题，白酒里究竟有什么东西呢？换句话说，就是白酒中含有哪些组成成分呢？

简单地说，白酒中的主要成分就是乙醇和水，其次就是构成白酒特有香味的酯、醛、酮、酸、酚、杂醇油（这些微量成分虽然量极少，但不能低估，它们的存在决定白酒的风味特点。例如，酯有己酸乙酯、乙酸乙酯、乳酸乙酯、丁酸乙酯等；酸有乙、乳、丁、己、丙酸等；醛有乙醛、乙缩醛、糠醛等）。白酒有特殊风味，尤其是大曲酒，香好、味甜、柔和，纯酒精则相反，辣、刺激性大，喝多了要酒精中毒，伤眼睛。两者一比较，白酒质量大大优于酒精，说明我国人民对质量要求是很高的。再说苏联、波兰等没有白酒，他们平时喝的伏特加（我国叫俄斯克或俄得克，北京、青岛均有厂家生产此产品向苏联出口）就是用酒精经活性炭脱臭过滤，再用水稀释至40%vol上下，即装瓶出厂投放市场（有的还加些香精香料来增香），因此我们可以骄傲地说中国白酒的质量就是比苏联的伏特加要好得多。

五、白酒的分类

1. 按原料分

粮食酒（高粱、玉米）、薯干酒（白薯干）、代用原料酒（玉米糠、高粱糠、金刚头、粉糟）。

2. 按生产方法分

固态法白酒（大曲酒、麸曲酒）：固态发酵，固态蒸馏；液态法白酒：液态发酵，液态蒸馏，有直接法和间接法；固液法白酒。

3. 按设备分

机械化白酒、半机械化白酒（单机机械化，一半手工，一半机械化）、手工生产白酒（名优白酒）。

4. 按用曲（糖化发酵剂）名称分

大曲酒（又名麦曲酒），大曲培养1个月，存放3个月以上，发酵15~120天不等，储存3个月以上不等，时间长。

麸曲酒（另加酵母，二锅头，快曲酒），麸曲培养24小时可使用，发

酵4、5、7、21、30天，储存1个月、3个月、半年，时间短。

小曲酒（小曲也叫药曲或酒药），小曲主要含根霉、酵母。

5. 按香型分

（1）清香型白酒（也叫汾香型酒），以汾酒为代表（二锅头也属此类香型），65%vol酒度，酒味清香爽口、顺和、纯净，适合北方人口味，主体香已确证是乙酸乙酯和乳酸乙酯（北京的金山曲酒、玉泉春也属此香型）。发酵是地缸，一次投料，二次加曲（各10%），二次发酵，每次发酵20~28天，储存1~3年出厂。

（2）浓香型白酒以泸州老窖特曲、五粮液、古井、洋河等为代表，也叫泸香型酒，酒度55%vol、58%vol、60%vol不等，酒体芳香浓郁、清爽甘洌（甜），入口甜，落口绵，尾子干净，适合国内大部分人口味（偏向认为只有此香才是大曲酒），主体香是己酸乙酯和适量丁酸乙酯。混蒸混烧，发酵时间15、30、45、60、90、120天及以上不等，泥池发酵，储存1、1.5、2年及以上不等。

（3）酱香型酒以茅台、郎酒为代表，酒度53%vol，此酒以"低而不淡、香而不艳"著称，酱香味细腻、绵长、柔和，酒倒入杯内，空杯放置过夜，变化很小，甚至更香（空杯比实杯香），主体香气组成成分比较复杂，没有定案；石池发酵，2次投料，7次流酒，8轮发酵，9次蒸煮，每轮加曲发酵1个月，生产周期1年，储存3年，勾调后再存放1年。

（4）米香型，以桂林三花酒和全州湘山酒为代表，以大米为原料，半固态半液态发酵，酒度不低于56%vol。主体香β-苯乙醇和乳酸乙酯。

（5）兼香型，以湖北松滋白云边酒和黑龙江玉泉酒为代表，以高粱为原料，兼有酱香、浓香生产工艺，酒体芳香优雅，酱浓谐调。

（本文写于1981年）

白酒形势浅谈

文 / 高景炎

一、白酒的形势

从2011年看，规模以上企业（白酒销售额在2000万元以上企业）白酒产量1025.6万千升，比2010年增长30.7%，销售收入、税金、利润等与前一年同比也都以两位数的幅度增长，实现了自2003年以来连续9年增长的发展态势。值得关注的是，除茅台、五粮液外，又有四川泸州老窖、苏酒集团、郎酒、稻花香等企业销售收入超百亿元大关。在这可喜可贺的局面下，我们要充分认识到今天的白酒产业已经产大于销、供过于求，市场竞争愈演愈烈。白酒面对多方挑战，除来自假冒伪劣酒的干扰、冲击外，还有来自烈性洋酒的挑战，国际资本、业外资本进入白酒行业的挑战，以及来自国产黄酒、啤酒、葡萄酒的挑战。企业之间互相竞争、争夺消费者，形势逼人。面对当前形势，白酒企业怎么办？白酒的出路在哪里？只有在创新中求发展，在发展中再创新，稳中求进。

二、白酒的发展

根据国家"十二五"规划的要求，白酒发展应统一到中央对经济社会的决策部署上来，突出科学发展观的主题，贯穿加快转变经济发展方式这一主线，研究新思路，实施新举措，要在结构优化、资源节约、节能减排、保护环境的基础上，在发展中促进转变，在转变中求发展。坚决克服层层加码，杜绝盲目铺摊子、比规模、争第一的重复性建设；要与时俱进，体现现代性；熟悉市场，把握规律；学创结合，富于创造性；百花齐放，适应多样性；努力做到酿造生态化、风格个性化、品种多样化、弘扬酒文化、实施机械化、迈向国际化。下面就这"六化"谈点个人浅见。

（一）酿造生态化

酿造生态化即白酒酿造回归生态化。一是酿造让消费者放心满意、地地道道、原汁原味的纯粮固态发酵酒，绝对承诺不添加任何非白酒自身发酵的物质。香气要幽雅，自然细腻，口味要绵柔、舒适、丰满、协调。要研制开发适应消费者尤其是年轻消费群体要求的新产品，可以自由勾调加水加浆不浑浊，可以加果汁或饮料混合饮用。二是从酿酒源头抓起，原料要专建基地，确保绿色、有机、无污染，又支援了"三农"，酿造过程中的设备、容器、管道等不用塑料材质，保证洁净完好，遵照环保部门要求清洁生产，层层严格把关，确保质量安全，产品必须符合国家质量标准和国家食品卫生标准。三是务必保持好生态环境，要变废为宝，推广资源综合利用，大力发展循环经济，不产生新的破坏环境的污染，力求维持人和自然环境以及酿酒与自然环境之间的和谐关系，走生态良好的文明发展之路。

（二）风格个性化

鉴于现在各厂都有传统的拳头产品，有固定的消费群体，这要继续保留。并要根据市场消费需求变化的新特点，及时调整和优化产品结构，加

快产品升级换代步伐。在这方面，必须进一步解放思想，突破单一香型千年不变的禁区，吸收多种香型白酒工艺的精华，为己所用，继承又创新，依靠科学进步，走发展自己独特风格白酒的新路。

众所周知，白酒是古老的传统产业，有千余年的历史，需要继承的宝贵财富很多。从现代科学技术来分析，白酒可以是包含现代生物工程全部内容的高科技产业。在这方面，过去我们知之甚少，而且大多是只知其然，不知其所以然。例如，酿酒微生物的种类及其功能，酿酒微生物与生产工艺及其产品风格的关系，成品酒风格与呈香呈味、微量成分的量比关系，还有甑桶蒸馏机理，贮存变化及老熟机理等等。大多仍然处于人类认识的必然王国阶段。因此，白酒生产全过程又是我们继续深入研究、探索的一个神秘、复杂的系统工程，需要开展科研的项目繁多，难度大，短时期内不易突破；但是我们可以从实际出发，在继承传统工艺精华的前提下，在稳定主导型拳头产品销量的基础上，集多种名优白酒工艺之长，分离选育优良菌株用于强化糖化发酵剂，延长发酵期，研制复合香型酒，开发多种调味酒，用于勾调出可满足消费者需求不断变化的有吸引力的时尚新品。不仅有传统单一香型，还有两香合一、三香合一、多香合一、一香为主的复合香型酒。在香气之间、口味之间，香气与口味之间互相协调上下功夫。用消费者的话说，白酒要饮后不冲、不辣、不口干、不上头，要自然感好、绵柔感好、净爽感好、丰满度好、舒适感好、协调感好、回味感好（甜、悠长），要突出香味复合化，风格个性化。

（三）品种多样化

国家发改委与工业和信息化部联合发布的食品工业"十二五"发展规划指出，"十二五"期间，酿造工业的发展应以"优化酿酒产品结构，重视产品的差异化创新"为重点，针对"不同区域、不同市场、不同消费群体的需求，精心研发品质高档、行销对路的品种"。按照要求，我们的白酒既要百花齐放，具一定多样性，又要档次化（高、中、低），酒度系列化（高度、中度、低度），价格层次化，满足不同消费需求，让消费者买得着，喝得起。同时，又要熟悉市场，把握规律性。要根据一年四季的气候变化，不同节假日、不同地域、不同民族的饮酒习俗，有针对性地生产多品种、小批量的纪念酒、婚宴酒、生日酒、生肖酒、庆典酒、庆功酒等，以满足不同的消费需求。并且在引导消费的同时，倡导不劝酒、不酗酒，酒后不开车，树立文明饮酒、科学饮酒、和谐饮酒、适量饮酒、健康饮酒新风尚。

（四）弘扬酒文化

白酒和黄酒一样，酿酒历史悠久，文化内涵深厚、丰富多彩，是我们珍贵的遗产、中华民族的骄傲。随着社会发展和市场经济的深入，各厂纷纷在酒文化上下功夫，想要品牌制胜，必须文化先行。尤其是在十七届六中全会上做出的进一步加强文化建设的决议，更提高了各厂弘扬酒文化的自觉性，一个以文化促发展的新潮流已经在蓬勃兴起。

关于酒文化，笔者个人知识浅薄，可以说没有发言权。借此机会，与大家一起研讨，起抛砖引玉的作用。当前，酒厂应借党的十七届六中全会的东风，抓住文化大发展大繁荣的有利时机，充分利用各自独特的人文和环境优势，建设好各自的酒文化博物馆，深入挖掘、整理、弘扬白酒业的历史文化、民族文化、企业文化、地域文化、酿酒文化、品牌文化、营销文化、饮酒文化等。为此，可以首先以酿酒文化，即在白酒传统技艺的精华上下功夫，将其作为国家和地方非物质文化遗产加以保护，运用各种现代记录手段，查地方志和出土文物，拜访健在的老曲师、老酒师、老技师，请他们"口传心授"，千方百计地抢救当地传统酿酒工艺的精华，搜集汇编成系列教材，培养开发各自的人力资源，造就一批懂理论、能创新、会绝活、技术操作高超的接班人，这是确保白酒可持续发展的根本所在和百年大计。

现在，中国酒文化正走向多元化，众多的白酒品牌更加丰富了中国酒文化的内涵，这是酒文化发展到今天显现出来的新特征。要成就白酒品牌，就要弘扬酒文化，用好、用活酒文化，加强产品的文化宣传，引

▲泸州老窖博物馆是中国白酒行业至今唯一被批准加入中国博物馆协会的博物馆

导消费，提升品牌在社会及广大消费者中的认知度和影响力，总之要在坚持科学发展观的前提下，树立文化兴企的新理念，发挥文化的教化功能，树厂树人，树品牌树人，塑造为白酒发展做出积极而重要贡献的人文精神。以此为强大的精神动力，激发全体员工的光荣自豪感及使命责任感，调动群体的智慧和创造性，以文化促发展，开创白酒更加美好的明天。

（五）实施机械化

这是实现白酒现代化工业生产方式转变的必然。如果继续传统劳动强度大、劳动条件差的手工操作，招工将更加困难。加上人力成本不断上升，生产环境的不断优化，客观上促进企业逐步实施机械化、自动化生产。这也是提升行业水平的需要。鉴于白酒生产的特殊性，现在想全面实施机械化有很大难度，但可否考虑在过去搞过机械化的基础上，继续摸索改进提高，成熟一个，推广运用一个。只要敢想敢实践，不怕失败，一次成功，就会有新的突破和新的进步。不久前，笔者应邀到一个研究所参观，该所所长介绍，他们从高压瞬时蒸煮糊化受到启发，想到尤其是清蒸清烧的清香类型酒，生产用的高粱是否可以不用粉碎（节省一道工序，消除粉尘污染，又节电、节省劳动力和节省工房用地等），直接用经润料除杂，入高压锅瞬时蒸煮后冷却加曲实行机械化（不仅省了一道装、出甑工序，省劳力，省辅料，又有利于降低成本）。

由此，笔者联想到毛主席讲过的一句话：世上无难事，只要肯登攀。也就是说事在人为，只要我们努力再努力，坚持再坚持，在实施白酒行业机械化的道路上一定会有新的突破、新的发展。

（六）迈向国际化

关于白酒如何走向世界，不少企业都做过努力，但进展不大，出口量不多。分析其原因，一是对国际酒类市场不熟悉；二是力度不大，遇难而退，也可说是决心不大；三是没有找到合适的中介，或是产品的香气、口味、风格不对路，还有受一些对口国高关税卡壳影响等。随着改革开放的深入发展，烈性洋酒、洋葡萄酒等纷纷进入中国市场。让洋人赚国人的钱，值得反思。这对白酒行业既是挑战又是机遇，要求白酒企业必须有危机感、紧迫感，思想再放开一点，决心再大一点，步子再快一点，立志敢于同洋酒比高低，敢于同洋酒争天下。

为了加大出口，要有专业的班子和队伍（有的厂自己成立外贸公司）组织攻关，也可联合有信誉、有实力的国内外外贸或华商、港澳商和台商共同促销。其方法要灵活多样，一是出口到华侨、华人多的国家，二是出口到与中国近邻的周边国家，三是出口到与中国同属第三世界的国家。产品风格要接近出口国家消费者习惯、爱好，必须在香气、口味上加以改进，确保质量安全。衷心希望白酒全行业共同努力，在较短时期内，开创中国白酒"冲出亚洲、走向世界"的新天地。

（原载《酿酒科技》2012年第11期）

浅谈饮酒文化

酒

文／高景炎

　　什么是酒文化？我说不好。个人理解是除酒的历史文化、酿造文化、地域文化、民族文化、品牌文化、营销文化、企业文化等以外，应有饮酒文化。这也是多年来我们白酒行业的热门话题。广西一位文联主席说得好："文化是民族的灯塔，文化也是酒的灯塔。酒是依靠文化的光芒来闪烁的。酒离不开文化，如同凤凰离不开美丽的羽毛。"我们可以自豪地说，中国酒所承载的文化丰富多彩，内含极其深刻。从饮酒文化看，其中的"酒德"和"酒礼"是核心。

　　古代中国凡祭祀、庆典、送行、接风、对外交往等，必设佳宴，必备美酒。《礼记·乡饮酒义》中对酒食的摆放，酒宴中的座次、举杯、敬祖、答谢等，也都有一定之规。为了防止酗酒骚扰闹事，将滥饮列入禁酒法令；为了活跃欢乐、愉快的气氛，还规定了形式多样的酒歌酒令等。通过这些活动营造庄严肃穆或欢声笑语的氛围。

在日常生活中，其突出体现在酒宴上。其中一些礼仪、礼节还延续至今。不少地区还保留"先干为敬"，待客或聚会首先要通喝前三杯，甚至有主不喝客要先饮三四杯等的习俗；还有敬酒，晚辈或下级在碰杯的时候，酒杯要低于对方，以示尊敬；与饮酒有关联的文化，还有比如酒桌新上的每一道菜都要首先转到主位等。这种主客、上下、长幼有序，以敬为礼，就是中国酒文化的体现。

现在，中国酒文化正在走向多元化，众多的白酒品牌更加丰富了中国酒文化的内涵。这是酒文化发展到今天显现出来的新特征。品牌制胜，文化先行。要成就白酒的品牌力，就要用好、用活饮酒文化，给消费者带来精神的欢快和共鸣。这就要求我们在继承传统"酒礼""酒德"的基础上，创新塑造、弘扬中华民族博大精深的古今饮酒文化，加强宣传，引导消费，树立高雅和谐饮酒的新风向。

为此，参考著名养生专家洪昭光教授对养生、健康的要求和著名白酒老专家沈怡方教授倡导的酒道，建议我们白酒生产和营销企业，都来宣传适量、健康、科学、文明饮酒，提倡饮酒"一、二、三、四、五"。

一是饮什么酒。要饮与自然环境和谐的酒。具体来说，就是要饮回归自然采用绿色无公害的原料、清洁生产生态方式酿制的酒；原浆原味的纯粮固态发酵的、不添加任何非白酒自身发酵物质的酒；符合国家产品质量标准和国家卫生标准的安全可靠、质量信得过的放心酒。

二是人与饮酒要和谐。做到两个"不"，不劝酒、不酗酒。对每个人来说，能喝多少就喝多少（留有余地，不超量）；想喝什么，就喝什么；想怎么喝，就怎么喝；可以加水、加冰、加果汁或饮料混合饮用，不强求于人，文明、和谐饮酒。

三是人与健康要和谐。牢记三句话：适量饮酒有益健康（舒筋活血，利于血液循环），过量饮酒有害健康，节制饮酒无害健康。说白了，饮酒与人的健康要和谐。

四是要强调"四结合"饮酒。这就是说饮酒与吃菜、吃饭、饭后吃瓜果要和谐互补；不能光喝酒，不吃菜也不吃饭，会伤害身体，不利健康。

五是引导"五个和谐"饮酒新风尚。要改变饮酒方式，从快饮、畅饮、豪饮转变为：

细品慢饮（不一口闷），要感受酒的温暖，给饮酒者以芳香四溢、口味醇和、暖心暖意的舒适感。

边饮边叙。把饮酒作为一个交流媒介，联络感情，增进友谊，和谐高雅饮酒。

形式多样，将饮酒与弘扬中华民族博大精深的酒文化结合，吟诗作画，有弹有唱。营造欢腾、浪漫、幸福的气氛。

安全健康饮酒。提倡"暖饮"，即酒温与体温要和谐。因为人的味觉最灵敏温度为21℃～30℃，所以饮酒前，对酒稍稍加温至30℃～35℃，虽有少许酒精挥发，但可散发酒的香气，又减少刺激感，有利于与体温接近平衡，达到人体体温与酒温的和谐。而且为了他人的安全健康，必须强调饮酒不开车、开车不饮酒，严禁酒驾。

休闲享受。把饮酒从过酒瘾的消费习惯或是一种负担，变为一种生活、一种品质、一种情怀和一种享受的和谐新风尚。视饮酒为一种乐趣，观其色，闻其香，品其味，妙在其中，其乐无穷。

（本文撰写于2011年）

梁邦昌

酒

LIANG
BANGCHANG

泸州老窖 世纪荣光

——中国著名白酒专家梁邦昌关于泸州老窖的回忆录

酒

文 / 李蕴峰

　　"泸州老窖是当之无愧的'浓香鼻祖'。"这是中国著名白酒专家、中国酿酒工业协会白酒专家组原组长和专业技术委员会顾问梁邦昌在2019年泸州老窖·国窖1573"生命中的那坛酒"访谈活动上的语录。这句话也翻开了一段有关泸州老窖蝉联五届"中国名酒"称号的峥嵘岁月……

　　早在1952年首届全国评酒会上，泸州老窖就与茅台、西凤酒、汾酒一同被评为全国名酒白酒类的"四大名酒"。新中国成立初期，中国酿酒工业尚处于整顿恢复阶段，大多数酒类生产属于私人经营。当时，酒类生产由国家专卖局进行管理，在这样的条件下，所举行的首届全国评酒会是根据市场销售信誉结合化验分析结果评议而推荐的，其后评出的八大名酒（四大名白酒，一种黄酒，三种葡萄酒、果露酒）对推动新中国白酒生产、提高白酒产品质量起到了重要作用，并给以后的评酒会奠

▲1952—1989年，泸州老窖蝉联五届"中国名酒"荣誉称号，成为唯一蝉联历届国家名酒的浓香型白酒

定了良好的基础。

　　时间的齿轮推动着历史滚滚向前。1963年10月，第二届全国评酒会在北京举行，本次评酒会由原轻工业部主办，酒界泰斗周恒刚先生担任本次评酒会主持专家，且连续主持了往后的第三届、第四届全国评酒会。本次评酒会共评选出国家名酒18个，其中有名白酒8个。作为浓香型白酒标准的缔造者，泸州老窖特曲以"浓香鼻祖，酒中泰斗"的地位再次荣获"中国名酒"称号。

　　1978年，改革开放的春风吹遍了神州大地，中国白酒的发展也迎来了历史性的新机遇。1979年，第三届全国评酒会于大连举行，从本届评酒会开始，中国著名白酒专家梁邦昌便连续担任了往后三届全国评酒会的国家评委，在他看来，第三届全国评酒会是我们国家评酒以来最具里程碑意义的一次评选，这一年的全国评酒会，又因为诞生了多个"第一"而被永久载入中国白酒的史册。

第一次考核选聘评酒委员

　　参评全国名酒，就意味着必须接受行业顶尖专家的权威考核。中国白酒泰斗周恒刚作为评酒会主持专家提出"选酒先考人"的要求，即先对参加评选的专家评委进行考核。当年参与评酒的评委是从全国几百位知名评委中进行严格挑选、层层选拔最终脱颖而出的22名佼佼者，每天能评多少酒、每位评委能评多少轮，参评评委的味觉、嗅觉所能承受的量都经过了专业的鉴定。经过严格筛选，产生了包括沈怡方、高月明、梁邦昌、熊子书等人在内的新一届国家评委。据梁老回忆——当年参与第三届全国评酒会的评委集中于一个基地里进行封闭化管理，那个年代，没有网络，没有手机，连续12天的评酒会期间，22位评委除了日常生活起居外，所有空闲时间都在酷暑的环境下进行评酒，更没有任何时间进行娱乐活动，可以说各位评委也是克服了当时艰难的客观环境，最终交出了令世人信服的答卷。第三届评酒会准备充分、组织严密、方法科学、评定合理，并确定了白酒香型的风格特征。

第一次按"香型"进行评比

在第三届全国评酒会开始前，评委会统一了主要香型的风格描述，将白酒分为酱香、浓香、清香、米香和其他香型五类进行评比。泸州老窖则以"醇香浓郁、清洌甘爽、回味悠长、饮后尤香"的风格被确定为浓香型白酒的典型代表，因此将浓香型酒称为"泸型酒"。由此，泸州老窖特曲成了浓香型白酒的典范和标准。

第一次采用酒样密码品评的方式

在第三届全国评酒会上，除了首次提出分香型、分糖化剂、分组评比外，还开创了"密码编号、分型评比"的先河，即参赛白酒没有品牌，只有编码，这种品评方式被称为"密码品评"。回忆起那段岁月，梁老提到前来参赛的泸州老窖就是在这种情况下，凭着过硬的产品质量，在众多白酒之中脱颖而出，再次荣获中国名酒的称号！

酒界泰斗秦含章先生曾在其自传中专门强调："在科学研究上，谁首先研究，谁首先推广，你就是发明，你就是老祖宗。研究泸州老窖，全面分析化验，以此作为依据来制定国家标准，人们才知道它是浓香型的鼻祖，所以它是浓香型的标准。方法的建立，标准的建立，首先是从泸州老窖出发，所以说它是鼻祖。"随后，在第四届、第五届全国评酒会上，泸州老窖皆获殊荣。"泸州老窖是唯一蝉联五届'中国名酒'称号的浓香型白酒，并在每届评酒会上都保持了非常好的排名，这真正考验了泸州老窖的稳定和技术，泸州老窖是当之无愧的'浓香鼻祖'！"2019年泸州老窖·国窖1573"生命中的那坛酒"主题活动现场，回响着梁老的殷情话语。从1952年到2019年，跨越60多年的峥嵘岁月，这是泸州老窖不断发展

▲在2002年国窖1573鉴评会上，酒界泰斗周恒刚先生与中国著名白酒专家梁邦昌先生品评国窖1573

▲梁邦昌先生（前排左一）参加2010年泸州老窖·国窖1573封藏大典

▲2011年11月27日，梁邦昌先生参加国窖1573中国品味珍藏级酒品发行审核会

壮大的闪光印记，也终将成为中国白酒事业生命历程中最震撼人心的生命乐章！

梁老多次莅临泸州老窖指导工作

2002年4月25日，中国著名白酒专家梁邦昌同酒界泰斗周恒刚及来自全国各地的84名国家级评酒委员、白酒尝评大师和白酒市场营销专家，在泸州老窖参加由中国酿酒工业协会主办的国家级白酒评委与市场营销关系研讨会暨2002年国家白酒评委委员会年会。

时任中国酿酒工业协会白酒专家组组长的梁邦昌在会上指出："白酒要做到'四化'，即生产基地化、市场品牌化、经营多元化、发展航母化，并强调指出——泸酒龙头地位不可动摇，通过几十年的积累和认识看到，泸州有传统的历史、人文、地理因素，更重要的是泸州老窖这个品牌十分强大，但更要做大做好，要永葆品牌的优势！"

谈及泸州老窖文化遗产"双国宝"资源，梁老认为，如果把白酒文化比作一棵大

▲2019年，梁邦昌先生担任第八届泸州老窖劳动榜样电视技能大赛总决赛评委

树，那么历史文化是根，酿造文化是主干，营销文化是枝叶，而酒道文化是花果。作为行业首屈一指的"活态双国宝"资源，1573国宝窖池群和泸州老窖酒传统酿制技艺相互依存，共同谱写了泸州老窖企业发展的精神史诗。

永不磨灭的名酒精神

光阴荏苒，岁月如梭。2022年是"中国名酒"70年的荣耀时刻，70年砥砺奋进，70载春华秋实。70年后的今天，中国白酒产业不但从分散落后的传统作坊一跃成长为世界级的优势产业集群，还诞生了一大批具有全球影响力的著名产区和优秀品牌，谱写了民族产业实业报国、自立自强的时代凯歌。

在梁老看来，名酒是在特定的天时地利环境下，从业者以高超的智慧和精湛的技艺把酿酒做到极致才诞生的。其昂贵的价值来源于人们对这种智慧的尊重和对名酒文化的认同。"一方水土滋养一方名酒"，名酒的诞生一半是天赐，一半是人为。像泸州老窖酒传统酿制技艺24代传承人一样，他们以对民族文化和民族传统产业的坚守之心，始终用勤奋而谦谨的姿态接续传承和发扬名酒精神，忠诚地呵护着独属于名酒的荣耀，见证了辉煌的名酒之路。

▲梁邦昌先生早年接受泸州老窖的电视采访

结 语

"泸州老窖，世纪荣光；水流东海连天碧，风过泸州带酒香。"带着五届"中国名酒"的金色荣耀一路走来，秉承"天地同酿，人间共生"的企业哲学，泸州老窖正全面向"浓香第一"的品牌高度发起冲刺，不忘初心，坚守匠心，坚定传承，勇于创新，坚持"酿好酒"是第一性原理，满足人民美好生活的需要，追求"在中华灿烂名酒文化熏陶中，全人类共享幸福美满的生活"，让中国白酒的质量看得见，让一流品质的中国白酒享誉全世界！

专家简介　梁邦昌

　　生于1937年9月30日，2023年2月9日去世，广东顺德人。曾任江苏洋河酒厂技术员、副厂长、厂长兼党委书记，江苏省轻工业厅副厅长、轻工业部华南（广州）公司总经理兼党委书记。在洋河酒厂工作期间，致力于工艺技术和白酒品质探索，在当时浓香型白酒产品重香轻味的潮流中，勇于创新，并身体力行地进行实践，于20世纪70年代就提出了"重味轻香"的浓香型白酒风格新理念，对酿酒工艺技术和洋河大曲品质进行了不懈的研究和探索，推算出了窖池最佳几何尺寸，创立了独特的超低温、缓慢发酵新工艺，并以"甜、绵、软、净、香"的五字风格表述洋河大曲品质特色，使洋河大曲在第三届全国评酒会中荣登中国八大名酒之列，为苏派浓香型白酒的形成、崛起和发展奠定了基础。

梁邦昌从一名技术人员到后来走上领导岗位，从未间断学习和实践，积极推行企业管理的现代化、产品及酿酒技术的创新。

梁邦昌在带领洋河酒厂崛起的同时，还与华东一些兄弟厂一起创建了华东白酒协作组，开展互帮、互学的技术交流、技术攻关、人才培训、质量品鉴等，有效地推动了华东尤其是黄淮白酒业的群体发展和壮大。

梁邦昌历任第三、四、五届国家级白酒评酒委员，曾当选为中国共产党第十三次全国代表大会党代表，现任中酒协专业技术委员会副主任，荣获国家级"有突出贡献专家"称号、"全国劳动模范"称号等。多年前，他就提出应进行白酒与健康、养生等方面的研究，并主张和倡导推行"健康白酒、饮酒健康"观念。2000年，梁邦昌被中国酿酒工业协会任命为白酒专家组组长、专业技术委员会顾问，后又被江苏省酒协和广东省酒协聘为技术顾问。其间，受中酒协委托，主持了中酒协国家白酒评委的工作以及全国大中白酒企业总工程师的年度交流活动。近几十年间，始终致力于白酒行业的技术传承创新发展和交流。

/ 梁邦昌 /

从川酒的兴旺谈起

文 / 梁邦昌

　　以六朵金花（五粮液、泸州老窖、剑南春、全兴大曲、沱牌、郎酒）为代表的四川白酒业（简称川酒），近几年风靡全国，无论规模、效益、产品质量，还是市场占有率都居全国同行前列，形成了既蓬勃发展又结构独特的川酒经济，一枝独秀于全国白酒之林。

　　川酒的蓬勃发展与一些省市白酒业的艰难跋涉形成强烈的反差。业内人士在谈到川酒兴旺时，常常把原因简单地归于其得天独厚的水土环境，这失之偏颇。川酒今天的兴旺固然有其历史、地理以及人文因素，但纵观这十几年的发展历程，可以看到，自20世纪80年代开始，川酒从业人员、企业精英、科技团队以及主管部门协同动作，在总结调整原有生产格局、发挥传统技术优势、充分利用自然条件的基础上，乘借形势和政策的东风，从策略上高度着力于品牌战略、结构调整、技术进步和市场开发，

▲2011年11月27日，国窖1573中国品味珍藏级酒品发行审核会。左一为梁邦昌先生，中为时任泸州老窖集团公司总裁、股份公司总经理张良，右一为胡永松先生

以一个又一个的胜利促成了川酒在90年代的飞跃。这不仅仅繁荣了地方经济，也为我国白酒业的振兴和发展提供了许多可资借鉴的经验。

一、品牌战略和规模经济，使川酒实现了"航母化"，执全国牛耳

川酒自80年代开始，以高水平的酒质为基础，强化品牌意识，六朵金花先后在品牌上下功夫，历次在省内外市场上实现其品牌核心价值的消费心理定位。许多品牌不仅知名度很高，其美誉度更是达到了一饮难忘的地步。然后，凭借这种品牌优势，在十年左右造就了强大的航母舰队。

有些省市的白酒企业，在八九十年代也曾大展宏图上规模，结果适得其反，陷入困境。这种盲目扩张的失败原因是多方面的，但其致命点是没有以品牌战略为前提和基础；当这个品牌的知名度、美誉度的承受力小于规模扩张负债的压力时，这个品牌以至这个企业就会被拖垮。我们惯于把这种垮下去或陷入困境的原因归于举债过多，不堪重负。我认为要看到这种承受力与压力之间的关系。当这个品牌的知名度、美誉度（即使是设计方案的计划）还不足以使其达到较高的市场占有度，从而获得相应的效益

和良性周转时，规模扩张的负债压力就难以承受。

很明显，在品牌扩张与规模扩张问题上，品牌扩张必须放在首位。这往往是一些可行性论证中没有高度重视和没有充分估计的。此外，白酒企业扩大规模有两种方式，即借债扩张和低成本扩张。低成本扩张又有三种方式：其一是兼并，以品牌战略为基础，兼并一些同类企业；其二是利用众多小酒厂作为酿酒基地，以迅速扩大品牌总量；其三是以新工艺和副品牌、系列品牌方式大幅扩张规模，应该说川酒在这三个方面都是运用比较好的。

川酒正是以品牌战略开路，充分利用低成本的扩张上规模，这种以品牌价值促进规模扩张的方式不仅迅速增大了总量，反过来又提升了品牌，更由于负债压力小、扩张成本低，就能创出更大效益以增加企业积累。于是进一步培育品牌，加大科技投入，扩大规模，以至多元化发展都有了坚实的经济基础，使四川成为我国白酒业中最早上市和上市公司最多的省份。如今川酒某个白酒企业的年销售额或利税比某些省全省白酒业的总和还要高出许多。

常有谈及企业做大、做强问题，说做大容易做强难。在这个问题上，白酒企业做强应立足于品牌及其战略，做大应充分考虑扩张方式。先强后大，大了再强。近几年有些不是四川的白酒企业亦有迅速崛起的，他们借鉴了四川的经验，抓市场，做品牌，又利用四川基酒迅速上规模扩大市场占有。

现在大家都谈入世（WTO），对白酒入世后怎么样有许多卓识远见。我认为白酒业入世后有可能出现大规模的"寡头"。啤酒业近几年以外延、兼并、扩建、参股、控股等方式已形成了华润、青岛、燕京三大巨头。华润集团以外资收购控股方式一举成为我国啤酒业三巨头之一，这些都是预兆。白酒业显然比较分散，人才相对匮乏，又有其工艺的特殊性，但已出现了一些航母化的企业。入世后外资介入，行业外资本介入，他们会充分吸取前些年三九集团大量兼并各地白酒厂的经验教训，挟其雄厚资本和营运能力向白酒业进军。我们应该注意华润集团宁高宁总经理的话："要么不进入这个行业，进入这个行业就要做这个行业的领头军。"有些人士推测，近年开始，酒业将迎来第二次高峰，立论依据是全球经济衰退、资金流向改变，酒业因高利和宽松的立足环境，而成为投资首选。

深圳市2001年1—11月新登记注册酒类企业100多家，大大超过往年。在一次研讨会上，我曾听到一个不景气的县级酒厂负责人说："像我们这些县级小酒厂不会倒闭的，因为再差也是县税收支柱，地方政府要设法保护的。"这是以计划经济时代的观念面对市场经济的发展，十分落后了。又常听到要求白酒打出国门的高论，也谈到入世后中国白酒出口量将会增加。我们同时要看到入世5年内，进口白酒关税从现在的65%降为10%，葡萄酒关税从65%降为14%。也就是说，到时洋酒的降价空间比较大，慢慢将对我国白酒形成一定威胁。

至于出口，以目前的白酒风味及企业体制，想大量出口白酒是不现实的。全国年产500万吨白酒，即使出口2%，这10万吨都是个极大的数字。真正能使白酒大批量地出口世界市场，可能也是入世后，一些白酒航母企业或巨头集团以至行业外资本实体的介入，以全新的营销理念、全球化的运作方式和对产品适当改造以后才会出现。现今国际上流行有八大名酒（种）的讲法，即法国白兰地、英国威士忌、俄国伏特加、法国香槟、荷兰杜松子酒、意大利苦艾酒（味美思）、牙买加的朗姆酒、日本清酒，或许中国白酒大量出口世界市场之日就是中国白酒进入这个行列之时。

上文提到品（名）牌战略，这是个很重要也很大的题目，本文不予妄论。白酒是十分讲究品牌、名牌的商品，如今正处于老名牌与新名牌的相持时期。对于名牌有两个方面必须重视，一是即使是名牌，也要不断培育。在"江山代有名牌出，传统名牌值几钱"的今天，培育名牌是个新的也是必须做好的课题。具体讲就是策略地运用知名度的动态，掌握美誉度的相对静态，这是打造和培育名优品牌的关键。二是要充分利用名牌效应。这里有三层意思：首先是充分利用名牌效应取得最大效益；其次是名牌只有在最大效应中才能得到最好的巩固和发展；其三是以名牌效应最大限度地占领和扩大市场，进而实现对同类企业的兼并扩张。可喜的是四川和贵州一些名酒企业在充分利用名牌效应上已经开始做了卓有成效的工作。

二、结构调整和相对专业化分工使川酒大中小企业并存

蓬勃壮大的大型国企与众多不同所有制的中小酒厂都能生存与发展。

这个状况与一些省市中小白酒厂不同程度的不景气形成鲜明对照。虽然川酒前些年也有中小国企不振甚至停产，但新的民营白酒企业却后来居上，蓬勃且茁壮发展，其规模和气势比之原来这些不景气的国企有过之而无不及。这种并存并进的状况，应该说首先得益于地方上为发挥其技术和地理等优势而采用了适当的政策。

其次是按照市场规律，通过竞争选择，迅速调整结构，形成了相对的专业化分工。大厂做品牌，中小厂主要做基酒（散酒）、调味酒。这样，大企、国企、小企、民企都有了各自的生存和发展空间。而且在一定程度上形成了相互依存的关系。如今川酒大国企业的品牌（系列）占领了全国大市场，而川酒中小酒厂的基酒、调味酒占了全国浓香基酒的绝大部分市场，短短几年间，这些基酒的产量达几十万吨，四川从而成为全国浓香白酒基酒和调味酒的生产基地。

四川基酒流遍神州各省市，全国多数白酒厂（包括一些名、优酒厂）都曾经或正在购进四川基酒。近几年，我国白酒市场上浓香白酒能占到70%以上，川酒是起了关键作用的。大量的四川瓶酒、散酒流向全国，而资金就从东南西北源源不断地流向四川。这是川酒经济的一大特色，也是川酒在市场激烈竞争中能发展壮大和各类白酒企业共进共荣的重要原因。正是由于品牌打出川酒优势，政策促进川酒发展和资源保证了川酒的扩张，所以近几年，外省一些非酒业的经济实体介入白酒业时，首选四川。

如今这些在四川出品牌或利用川酒出品牌而获得成功者已屡见不鲜了。白酒业大企与小企、国营与民营之间总会有些矛盾，四川也不例外。他们是怎样来缓解这些矛盾的呢？以笔者愚见，对外（外省及市场）他们通过结构调整、专业分工，扬长避短取得各自生存空间和各自生财之路；对内则许多名优酒厂把部分原始生产（基酒）放在四川的中小酒厂来完成（用其基酒及调味酒），小厂又借大厂打出川酒的威名而寻找到自己的市场。有些省市，八九十年代小酒厂如雨后春笋，而且全都出品牌，与大（国）酒厂争市场，争不过就走旁门左道，导致矛盾激化。在激烈的市场竞争和市场整顿中，相当一部分被淘汰，余下的亦五花八门、七零八落。我们许多地方都想多办些酒厂以改善匮乏的地方财政，但地方政府没有在两个至关重要的方面给予援手：一是市场引导和结构调整；二是技术支援，让小酒厂的工艺质量上轨道、上档次。于是"手背手心都是肉"，穷于应付，两败俱伤！

以上提到的这种专业化分工正在随着市场的变化而有所变化，有些像初期做基酒生产及贸易赚了大钱，如今由于种种情况而不那么容易了，于是这些家底殷实起来的中小企业就多元化发展。比如一方面开始造自己的品牌，乘着川酒的威名及其灵活机制，打造区域性的品牌和市场。另一方面与酒相关的民营企业蓬勃兴起，相当规模的玻瓶厂、防伪盖厂、彩印厂以至不干胶纸厂、包装设备厂使得川酒包装不必舍近求远，也使得川酒经济增加了新的增长点。白酒这些年的历程给我们很多经验和教训，但作为企业负责人和主管部门，应通过这些经验教训，透析今后市场消费和行业发展的趋势，从而引导企业立足当前着手未来。

在改革开放的经济进程中，许多人想不到的新事物一件件地要我们面对，就讲本行业随手拈来一些谁能想到的事例：谁能想到八九十年代初风头正盛的17个国家名酒如今两极分化，有些富可敌国，有些则已关门转向。

白酒业在呼唤企业家、专家、行业领导以及仁人志士在这方面给予启迪、开拓和引导，准确些讲，现今白酒业需要人才，需要有大批综合知识和专业技能的仁人志士，需要他们的勤勉、思考、智慧、知识和胆略，预则立，不预则废！

三、坚持技术进步

川酒业界既发挥传统技术的最大效应，又把大量研究成果用于生产，更把一些极先进的科研列入行业，使得川酒不仅总体质量水平居全国一流，且其代表六朵金花的质量更是各有特色、自成一格，这是川酒长盛不衰的关键所在。众所周知，川酒有我国最传统和最成熟的浓香白酒生产技术，有大量掌握这些技术的人才和队伍（包括技师、酒工），川酒又是我国最早有白酒专业科研所的地方，四川省内有些大学和科研所长期与生产一线合作，实用性的科研成果丰盈。如今，有些企业已装备了十分先进的科研设施，从事尖端科研攻关。近十几年，浓香白酒业许多创新的工艺技术，有突破性的创新项目多来自川酒业界。正如人工老窖和气相色谱分析技术的应用使白酒（浓香）实现了飞跃一样，谁能在新世纪中取得新的重大技术突破，谁就将主宰21世纪的白酒业。

技术进步在保证了川酒质量的前提下，一个很重要的作用是使川酒的代表品牌确立和完善了各自的风格特色：一些主要品牌令人一饮难忘，有个性、有特征、好识别、印象深。

其典型性已不仅是所属香型的典型，而是自成一格的典型。品牌的核心价值实现了消费心理定位。与此对应的是，有些省市的浓香型酒散酒来源过于集中，勾调技术又不高而趋向同质化。也就是说，当外省为数不少的企业正利用川酒的一般质量来发展、强化自己的品牌时，川酒的代表品牌已在更高的层面上完善和突出自己的质量特色。

市场消费对浓香型白酒的质量要求已从质量水平（好不好喝）逐渐提升到了质量特色，而质量的竞争已从一般质量水平竞争向着质量特色竞争发展。这样，川酒与一些外省浓香酒的质量之争已不是在一个层次上较量了。由此我们不难理解，川酒的老品牌能老益弥坚，新品牌又在茁壮成长！国内有些品牌，这些年来忙于市场，全力促销，似乎抓了市场就有了一切，但也不要忘记，任何时候品牌的市场基础是质量，质量的基础是技术和管理。从长远看要使开发出来的市场站得稳扩得开，仅靠促销手法是不够的，必须靠质量，这就必须加强企业内部的技术和管理工作。

众所周知，勾调技术源于四川，四川亦拥有当今浓香型白酒水平最高、人数最多和实力强大的勾调技术队伍和拔尖人才。尤其是当一些酒厂把勾调工作作为一般的甚至是无足轻重的工序时，川酒已经把它系统化、科学化，提出了酒体设计的新概念，做到设计、勾调、评审"三权分立"逐成系统。加上有些川酒企业在应用现代科技指导勾、调、评工作方面所做的努力和取得的成果，使得这个原来依据经验的技术更科学化。这些新概念、新结构、新机构和新技术是勾调技术工作一个十分重要的进步，它标志着勾调工作正从经验勾调向着创造性勾调（或作科学勾调）转变。这样不仅促成和保证了川酒代表品牌的质量水准和特色个性，也促成了基酒、调味酒的专业化生产，更促进了新工艺白酒的发展和成熟。

一个白酒厂（尤其是浓香酒）无论引进、培养什么高级人才，都不能忽视造就高水平的勾、调、评人才和队伍建设，不能弱化这个工序。因为它是承前（生产）启后（销售市场）的关键工作，是质量风格特色的美容师，是基酒质量提升的魔术师，是新品种新工艺的烹调大师。不要忘记科技再发达，但只要是食品，最终还是嘴巴说了算。

现代实用分析技术，对白酒微量成分、香味成分含量也只能在十万分之一左右才能定性，超过这个极限的检测就很困难，而人的感官对百万分之一的含量也感觉得出来。即使在这方面技术领先全国同行的川酒业，也必须把一流的嘴巴、一流的科技仪器和一流的"脑袋"很好地结合起来，才能推进创造性勾调技术的科学发展进程。因此，白酒业的发展需要有更高文化和知识功底的人才和队伍。

以上仅是从川酒业的一些特点联想到的行业相关的一些问题。可以讲，历史进程使川酒业界的仁人志士促进了川酒发展，同时也造就了一批优秀企业家和科技人员，他们尤其是其中的精英又把川酒推向了辉煌。

如今，川酒的龙头老大地位已是不争的事实，也许若干年内，川酒无敌手。由于本人水平很有限，谬误可能不少，但本着探讨来抛砖引玉也是一种尝试吧。

事物的发展有时真耐人寻味，在七八十年代笔者还在江苏洋河酒厂时，曾对当时的川酒提出了挑战：川酒可以赶超！事实上也是经过众志成城的不懈努力，硬是从浓香正宗的川酒一统中闯出了一个以"甜、绵、软、净、香"为核心价值的"纯浓"流派，历三、四、五届全国评酒会而与川酒分庭抗礼且一度占了先机！90年代初我离开了这个行业，十几年一晃而过，当我再涉足此行时，纵观大局，由衷地感慨：若干年内，川酒无敌手！

（原载《酿酒》2002年第6期）

拓展新张力 把握主动权

文／梁邦昌

　　纵观新中国成立以来的白酒业，其发展趋势与三个方面密切关联：一是社会政治经济形势，二是白酒企业的自身努力，三是行业的合力与张力。前二者好理解，后者的提法可能比较鲜见，但它却是关系到白酒业持续健康发展的重要因素。"张力"，就是行业发展的自我扩张能力。白酒业发展到今，应该运用创新性的蓝海战略思维和价值取向，以期在产业政策、社会形象与地位、引导消费和扩展市场等方面，强化这种张力，开拓新天地。

　　这里笔者以蓝海战略思维从壮大行业张力的角度，就白酒文化中的酿造文化以及拓展白酒功能做些思考和探索。

一、弘扬白酒文化中酿造文化的真谛

　　我们都很重视白酒文化，白酒文化作为一种文化现象，在传统中国文

▲ "回马上甑"里蕴含了泸州老窖酒传统酿制技艺的活态传承和匠心精神

化中有着特殊地位。在几千年的人类文明史中，酒几乎渗透到社会生活的各个领域，自古以来，酒是人与人、人与天、人与地、人与神、人与祖先沟通的重要媒介，是文化传播的桥梁，所以也成了社会生活的必需品。博大精深、源远流长的白酒文化其实包括四大方面，即历史文化、酿造文化、营销文化和酒道文化。而酿造文化是整个白酒文化的内核，是其他酒文化之源泉。

如果把白酒文化比作一棵大树，那么历史文化是根，酿造文化是主干，营销文化是枝叶，而酒道文化是花果。我们行业同仁有责任弘扬其真谛，回归其本质，发掘其内涵，提升其价值。

（一）传统与现代相结合，酿造出水态火性的玉液琼浆

长期以来，我们都在宣扬白酒酿造是手工的、传统的、全粮的、老窖

（缸）的、洞藏的、原浆的、年份的，这些都无可厚非，但白酒酿造同时又是个十分复杂和深奥的生物工程，从微生物共生互存到酶生化与基因层面上看，白酒是个技术含量很高的产品：这清澈晶莹的酒液中有着多达千余种成分！

过去，我们一直忽视其科技内涵，这会让外界误以为白酒酿造只是传统工艺的简单重复，甚至是落后的，入行门槛低，获利又丰厚。这种印象影响着白酒业的社会形象和地位，使之脆弱又易受攻击。从上述可知，酿造文化有其传统的一面，又有其现代（科技）的一面，有着简单的外表，又有着复杂而丰富的内涵，这正如白酒的水态火性——水火之不相容在白酒中却成为"一体"，这显示了酿造文化的本质——以简单的方式和外表包含着最复杂的过程；或者是通过最复杂的生化作用造就了水火相容的琼浆玉液，以柔顺的水态孕育着如火的激情。

（二）天人合一智慧是酿造文化的核心

名酒的本质是什么？它应该是："在特定的天时地利环境下，从业者以高超的智慧用精湛的技艺把自己的酒做到极致，它的含金量是文化。其昂贵的价值是人们对这种智慧的尊重，对其文化的认同和对这种极致的欣赏！"这里面就产生了天人合一智慧和由此内化而成的精湛技艺，这是十分重要又十分独特的文化现象，只是这个真谛长期以来被我们忽视了。所以，名白酒的价值不仅取决于市场需求，更确切地讲，是其本质所决定的。

（三）大师文化是酿造文化人文属性的集中表现

酿造文化中的天人合一智慧和精湛技艺都集中体现在酿造者身上。在整个白酒产业链或酒文化中最能涌现大师文化的正是酿造全过程（酿造与勾调评工艺），所以，大师文化是酿造文化中富有特色的一环。大师的作用和重要性不仅在于其技艺超群，更在于它赋予品牌人文属性和高附加值。

大师文化不仅提升了品牌的价值，也提升了企业的知名度、资源实力和认同感。我们说一个成功的白酒品牌要具备三要素，即质量形态、核心表述和技术支持，大师文化就是形象的核心表述和直观的技术支持。

（四）产地专属性是酿造文化的特色

国外葡萄酒业比较重视以原料产地来强化、区分产品特色，这种产地专属性除了赋予产品独有风味外，还有不可复制的玄机。白酒酿造则讲究水土环境，看重酿造场地。从事白酒生产的人都知道，同一企业，不同车间，甚至不同窖池产出的酒，虽风格大致相同，但质量特色却有不同程度的差异，这是白酒酿造的一个普遍现象，也显示出酿造文化丰富多彩的特色。通常企业是通过勾调来达到质量风格的一致和品牌之间的质量差。

但是许多酒企都是多品牌运作，少则十几个，多则上百个品牌。企业多品牌运行一般来说要遵循几个原则，即核心价值原则，市场分隔原则，质量差别原则与资源可进入性原则。尤其是质量差别原则，同企业不同品牌之间的质量无差别或差别少，不仅性价比不合理，同时也容易造成市场混乱，而且品牌名称众多，既难区分，也无特色。应该适当用产地专属命名，如用车间、特殊地域甚至专窖来命名或作副名。一个地名（窖）品牌一种质量风味，不仅品牌名称属性鲜明，也与其内在品质相对应，富有特色，突出个性化。

我们人类一人一样子，没有完全相同的；固态发酵酿出千差万别的白酒，我们又为何非要把它们变成千人（酒）一面呢？

酿造文化丰富而独具内蕴，以上仅就四个方面提出见解，借此揭示酿造文化的本质特征，强调弘扬酿造文化的重要性。其贯穿着天、地、人的因素，是白酒双属性（物质与精神）的基础和其他白酒文化的源泉。此外，大多的品牌都可以创建出自己的酿造文化体系，彰显自己的品牌特色和资源实力。

笔者在倡导酿造文化以提升白酒发展张力的同时，也吁请业内同仁加强这方面的研究开发，正本清源，不偏颇，不失重，更免其被滥用被泛化。

二、拓展白酒饮用服务功能

我们搞了几十年白酒都是在"好喝"上下功夫，很少顾及饮后之"好受"，更遑论白酒对人体健康的功能，而健康正是当下民众最为关注的问题之一！2012年底，一下子进入调整期后，许多企业家及人士意识到这个问题的重要性和迫切性了，或许还为时未晚！

这些年，在我们行业数以亿计地投向广告而少有投向白酒与健康研究时，倒是有些非白酒行业的机构把这个课题研究了多年。

笔者在这里提出要拓展白酒饮用服务功能，就是要从生产、后处理、科研上下功夫，使白酒真正能好喝、好受、有功能性。这不是想当然，而是应该如此和完全有可能的，比如在这方面目前已有多方面的研究：一是酒道，即饮酒方式和饮用量；二是白酒中相关成分的控制和功能性成分的研究；三是白酒对人体影响的数据化分析，如生命信息科学与白酒的对接；四是后处理技术。

这里着重介绍一下白酒对人体影响的数据化分析，这是一项把白酒与生命信息科学相结合的研究。先是对某健康人未饮酒时身体的264项生理指标（如多巴胺、脑丘下部、脉络丛、电波、淋巴组织、温度调节中枢、血液等）进行测定，得出的264项数据就是原值，然后请他饮用不同量的白酒后，对每个量级再进行测定，得出的数据与原值进行比较。已知生命科学的研究结果证明，人体这些指标的原值数据（各人有差别）适当上升时，对该指标所代表的肌体健康是有益的，反之（下降）则无益，甚至有破坏性。而且人饮酒后这些指标的升降与人的酒后感受体征高度对应。

反复实验结果证明，饮用一定量的白酒，这264项指标中相当一部分的数据是上升的，亦即对人体健康有益，若饮量过大过快，则数据下降就伤身。这是从生命科学层面上，用数据证实了适量饮用白酒有益人体健康，正面释疑了"饮酒伤肝饮酒伤身"的误传，也为中医认为适当饮酒可舒筋活络、酒乃百药之首提供了科学佐证，初步了解了白酒入"肚"后到了哪里，起到什么作用。

这项研究还在继续，其方向无疑是对的。此外，随着研究的深入，会派生出两个问题，一是不同品牌白酒的数据差异，会给品牌表现一系列的创新；二是原值的上升幅度是否会变成饮用的限量。对于第一个问题，不同白酒，其定量饮用的最佳数据，其最大饮用量的临界数据，其指标数据的结构和特点，这些都可对该品牌的健康饮用提供科学依据和技术支持，对采用饮酒养生提供重要的数据化的理论依据。其次，也可为诠释该品牌的个性特色提供新的表现方式。再次，可对评论白酒品质提供生物学或生理层面的数据化支持。

至于第二个问题，即如果数据显示，这种酒饮到某数量级后，人体数据就已近临界，从健康考虑酒不能再喝了，这不仅不能饮酒尽兴，而且会影响市场消费，也有可能给反对饮白酒的人提供口实。对此，应从两个方面应对。首先，饮酒速度要调整，因为白酒入肚后会被肝脏分解，当你饮用速度与分解速度大体一致时，指标值会相对稳定，俗称不会醉或醉得慢，所以饮酒不宜太快太猛，不宜空腹。其次，已经有人在研究白酒后处理技术。其设计目标是处理后，原来对这种白酒只能喝半斤的就可喝到"八两一斤"，其指标数据仍保持在正常状态，体征不醉不难受不损健康，而且能减除原酒中的杂味、辛辣感。白酒行业几十年来研究过很多后处理技术，之所以未能在规模生产上推广应用，有多种原因，其中有感官效果的不确切性和不稳定性，也有囿于机理的不明确和技术上的难佐证等等，而现在研究的技术就可用生命科学数据来佐证了。也就是说，机理研究和应用研究成一体系，我们用生命科学去探索白酒对人体健康影响的同时，也可用这种成果（结合其他研究）去指导白酒生产和后处理。加上其他方面的研究，以期达到饮白酒能健康（饮酒健康），怎样饮白酒能更健康（健康饮酒），饮什么样的酒更健康，怎样多饮酒仍能健康，以至多饮些这种白酒仍能健康。

这样，好喝、享受、有功能性对许多白酒品牌来说就不仅是一种愿景了。而白酒的饮用服务功能一旦得到延伸拓展并获得消费认同，加上其他方面的努力，将能有效地改善白酒的社会形象和地位，大大地扩展白酒的消费群体和消费市场，从而真正做大白酒业这个蛋糕！当然，这还得做更多、更深入、更具体的研究和有计划、有系统的引导和开发工作。

泸州老窖张良在2013年底一次论坛上说：白酒业明年会更冷，明天会更好。又有分析认为，白酒业如果在2015年能有恢复性增长的话，要恢复元气也得到2018年。历史上，白酒业每次低谷以后都能迎来下一个更好的发展期。这些回顾和展望或许都对，只是，我们不能把这些展望完全建立在客观环境好转和市场利好因素之上，创新观念，开拓新领域，寻求新突破，拓展新张力，就能把主动权握在自己手中。

（原载《华夏酒报》2014年2月25日第A01版）

胡永松

酒
HU
YONGSONG

发展浓香国酒 依托文化打造

——与胡永松教授访谈实录

整理 / 牟雪莹

　　耄耋之年的胡永松教授，满头银发，身板硬朗，步伐矫健，因为对中国白酒的深入认知，胡老提出了许多真知灼见，学识渊博的胡老回答问题淡定、从容，娓娓道来，展现了其长者之风，学者之范。

　　问：您是怎么理解中国白酒的？您提出过中国白酒有五大属性，这五大属性能不能向我们介绍一下？

　　答：因为对中国白酒接触时间久一些，所以理解要深刻一些。所谓中国白酒，就是自然的、纯粮的、固态发酵的，以酒曲为糖化发酵剂在不同发酵容器中经微生物酶促反应产生的一系列代谢产物，以及在固态蒸馏过程中生成的有机化合物经过一定时间的储存自然老熟，按照不同类型原酒进行组合、调味最终得到复杂的溶液系统。中国白酒拥有五大属性，这五大属性是我们总结了很多专家以及生产实践中技术人员的观点而得来的。第一是整体性，白酒是一个整体，就相当于中药配方不是单方一样的道理。中药里面的某些成分对人体是有伤害的，但是它在这个配方里边，不但没有伤害，反而还能医病，所以白酒是一个混合物而不是单一的化合物，切记不能单一地去认识它。第二是复杂性，不管是浓香还是酱香，都有上千种组成成分，虽然它的主体成分是水和乙醇，但是仍有其他成分存在，而且这些成分都非常之复杂，对人体有一定益处，且对白酒的品质起着重要的作用。第三是多样性，不说全国，就说四川的浓香型，宜宾五粮液同泸州老窖就不一样，这就是浓香型的多元化，包括清香、酱香及现有的十几个香型都是这样，这充分说明中国白酒的多样性。第四是和谐性，这是指白酒里成分之间的含量要平衡、要协调，例如己酸乙酯不仅要强调它的绝对含量，还要看其相对含量，同时还要同乙酸乙酯、乳酸乙酯、丁酸乙酯达到一定比例，才能够真正做到香、味之间的协调和平衡。最后是模糊性，对中国白酒而言，现在有许多概念从科学这个角度上讲是模糊而不清晰的。举一个简单的例子，比如馏酒的温度掌握，从科学道理上分析就不应该有那么大的幅度，现在的馏酒温度我们控制在20℃～35℃，这期间相差10℃就说明它的概念模糊，这也说明我们还没有找准更优化的馏酒温度控制点，所以还有很多科研工作要做。总体来讲，我们从这五个属性入手才能够更好地认识中国白酒，了解中国白酒。

问：您与泸州老窖有着深厚的感情，能不能谈谈是如何结缘的？

答：我们团队以前主要从事微生物教学与科研，1979年成都市组织了川大、成都生物所、农科院微生物研究室与四川抗菌素工业研究所到全兴酒厂科研攻关，我这才正式开始从事关于白酒的生物研究和人才培养工作。20世纪80年代后期，开始同泸州老窖合作进行白酒生产技术研究与人才培养。90年代时，泸州老窖与川大团队合作研究的科研项目获得四川省政府科技进步二等奖，从那时起至今，我与泸州老窖就建立了深厚的感情，泸州老窖也很真诚地邀请我担任公司的独立董事和生产专家，我从企业管理及微生物科学的角度提出一些思考和想法。弹指一挥间，已经四十余年了，我与泸州老窖的领导班子也很熟悉，从最开始接触的郭来虎到现在以刘淼、林锋为首的领导班子，他们对工作务实求真，讲求工作效率，注重科技研发与运用。几十年来，在跟泸州老窖国窖人接触的过程中，我们不仅是师生的关系，还是朋友关系、同志关系。不仅如此，每次到泸州老窖去，很多学生、朋友、同志都要跟我见一见，喝喝酒，问问好，聊聊工作上的问题，聊聊生活中的琐事，有一次，泸州老窖把所有退休的老领导请去座谈、调研，同时也邀请我参与，他们说我见证了泸州老窖的高速发展，也是一个名副其实的泸州老窖国窖人了。每年春节，泸州老窖的朋友都要打电话给我，关心我和我的家人，对我来讲，泸州老窖也是我的家，我会尽全力用自己所学的专业知识为"家"添砖加瓦、贡献力量。

问：泸州老窖从四十年前的小酒厂发展到如今百亿销售额的中国优秀名酒企业，您认为最成功的地方在哪里？

答：回想了一下，泸州老窖的成功归纳起来有四个方面，即品质、品牌、经营理念、生产技术。而这四个方面都是通过泸州老窖坚持"以人为本"这个理念才得以推动的。泸州老窖通过人才支撑经营理念，经营理念支撑生产技术发展，生产技术发展支撑品质保证，品质保证又支撑着品牌发展，就是这么一个良性循环推动着泸州老窖不断发展，不断做强做大，

▲2021年10月，"泸州老窖1952"上市发布，获得李大和先生（右三）、胡永松先生（右四）等八位著名鉴评专家的高度肯定

得以成长为中国优秀的名酒企业。

举个例子，泸州老窖很好地推行了"以人为本"这个理念，早在20世纪90年代郭来虎任董事长时，就十分注重培养接班人。郭董还专门讲要好好培养、锻炼袁秀平这个人，后来袁秀平成了白酒界的少帅。在职的"一把手"能考虑到接班人的问题，我个人觉得这一点做得很好。注意人才梯队的培养，关心人才的持续性、连续性发展，这说明泸州老窖在人才团队培养上很有远见。

其次，我觉得他抓"三个结合"抓得好，首先中国白酒传统技艺和现代科学技术结合抓得好；其次，技术与市场的结合抓得好；最后，产学研结合抓得好。这里，我重点讲第二个结合。从全国酒企来看，泸州老窖应该是率先把国家白酒评委派到销售前线去跑市场的企业。这其中甚至还包括沈才洪、张宿义、曾娜等酿酒专家去给消费者介绍怎么认识中国白酒、怎么了解中国白酒、怎么饮用和品鉴中国白酒，泸州老窖把技术和市场结合起来，这种方式很好。不仅把市场活跃起来了，酿酒专家到市场历练后更有助于收集消费者意见，反馈给酒体设计人员，酒体设计员不断提高和

▲国家固态酿造工程技术研究中心是目前国内固态酿造行业唯一、专门从事工程技术研究与开发的国家科技创新平台

改进产品品质，满足市场的需求。这也是新时代满足人民日益增长的美好生活需要的一种践行方式。第三个结合——产学研结合，泸州老窖不仅同省内的学校结合，而且同省外的学校结合，获得了很多国家、省、市政府的奖项，发展到今天，搭建起来的国家固态酿造工程技术研究中心，就是产学研相结合的结果。

最后，我觉得泸州老窖是站在产业发展这个角度来看待企业发展的。泸州老窖始终认为产业兴旺发达，企业才能够得到很好的发展，也就是说中国白酒发展了，泸州老窖必然会得到发展。泸州老窖是中国白酒的老品牌，是最古老的四大名白酒之一，这点毫无疑问。过去全国浓香型大曲酒的技术传播，可以说泸州老窖发挥了先锋模范作用。第一，泸州老窖成立了全国第一所专门的酿酒技工学校，为全国培养了数千名酿酒技术人才，被誉为"酒类技术的黄埔军校"。第二，泸州老窖在全国开办酿酒科技技术培训班27期，为四川、河北、内蒙古、江苏等全国20多个省市的酒厂培养了数千名酿酒技工、勾调人员和核心技术骨干。

近年来，公司董事长刘淼曾在讲话中也谈到了这个问题，他把企业与产业的发展关系认识得非常深刻。所以大家共同提出了"大国浓香"的概念，就是说不仅要发展中国白酒，也要发展浓香型白酒。浓香型白酒是中国白酒的一个重要组成部分，占据了白酒市场75%以上的销售量，浓香型白酒得不到发展，中国白酒的发展也将受到影响，所以站在这个高度来看待这个问题，我觉得非常好。

问：众所周知，泸州老窖以前叫泸型酒，它是浓香的代表，是浓香正宗。您以科学的眼光，怎么解释浓香呢？

答：浓香的特点首先是从工艺上来讲的，它的技艺与清香、酱香不同。浓香型酒的生产工艺讲求泥窖生香、续糟配料、固态发酵、混蒸混烧、自然老熟，浓香酒的香味确实很浓，而且专家们找到了"浓"的来源，即以己酸乙酯为代表的复合香，且复合香气非常之浓烈，通过泥窖发酵，泥窖里边有很多微生物，它们就要产生这些香味物质，所以窖池是主要的。其次，有了窖池也不能忽略酒曲和糟醅的作用。泸州老窖对这三方面都非常重视，如黄舣酿酒生态园的建设，其总的指导思想就是微生物整体搬迁。所以由园区酿造的酒，一出来酒质就比较好，这是什么原因呢？那就是微生物整体搬迁到了新家，而且这个新家因为远离市区，生态环境更好一些，污染更小一些，更有利于微生物的富集，所以酒一出来酒质就非常不错。我去品尝了黄舣酿酒生态园区酿出的酒，品质口感非常好，黄舣园区的酒也得到很多行业专家的认可。其次酒曲的使用也很重要，泸州老窖非常重视酒曲的生产。在改革开放以前，泸州老窖生产的平板曲就是浓香型白酒发酵使用的典型原料。酒曲在酒发酵过程中的作用，其一是提供粗酶制剂把淀粉变成糖，微生物才能够利用它；其二是提供菌种，酿酒时不会人工添加菌种，因为酒曲里自带酵母菌、细菌、放线菌等多种微生物；其三是它包含多种香味物质，但是我们现在还不能完全认识，所以叫它曲香，就是这个原因；其四是它的淀粉含量很高，酒曲实际上也是酿酒原料，在第三届全国评酒会评选时，还把曲块作为香型划分的主要依据，比如高温曲是酱香，中温曲是浓香，低温曲是清香。所以，酒曲具有多方面的作用，不可忽视。糟醅就是窖泥、曲块、微生物的集中点，糟醅发酵至关重要，特别是底层窖泥，因为要靠它产酒，窖泥不产酒，一切都要靠糟醅出酒。所以三方面的微生物都非常重要，而且他们配合得也非常巧妙，曲块里边的粗酶制剂把淀粉变成糖，糟醅里边的细菌和酵母菌又能够把糖变成酒、变成酸，酸和醇才能够综合产生酯，这是一个相互协调的过程，所以窖越老酒越好也有这个原因，因为时间越长，它的磨合就更好。

▲泸州老窖黄舣酿酒生态园是固酿生产自动化和智能化水平行业第一、酒曲产能行业第一、综合保障能力行业第一的示范性园区

专家简介　胡永松

　　中国著名白酒专家、四川大学教授，享受国务院政府特殊津贴专家，生于1938年。1964年毕业于四川大学生物学系，曾任四川大学生物工程系主任，兼任中国食品工业协会白酒专业委员会理事及技术顾问，四川省酿酒工业协会专家组副组长、四川省食品发酵学会名誉理事长，四川省委、省政府科技顾问团顾问。

　　胡永松先生及其团队长期从事微生物的教学和科学研究工作，尤其是对微生物及其在食品发酵中的应用开发的系统研究工作，在微生物技术应用于中国名酒发酵的研究方面，一些学术观点、技术思路以及应用技术，为传统发酵产业同现代科技相结合提供了重要的经验，特别是近年提出的酿酒工业生态及其生态园区的创建等受到国家名酒厂及同行专家的重视、支持并给予了很高的评价，在传统生物产业技改中已产生显著的影响和经济效益。

数十年来，胡永松先生投身于川酒的生产、科研、技改第一线，取得多项国家奖励和发明专利，为川酒的发展做出了巨大贡献。近三十多年来，先后承担多项国家、省、市和生产厂家应用基础及应用开发项目，有10余项成果分别获得国家、部省、市及国家教委科技奖；先后在国内学术刊物发表微生物应用基础研究方面的学术论文100余篇，其中数篇论文收录进《生物学文摘》（BA）与《化学文摘》（CA）等国际刊物；此外，还编纂了《微生物与发酵工程》等学术著作和教材，曾先后荣获国家科委、国家教委高校先进科技工作者奖及四川大学教学优秀奖，"七五"全国星火计划先进工作者奖。

泸州老窖国宝窖池的宝贵价值

印酒

文 / 胡永松

　　泸州老窖窖池是我国悠久文明史留下的极为宝贵的文物，是我国连续使用时间最长、保存完好并仍在继续使用的酿酒窖池。它不仅有宝贵的历史文物价值，还具有极为宝贵的科学研究价值和经济开发价值。

　　早在20世纪初四川军阀混战时，为争夺酒城泸州这个军事、经济、文化重镇，有的军阀就提出"打到泸州去，喝三百年老窖酒"的动员口号。解放以后，全国进行过五次评酒会，每次评酒会泸州老窖特曲都被列为国家名酒，泸州老窖特曲也被确定为浓香型白酒的典型代表，这在众多的浓香型白酒厂家中，是绝无仅有的殊荣。

　　酿酒界业内人士都知道泸州老窖酒的生产工艺有两句名言，叫作"千年老窖，万年母糟"，这窖和糟是生产浓香型白酒必不可少的先决条件。所谓千年老窖即用于发酵的泥窖越老越好，这是因为以黄泥为基质建成的

▲泸州老窖1573国宝窖池群

　　泥窖在漫长的使用过程中，经过酒糟黄水的接触浸润，繁衍、驯化、积累了大量的生香微生物，使窖泥变成为微生物资源宝库，即为老窖。在发酵过程中，窖泥提供大量的香味物质，以老窖酿出的酒也就格外醇甜甘美，浓郁芬芳，而酒糟则经过反复循环使用，不断向窖泥提供营养成分和水分。如果中断使用，窖泥中的微生物由于缺乏水分和营养而逐步衰亡，泥窖也就报废了。泸州老窖池历经四百余年人事沧桑，兵火战乱，仍在继续使用，保存完好，这不能不说是一个奇迹。

　　四百余年泸州老窖池周边出土的大量陶瓷残片、历代酒具，与窖池附近发掘的唐宋瓷窑、秦汉石棺等文物，构成了川南地区的历史画卷，这些大量的出土文物与文献同四百余年的泸州老窖池一道，为研究四川和泸州的历史、政治、经济、文化的发展提供了大量珍贵的实物资料。泸州老窖池成为中国酒文化的缩影，具有极为宝贵的历史文物价值。

为了揭开老窖产好酒之谜，从20世纪50年代起，国家组织相关科研单位对泸州老窖窖池和泸州老窖生产工艺进行了认真的剖析和总结。老窖奥秘的揭示，引起了科技界的极大关注，相关科研单位与厂家联手，开展了包括微生物学、生物化学、分析化学、微电子学、核物理学在内的多学科的基础研究和应用研究，大专院校也开设了相关课程。以泸州老窖为核心推出的一大批科研成果，大大提高了浓香型白酒的科技含量，为在全国范围内推广应用浓香型生产工艺打下了良好的基础。

白酒是一项投资大、见效快、获利多、风险小的项目。改革开放以来，全国各地纷纷派人到泸州老窖学习取经，一个个以泸州老窖为样板的浓香型厂家在各地纷纷建立，至80年代，除港澳台和西藏外，全国各地都建起了浓香型白酒生产厂家，在全国形成了一个庞大的泸州老窖家族，相关产业也得到配套发展，不少厂家成为当地的重要经济支柱，取得了巨大的经济效果，充分体现了泸州老窖的经济开发价值。

泸州大曲老窖池群被国务院认定为全国重点文物保护单位，是酿酒行业的一大喜事，随着改革开放的深入发展，国宝窖池的积极作用越来越被人们所认识，泸州老窖池为浓香型白酒生产的发展做出了巨大贡献，泸州老窖被誉为国宝这一殊荣是当之无愧的。

（原载《酿酒》2000年第5期）

浓香型（泸型）大曲的研究及其应用 酒

文／胡承　邬捷锋　沈才洪　王忠彦　胡永松

浓香型大曲酒在我国白酒工业中占了很大比例，四川浓香型大曲酒的质量和产量更是在全川乃至全国占有主导地位。大曲自古就有"酒之骨"之称，在浓香型白酒的酿造中起着举足轻重的作用。大曲的质量对曲酒的质量和出酒率都有极大的影响。近年来，随着现代科技的发展和应用，人们对制曲酿酒这一传统的自然发酵机理、工艺进行了逐层深入的研究，使原来经验式的生产逐步走向科学化、系统化、规范化。本文就大曲生产中微生物学和酶学的研究、生产工艺的发展，大曲生产过程中质量的控制、成曲质量标准的研究及对大曲在大曲酒发酵中的作用及其应用做一综述。

一、大曲微生物及其酶学研究

大曲作为大曲酒生产的糖化剂、发酵剂，含有多种微生物及其产生的多种酶类，它们构成了酿酒过程的内在动因。

（一）大曲微生物及其变化规律

大曲中的微生物类群主要有细菌、霉菌和酵母菌。霉菌主要产生各种水解酶等酶类物质；酵母菌则主要发酵产生酒精，同时提供多种醇、醛、酯等芳香物质；细菌特别是芽孢杆菌也可能产生水解酶类，有助于酒体中某些芳香成分的形成。

制曲采用的是自然接种。新曲中，微生物主要来自原料和环境，构成了大曲微生物的最初区系，例如，仅就分泌淀粉酶的微生物而言，在不同发酵阶段的大曲样品中就分离到72株，其中有细菌37株、霉菌27株和酵母菌8株。传统大曲生产从曲坯入房到出房，整个发酵过程约1个月，根据品温的不同，发酵过程大致可分为升温期、高温期、降温期和出房期。不同阶段微生物类群的变化呈不同的特点：（1）升温前期，品温从20℃升到40℃左右，是各类微生物较适宜的生长温度范围，细菌、霉菌和酵母菌数量增加很快，一般可增加100～1000倍；随着品温的继续升高，酵母菌和大多数细菌以及一些霉菌由于不能耐受高温而死亡，使微生物总数迅速下降。（2）高温期品温维持在60℃左右，这一阶段微生物数量较少，酵母菌数量几乎为零；细菌中芽孢杆菌成为唯一优势菌群。高温使微生物趋于纯培养。（3）降温期间温度回落到45℃以下时，微生物的活动再次明显活跃，特别是酵母菌数量迅速上升。（4）出房期品温逐渐接近环境温度，除酵母菌数量仍有增加外，其余微生物数量基本稳定。

经过大曲生料富集培养和高温淘汰，曲内微生物发生了定向演变，出房大曲与入房曲坯相比，微生物组成有了很大的不同。细菌中芽孢杆菌占优势；霉菌中主要是根霉，其次是曲霉；酵母菌中主要是假丝酵母。另外，如表1所示，整个发酵过程中，曲皮微生物的数量均高于曲心，这可归因于曲皮比曲心能接触更多的氧气，从而有利于微生物细胞的增殖。

表1 高温曲、中温曲微生物数量与发酵力比较

样品	细菌总数	芽孢杆菌	酵母菌	霉菌	发酵力
高温成品曲皮	4×10^7	10^7	< 10	4.2×10^4	0.1
高温成品曲心	4×10^5	2×10^5	< 10	8×10^5	0.1
中温成品曲皮	3.2×10^4	5.6×10^3	8×10^2	3×10^3	0.39
中温成品曲心	6.2×10^2	5.6×10^2	1.1×10^2	8×10	0.34

（二）大曲酶类及其变化规律

大曲中微生物在生长代谢过程中产生各种水解酶类，使大曲具有糖化力、液化力和蛋白水解能力。这些酶主要是由细菌和霉菌产生，因此大曲中酶类的变化规律与微生物的活动密切相关。

制曲原料本身具有一定的糖化能力，曲坯入房后，品温升高，糖化酶活力下降。但随着升温时微生物的大量繁殖，糖化力迅速回升，同时液化酶开始产生，蛋白酶活力也逐渐增加。高温期由于微生物大量死亡，糖化酶和液化酶活力均缓慢下降，而蛋白酶活力基本稳定。降温期微生物活动再次增加，三种酶活力均回升。出房期微生物数量虽基本稳定，但其代谢活动并未停止，糖化酶和液化酶活力仍有所增加。

如前所述，曲皮微生物生长比曲心旺盛，因此就曲块产酶部位来说，曲皮的糖化酶、液化酶活力始终高于曲心，但是蛋白酶则相反，曲皮部位始终低于曲心。究其原因，可能是蛋白酶主要由高温霉菌和细菌中的芽孢杆菌产生，这些菌在温度较高、湿度较大的曲心部位生长较好，因此曲心的蛋白酶活力比曲皮高。因此，在培曲过程中，即使在高温期，蛋白酶活力也能保持基本稳定。纵观发酵全过程，微生物的活动规律与酶类的变化规律表现出相当的一致性。其中有两次高潮期，第一次高潮是在升温期，各种微生物数量剧增，水解酶类积累；第二次小高潮是在降温期，部分微生物数量增加，酶活力回升。有关其他大曲酶类物质如氧化酶、酯化酶等尚待进一步研究。

二、大曲生产工艺的发展

在认识了大曲生产过程中微生物组成、活动变化规律的基础上，人们

逐渐地结合计算机自动控制技术对其生产工艺进行控制，使传统的生产工艺有了较大的发展。

（一）大曲传统发酵工艺——地面堆积发酵

传统的做法是人工或机械拌料制成曲坯后，堆积在地上进行自然发酵。制曲坯的过程也是自然接种的过程，发酵期间通过人工翻动、堆烧、开启门窗等方式来控制发酵过程中的温度和湿度。传统方法的缺陷是单位面积产量低，生产周期长达40天以上（夏季约45天，冬季约60天），酒曲质量受生产人员的经验和环境条件的影响较大，而且劳动强度大、工作环境差。

（二）大曲强化发酵技术

该技术是通过接种纯种霉菌、酵母和细菌来强化大曲发酵。将糖化型和发酵型两大菌类分别经过三角瓶扩大培养，然后按一定比例混合制成强化种曲。糖化型种曲中一般含有黄曲霉、根霉、红曲霉，发酵型种曲中一般含有酿酒酵母、生香酵母及芽孢杆菌等。制曲时，只需在拌料时加入0.5%～1.0%的上述种曲，按常规制曲，成曲即为强化大曲。强化大曲是自然接种和人工接种相结合的产物，其香味比普通大曲浓，断面色泽好，菌丝密，酶活力提高，而且生产周期缩短，酒曲质量较稳定。但因其纯种制备及使用的量比关系和风味问题的局限，制约了这一技术的发展。

（三）大曲架式发酵微机控制系统及制曲工艺

根据对大曲微生物生态环境的研究，四川大学新星应用技术研究所设计了一个具有控温、控湿、供氧、对流等功能的微机控制系统，以模拟传统大曲发酵最佳工艺参数曲线为主，控制曲房内温度、湿度和空气交换为辅的方式来创造一个适合微生物自然生长繁殖的生态环境，并将传统的地面堆积发酵改成架式发酵。

系统选用了镍铬电阻丝或蒸汽作为加热源，并能有效实现曲架上、下、左、右各处温度的相对均匀性；用轴流降温机抽出曲房上部热空气，鼓风机送入室外新鲜冷空气来达到降温和供氧的目的。设有喷水装置以增加湿度并降温。曲房还安装有对流搅拌风机使曲房上、下层空气对流，从而调节曲房上下层温差。架式微机制曲控制系统除了按预定最佳工艺曲线启动调节装置外，还结合大曲发酵各个阶段的特点通过人机配合，操作计算机进行相应控制。因此更好地模拟出了大曲发酵的生态环境，保证发酵正常进行。

大曲架式微机控制系统已先后用于四川、贵州、甘肃几家名优酒厂，生产实践表明，架式微机控制制曲系统生产工艺先进，成品曲含水量波动小，酶活力适度，质量稳定，优于传统地面制曲工艺；同时也改善了工人劳动环境，降低了劳动强度。

三、大曲质量的控制及其成曲质量标准的研究

（一）大曲生产过程质量的控制

大曲生产质量的好坏，取决于生产过程各道工序的质量好坏。大曲生产过程大致为原料选择——粉碎——踩曲——曲坯入室——发酵培养——出房贮存——成品曲。生产过程的关键在于如何为微生物生长演变提供良好的温湿环境。季节气候变化、原料粉碎度、拌料加水比例、踩曲松紧度、翻曲时期和曲坯间距等都对曲块的水分、温度控制有着明显的影响。

▲ 甘醇曲

严格控制各道工序的质量有助于提高成曲的各项感官质量，并使其糖化力、液化力和发酵力稳定协调，减少质量波动。沱牌曲酒厂总结的制曲工艺各道工序的质量控制标准如下：

（1）原料选择：要求无霉烂、虫蛀，无谷壳、泥沙及其他杂质，无农药污染。

（2）粉碎：要求烂心不烂皮，粗细均匀，符合季节生产要求。

（3）拌料：要求拌水均匀，曲料干湿一致，无灰包，无疙瘩，曲料柔熟、不粘手。拌水量：纯小麦曲加水30%～48%，大麦、豌豆曲加水45%～58%，大麦、小麦、豌豆曲加水40%。

（4）踩曲：要求曲块四角紧、中间略松，表面光滑、无裂口、提浆均匀，厚薄均匀、重量一致。

（5）曲坯入室：要求4块一组，垂直竖放，曲块间距一致，无倒曲。

（6）发酵培菌：要求第一次翻曲品温为40℃左右，上霉均匀，曲块变软，曲面整齐，表面无糠壳，无倒曲，间距一致，符合季节要求，翻曲做到底翻上、中翻外、外翻中，收堆后品温下降缓慢。温度控制遵循原则：前期缓（升）、中期挺（平稳）、后期缓落。

（7）贮存：要求保持通风干燥，贮存3~9月使用。

（二）大曲成品曲质量标准的研究

传统的大曲质量等级鉴定均以感官鉴定为准。由于各地自然条件不尽相同，制曲工艺有一定差异，经验式的酒曲质量标准弹性大、随意性强。为了确定一个科学、系统的制曲标准，近年来不少名酒厂特别是泸州老窖酒厂、沱牌曲酒厂对大曲的感官鉴定、理化分析及微生物数量的测定做了大量的研究，开展了不同等级的酿造对比试验，在此基础上初步制订出了一套定性、定量的行业大曲质量标准。标准由三部分组成，即感官鉴定标准、理化指标和微生物数量要求，如表2至表4。根据生产实际可将成品曲的感官鉴定标准、理化标准和微生物指标按不同的权重最终综合评价。采用百分制，以感官指标为主，占60分，理化指标占30分，微生物指标占10分。相应地，一级曲综合评价应在90~100分，二级曲综合评价应在75~89分，三级曲综合评价应在60~74分，等外曲则为60分以下。实行以上质量标准，可使成品曲质量波动程度明显减小，但酒曲的发酵质量还受很多因素的影响，因此初步制订的成品曲质量标准还存在一定局限性。尽管如此，这些标准（框架）对大曲质量的进一步规范化、标准化应能起到推动作用。

表2　成品曲感官鉴定标准

等级	外观	断面	香味	皮张
一级	灰白色或灰黄色，穿衣好（达80%），无裂口，无杂色，无青霉感染	整齐，灰白色，菌丛生长良好，泡气，无裂口、水圈及其他杂色	具有浓而醇的特殊曲香味，无怪味	≤2mm
二级	灰白色或灰黄色，穿衣好（达50%），无裂口，无杂色，无青霉感染	较整齐，80%以上为灰白色，菌丛生长较好，泡气，无裂口，有轻微水圈，无黑色菌丛和水毛	具有特殊曲香味，无怪味	≤4mm
三级	大部分为灰白色，或微黄色（黑褐色菌杂占30%以下），有轻微裂口，或有较多的完整麦粒，穿衣一般（30%以上）	不整齐，有水圈和少量黑色菌丛和水毛	有曲香或有轻微的怪杂味	≤6mm
等外	黑褐色占30%以上，有裂口，穿衣差（小于30%），有青霉菌感染	不整齐，水圈重，有黑色菌丛及水毛，或有生心、大裂缝等	无曲香，有怪杂味	>6mm

表3　成品曲理化标准

项目	一级曲	二级曲	三级曲	等外曲
水分（%）	<14.0	<15.0	<15.0	>15.0
pH值	0.5~1.3	0.5~1.8	0.5~1.8	>1.8
糖化力（mg葡萄糖/g曲·h）	700~1100	500~770或>1100	300~500	<300
液化力（g淀粉/g曲·h）	>1.0	>0.8	>0.6	<0.6
发酵力（g/50mL·72h）	>2.0	>1.5	>1.0	<1.0

注：酸度测定用中和法0.1mol/L NaOH mL/g曲，发酵力测定用CO_2失重法，酒曲用量0.4g/50mL。

表4　成品曲微生物数量要求

单位：万个/g干曲

项目	一级曲	二级曲	三级曲	等外曲
霉 菌	>100	>10	>1	<1
酵母菌	>10	>1	>0.1	<0.1
细 菌	>50	>5	>0.5	<0.5

四、大曲在大曲酒发酵中的作用及其应用

目前业内人士对大曲在大曲酒发酵中作用的认识有以下几个方面。

（1）为大曲酒醅中原料分解提供多种复合的粗酶制剂。如水解类的糖化酶、液化酶、蛋白酶、纤维素酶、果胶酶、木聚糖酶类等，近年的研究表明，还存在利于酯香类风味物质合成的合成酶等。

（2）为大曲酒醅发酵提供部分菌种来源，如酵母菌、细菌等。

（3）为大曲酒提供一些香味物质及香味物质形成的前体，如酒的曲香等，但其具体的物质及形成机理尚待进一步认识。

（4）为大曲酒发酵提供部分发酵原料。如大曲中所含淀粉高达57%左右。浓香型大曲酒的生产工艺中用曲量一般占投粮量的20%~30%，而酱香型曲酒生产工艺用曲量一般可达投粮量的90%左右，可见酒曲在酿酒

发酵中的确为酒糟发酵提供了原料。

此外，目前中国白酒在香型划分上也非常重视大曲的应用。一般说来，酱香型（茅型）大曲酒用高温曲生产，浓香型（泸型）白酒用中温曲生产，而清香型白酒则使用低温曲。现在有些酒厂根据自己对成品质量的要求，较为普遍地提高了制曲温度，如有的中温曲制曲发酵中最高品温已超过60℃。还有一些厂家在浓香型（泸型）大曲酒发酵中把高温曲、中温曲混合使用，把酯化曲与中温曲混合使用等。当然，这样做的目的是使大曲酒更好适应市场和消费者的需求。而生产实践表明，糖化酶和活性干酵母在大曲酒发酵中虽然在一些特殊的糟醅发酵中能降低其丢糟的残淀，提高一般曲酒的出酒率，但并不完全具备传统大曲如上所述的功能和作用。因此，糖化酶和活性干酵母在浓香型大曲酒生产中的作用应是对传统大曲的补充。

（原载《酿酒科技》2004年第1期）

/ 胡永松 /

窖泥微生物群落的研究及其应用

文／胡承　应鸿　许德富　胡永松

　　对窖泥微生物的研究就是以微生物生态学为理论指导，去认识、了解、研究窖泥生态系统中微生物种群的相互依存、相互作用所形成的一个有机的整体——窖泥微生物群落。应用微生物生态学理论，可指导我们对窖泥生态系统的研究以及人工窖泥的培养，以保证、提高浓香型大曲酒的质量。

一、窖泥微生物群落的组成、结构的初步研究

　　微生物群落中所包含的微生物种类称为种类组成，是微生物群落最基本的特征。现在人们对窖泥微生物群落的组成及分布结构已有一些研究，见表1。

表1 不同窖龄老窖厌氧菌群糟层分布特征

单位：个/g干土

窖龄	层次	厌氧异养菌	甲烷菌	己酸菌	乳酸菌	硫酸盐还原菌	硝酸盐还原菌
100年	上层	2.76×10^4	3.40×10^2	4.00×10^2	2.10×10^5（混样）	8.10×10^5	9.30×10^2
	中层	1.33×10^4	1.60×10^3	1.90×10^3		8.90×10^5	6.10×10
	下层	7.57×10^4	3.80×10^3	1.90×10^3		2.00×10^4	5.20×10
200年	上层	1.10×10^4	0	0	1.24×10^4	9.30×10^2	2.10×10^2
	中层	1.70×10^6	6.19×10^2	4.50×10^3	6.00×10^6	4.40×10^2	6.20×10^3
	下层	6.19×10^6	—	6.50×10^4	1.30×10^5	3.90×10^4	3.80×10^3
300年	上层	1.38×10^5	0	6.41×10^2	2.00×10^8	2.00×10^5	8.60×10
	中层	3.62×10^5	1.30×10^2	7.24×10^2	8.90×10^7	8.00×10^4	8.60×10^3
	下层	3.97×10^5	2.50×10^5	7.94×10^4	1.40×10^7	3.40×10^4	3.30×10^3
400年	上层	4.48×10^4	1.30×10^2	1.20×10^2	8.70×10^5	7.90×10^6	7.20×10^3
	中层	8.59×10^5	8.35×10^3	1.88×10^4	2.00×10^4	1.90×10^6	7.60×10^4
	下层	4.88×10^5	1.71×10^4	8.10×10^4	3.00×10	2.30×10^5	9.00×10^4
500年	上层	3.67×10^3	0.30×10	1.30×10	5.13×10^5	2.30×10^5	1.80×10^6
	中层	1.14×10^5	2.03×10^3	4.50×10^2	1.02×10^5	3.18×10^5	1.00×10^7
	下层	2.64×10^5	5.74×10^4	9.88×10^5	3.17×10^9	5.80×10^5	1.20×10^5
2年（新窖）	上层	4.40×10^3	0	6.20×10	2.00×10^8	6.50×10^5	2.01×10^4
	中层	3.90×10^3	0	1.10×10^2	1.10×10^5	1.44×10^3	7.50×10^2
	下层	4.38×10^3	0	2.00×10^3	1.30×10^7	1.20×10^5	1.49×10^3

由表1可见，不同窖龄窖泥厌氧微生物数量分布存在以下特点：①厌氧异养菌：老窖泥中的厌氧异养菌数量明显多于新窖，一般随窖池上、中、下层顺序而递增。②甲烷菌：老窖泥中的甲烷菌数量随窖池上、中、下层顺序而递增，而新窖泥中未测出甲烷菌。③己酸菌：老窖泥中的己酸菌明显多于新窖，并随窖池上、中、下层顺序而递增。④乳酸菌：新老窖泥中的乳酸菌数量分布无明显规律性。⑤硫酸盐还原菌：除4号窖外，老窖泥中硫酸盐还原菌数量多于新窖泥。⑥硝酸盐还原菌：新老窖泥中存在一定数量的硝酸盐还原菌。

同时，在不同窖龄窖泥中厌氧细菌数量垂直分布情况也有一定的区别，见表2。

表2　厌氧微生物数量在不同窖龄窖泥中的垂直分布

单位：个/g干土

菌类	窖类	窖泥土壤层次				
		0~4	4~8	8~12	12~16	16~20
己酸菌	新	3.93×10^3	5.3×10^3	3.7×10^2	6.0×10	0
	中	7.3×10^5	4.6×10^5	8.6×10^4	3.8×10^2	—
	老	8.1×10^7	8.1×10^7	7.8×10^7	3.3×10^7	8.5×10^6
丁酸菌	新	2.2×10^4	1.4×10^4	8.2×10^5	3.7×10^4	1.4×10^3
	中	1.2×10^4	2.5×10^4	3.6×10^4	8.3×10^4	—
	老	6.7×10^4	5.8×10^4	8.3×10^5	7.4×10^5	2.3×10^4
乳酸菌	新	6.0×10^5	8.7×10^5	6.8×10^5	5.2×10^4	6.0×10^3
	中	4.8×10^5	6.4×10^6	5.2×10^5	1.8×10^5	—
	老	3.6×10^6	6.2×10^5	6.1×10^5	2.3×10^6	7.4×10^6
甲烷菌	新	0.2×10	1.2×10	0.1×10	0	0
	中	2.2×10	9.4×10	0.9×10	0.6×10	—
	老	3.3×10^4	5.8×10^4	2.9×10^4	3.6×10^4	2.6×10^3
硫酸还原菌	新	7.0×10^4	9.2×10^4	7.6×10^3	2.1×10^4	0.9×10
	中	1.1×10^3	3.7×10^3	8.4×10^3	1.6×10^2	—
	老	1.8×10^5	2.7×10^6	7.7×10^5	8.4×10^5	2.8×10^4
硝酸还原菌	新	3.2×10^2	5.3×10^3	1.2×10	0.3×10	0
	中	5.8×10^3	7.2×10^3	2.7×10^2	3.9×10	—
	老	2.8×10^5	2.2×10^5	1.0×10^4	6.1×10^5	9.3×10^4

　　此外，还有一些报道介绍了放线菌也是窖泥微生物群落的组成成员，并且在不同窖泥中的分布数量也有一定特征，如在10年窖龄窖泥中为7.2×10^4个/g干土，在百年窖龄窖泥中为2.106×10^6个/g干土，在优质人工窖泥中为5.23×10^5个/g干土。

　　表1、表2还表明了窖池中微生物群落在不同窖龄的不同糟层以及窖壁土壤中垂直栖息分布的规律，对于我们进一步认识、研究窖泥微生物群落变化、分布及对比认识这些微生物群落对产酒（质量）效应的影响均有一定意义。

二、窖泥微生物群落中甲烷菌与己酸菌的相互关系

在窖泥生态系统中，微生物种群间相互依存，相互作用，使窖泥形成一个有机整体，保证其正常的微生物代谢活动的进行。甲烷菌与己酸菌在新老窖中的分布现象及其发酵状况见表3、表4。

表3　老窖、新窖中甲烷菌和己酸菌的分布特征

单位：个/g干土

窖号	甲烷菌	己酸菌
新窖	0	5.15×10
老窖7	6.67×10^2	1.2×10^4
老窖4	2.22×10^2	2.32×10^4
老窖26	8.34×10^4	2.88×10^4
老窖20	6.49×10	3.33×10^4
老窖21	1.98×10^4	3.29×10^5

表4　甲烷菌和己酸菌混合发酵对产物的影响

项目	己酸菌（mg/kg）	甲烷菌（%）
己酸菌发酵	8355.38	—
甲烷菌发酵	—	21.87
甲烷菌己酸菌混合发酵	9081.9	26.73
比对照增加（%）	8.69	22.22

（一）甲烷菌与己酸菌在老窖中的数量分布

从表3、表4可知，新老窖泥中两类主要厌氧功能菌分布有明显差异，甲烷菌和己酸菌数量以老窖为多，新窖中未测出甲烷菌的存在。同一窖池中，甲烷菌与己酸菌的数量呈现随着窖龄时间的延长有同步增长的特征趋势。

（二）甲烷菌与己酸菌混合发酵对产己酸和产甲烷的促进效应

在专性己酸菌生长培养基中加入甲烷菌所需的碳源，在专性甲烷菌生长培养基中加入己酸菌生长所需的碳源，分别接种甲烷菌和己酸菌。在发

酵旺盛期测得的数据表明两菌混合发酵产己酸比对照高8.69%，产甲烷比对照高22.22%。

三、窖泥的化学生态环境的组成

窖泥的化学组分是其生态系统中重要的组成部分，也是窖泥微生物生态环境和生长繁殖的重要基质，在不同程度上影响窖泥微生物群落的组成、分布及菌群演替。因此，认识、了解窖泥的本质和特性也是便于我们更好认识窖泥微生物群落的重要前提之一，老窖、新窖的化学生态中各成分分布情况见表5。

表5　老窖、新窖的水分、有机质及营养成分分析

老窖窖号	层次	水分（%）	pH值	有机碳（%）	腐殖酸（%）	全氮（%）	全磷（%）	氨基氮（mg/100g）	有效磷（mg/100g）
7	混样	31.00	4.53	5.80	3.39	1.045	0.802	205.50	146.00
4	上	24.30	7.25	6.00	0.07	1.141	4.804	324.50	137.20
	中	43.50	7.00	6.41	1.30	0.668	1.023	200.20	146.60
	下	43.80	5.19	10.10	1.98	0.663	2.546	140.40	216.55
	平均	37.20	6.48	7.50	1.38	0.824	1.458	221.70	166.78
26	上	22.00	4.79	5.66	1.39	0.980	3.403	194.00	208.00
	中	31.00	5.05	8.77	2.81	1.356	2.380	254.00	310.00
	下	37.00	5.02	8.46	2.96	1.308	2.192	252.50	183.30
	平均	30.00	4.95	7.63	2.55	1.214	2.703	236.80	235.40
20	上	27.00	5.90	7.27	1.04	0.930	2.498	171.90	165.50
	中	31.65	6.05	7.96	1.56	1.120	2.242	314.50	219.70
	下	37.40	4.25	16.09	3.45	1.665	2.070	250.30	204.20
	平均	32.01	5.40	13.44	2.02	1.236	2.103	245.55	196.46
21	上	31.77	5.85	7.50	2.46	1.320	5.476	278.00	371.00
	中	21.30	5.92	5.42	1.57	1.104	3.311	356.00	428.00
	下	39.35	5.30	12.16	3.78	1.891	2.816	399.00	574.00
	平均	30.81	5.69	8.49	2.60	1.438	3.867	344.30	457.60
老窖	平均	32.18	5.41	7.97	2.39	1.152	2.187	250.77	240.45
新窖	平均	24.76	6.15	4.42	0.36	0.532	0.288	99.80	65.64

　　由表5可见，窖泥化学生态环境存在多样性。表5还表明老窖的窖泥含水量平均为32.18%，新窖为24.76%，一般随窖池上、中、下层顺序而递增；老窖泥pH值平均为5.41，新窖为6.15；老窖有机碳平均含量为7.97%，新窖为4.42%；老窖泥腐殖酸平均含量为2.39%，新窖为0.36%；老窖泥全氮平均含量为1.152%，新窖为0.532%；老窖泥全磷平均含量为2.187%，新窖为0.288%，老窖与新窖差异明显；老窖泥含氨基氮平均为250.77mg/100g，新窖为99.80mg/100g，老窖比新窖增加151.27%；老窖泥含有效磷平均为240.45mg/100g，新窖为65.64mg/100g，老窖比新窖增加266.32%。

　　此外，还有专家对窖泥酶活进行了一系列的比较分析和研究，其初步结果如下：①酸性磷酸酶与碱性磷酸酶活性变化规律为窖泥表层＞中层＞深层，且变化明显。而中性磷酸酶虽然呈相同变化趋势，但活性明显偏低。这可能与表层有效磷含量较高导致的反馈抑制有关。②窖泥中蛋白酶活性也呈现表层＞中层＞深层，与理化分析中的全氮、速效氮变化规律呈对应性。③脲酶活性也呈现相同规律。④过氧化氢酶活性则呈现相反规律，即表层＜中层＜深层。若有氧条件下可以产生过氧化氢，它对微生物繁殖代谢是不利的，所以要诱导产生过氧化氢酶以分解过氧化氢。己酸菌是在厌氧条件下繁殖发酵的，生成过氧化氢的可能性很少，依次呈现相反规律。⑤蔗糖酶活性不高，己酸菌的碳源主要是乙醇和醋酸，窖泥中蔗糖含量极少，蔗糖酶相应就少。

　　上述对窖泥化学生态环境及其部分酶活的研究表明，它们也是窖泥生态系统的重要组成部分，同时不难看出窖泥既有一般土壤的共性，又有其自身独特的个性，其中最重要的就是它们长期与糟醅接触而富集了大量特殊的酿酒功能微生物种群，这些种群对窖泥生态环境的作用导致窖泥的老熟。由此可见，对窖泥微生物群落的认识、了解、研究乃至应用都有重要的意义。

四、窖泥微生物的代谢与窖泥的产酒效应

　　窖泥生态系统中微生物种群间相互依存、相互作用，这与窖泥微生物群落中菌类菌种间的代谢活动密切相关。因此，对其代谢活动进行探索、分析，有利于对窖泥微生物群落及其生态系统的认识、了解、研究及应用。

（一）窖泥中微生物及其代谢特征

窖泥中的微生物主要有乳酸菌、丁酸菌、己酸菌、甲烷菌、硫酸盐还原菌、硝酸盐还原菌等。乳酸菌报道较多，在此不必赘述。

从浓香型白酒厂中分离出的己酸菌，发酵乙醇和乙酸盐，产生己酸、丁酸及少量乙酸。发酵葡萄糖产微量己酸，与巴克氏己酸菌不同。但是，不管哪一类己酸菌，窖泥中的多种有机酸代谢过程中产生氢，存在着微生物代谢控制的底物抑制现象。

硝酸盐还原菌，如大肠杆菌，只能将硝酸盐还原为亚硝酸盐；而另外一些菌，如地衣芽孢杆菌还能进一步将亚硝酸盐还原为一氧化氮、一氧化二氮和氮。

有机物氧化时产生的 $NADH_2$（还原型辅酶Ⅱ）和 $FADH_2$（还原型黄素腺嘌呤二核苷酸）中的氢，通过硝酸盐还原菌的电子呼吸链，将电子传递给硝酸根、亚硝酸根、一氧化氮和氮，使相应的化学物质还原，最后都还原为氮。这就是窖池中氮气的来源。

窖泥中观察到多种甲烷菌，其形态有长杆菌、小球菌、八叠球菌。产甲烷菌以二氧化碳、乙醇、乙酸、甲醇、甲酸为直接原料，生成甲烷，其中以二氧化碳为直接原料生成甲烷时，二氧化碳逐步被还原，在此过程中，辅酶M起着重要作用。

甲烷菌缺乏铁氧还原蛋白，含有 F_{420} 物质，此物质在电子传递中起一定作用，在紫外线下发出荧光，不存在其他厌氧功能菌所具备的细胞色素 b、c系统。

甲烷菌和硝酸盐还原菌在窖泥中均具有解除产酸菌的氢抑制现象。

硝酸盐还原菌，如脱硫弧菌能以硫酸盐作为最终电子受体而将硫酸盐还原为硫化氢。特别是硫酸盐还原菌以乳酸为生物氧化基质，乳酸被脱硫弧菌最后氧化为乙酸。

硫酸盐还原菌在代谢过程中只消耗乳酸，而窖泥在老化过程中出现白色晶体物质，经分析为乳酸亚铁及乳酸钙。

硫酸盐还原菌能减少窖泥中微生物产生的乳酸以及营养物——黄浆水中的乳酸，防止窖泥中乳酸积累，减缓乳酸亚铁及乳酸钙的产生。故此窖泥中硫酸盐还原菌的种类及数量是衡量窖泥是否老化的重要指标。

▲窖泥

（二）窖泥的营养物

窖泥微生物的代谢活动与窖泥的营养物密切相关。

窖泥中营养物质除酒醅外，还有黄水，其成分见表6、表7。

表6　黄水成分含量

单位：g/100mL

成分	含量	成分	含量
总氮（%）	0.30	还原糖（%）	2.54
总酸	3.08	酒精（%，v/v）	4.1
总酯	0.19	总固形物	15.54
酸度	5.4	单宁及色素	0.14
淀粉（%）	2.55		

表7　黄水中有机酸含量

单位：mg/100mL

有机酸	含量	有机酸	含量
甲酸	9.81	戊酸	4.31

续表

有机酸	含量	有机酸	含量
乙酸	119.20	己酸	9.23
丙酸	33.10	乳酸	2869.31
丁酸	8.92		

由表6、表7可见，黄水既是酒糟的发酵代谢产物，又是窖泥微生物的重要营养物质，同时还富含多种微生物，因此在浓香型大曲酒生产中非常重视黄水的生成及其质的优劣、量的多少，在黄水的应用上特别重视其养糟、养窖的作用。

（三）窖泥中微生物代谢模式

窖泥的微生物代谢可分为两个方面：一是窖泥中有机酸的代谢过程；二是解除有机酸代谢过程中的底物抑制及调整营养物中物质的不平衡。前者是产生己酸的途径，后者是代谢途径的调控，这种关系涉及微生物代谢产物抑制及种间调控。

丁酸菌在代谢过程中产生的氢被甲烷菌及硝酸盐还原菌利用，具有解除其代谢产物的氢抑制现象。丁酸的累积又有利于己酸菌将丁酸转化为己酸；甲烷菌、硝酸盐还原菌与产酸、产氢菌相互耦联，实现"种间氢转移"关系，甲烷有刺激产酸的效应。黄水中含有的大量乳酸被硫酸盐还原菌利用，可消除黄水中营养物的不平衡，其可能的代谢模式如图1。

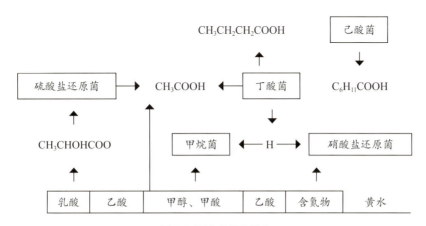

图1　还原菌的代谢模式

（四）窖泥产酒效应

通过对新窖和老窖代表性酒样的色谱分析（见表8），可以得到以下结论。

表8　老窖、新窖的酒质分析

单位：mg/100mL

老窖窖号	层次	己酸乙酯	乳酸乙酯	异戊醇	丁酸乙酯	正丁醇	异丁醇	乙缩醛	正丙醇	乙酸乙酯	乙醛
18和26	上	103.24	196.76	53.17	18.94	9.74	14.16	30.96	24.29	142.93	26.13
	中	207.31	227.15	116.21	22.18	5.11	3.93	22.24	7.27	106.52	18.29
	下	374.71	244.00	66.36	23.58	7.70	15.06	36.97	14.56	105.96	17.90
	平均	224.32	222.64	56.22	21.57	7.58	11.75	24.34	14.88	118.47	20.99
20和22	上	140.03	113.13	35.74	16.26	25.52	3.88	22.32	9.58	76.91	44.11
	中	187.32	129.03	37.13	43.79	5.24	6.22	43.66	8.52	157.27	57.14
	下	359.32	222.89	45.08	22.66	4.83	19.55	35.56	13.38	128.05	27.29
	平均	246.25	155.02	43.07	27.57	16.24	9.41	36.12	11.32	120.50	45.44
21	上	187.04	117.69	33.15	28.35	3.51	3.94	13.41	8.89	116.82	57.09
	中	191.33	142.36	22.09	34.19	7.05	2.81	10.58	5.84	66.47	54.78
	下	299.06	248.39	10.47	61.99	42.14	1.80	41.83	12.78	154.58	18.16
	平均	216.33	159.29	23.44	38.86	14.39	2.98	15.75	6.59	107.13	46.60
新窖1	混样	93.83	296.94	63.41	7.23	4.43	2.84	20.31	9.95	81.53	15.62
新窖2	混样	97.29	215.39	29.64	25.67	20.49	4.95	32.67	20.41	105.36	15.91

①原酒质量一般随上、中、下层顺序递增，老窖酒质明显优于新窖。②酒体中四大酯的含量及比例关系：26号、20号、21号的老窖酒体中四大酯含量协调，尤以20号、21号的老窖与标样名酒的四大酯量比关系相近。新窖酒的乳酸乙酯则大于己酸乙酯2～3倍，失去了浓香型优质酒主体成分比例的一般要求。

以上众多研究至少初步表明，窖泥生态系统的微生物种间的相互依存、相互作用所构成的窖泥有机整体——窖泥微生物群落，从多方面影响窖泥及其酒醅发酵，从而决定浓香型大曲酒的质量和风格。因此，我们应该从科学发展的高度，不断认识、研究窖泥生态系统，以指导浓香型大曲酒生产技术的向前发展。

五、人工窖泥培养技术的发展

通过上述对窖泥微生物群落的认识、了解和研究，我们已初步掌握窖泥生态系统微生物群落的生态化学环境，微生物群落的组成、结构以及它们的一些代谢活动与产酒效应的关系。在此基础上，人工窖泥的培养技术经历了形成和发展的阶段，现简述于后。

（一）窖泥微生物的来源

在浓香型大曲酒生产中自然富集形成；老窖泥扩大培养；己酸菌的应用；己酸菌—甲烷菌的二元发酵；老窖泥黄水中主要功能菌的富集培养——固定化技术在浓香型大曲酒生产中的应用。

（二）窖泥微生物群落的生态化学环境的模拟——人工窖泥配方

1. 主要原料

优质黄泥：选黏性强的黄泥，黄泥颜色以偏浅为宜，以免铁离子偏多。窖皮泥：窖皮泥长期与母糟、窖边接触，含有大量酿酒功能菌，起到接种的作用。老窖泥：老窖泥中含有大量驯化的梭状芽孢杆菌。优质黄水：优质黄水中含有丰富的微生物种群及营养物质，有利于窖泥中的有益微生物生长和利于新窖泥老熟。曲粉：酒曲含有酵母菌、霉菌、功能菌，提供了酿酒所需的多种微生物混合体系和微生物生长繁殖的营养物质。优质酒糟：以正常发酵的底糟或双轮底糟为宜，对微生物适应窖内生长起引导作用和引入酿酒优势功能种群的作用。泥炭：提供窖泥微生物群落生存环境及保持水分。

2. 人工窖泥的培养条件

水分控制在40%左右，温度控制在30℃～37℃，冬季可增加保温措施，最好选在夏季，pH值6.5～7.0。营造和维护厌氧微生物生长的厌氧环境。培养时间30天左右。

3. （人工）窖泥质量标准（见表9、表10）

表9　感官指标

项目	指标要求
色泽	灰褐色（或灰黑色），无黄泥色
气味	有酯香，有较浓的老窖泥气味且持久
手感	柔熟细腻，无刺手感，均匀

表10　窖泥理化及微生物指标

项目	指标要求
水分（%）	38～42
腐殖酸	>14
氨基氮（mg/100g干土）	>140
有效磷（mg/100g干土）	>800
细菌（万个/g）	≥60
芽孢杆菌（万个/g）	≥60

　　由于新建泥窖中的微生物群落需要在新的生态化学环境中驯化和适应，也就是一个自然老熟过程，因此一般需要一定年限以上才能生产优质白酒，这仅就窖泥而论。而就中国白酒产业而言，白酒应属于地域资源型产业，天赋的地域资源，即水、土、气（候）、（空）气、生（物）组成的生态系统，以及当地祖祖辈辈所形成的传统技艺，才是中国白酒形成自己独特风格的重要基石。

（原载《酿酒科技》2005年第3期）

中国白酒的生态化

文/邹强　钟杰　胡承　瞿进　胡永松

　　中国白酒的生态化在于践行生态酿酒。经过二十余年的探索，生态酿酒已成为白酒行业的集体意识和企业行为。在行业调整，企业迷茫，思考回归的当前，生态酿酒是企业着眼于长远，实现产业升级与自然和谐发展的最佳选择。从探讨产业及其产品与自然环境之间相互作用的产业生态学的视角来看，白酒产业应当遵循生态化的发展模式，实现人类社会体系和白酒产业经济体系与自然生态环境和谐共生，充分利用生态资源，减少废物产生，消除环境破坏，将白酒产业生态化中与自然生态密切相关的生态酿酒外延至与社会生态相连的生态消费和生态经营，实现经济效益、社会效益和生态效益和谐统一与可持续发展。

一、生态酿酒的理论依据

（一）国家政策导向

中共十七大首次将"生态文明"写进报告，指出在全面建设小康社会的进程中，要"建设生态文明，基本形成节约能源资源和保护生态环境的产业结构、增长方式、消费模式"，生态文明建设上升为国家意志。党的十八大报告称："建设生态文明，是关系人民福祉、关乎民族未来的长远大计……把生态文明建设放在突出地位，融入经济建设、政治建设、文化建设、社会建设各方面和全过程……形成节约资源和保护环境的空间格局、产业结构、生产方式、生活方式。"

十八届三中全会审议通过的《中共中央关于全面深化改革若干重大问题的决定》提出，要加快生态文明制度建设。十二届全国人大二次会议期间，习近平总书记在参加贵州代表团的审议中指出："保护生态环境就是保护生产力，改善生态环境就是发展生产力……因地制宜选择好发展产业，切实做到经济效益、社会效益、生态效益同步提升，实现百姓富、生态美有机统一。"国家高度重视生态的保护和生态文明的建设，在这一国策的引导下，白酒行业只有通过走生态酿酒的道路实现行业的生态文明建设。

（二）回归本源思想

行业调整，企业迷茫，从业人士开始反思白酒产业发展方式，国家酒类及加工食品质量监督检验中心（以下简称"国家酒检中心"）提出行业应该"反思、整固、回归"。白酒行业的生产方式、消费方式同人们对物质生活更高的追求和对精神生活质量的注重的冲突与矛盾日趋显著。随着生态环境问题的日益突出，人们愈来愈强调与自然关系的改善，追求人与自然的和谐，寻找白酒产业回归的本源。中国白酒是自然发酵产物，由天、地、人共酿，而生态酿造体现了白酒的天人合一、崇尚自然、顺其自然、道法自然，将生产者的关注焦点从单一的产品发散到对产前生态环境的保护建设、产中产品质量的管理控制和产后经营消费的生态化。从这点来讲，良好的生态环境是中国白酒持续健康发展的重要保障，生态酿酒这一生态思想的践行归源于人们对天、地、人和谐共存思想的高度认同。

（三）产业升级需求

2013年，白酒产量1226万千升，产品销售收入突破5000亿元。然而，在1万多家白酒企业中，获得生产许可证的仅8000多家，规模以上企业1200多家，中小企业及作坊式家庭企业还广泛存在，这给白酒产品的质量安全带来挑战。行业需要进行产业升级，市场的需求和消费者理性的崛起也必然要求白酒产业进行结构调整，其方向必然是生态化，是生态酿造。白酒行业要提升产品的质量安全水平，消除消费者对白酒质量安全的疑虑，必须依托整个产业的生态化。从生态酿酒标准构建的顶层设计及产品整个生产链生态化的执行，来满足消费者对生态化产品的需求，并促使白酒行业从产业逻辑上进入生态化的"大改革时代"。

二、生态酿酒的演变

（一）生态酿酒术语的提出

2008年6月，国家酒检中心在成都组织召开GB/T 15109《白酒工业术语》国家标准修订研讨会，五粮液、茅台、泸州老窖、剑南春、郎酒、水井坊、沱牌、国家食品发酵研究院、四川省酒科所和四川大学等全国名优白酒企业和科研院所质检机构单位代表参会。在四川大学胡永松教授、国家酒检中心钟杰主任及与会代表的提议和商讨下，基于之前大量的研究工作和实践，大会一致决定将"生态酿酒"术语增补进入GB/T 15109《白酒工业术语》，定义为保护与建设适宜酿酒微生物生长、繁殖的生态环境，

以安全、优质、高产、低耗为目标，最终实现资源的最大利用和循环使用。因此，生态酿酒蕴含对生态环境的保护和建设，对原料质量的控制，对产品酿造过程中安全、优质、高产、低耗的工艺技术的研究，对酿酒副产物的资源化利用。

（二）生态酿酒的阶段

虽然绿色经济、循环经济、低碳经济和生态经济这几种概念还未形成完整的体系，但从绿色经济、循环经济、低碳经济和生态经济的角度看待白酒行业的生态化，可以将白酒生态化分为四个阶段：绿色是第一阶段，循环是第二阶段，低碳是第三阶段，生态是前三阶段整合升华的制高点，也就是最高阶段，生态酿酒是在绿色、循环和低碳的基础上发展而来的。"绿色"重在减少对环境的污染，强调对污染源的控制和管理。白酒的绿色化是指营造良好的生产环境，注重对厂区环境的保护和治理，加强对糟醅等污染物的处置，从而确保整个生产区域的规范，属于白酒规范化发展的初级阶段。"循环"注重对资源的最大化利用，降低对环境的影响，实现物质闭环流动。白酒的循环化可以通过水循环的再利用、酿酒糟醅的深加工及黄水、底锅水中香味物质回收等多种综合利用方法实现。该阶段是白酒规范化发展的中级阶段。"低碳"突出低能耗、低污染、低排放，实现社会发展和生态环境保护的双赢。白酒的酿造生产过程中，对粮食、能源等自然资源的耗用，建设新的酿造场地等多种生活生产活动皆会产生碳排放，可通过对酿造技艺的总结，创造最佳的酿造条件，减少粮耗，提高出酒率等手段实现白酒的低碳化。该阶段是白酒规范化发展的高级阶段。

"生态"是指达到物质文明与精神文明、自然生态和人类生态的高度统一以及可持续发展。白酒的生态化就在于践行生态酿酒。生态酿酒将生态理念融入产前、产中和产后的各生产经营环节，建立起系统内"生产者、消费者、还原者"的产业生态链，实现白酒的生产消费与自然环境的和谐发展，最终达到人与自然的统一。生态酿酒囊括了白酒的绿色化、循环化，在低碳化的基础上构建起人和自然间新的关系，从而通向生态文明。正如本文作者之一的胡永松教授指出，生态酿酒的本质特征突出体现在追求经济效益、社会效益和生态效益的和谐统一，达到人与自然环境、酿酒工业与自然环境、社会环境与自然环境的协调发展，白酒实行生态酿酒就是践行生态文明的体现。因此，生态酿酒是白酒规范化发展的终极阶段。

三、生态酿酒的践行

（一）生态酿酒保障产品安全

保障白酒产品的食品安全是生态酿酒的目标之一，也是实行生态酿酒的首要环节。从全产业链的角度来看，生态酿酒包括对产前原粮种植的质量管理、产中酿造环节食品安全的控制以及产后贮存运输消费环节的安全卫生保证，涵盖生产全过程的质量安全保障体系。

产前原粮种植环节，白酒生产企业通过鼓励农户或种植场减少农用化学品和药品的使用，建立运行科学的种植管理规范，依据GB/T 19630—2005《有机产品》标准建立有机管理体系，保证种植环节的粮谷原料的质量安全；产中酿造环节，确保使用的原辅料符合国家标准的要求，如粮食符合GB 2715—1981《粮食卫生标准》，生产用水符合GB 5749—1985《生活饮用水卫生标准》，食用酒精符合GB 10343—1989《食用酒精》，食品添加剂符合GB 2760—1986《食品安全国家标准　食品添加剂使用卫生标准》等，生产环节使用到的容器具等相关产品符合标准要求，确保对酿造环节进行规范有序管理，建立运行企业质量管理体系；产后贮存运输消费环节建立良好的流通规范，实现白酒生产企业产品质量管理延伸至流通领域和消费领域，达到食品安全的可追溯。生态酿酒关系白酒生产企业产前、产中和产后的各个环节，在安全这一目标的统领下，以生态酿酒为原则和途径，保障白酒产品的质量安全。

（二）中国白酒金三角

2008年，四川省委、省政府提出"建设长江上游名酒经济带，打造中国白酒金三角"这一白酒产区发展战略。"中国白酒金三角"所在区域具有独特的水源、土壤、空气、微生物及原粮、窖池、技艺等最优势的资源，四川省白酒主要产区被联合国教科文及粮农组织誉为在地球同纬度上最适合酿造优质纯正蒸馏白酒的地区。长江上游地区（主要指川黔地区）特有的地域生态环境为其传统名优白酒生产提供了得天独厚的生态环境，这是中国名优白酒生产所不可或缺的地域资源优势。

白酒作为独特的地域生态产品，极大地依托生态环境，因此对生态的保护和建设是酿造好的白酒产品的关键。发展战略中的"建设"和"打造"，突出地将生态环境的构建和保护置于首位。从源头来看，进一步保护好、建设好此三角区域内的酿酒生态环境是第一步，也是最关键的一步。从白酒的酿造来说，保持良好的酿酒生态环境，是微生物发酵的第一前提。"中国白酒金三角"产区主张的提出与建设，使得企业立足长远发展积极推动酿酒生态环境建设成为题中应有之义，也是推动白酒行业生态酿酒的大胆之作，旗帜鲜明地支持生态酿酒涵义中的"保护与建设适宜酿酒微生物生长、繁殖的生态环境"。

（三）生态酿酒的外延

依据白酒工业术语的定义，生态酿酒重在强调自然生态，然而从实践和行业发展的趋势与需求来看，生态酿酒集合自然生态和社会生态两方面。生态酿酒的自然生态追求白酒产业与自然环境的和谐，生态酿酒的社会生态则追求白酒产业与社会环境的和谐。随着国家对生态文明的重视及人民物质文化生活水平的提高，消费者具有归于朴素的趋向，表现出对生态文明的向往。

白酒行业应引导生态消费，倡导科学、文明和健康的饮酒方式，将生

态的理念注入白酒的消费，将饮酒转变为生态消费。国家酒检中心多年坚持的白酒品鉴文化推广传播正是对生态消费理念的践行和诠释。除生态消费之外，生态经营也属于生态酿酒外延的范畴，通过技术创新、理念创新、市场创新、组织创新和制度创新，将生态理念融于企业生产及企业管理的各个环节，实现企业的可持续发展，进而促进白酒全产业链和中国白酒产业跨步走向生态化。

四、白酒生态化的远景

白酒的生态化在于践行生态酿酒，但应当明确生态酿酒是发展途径，最终是要通向白酒产业新型工业化和生态文明。中国白酒产业必须打好生态这张牌，践行生态酿造，塑造白酒的生态竞争力，将传统技艺和现代科技相结合、技术和市场相结合，让中国白酒在传承中创新、创新中发展，实现传统白酒产业向新型工业化转变。白酒产业的新型工业化有两方面内涵：第一，以白酒产业的工业化带动信息化发展，以白酒产业的信息化促进工业化，这点已为多个名优酒厂的发展所证明；第二，实现"一保、二低、二高"，"一保"即保障白酒产品的质量安全，"二低"即粮谷能源等资源消耗低和"三废"排放低，"二高"即产品质量高和经济效益高。通过实施白酒的生态酿酒，促进行业的生态化和新型工业化，实现白酒行业生态文明，这当是中国白酒产业的远景。

五、结　语

中国白酒产业的生态化是行业未来的大势所趋，作为白酒生态化践行见证的生态酿造是近二十年来白酒行业各从业人员集体智慧的结晶，也是白酒产业酿造技艺及消费方式发展的终极模式。基于酿酒行业与生态环境的密切关系，中国白酒成为在国内率先走出生态制造，最早践行生态文明的产业，实现白酒行业生态文明的那天也必将到来。未来，白酒行业人士一定要以推进白酒行业的生态化为己任，共赴人与生态环境，白酒产业与生态环境，以及经济、社会与生态和谐的可持续发展目标。

（原载《酿酒》2014年第4期）

庄名扬

ZHUANG
MINGYANG

花间浓香 以慰风尘

——专访中国白酒专家庄名扬

酒

文／温佳璐

　　初次见到庄名扬老先生是在成都靠近中科院成都分院的一所小区里。寒冬腊月时节，万物清冷，却不时冒出几枝蜡梅花装饰这凛冽的寒意，清香扑鼻。庄老拿出一沓打印好的发表于2003年《酿酒》期刊的科技论文，首页显示着庄老勾画涂改的笔迹。他说，有的统计数据现在回过头发现不太准确了，勾画下来以待日后查证更新。庄老说话夹杂着浓烈的江苏南通口音。

　　年过七旬的庄老毕生致力于微生物学、药物学研究，在中国白酒的生产工艺、发酵代谢产物（如吡嗪、呋喃等芳香代谢物）及应用基础研究等方面卓有成效；设计研制的多功能低度酒处理机获国家科委星火计划产品博览会金奖，还获得国内贸易部系统科技进步奖、四川省成都市科技进步奖等；在全国各大酒厂广泛开班培训，春风化雨、桃李芬芳，为中国白酒传统工艺的传承和创新奠定了坚实的理论基础。

钟爱特曲，因为独特的传统风味

庄名扬先生1966年毕业于北京大学化学系，是陈茂椿的学生，大学毕业后，被分配至中国科学院西南生物研究所微生物研究室，机缘巧合之下被陈茂椿带领踏入了白酒领域，于是开始了研究微生物和酿酒关系的生涯。

20世纪八九十年代，在做一线生产研究那段时间，从南到北，他调访过不少酒厂，也品评过不少不同风味、香型的白酒，而在中国白酒的系列酒品中，庄老说他尤为钟爱泸州老窖特曲，因为泸州老窖酒具有独特的传统风味。

由于独特的自然、地理条件，生产工艺的极度复杂，泸州老窖酒的发酵体系比其他酒复杂许多。20世纪50年代，泸州老窖将被行业内认为特别优质的大曲酒命名为特曲，从此，泸州老窖特曲成为中国白酒"特曲"品类的开创者。在毕生致力于微生物学研究的庄老看来，造就泸州老窖酒风味独特主要有三方面的因素："后堆积发酵""红曲霉"和"传统酿酒工艺"。

"堆积发酵"是中国高端白酒生产工艺中的关键环节，在堆积过程中能网罗大量有益微生物与大量香味物质以及香味的前体物质[1]，入窖后经过进一步深加工，能使大曲酒具有明显的幽雅、细腻、悦人等风味特征。经庄老研究，堆积发酵有"前堆积发酵"和"后堆积发酵"之分，茅台采用"前堆积发酵"，并在堆积过程中产生美拉德反应[2]。而泸州老窖则采用"后堆积发酵"，这在整个白酒行业中独树一帜。庄老认为"后堆积发酵"不同于"美拉德反应"，更多的是一种"酯化反应"[3]，是一些前体

---

[1] 前体物质：在生物合成反应的过程中，某一阶段前的物质，都可以说是该阶段物质的前体物质，例如葡萄糖是糖原或乳酸的前体物质。

[2] 美拉德反应：由法国著名科学家L.C.Maillard于1912年提出的广泛存在于食品加工和长期贮存过程中的一种交叉反应，能使食物具有诱人的香味和色泽。

[3] 酯化反应：醇与酸作用生成酯和水的反应，如乙醇与乙酸反应生成乙酸乙酯和水。

物质在此过程当中发生缔合反应[①]。庄老希望后人能继续开展这项研究，进一步揭示泸州老窖酒风味独特的缘由。

"红曲霉"则是重要的传统酿酒微生物，因其具有较高产乙醇的能力，且带有浓郁的甜味，对白酒生产的重要作用已得到公认。"通过研究，我发现泸州老窖酒厂有个最大的特点就是红曲霉特别丰富。在泸州，若把泸州老窖的酒糟堆放在室外，很快就能繁殖生长出大量的红曲霉。"庄老继续说道，"红曲霉应该是最好的

▲庄名扬先生品评白酒

一种酶，酯化能力强、碳化能力强，若在酿酒中产生适当比例的红曲霉，就能获得具有独特口感和香味的白酒。而其他酒厂生长的红曲霉都没有在泸州的这般丰富。"空气中菌群丰富的微生物环境，为泸州老窖营造了十分有利的天然酿酒生产条件。

关于传统工艺，庄老对泸州老窖至今仍坚持着经典、传统、科学的浓香型白酒酿造工艺表示充分肯定和赞赏。20世纪五六十年代，中国开始了对泸州老窖酿造工艺的第一次查定总结，来自16个单位的62名工程师集结到泸州老窖，并于1959年将查定成果总结出版成新中国第一本酿酒工艺教科书《泸州老窖大曲酒》，以此指导酿酒生产。由此，不管是微生物培育、工艺技术还是勾调技术，全国各地酒厂都把泸州老窖视作白酒生产工艺的技术蓝本。时至今日，浓香型白酒占有全国白酒近75%市场份额的辉煌光景，这离不开泸州老窖毫无保留地为中国酒业做出的无私贡献。

---

① 缔合作用：指不引起化学性质改变的同种或不同分子间的可逆结合作用。

现在的泸州老窖发展很好

习近平总书记指出，"基层是一切工作的落脚点"，手上磨出多少茧子，脚下沾有多少泥土，心中就有多大力量。庄老笑着说来泸州老窖做研究至少有一百次了。20世纪80年代初，泸州老窖科学研究所刚刚成立，庄老便躬莅泸州老窖对科研工作进行指导。20世纪90年代，庄老在泸州老窖开展窖泥培养、酿酒微生物、制曲工艺等课题的研究，多次亲临考察指导，对泸州老窖的发展给予了大力支持与厚爱。通过对泸州老窖四百年窖池老窖泥的研究，庄老于1997年10月发表了酿酒科技论文《放线菌的分离研究及在泸型酒生产中的应用》（后命名为"La放线菌"），进一步揭示了老窖泥中各类微生物及其协同作用，完善了相应的工艺措施，将我国独特的固态发酵酿制浓香型（泸型）白酒的科研水平与生产技术提高到一个新的水平；在泸州老窖开展的"酯化酶功能菌的选育及其应用"研究成果，有力地推动了泸州老窖翻沙（底糟）专用曲的成功开发，促进了发酵生香，提高了产品质量；通过对泸州老窖百年老窖泥的研究，发现老窖泥中含有大量等量矿物元素，这些元素以"络合物"这种"活性"状态存在于酒体中，这一研究成果为饮用泸州老窖酒有益健康增添了科学佐证。庄老对泸州老窖创建的"微氧环境酒曲发酵"技术更是大加赞赏，认为这是对白酒行业制曲技术的突破性创举。

据庄老儿子庄捷回

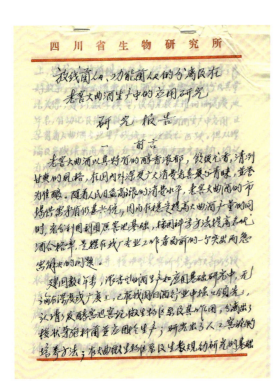

▲庄名扬先生论文手稿

忆，父亲曾告诉他，那时在做窖池研究时，需要每隔两三小时下窖采一次样，所以为了取样方便，庄老便和技术人员在窖池边搭上简易的行军床，困了就睡一会，"那时父亲几乎是每周都要到泸州老窖去一趟，父亲他们就这么和泸州老窖的窖泥待在一起"。

庄老毕生都在从事窖泥培养、酿酒微生物、制曲工艺等课题的研究，一生与酒为伴，他曾表示，中国白酒的

酿造过程远比其他国家蒸馏酒的酿造过程要复杂，自己所做的种种研究，不过是管中窥豹，如果能在中国白酒的酿造工艺过程中，多了解一些菌株和知晓其发挥的功效，就是一件很了不起的事。

"春蚕到死丝方尽，蜡炬成灰泪始干。"泸州老窖的张良、沈才洪、张宿义、许德富等国家级酿酒专家都得到了庄名扬先生的指导和教诲。在庄老眼里，赖高淮极富创新精神，比如赖高淮在全国办了勾调技术培训班，本来勾调技术是要保密的，可他将勾调技术推广到了全国。他认为，赖高淮的创新意识一定与泸州老窖的创新精神密不可分。

"现在的很多白酒企业都很保守，泸州老窖算是行业中相当开放和创新的一个。"庄老继而说道。众所周知，白酒作为中国具有完全自主知识产权的独有优势产业，是与瓷器、茶叶、功夫齐名的中国文化符号。作为中国浓香型白酒的发源地，泸州老窖肩负着发展浓香型白酒技术创新的责任。时光变迁近七百载，从公元1324年发明"甘醇曲"首

开大曲酿造之先河，到公元1573年建造国宝窖池群并连续不间断使用至今，到1959年出版《泸州老窖大曲酒》规范白酒酿造工艺，再到20世纪50年代至80年代在全国范围内开展浓香型白酒技术培训推广技艺。时至今日，搭建起国家固态酿造工程技术研究中心、国家博士后科研工作站等以产学研合作为基础的研发与应用平台，培养国家级非遗传承人、中国酿酒大师、中国白酒大师、国家级白酒评委、酿酒高级技师等在内的高端科研技术人才数百名。泸州老窖在一代又一代酿酒前辈的努力下，以敢为天下先的胆识与智慧，在坚守与传承之外，不断创新，为国家传统固态酿造产业的转型升级贡献力量。

2008年，庄老参加泸州老窖举办的封藏大典，这是白酒行业内一年一度的盛会，邀请了许多白酒界老专家，场面十分壮观。庄老不禁回忆起当天的盛况：天空蔚蓝，万人空巷，在活动现场，公司高层专门找到我，指着天空凑到我耳边说："你看，太阳、月亮，日月同辉。"民间认为日月同辉是天文学上的奇观，所以当日月同辉出现时，往往寓意将有吉祥的大事发生。从那次之后，庄老说他就明白了"日月同辉"的含义："现在泸州老窖发展很好，日月的光芒交相辉映。"

▲1573国宝窖池群

▲庄名扬先生年轻时进行白酒酿造工艺授课

后 记

    2019年4月27日，惊悉庄名扬先生与世长辞，全体泸州老窖同仁不胜悲恸。庄名扬先生的离世不仅让中国酒业失去了一位泰斗宗师，也让泸州老窖失去了一位良师益友。"哲人其萎，风范永存"，庄老说他尤为钟爱泸州老窖，因为泸州老窖酒含有独特的传统风味，更重要的是他和泸州老窖长达40余年的深情厚谊。从2005年参加泸州老窖营销网络指挥中心落成典礼，2006年参加国家级"泸州老窖封坛年份酒鉴评会"，2008年参与封藏大典，到2016年调研"酿酒机械化智能化"……回首往昔，庄老的真知灼见，言犹在耳。庄老卓越的学术成就，严肃认真、自强不息的工作态度，谦虚谨慎、诲人不倦的治学态度，使他成为我国酿酒工作者的楷模，我们至今难忘！

（修订于2019年6月12日）

▲庄名扬先生近照（左为泸州老窖养生酒业总经理兰余，右为泸州老窖企业文化中心副总经理牟雪莹）

专家简介　庄名扬

　　1940年10月生于江苏南通，2019年4月27日去世，享年79岁。1966年毕业于北京大学化学系，中国科学院成都生物研究所教授级高级工程师，享受国务院政府特殊津贴，中国酒业协会技术委员会副主任委员，中国酒业协会白酒技术创新战略发展委员会顾问。

　　庄名扬在微生物研究和中国白酒生产工艺及应用基础研究方面成效显著。著有《浓香型低度大曲酒生产技术》专著及60余篇科技论文。其中《美拉德反应与酱香型白酒》《再论美拉德反应产物与中国白酒的香和味》等论文，阐述了美拉德反应机理、反应产物的香味特征，论述了中国名优白酒的生产工艺与美拉德反应间的相应关系，及有效调控工艺，促使幽雅、细腻、丰满、圆润酒体形成的技术措施。

《中国白酒的溶胶特性及其应用原理与方法》一文，以分散体系分类及其特性为出发点，阐明了中国白酒是由大小在纳米范围内的胶粒形成的胶体溶液，详细论述了中国白酒形成溶胶的机理及其物理特性，揭示了提高及控制中国白酒感观质量的原理与方法。

《中国白酒香味物质形成机理及酿酒工艺的调控》阐明了中国白酒香味物质形成机理与酿造工艺之间的关系。《浅析中国白酒微量成分的生理活性》等论文，论述了中国白酒中的众多微量成分对人体健康的作用与功效，为适量饮酒有益健康提供了依据。其诸多论文为中国白酒传统工艺的传承和创新奠定了理论基础。

庄先生是我国白酒行业的泰斗级专家，一生为白酒行业的人才培养、科学研究、品质提升做出了卓绝的贡献，他在白酒健康、风味体系、微生物应用等方面的研究成果将永久指导白酒行业的科研方向。

放线菌的分离研究及在泸型酒生产中的应用 酒

文/任玉茂　戴森　樊林　魏敏　尚林虎　谢卫　庄名扬　侯明贞

泸型酒生产的主要特点之一是利用泥窖池发酵。目前，人们对窖泥中的细菌，特别是己酸菌的研究报道特别多，但对窖泥中放线菌的研究还鲜有报道。资料表明，土壤放线菌不仅积极参与土壤中有机物质的转化活动，而且产生许多有用物质，如纤维蛋白溶酶、高温淀粉酶、蛋白酶、纤维素酶等，这些酶类定向降解淀粉、纤维素等高分子物质，再经酵母和细菌作用生成乙醇、乙酸、乙酸乙酯等低分子物质，同时还将蛋白质水解为多肽及氨基酸，为己酸菌生长繁殖和底物代谢提供了前体物质。为此，我们从泸州老窖泥中分离筛选了窖泥放线菌，探索了放线菌在泸型酒生产过程中的作用和它与酿酒微生物间的关系。

一、放线菌的分离鉴定

（一）放线菌的分离

以泸州老窖400年老窖池中老窖泥为含菌样品，分离筛选到生产试验用菌，命名为"La放线菌"（以下简称"La菌"）。

（二）La菌的鉴定

放线菌的化学分类与分子分类比较吻合，说明化学分类的可靠性高。对La菌的分类鉴定，即采用化学分类和形态分类相结合的方法。

1. 形态分类特征

用微片培养法并结合培养特征，观察La菌的菌落特征和形态特征，结果列于表1。

表1　La菌菌落特征和形态特征

检验项目	检测结果
菌落特征	菌落紧密、多皱、灰褐色； 气生菌丝体覆盖在菌落表面，呈粉状； 孢子形成后呈灰褐色。
形态特征	菌丝发育良好，多分枝，不断裂； 气丝丰富，也分枝，呈螺旋状； 气丝上生有长孢子链，孢子球状。

2. 化学分类特征

采用薄层层析法分析La菌全细胞的氨基酸和特征性糖，分析结果见图1和图2。

图1　氨基酸层析图谱　　图2　糖层析图谱
注：S_1为氨基酸标样　　注：S_2为糖标样

由图1可知，La菌细胞含有L，L-DAP和甘氨酸，属胞壁I型；由图2可知，La菌细胞不含特征性糖，属糖C型。

3. 鉴定结论

根据形态分析特征与化学分类特征相结合定属的原则，La菌属放线菌目链霉菌群链霉菌属（Streptomyces）。

二、La放线菌的生化特性试验

放线菌代谢有大量有用物质，特别是酶类，资料报道和生产中应用的都相当多。为了分析La菌代谢的酶的特性及活力大小，在定性分析的基础上测定较强酶活的大小。

（一）定性分析

根据不同酶的生化性质，选择适合不同酶的作用底物和培养条件，分析La菌产酶情况，试验情况概括于表2。

表2　La菌生化试验结果

检验项目	检测结果
蛋白酶活性	透明圈 ϕ 8~12cm
淀粉酶活性	透明圈 ϕ 4~7cm
纤维素试验	降解纤维素
明胶液化	液化明胶
牛奶凝固与胨化	牛奶胨化
硫化氢试验	不产 $H_2S\uparrow$

试验结果表明，La菌代谢有多种酶，淀粉酶活性较高，并以蛋白酶活性为最。

（二）定量测定

根据La菌主要代谢蛋白酶的性质，将La菌接种于葡萄糖黄豆粉培养基中，28℃振荡培养，7天后采用福林试剂法测得培养液酶活力为100~120u。

（三）生化试验结果

从两组试验情况看，La菌代谢产物多样，其主要产物蛋白酶活性在100～120u，这一结果表明La菌能够降解蛋白类大分子物质。

三、La放线菌与酿酒微生物间的关系

将La菌制备为液体种子，与己酸菌、乳酸菌、醋酸菌共酵，测定三类菌的产酸情况，并通过拮抗试验，测定它与酵母菌、根霉、红曲霉间的关系。试验结果表明：

（1）La菌与己酸菌共酵可大幅度提高己酸产量。

（2）La菌与乳酸菌共酵，对产乳酸有一定的促进作用。

（3）La菌与醋酸菌共酵，对产醋酸有较小的促进作用。

（4）La菌不抑制酵母菌、根霉、红曲霉的生长。

以上结论为La菌大批量培养应用于生产提供了前提条件。

四、La放线菌发酵液应用于泸型酒生产

放线菌应用于酿酒生产还未有报道。本研究结合La菌的代谢特征，将La菌制备为发酵液添加到产酸液培养基中，通过泸型酒翻沙工艺应用于生产，达到提高质量的目的。

（一）La菌发酵液对己酸菌发酵产酸的影响试验

1. 发酵液的制备

在500mL三角瓶中装100mL葡萄糖黄豆粉培养基，接种La菌后，28℃振荡培养7天，备用。

2. 与己酸菌共酵试验

在小口瓶中，装500mL改良巴氏培养基，己酸菌接种量为10%，La菌液用量分别为1%、2%、5%，同时以不添加La菌液的己酸菌产酸液为对照。35℃静置培养7天，气相色谱测定其己酸含量，结果见表3。

表3　La菌液对己酸菌产酸的影响

单位：mg/100mL

批次	对照	加La液5%	加La液2%	加La液1%
1	383	414	544	478
2	411	435	589	506
3	395	415	571	497
4	408	423	538	516

此表结果表明，La菌发酵液添加到己酸菌培养基中，促进了己酸菌的繁衍和代谢，使己酸产量相应提高。同时也说明了La菌的最佳用量为2%。

（二）La菌发酵液在泸型酒生产中的应用试验

根据La菌与己酸菌发酵产酸的试验结果，采用了以下生产应用方案。

1. La菌的培养流程

一级种→二级种→三级种→La菌发酵液

2. La菌的应用途径

己酸菌一级种→二级种→三级种─┐
　　　　　　La菌发酵液　　　├→四级种→
　　　　　　AADY─────┘
含己酸产酸液→泸型酒翻沙工艺

3. La菌的应用情况、结果分析

对照试验：以泸型酒翻沙工艺作为对照试验。

试验方案：以产酸液代替泸型酒翻沙工艺中的黄水进行翻沙。

试验酒样分析结果列于表4。

表4　酒样分析结果

分析项目	第一轮试验		第二轮试验		第三轮试验	
	对照	试验	对照	试验	对照	试验
产酒量（kg/甑）	45.0	48.0	42.5	43.0	35.6	39.0
酒精度（%，v/v）	70.3	70.8	67.6	68.0	68.1	67.4
总酸（meq/10g）	0.5487	0.7247	0.7160	0.8547	0.7542	0.9763
总酯（g/L）	5.741	6.421	5.228	5.443	5.912	5.645
乙酸乙酯（g/L）	1.138	1.223	0.601	0.587	0.601	0.501
丁酸乙酯（g/L）	0.210	0.281	0.328	0.402	0.328	0.322
乳酸乙酯（g/L）	2.406	2.347	3.068	2.433	4.055	3.501
己酸乙酯（g/L）	1.981	2.909	3.825	4.884	3.735	4.998

　　由表4的三组数据看出，采用La菌-己酸菌发酵液代替黄水翻沙，酒样中己酸乙酯含量提高了0.8～1.2g/L。说明，在己酸菌发酵液中添加La菌液，提高了己酸产量，产酸液通过翻沙工艺应用于生产，促进了泸型酒主体香味物质的生成，增加了酒体中的微量组分，取得了放线菌应用于泸型酒生产的初步进展。

五、结果与讨论

　　通过对窖泥放线菌的分离鉴定及在泸型酒生产中的应用研究，取得了以下进展：

　　（1）在泸型酒老窖泥中分离筛选了生产用放线菌菌株La，经形态特征、培养特征和化学分类特征鉴别，该菌属放线菌目链霉菌群链霉菌属（Streptomyces）。

　　（2）经定性分析和定量测定，La菌代谢有多种酶类，且蛋白酶活力最高，在100～200u。

　　（3）La菌与己酸菌共酵，可大幅度提高己酸产量；与乳酸菌共酵，对产乳酸有一定的促进作用；与醋酸菌共酵，对产醋酸有较少的促进作用；La菌对酵母菌、根霉、细菌无拮抗作用，这些性能为放线菌在泸型酒生产上的应用提供了技术依据。

　　（4）通过与己酸菌共酵的方式，La菌首次成功地应用于泸型酒生

△ "全国重点文物保护单位"泸州老窖1573国宝窖池群

产，有效地提高了基酒的香味成分，并较好地改善了口感，获得了较显著的经济效益。

鉴于目前国内外放线菌的研究还不够深入，过去的侧重点主要集中在放线菌的小分子次生代谢产物，而对放线菌产生的大分子化合物，如酶和蛋白质，近年来才获得了一些研究进展。对老窖泥这个特殊环境中的放线菌的分离研究，我们率先进行；但由于我们条件、水平所限，目前完成的工作仅是对窖泥放线菌的初步认识与实践，今后仍需要探索泸型酒生产中的放线菌的分布及其与酒质的复杂关系，进一步完善工艺措施。并希望与众多的生物工程研究者和酿酒工作者一道，为进一步揭示老窖泥中各类微生物及其协同作用做出不懈的努力，将我国独有的固态发酵酿制泸型酒研究与生产提高到一个新的水平。

致谢：本项目承蒙泸州老窖科研所所长陈周平和高工黄祥瑛大力支持并提出了宝贵的意见，曹德才也做了大量保障工作，一并致谢！

（原载《酿酒科技》1997年第3期）

/ 庄名扬 /

浅析中国白酒微量成分的生理活性 酒

文 / 庄名扬

国内外各种各样的酒尽管酒度不同，风味各异，但它们或多或少含有低聚糖、氨基酸、脂肪酸、微量元素等多种成分，对人体有一定的生理功能，因而酒是一种营养饮料的论断有其一定的科学依据。

李时珍在《本草纲目》中云适量饮酒"可消冷积寒气、燥湿痰、开郁结、止水泄"。近年来，美、日等国有关报道认为适量饮酒可防治冠心病，认为适量的乙醇可增加血液中高密度脂蛋白，可减少由脂肪沉积而引起的动脉血管壁的病变。人体每升血液中含有0.45g乙醇也可使血液中的糖量降低，因而认为适量饮酒对糖尿病患者是有利的。

一、微量元素的生理功能

中国白酒在酿造过程中，由于微生物繁殖需要和蒸馏，金属微量元素极少被带入酒中，但酒在加浆降度时，由泉水或自然水中将金属元素带入，或在存储过程中，乙醇挥发，酸度增大，促使盛酒容器中的金属元素溶入酒中，使酒体中含有各种对人体有益的微量元素。众所周知，很多金属元素是人体所必需的，缺乏者则显示某种缺乏症。

各香型白酒中均含有各种微量元素，其含量可与优质矿泉水媲美（见表1）。白酒中的微量元素的氧化作用或络合作用有利于酒的老熟，而且也是人体必需的，因而饮用白酒就摄取了各种微量元素，有益于健康。

表1　不同香型白酒及矿泉水中金属元素的含量

元素单位	K mg/L	Ca mg/L	Mg mg/L	Cd μg/L	Fe mg/L	Pb μg/L	Cu mg/L	Mn μg/L	Al mg/L	Ni μg/L	Cr μg/L	Na μg/L
清香	0.61	1.01	10.40	14.25	0.12	9.80	121.53	25.10	0.40	3.09	4.53	21.83
浓香	1.06	6.56	3.78	37.27	0.52	78.61	64.95	20.89	0.79	6.36	2.78	8.19
酱香	1.38	5.06	2.54	54.99	0.48	125.11	100.54	50.65	1.46	11.82	3.62	7.18
矿泉水	2.17	23.11	8.58	8.69	0.20	46.31	15.59	34.39	0.16	7.86	8.97	3.52

二、低分子有机酸的功效

众所周知，乙酸具有杀菌抗病毒之功能，如流行性感冒盛行时，人们往往使用食醋熏蒸杀菌，如乙酸氧化成过氧乙酸，那是更好的杀菌剂。乙酸具有扩张血管、延缓血管硬化的功能。目前我国功能食品醋蛋，乙酸是其主要的活性成分。

乳酸制品、乳酸饮料，尤其是酸奶，深受消费者青睐，调查资料表明，世界上长寿地区长寿村的人们长期饮用酸奶。因而人们认为这是饮用酸奶后，引入乳酸杆菌或乳酸球菌，促使人体内微生物平衡的结果。实际上乳酸菌进入人体小肠后即被杀死，所以饮用酸奶是吸入乳酸。实验证明：L型乳酸是人体必需有机酸，它能促使双歧杆菌的生长而使人体内微生态达到平衡。乳酸对很多致病菌具有极强的抑制能力，其浓度在100mg/100mL时，大肠杆菌、霍乱菌、伤寒菌在任何良好营养条件下，3小时内将全部死亡。其杀菌能力高于柠檬酸、酒石酸、琥珀酸。

中国白酒无论何种香型均有较高含量的乙酸、乳酸和乙酸乙酯、乳酸乙酯，而乙酸乙酯、乳酸乙酯进入人体后，又水解或酶解为乙酸、乳酸和乙醇，再加上苹果酸、酒石酸、琥珀酸等协同作用，完全能达到杀菌消炎、扩张血管的作用。

而苹果酸、酒石酸、抗坏血酸与挥发性醛类物质综合作用，则会增强血液缓冲性，加速新陈代谢，使中枢神经兴奋。

三、中国白酒中的高级脂肪酸及乙酯

人体内能合成饱和脂肪酸，但只能合成一双键的单不饱和脂肪酸，多双键及支链脂肪酸是不能合成的，如亚油酸、亚麻酸及支链甲基烷酸等，能维持人体正常生长所需的、体内不能合成的脂肪酸称为人体必需脂肪酸，这和人体必需氨基酸具有同等的生理价值。目前国内外对脂肪酸的研究已逐步深入，通过体外试验证明，很多脂肪酸都能抑制胆固醇的合成。

高级脂肪酸及其乙酯，具有柔和香气的作用，对稳定香气、改善口感起着极为重要的功效，而它们进入人体后，乙酯又水解为高级脂肪酸且含量较高，足以达到抑制胆固醇合成的剂量，所以经常适量喝白酒的人群，冠心病患者较少，这不能不说与白酒中含有高级脂肪酸及乙酯有关。当然，先天性、遗传性患者另当别论。

四、白酒中的含氮化合物

酒中含氮化合物已检出甲基吡嗪、乙基吡嗪、丙氨酸、酪氨酸、天门冬氨酸、谷氨酸、赖氨酸、苏氨酸、缬氨酸、精氨酸、组氨酸、甘氨酸、羟基丁氨酸等20余种，这些含氮化合物赋予酒以浓厚感或呈味，从营养学分析其中有多种人体必需或半必需氨基酸，白酒氨基酸总含量在$10 \sim 30mg/100mL$。但值得一提的是，羟基丁氨酸的存在应引起重视。r-氨基丁酸是降血压的有效成分，红曲霉曲粉中含$5\mu g/g$，以此进行动物试验喂养7天，高血压症状即消失，而苯二酸也具有同样的功能。多种微量成分赋予酒的色、香、味、格，使中国白酒品类繁多，风格各异，各领风骚，饮后宜人。同时它们显著的生理活性，也有益于健康。

（原载《酿酒》2000年第5期）

红曲霉在中国白酒生产中的作用

<figure>［印章：酒］</figure>

文 / 庄名扬

　　红曲霉是腐生真菌，属真菌门、子囊菌纲，真子囊菌亚纲、曲霉目、曲霉科、红曲霉属。红曲霉嗜酸，特别是乳酸，耐高温，耐乙醇，它们多出现在乳酸自然发酵基物中，大曲、制曲作坊、酿酒醪液、糟醅等都是适于它们繁殖的场所。

　　红曲霉由于特殊的生理生化功能，故被酿酒界所重视而加以研究，本文就红曲霉在中国酿酒生产中的重要作用，谈些初步的研究结果。

一、酒曲是红曲霉的资源库

　　国内外科技工作者在我国东北、台湾和韩国等地的酒曲中，分离到多株红曲霉（见表1），开展了多方面的应用研究。

表1　从酒曲中分离到的红曲霉

菌种	来源	菌种	来源
M. purpureus	红曲（中国、韩国）	M. pubigerus	辽阳高粱酒曲
M. anka	中国台湾	M. rubinosus	关东曲子
M. ankavar rubellus	老酒渣滓	M. kaoliang	台湾高粱酒曲
M. barkeri	撒姆酒用米曲	M. anka	四川大曲
M. araneosus	东北高粱酒曲	M. fuliginosus	四川酒曲
M. fuliginosus	贵州曲子	M. rubropunctatus	四川大曲
M. major	福州曲子	M. pilosus	东北高粱酒曲
M. albidus Var glaber	福州曲子	M. rubropunctatus	仁川药酒曲

二、红曲霉的高产酒精能力

红曲霉的某些种具有较高的乙醇生产能力，M.anka、M.ruber及M.Purpureus均有相似的乙醇生成能力，可达到与酵母相同的发酵效果。而任何两种或三种菌种之间的协同作用都要好于单一菌种。有酵母参与发酵，总酸相对要高些，而有根霉参与的则低一些。

红曲霉属有些种能生产7.0%以上的乙醇，特别是红曲霉菌（M.anka）甚至能生产出9.0%以上的乙醇，还能生产（100—400）×10^6的异丁醇和（100—200）×10^6的异戊醇及少许正丁醇，带有浓郁的甜味。

在密闭状态下培养红曲霉能产生3.0%以上的乙醇。

表2　红曲霉先在大米中培养3天再转入大米糖化液中培养的结果

单位：mg/100mL

培养天数	pH值	酒度	总酸	总酯	挥发酸
3	3.0	5.8	463	56.4	4.9
5	3.5	6.3	500	53.7	12.7
7	3.5	7.9	440	59.5	18.3
9	3.5	6.7	385	40.6	8.4

将红曲霉、酵母、根霉分别培养或混合培养，都在14°Bx的大米糖化

液中静置发酵，结果见表3。

表3　不同菌株在14°Bx大米糖化液中的发酵结果

单位：mg/100mL

菌种	pH值	酒度	总酸	总酯	挥发酸
红曲霉	3.5	9.0	230	35.5	49.5
酵母	3.0	9.0	274	41.8	39.4
根霉	3.0	5.0	192	42.5	41.4
红曲霉＋酵母	3.5	11.8	270	58.3	47.1
红曲霉＋根霉	3.5	13.0	198	34.0	52.7
红曲霉＋酵母＋根霉	3.5	12.0	272	43.5	49.1

三、红曲霉的生物酶的多样性

红曲霉能产生多种生物酶，如淀粉酶、麦芽糖酶、蛋白酶等，我们以大曲为含菌样品分离到多株红曲霉，以麸皮为培养基扩大培养后，测定其生物酶活性，结果如表4。

表4　所选育的红曲霉的生物酶的酶活

酶活（v/mg）	3.41	3.42	3.55	3.52	3.54
糖化率（mg/g·h）	880	584	1032	894	1344
液化率（g/g·h）	4.0	1.41	1.71	1.10	2.50
蛋白水解率（g/100g·h）	50	1.67	50.0	40.0	100.0
酯化合成率（mg/100mL）	135.0	167.0	345.6	518.4	566.6

注：1. 糖化率测定：费林氏法；2. 液化力的测定：30℃碘液褪色法；3. 蛋白水解力测定：明胶法；4. 酯化力测定：残余酸测定法

我们从大曲中所分离到的上述菌株，它们在麦芽汁琼脂上生长良好，菌落初为白色，老熟后变为淡粉色或紫红色，菌丝具横隔，多核，分枝甚微，且不规则，细胞幼时含颗粒，老后含空泡及油滴，菌丝体不产生与营养菌丝有区别的分生孢子梗，分子孢子着生在菌丝及其分枝的顶端，单生2-6成链，闭囊壳球形，有柄，闭囊壳内散生着子囊，子囊球形。它

们能在26℃～42℃生长，最适生长温度为32℃～35℃，生长最适pH值为3.5～5.0，能耐pH值2.5、10%乙醇，因而它们均应归于红曲霉属。

我们将酶活3.54经扩大培养后，在大曲培制过程中拌料时加入0.2%，拌和踩曲、入室、安曲、培菌，制得红心曲，其各生化性能见表5。

表5　大曲的生化测定结果

分析项目	1	2	3
酸度（mgN/100g）	1.08	0.84	1.06
糖化力（mg/g·h）	415.0	518.0	530.0
液化力（g/g·h）	0.41	0.45	0.85
蛋白水解力（g/100g·h）	25.6	48.4	57.6
酯化合成力（mg/100mL）	121	155	80.6
发酵力（酒度）	5.4	5.2	4.4

四、红曲霉的增己降乳特性

各种红曲霉均嗜酸，在弱酸性环境中能生长繁殖，它们均能以乳酸为碳源，繁殖发酵，因而在浓香型白酒生产中能起到降低酒体中乳酸及乳酸乙酯含量的作用，同时产生酯化合成酶促使己酸与乙醇生成己酸乙酯，起到增己降乳的作用。

在浓香型大曲酒的生产过程中，以红曲霉纯种培养物对大曲或糟醅强化发酵，则可达到理想结果。培制大曲时加入0.2%的红曲培养物，强化发酵，将此大曲应用于生产，取得明显的增己降乳效果。结果见表6。

表6

项目	对照	试验		
		1	2	3
乳酸乙酯（mg/100mL）	226.1	162.9	174.5	217.9
己酸乙酯（mg/100mL）	246.3	350.2	371.4	424.1

五、红曲霉的次生代谢产物

1. 高级脂肪酸

我们以大米为培养基，固态培养红色红曲霉，干燥粉碎后以乙醚为溶剂，索氏提取，提取液进行测定，所得气质联用仪图谱，经计算机检索得各组份结果见表7。

表7

名称	化学式	含量（%）
十四烷酸（豆蔻酸）	C14:0	0.43
十五烷酸	C15:0	0.14
十六烷酸（棕榈酸）	C16:0	4.36
十八碳酸（硬脂酸）	C18:0	6.41
9-十八碳烯酸（油酸）	C18:1	48.41
9，12-十八碳二烯酸（亚油酸）	C18:2	37.24
十八碳三烯酸（亚麻酸）	C18:3	0.54
二十碳烷酸（花生酸）	C20:0	0.46
二十碳二烯酸	C20:2	0.20

续表

名称	化学式	含量（%）
二十四碳烷酸	C24:0	0.57
二十五碳烷酸	C25:0	0.38

由上表可知，酒体中的高级脂肪酸及其乙酯的生成，红曲霉是主要贡献者。

2. 氨基酸

我们以大米为培养基，固态培养红色红曲霉，干燥粉碎后，采用全自动氨基酸分析仪对培养物游离氨基酸进行分析，其总量达125.8μg/g，其种类及含量见表8。

表8

氨基酸名称	含量（μg/g）	氨基酸名称	含量（μg/g）
天门冬氨酸Asp	9.86	亮氨酸Leu	8.12
苏氨酸Thr	3.56	酪氨酸Tyr	10.12
丝氨酸Ser	4.82	苯丙氨酸Phe	11.03
谷氨酸Glu	18.34	r-氨基丁酸G-ABA	2.25
甘氨酸Gly	1.07	赖氨酸Lrs	2.34
丙氨酸Alt	15.24	组氨酸Hls	1.89
胱氨酸Cys	3.57	色氨酸Trp	0.65
缬氨酸Val	9.64	精氨酸Arg	8.43
蛋氨酸Met	1.25	脯氨酸Pro	10.75
黑亮氨酸Ile	2.88	总氨基酸	125.81

红曲霉次生代谢的氨基酸种类多、含量高，这为白酒中醇、酸、酮、醛、吡嗪等香味物质的形成提供了丰富的前驱物质。

上述结果表明，红曲霉在中国白酒酿造中的作用是十分重要的，我们应不断加以重视和深入研究。

（原载《酿酒》2005年第32卷第5期）

再论中国白酒的胶溶特性

文 / 庄名扬

　　中国白酒凝聚着中华民族的智慧和创造。近年来，随着酿酒技艺不断走向科学，加上多项创新技术的推广和应用，今天白酒的生产和质量发生了革命性的变化。但人们目前所关注的仍是对其微量成分的剖析和生产过程的控制，使得对这类成分复杂的溶液体系的物理化学特性、结构等因素与感官质量间关系的研究有所忽视。

　　由于中国白酒无色透明的外观，人们长期普遍认为其是多种有机分子的混合体，以单个分子状态分散于乙醇–水体系中，是一个分散的真溶液。

　　20世纪末，邓少平先生通过电子显微镜及其他多种科学手段，证实了中国白酒溶液并非单个分子形式分散的均一状态，而是具有丰富多彩的微观多分子凝聚形态，不同的酒种表现出不同的微观形态特征，但不是所有的白酒均具有这一微观特征。吴士业、冯治平等人也采用扫描探针显微镜，扫描不同香型优质白酒的AFM图，探讨了几种名优白酒的微观形态。由于它们的微量成分的组成和量比不同，所呈现出的微观形态不一，因而所体现的感官特征也有明显差异。这不难看出白酒风味及感官特征既和呈香呈味物质的种类与数量有关，也和不同的微观形态密切相关。因而对中国白酒的基本理论和生产工艺的探索，应用崭新的方法和视野去认识、研究。

一、中国白酒是一种胶体溶液

溶液有真溶液、胶体溶液、悬浮溶液之分。颗粒在1～100nm范围内的粒子分布于溶液中所组成的两相悬浮液即称之为胶体溶液。通常承载固体纳米级粒子的液体称为"基液"。在电子显微镜下，可以观察到的胶团均在100nm以下，而乙醇-水承载着这些纳米级粒子。因而中国白酒这一特定的胶体溶液中乙醇-水是基液，而胶粒是各种微量成分所组成的大分子聚合体。笔者通过液质联用仪测定酒液中的颗粒，进行确证。结果见图1。

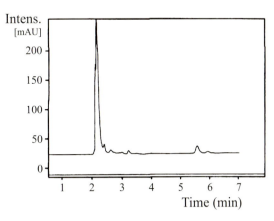
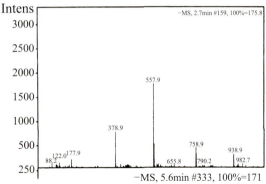
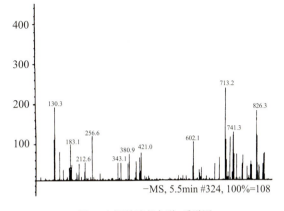

图1 白酒的液相色谱-质谱图

二、胶体溶液的基本属性

胶体溶液是分散相（纳米级粒子）和分散介质（基液）组成的分散体系。由于分散相的超小尺寸效应，其行为更接近于液体，但本质是一种两相液体。因此，它具有两相流体的一些共有特性，如热力学是不稳定体系，而动力学是稳定体系等。

一般而言，胶溶特性与粒子的体积份额、属性、尺度、形状、分布和基液的理化性质有关。粒子形状是指粒子的外部轮廓，有片状、柱状、球形和多菱形。从已发表的资料可知，中国名优白酒的粒子涵盖了上述各种形状。而形状不同会对胶体溶液的性质产生重要影响，即各种白酒所表现的感官特征有所不同。

胶体溶液的性能与悬浮于基液中的粒子分布状态有很大关系。粒子均匀分布于基液中，且不发生粒子团聚是最佳状态，但这是一种理想的极端状态。因为粒子在周围液体分子的轰击下，不停地做无规则的布朗运动，这些粒子在运动过程中不可避免地会发生碰撞和团聚，当然也可能发生分裂，这种运动又受温度和电场的影响。这种粒子的团聚和分裂是影响中国白酒性质稳定的一个重要因素。

三、中国白酒形成胶溶的机理

笔者在《中国白酒的特性及其应用原理与方法》一文中，阐述了中国白酒中金属元素与多种微量成分通过非共价键方式团聚形成胶粒的原理。近年来研究表明，中国白酒中的两性化合物是白酒形成胶溶的另一重要因素。中国白酒微量的含氮、含氧、含硫等杂环类化合物，如吡嗪、吡喃、噻吩等衍生物，它们既具有亲水性基团，又有疏水性基团，因而对白酒中疏水性或亲水性的微量成分均具有亲和力。因而这一类两性化合物的存在及含量多少，是该种白酒能否形成胶溶及决定其感官性质的重要因素。

四、中国白酒形成胶溶的过程

白酒中两性化合物的存在是形成胶溶的先决条件，但要形成分布均匀、直径相近的稳定结构，则需经过一定的时间。所以中国白酒必须贮存方能形成稳定的胶溶。其胶溶结果见图2。

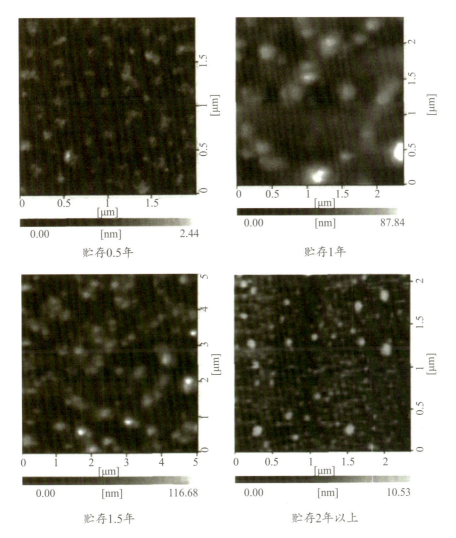

贮存0.5年

贮存1年

贮存1.5年

贮存2年以上

图2 不同贮存时间酒样的原子力显微镜图

五、中国白酒胶溶特性对白酒感官质量的影响

（一）微粒直径与感官特征

微粒直径较小的白酒，香气幽雅、细腻、绵柔、圆润，不同质量档次

的白酒形成分布均匀的粒子后，微粒直径有较明显的差异。一般而言，白酒中两性化合物种类多、含量高，所形成的微粒直径较小，粒径小且分布均匀的球形结构是中国白酒香气细腻、绵柔、圆润的重要基础。

（二）中国白酒的胶溶特性与低醉酒度

中国众多名优白酒均能形成胶溶，使其香气馥郁，酒体细腻、绵柔。由于胶溶的形成，其物理化学性质发生变化，所以中国名优白酒香气幽雅，酒体细腻、绵柔，而醉酒度低。

（三）白酒胶溶的形成，可降低低度酒中酯的水解

中国白酒在贮存过程中，随着贮存时间的延长，香味物质的变化都遵循"酸增酯减"的规律。尤其是低度酒在贮存过程中，由于酯的明显减少而影响其口感和风味。但形成胶溶后，能有效阻止酯类物质的水解，减少香味物质的损失，从而提高低度酒的稳定性。

（原载《酿酒科技》2011年第11期）

李大和

李

LI
DAHE

碧水烟云话浓香

——泸州老窖查定拉开了中国名白酒试点的序幕

酒

文 / 牟雪莹

　　沱江畔，清风徐来，白云依旧千载悠悠；长江边，孤帆远去，江水依旧奔流不息。举起夜光的杯盏，醉听浓香的笙歌。1956年，国家制定《1956—1967年科学技术发展远景规划纲要》，泸州老窖、茅台等酿造工艺被列为重点研究课题。酒，那时候被冠以一个极具威慑力的名称："精神原子弹"。1957年，以陈茂椿、熊子书为代表的专家团队在泸州老窖进行试点，对泸州老窖大曲酒酿造生产工艺进行查定、总结。经过一年多的努力，专业技术人员和一线工人的劳动成果汇聚成新中国第一本白酒酿造专业教科书——《泸州老窖大曲酒》，书的出版推动了泸州老窖大曲酒酿造技艺在全国的发展，具有开创性的贡献。

　　时光流转，往事如烟，2022年，正是这本书出版的第64个年头。一个甲子的回眸，一段口述的历史，让我们把那些温润时光的历史遗珍整理出来，讲给更多人听。

中国名白酒的查定是一个里程碑

新中国成立初期百废待兴，国家于1952年举行了首届评酒会。当时中国酿酒工业尚处于整顿恢复阶段，酒类的生产由国家专卖局进行管理。

1952年，首届全国评酒会评选出了泸州老窖、茅台、汾酒、西凤酒四大名白酒，评选具有透明度，评选条件也相当具有标杆性、权威性和

▲2019年，李大和先生担任第八届泸州老窖劳动榜样电视技能大赛总决赛评委

说服力，且是国家领导人亲自关心签批的，有专家说"首评"类似于现在的"国家质量奖"。四大名白酒集中华五千年优秀文化之大成，代表了一个民族的酿造品味和酿造标准，它们是研究我国传统酿造技艺与文化发展的酒海遗珠。为解开这些谜题，以泸州老窖、茅台、汾酒为代表的"中国白酒三大查定总结试点"（简称试点）正式开启。往事如烟，随后数十年间，不论白酒如何发展变化，其技艺的演变都能在三大白酒技艺里寻踪觅影。李大和先生曾写过一篇文章《中国白酒"三大试点"研究回顾》，此文翔实地回忆了那段逝水韶华，也指出了白酒三大试点的重大意义。先生说："三大查定试点是在中国白酒三大基本香型的典型代表酒厂进行的，科研人员由专家团队组成，亦是行业历史上首次较系统的查定总结；四川人谈四川的酒，必须讲三大试点，因为浓香型白酒试点是泸州老窖对整个川酒、对中国白酒所做的重要的贡献。三大名白酒试点，最早是从泸州老窖开始的，泸州老窖也正是浓香型白酒试点的地方。"

1957年起，由食品工业部四川糖酒研究室陈茂椿带队的科研团队，携共计五吨重的仪器设备经船运抵泸州，共计62名科研技术人员在泸州老窖集结。一年多时间里，科研工作者与工人们探寻老窖生香的秘密，总结、查定泸州老窖酒传统酿制技艺。工艺总结、数据分析、制曲技艺、化验分析（常规分析）、酿酒工艺操作，一切都按照科学方法有条不紊地进行；专家与工人同吃、同劳动，并分析、测试、记录、整理材料。最后，这些珍贵的材料在1959年整理出版为《泸州老窖大曲酒》。《烟台酿酒操作法》是新中国第一本介绍采用代用品原料进行白酒生产的著作，《泸州老窖大曲酒》则是新中国第一本固态发酵名酒生产工艺教科书。书由四川省商业厅油盐糖酒贸易局和四川省轻工业厅食品日用品工业局编辑整理完成，并未单独署名，体现了集体的智慧和结晶。时至今日，这本书中的酿酒操作技艺仍然具有非常可贵的指导意义，比如熟糠拌料、量水用量、麦曲用量、入窖温度、窖帽高低、量质摘酒等。在艰苦的条件下，科研工作者和一线工人克服重重困难，在前人的基础上刻苦钻研，付出了满腔心血与赤诚。他们和那个时代一起，同泸州老窖酒传统酿制技艺的传承者一起，被载入新的历史篇章。

泸州老窖是中国白酒的优秀代表

自然界"物竞天择，适者生存"的规律在地域性资源上发挥着它的效应。"川酒云烟甲天下"，而早在20世纪40年代，中国工程院院士方心芳（后曾担任中国科学院微生物研究所所长）在乐山组织"黄海研究社"，开始了对泸州老窖大曲的微生物研究工作。1940年方心芳组织专家对泸州老窖的窖泥微生物进行了分析，这是第一次以生物学的方法对老窖泥进行科学探秘。20世纪90年代，中国白酒泰斗周恒刚到四川参加评酒工作。会上，周老曾说："四川的酒得天独厚，占尽了天时地利人和。"这些优渥的自然条件，造就了不一样的气候、土壤、微生物。有些技师把泸州老窖的窖泥、酒糟、酒曲带回北方，甚至邀请泸州的技术师傅去北方指导，却并没有酿制出品质绝佳的美酒，虽然酿酒的客观条件都具备了，但自然环境才是产好酒的关键，这并不是酿酒师技术水平的问题，而是由地理和气候决定的。李大和先生提出：土壤也是一个重要原因，四川的土壤能为微生物提供良好的生长基质——这神奇的土壤能够保住黄水（酿酒的一种副产物），北方的土壤偏碱性保不住黄水，而这又是直接影响酒质的重要原因。此外，北方酿酒讲求出酒率，而以泸州老窖为代表的川酒以质量为主兼顾出酒率，质与量的平衡在川酒中得到了完美的体现。周恒刚先生特别指出：四川有一大批技术精英和大量熟练的酿酒操作工人，泸州老窖酒厂的技术工人将自身掌握的生产技术言传身教，带动了行业技术的提高，同时还兴办酿酒技术培训班，为整个白酒行业培养了一大批技术骨干人才，这是泸州老窖对整个中国白酒做出的重大贡献。

离开了四川温润的水、土、气、微生物群落等得天独厚的自然条件和一大批优秀的酿酒技师，就无法酿制出好酒。所以，四川拥有着不可复制、不可代替的酿酒优势资源。

1963年，国家科委制定第二个国家技术长远发展规划《1963—1972年科学技术发展规划》，将白酒列入了重点研究项目并作为祖国优秀民族文化遗产进行总结发扬，随后由原轻工业部牵头成立了三个试点工作组。1963年到1972年的白酒试点工作在泸州老窖、茅台、汾酒三个地方

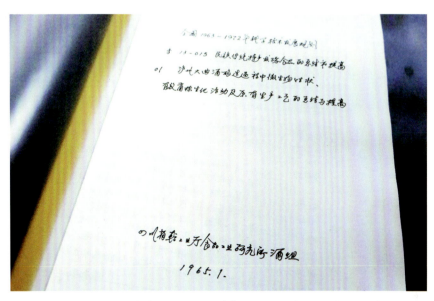

▲《1963—1972年科学技术发展规划·民族传统特产发酵食品的总结和提高》文件封面
显示泸州老窖试点编号为"01"

同时开展。而此前于1957年开展的"泸州老窖大曲酒"试点工作，为茅
台、汾酒试点工作的开展提供了经验范本。1963年，以泸州曲酒厂为试
点单位，由吴衍庸先生牵头开展的泸型酒传统工艺中的微生物研究，揭
示了泸型酒"百年老窖"之谜，并首创"人工老窖"微生物培养技术，
为人工老窖变为现实奠定了基础。泸州老窖试点是由四川省食品发酵工
业研究设计院（当时为四川省食品工业研究院）负责查定，陈茂椿先生
主持，熊子书先生等一行参与试点工作；茅台试点和汾酒试点分别由周
恒刚先生和秦含章先生主持。作为直接参与者，李大和认为："四川浓
香型白酒对全国白酒行业的发展贡献功不可没。"特别是60年代，泸
州老窖从制曲、酿酒、工艺、微生物等方面进行了全面的查定总结。当
时试点、查定的地方正是在"温永盛""鼎丰恒""永兴诚"这几个作
坊。李大和先生回忆说：因为在这几个老作坊搞试点，所以对这些作坊
很熟悉，对窖池很有感情。那时，科研工作人员都跟工人一样，同吃同
住同劳动，每个科研工作者背铺盖卷到窖池作坊旁铺谷草睡觉，经常半
夜就被叫醒做取样分析。夏季炎热，没有风扇，晚上基本睡不着，条件
的艰苦却并未妨碍科研工作者和劳动者的热情。酿酒技艺操作经常是半

▲20世纪80年代，泸州曲酒厂化验人员正在用气相色谱仪进行酒质分析

夜入窖，为了保证数据的准确性和及时性，科研工作者们冒着严寒酷暑及时取样、及时分析，发现有问题的样品必须重新取样、重新分析。他们起早贪黑、寒来暑往的辛勤工作保证了分析的准确性和真实性，正是这些真实详尽的科研数据为这个项目的研究打下了坚实的基础。

李大和先生回忆说：为让该项目的科研成果更丰硕，四川省糖酒公司专门拨了三万块钱作为科研经费。泸州老窖的营沟头凤凰山顶上盖起了科研大楼，同时还购置了包括分析天平、烘箱、保温箱等在内的分析仪器等设备。

1966年，陈茂椿、李大和等科研工作者在常规分析手段基础上，开始了气相色谱分析研究。彼时，色谱分析仪是最先进的一种研究仪器，科研工作者不仅对酒中的微量成分进行定性研究，还对其含量进行了定量分析。科研工作者通过先进的色谱仪器发现了白酒中的136种成分，定量的有108种。大家都为科研成果兴奋不已，但是，随着特殊时期到来，仪器被破坏，人员被迫撤离，项目就没有进行下去。但从60年代起，色谱技术和微生物技术对浓香型白酒乃至全部中国白酒的科研探究已经从宏观层面逐渐深入到微观层面。

好酒喝出健康来

　　子曰："唯酒无量，不及乱。"饮酒乃学问之事，非饮食之事。推杯换盏，觥筹交错，多年喝酒，酒是否有益健康？李大和先生告诉我们他的理解：因为个体差异，医学还没有系统、科学、合理地去解释回答这个问题。酒界泰斗秦含章先生享年112岁，秦老曾经说过自己高寿的秘诀："每天好酒二两半，轻松活过一百岁。"李大和先生认为：适量饮（好）酒，有益健康。先生接着说："十几年前自己曾写过一篇文章，叫《适量饮酒，有益健康》。适量，也就是说每个人的承受力不同。每个人的酒量不一样，有的人喝二十毫升就醉了，有些人喝五十毫升都没事，适量就是说你不要喝醉。"外国很多研究所说酒精含量不超过多少就可以，但中国白酒不是国外所指的纯酒精产物，外国的蒸馏酒都是单一菌种发酵，中国的白酒是多菌种发酵，产物完全不一样，中国白酒里面目前已检测到的成分有一千多种，至今仍有很多还有待深入剖析，这一千多种成分在人体里面的相互作用对人体健康发挥了重要的作用。中国白酒拥有上千年的历史，从中医的角度来说，很多药材都要用酒做药引才得以充分发挥药性。酒为百药之长，很多中药成分溶解于酒，酒是最好的药效成分提取介质。"喝好酒，少喝酒，要喝就喝国窖1573，你们的这句广告语就是很好的诠释。"

▲2018年12月，泸州老窖养生酒业总经理兰余（右二）与泸州老窖企业文化中心总经理李宾（左一）、副总经理牟雪莹（右一）拜访李大和先生

专家简介 李大和

生于1941年8月，广东中山人。教授级高级工程师，我国著名酿酒专家，国家特邀白酒评委，享受国务院政府特殊津贴专家，四川省白酒专家组成员。

李大和先生1964年毕业于江西轻工业学院发酵工学专业，曾任四川省食品发酵工业研究设计院酿酒所所长、名优酒研究中心主任，中国轻工总会白酒行业中西部培训基地主任等职。现任四川省食品发酵工业研究设计院顾问，四川省酿酒协会专家，国家职业技能鉴定所（白酒、食品发酵）川-131所副所长，四川省食品发酵学会名誉理事长。

50余年来，李大和先生参加或负责完成有关发酵和酿酒的科研项目10余项，长期战斗在科研生产第一线，为我国发酵和酿酒工业做出了突出贡献。

20世纪60年代的"泸州老窖大曲酒酿造过程中微生物性状、生化活动及原有工艺的总结与提高"（轻工部十年规划项目，与茅台、汾酒并列为"三大试点"），在1957年总结的基础上，做了更系统深入的查定和总结，对"百年老窖"的奥秘进行了揭秘，创造了"人工培窖"技术，为浓香型曲酒在全国的普及与发展提供了科学依据，做出了重要贡献，该项目获四川省首届科学大会奖。"产酯酵母的选育及其应用的研究""提高泸型曲酒名优酒比率的研究"等获省、部科技进步奖多项。

数十年来，李大和先生在白酒领域中辛勤耕耘，为酿酒行业编著《大曲酒生产问答》等著作10余部，近1000万字。面对全国酒厂急需技术人才的实际，李大和在有关部门的支持下，成立了四川省食品发酵行业人才培训中心，将深厚的理论基础和丰富的实践经验全力投入职业技术教育中。从中心创立之日起，受中国食协、中国轻工总会等的委托，他们先后举办了30多期酿酒生产技术培训班，培训了来自全国26个省、市、自治区的数万名学员。为表彰其为我国科技事业做出的重大贡献，四川省轻工厅授予其"科技先锋"、轻工业部授予其"职工教育优秀教师"等称号，并将其列入首届中国白酒科学技术大会表彰科技专家名单。

浓香正宗　国之瑰宝

——祝贺泸州老窖大曲酒荣获巴拿马金奖九十周年

文 / 李大和　李国红

　　泸州老窖大曲酒以"醇香浓郁，饮后尤香，清洌甘爽，回味悠长"的独特风格，誉满中外。早在1915年，泸州老窖大曲酒就在美国加利福尼亚州旧金山举办的"巴拿马太平洋万国博览会"上，一举夺得金奖。夺取此大奖的正是号称"泸州第一"的泸州温永盛老窖大曲酒。旧金山夺魁，声誉日隆。2005年，泸州老窖大曲酒迎来了荣获"巴拿马国际金奖"90周年，笔者与泸州老窖结缘40载，多次参加老窖的总结与研究，愿以数十年研究心得，与同行共勉。

一、泸州老窖，源远流长

　　据《宋史·食货志》载："太平兴国七年，罢（榷酤之制），仍旧（由官府）卖曲。自是，惟夔、达、开、施、泸（今泸州市）、黔、涪、黎、威州，梁山云安军……不禁（民间酿酒）。自春至秋，酝成即鬻，谓之小酒，其价自五钱至三十钱，有二十六等；腊酿蒸鬻，候夏而出，谓之大酒，自八钱至四十八钱，有二十三等。凡酝用粳、糯、粟、黍、麦等，及曲法、酒式，皆从水土所宜。"可见，宋太宗太平兴国七年（982年），四川的奉节、泸州等地已出现"小酒"和"大酒"。所谓"小酒"，是指"自春至秋，酝成即鬻"的"米酒"。这种酒，当年酿制，无需贮存，所用原料为"酒米"（糯米）。所谓"大酒"，就是一种蒸馏酒。从《宋史》的记载可以知道，大酒是在腊月下料，采取蒸馏工艺，从糊化后的高粱酒糟中烤制出来的酒。而且，经过"酿""蒸"出来的新酒，还要贮存半年，待其自然醇化老熟，即"候夏而出"。这种"大酒"在原料选用、工艺操作、发酵方式及酒度与品质上，都已与今天泸州酿造的浓香型大曲酒非常接近。《宋史》中有关宋代"大酒"的记载，说明宋代的泸州人已经开始了制曲蒸酿、贮存老熟，为中国酒史研究提供了新的材料。

至明朝，酒城泸州又开始了酿酒技术的新发展，现存泸州营沟头的国宝窖池——400余年老窖，便是建于明代万历年间（1573—1619年），泸州曲酒厂档案馆珍藏的一只乳白色筒形粗瓷酒罐，就有"三百年老窖""豫记温永盛曲酒厂"的款记，为泸州老窖至今已有四百余年的酿造历史提供了佐证。

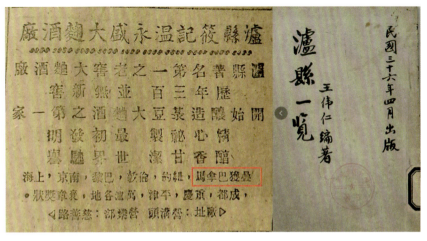

▲1947年出版的《泸县一览》扉页上有关筱记温永盛大曲酒的获奖记录

据温氏传人温筱泉先生回忆：温家祖籍广东，清雍正七年（1729年）迁到四川泸州，世代开设酿酒作坊。同治八年（1869年），温家九世祖温宣豫从泸州"舒聚源"作坊买下了酒窖，改名"豫记温永盛酒厂"，酿制"三百年老窖大曲"。至民国元年（1912年），温筱泉继承祖业，以个人字号"筱泉"，始改"豫记"为"筱记"，将酒厂更名为"筱记温永盛曲酒厂"。温先生的这段回忆，更证实了印有"豫记温永盛曲酒厂"标记的"三百年老窖大曲"酒罐的真实性。据此，泸州老窖大曲具400余年历史，是确实的。

二、传统工艺，浓香正宗

传统的泸州老窖大曲酒采用小麦制曲、黄泥老窖、续糟发酵、混蒸混烧、长期贮存酿制而成。其传统操作更是世代相传，不断发展。为了提高名酒质量，总结泸州老窖这份珍贵的民族遗产，根据食品工业部制酒局批示及全国名酒会议精神，四川糖酒研究室（四川省食品发酵工业研究设计院前称）、四川省专卖公司和四川省工业厅食品工业局等单位组织力量，于1957年10月成立"泸州老窖大曲酒操作法总结委员会"，负责整理历史经验，总结优良传统的老操作法，这是泸州老窖历史上第一次较系统的总结。

"总结委员会"参加单位有16个，工程技术人员62人[①]，四川糖酒研究室陈茂椿工程师（教授）任技术室主任。通过全体同志的努力，完成了以下任务：

（1）系统梳理了"泸州老窖大曲酒操作法"历史演变，针对传统操作法进行系统整理。

（2）系统总结整理泸州老窖大曲酒传统操作法及制曲工艺，使之规范化、系统化，便于学习推广。

（3）用常规分析方法对"泸州老窖大曲酒"进行较全面的分析，从而对传统操作法有更深的认识，用生物化学、微生物学、发酵工程、有机化学等方面理论，加以概括和初步总结。

---

① 编者按：此处数据原作"参加单位15个，工程技术人员59人"，今更正。

（4）在深度认识传统操作的基础上，通过试验，反复对比，去伪存真，去粗取精，继承传统，发扬传统，建立了"新的泸州老窖大曲酒操作法"，对"熟糠拌料、量水用量、麦曲用量、入窖温度、回酒发酵、踩窖、滴窖、窖帽高低、延长发酵周期、截头去尾、原度酒加浆、不同容器贮酒对酒质的影响、贮存试验、麦曲制造"等14个方面，都分别进行了试验，并与传统方法对比，从而使新的操作法更加先进，提高了质量，提高了出酒率。

（5）编写了《泸州老窖大曲酒提高质量的初步总结》（内部资料）和《泸州老窖大曲酒》一书（1959年由轻工业出版社出版发行），顺利地完成了查定总结任务。

▲李大和先生在泸州老窖荣获巴拿马金奖90周年之际，题写：浓香正宗国之瑰宝，院厂合作传承创新

三、百年老窖，奥秘初揭

1964年公布《全国十年科学发展纲要》，国家把名酒的研究列入纲要内。国家先后组织力量，组成专题研究组，分赴山西汾酒、四川泸州老窖、贵州茅台各厂，开展中国白酒著名的"三大试点"工作。1965年"全国十年规划项目"（1963—1972年）"泸州老窖大曲酒酿造过程中微生物性状、生化活动及原有工艺的总结与提高"课题组由四川省食品研究所12名专家、中科院西南生物所5名专家、泸州曲酒厂10名专家共同组成，还

有五粮液酒厂、绵竹酒厂、文君酒厂、万县太白酒厂、成都全兴酒厂等8名技术工人参加，笔者有幸自始至终参加研究工作。陈茂椿教授任高级技术指导。厂所之间合作无间，各有侧重，西南生物所对麦曲微生物、窖池内外微生物区系、窖泥内微生物种属进行分离鉴定，了解酿造过程微生物菌群、生长繁殖过程代谢产物对酒质的影响；厂方负责正常生产，查定总结贯彻实施，并为研究工作提供良好条件；四川食品研究所是课题承担单位，负责制定研究方案、计划进度，对百年老窖泥进行理化分析、生产工艺查定、发酵过程理化测定、成品酒的纸上层析，提出人工培窖方案，进行"减粮、减曲发酵试验""合理润料、蒸粮时间试验""有效菌株强化制曲应用于生产试验"等，解决了当时棘手的"酒中蓝黑色沉淀"问题。试验组数十人团结一致，不分彼此，深入生产，亲自实践，认真负责，一丝不苟，所以，当时的分析数据、生产记录都真实可靠。

在泸州老窖和五粮液经反复试验，证明愈接近窖底或窖壁的发酵糟，其酒就愈浓郁芳香，发现老窖大曲的特殊芳香与窖泥质量有极度密切的关系。

老窖出好酒，这是历代酒师的经验。泸州老窖建窖，按照传统使用五渡溪的黄泥。新窖经酿造七八个月后，黄泥由黄色转变为乌色，再经一年半时间，又逐渐转成乌白色，并变绵软为脆硬。酒质也随着时间的增长和泥质的转变而逐渐提高。再经20余年，泥质又由脆硬而逐渐变得又碎又软（无黏性），泥色由乌白转为乌黑，并现出红绿等彩色，产生一种特殊浓郁的香味，用手一捏，手中气味经久不散，这就初步达到老窖的标准，酒质也得以显著提高。此后年复一年，窖泥质量越来越好，这就是"豫记温永盛大曲酒"300年老窖特别有名的由来。

课题组通过开展窖泥理化成分检测、窖泥的微生物分离鉴定，初步揭示了"百年老窖"的奥秘。运用上述成果，课题组于1967—1968年在泸州曲酒厂、五粮液酒厂进行了"人工培窖，新窖老熟"试验，成效显著。百年老窖奥秘的揭示，人工培窖新窖老熟的成功，是酿酒科技人员合作研究的重大成果，为浓香型酒在全国的普及和发展做出了重大贡献。

四、结合现代科技，传统技艺创新发展

20世纪60年代开始，泸州老窖酒厂在中科院西南生物所、四川省食品发酵工业研究设计院等单位配合下对麦曲、酒窖外环境、酿酒发酵过程等的微生物进行了较系统的研究。还对泸酒酿造过程中己酸乙酯生成条件进行了查定，对黄水的综合利用、发酵条件对产质量的影响、泸州大曲酒芳香成分与酒质的关系等进行实践分析。

在微生物方面，发现不同季节环境中微生物的数量和组成有很大的差异。在热季，环境中产酒和产酯酵母较多；而冬季产酯酵母尚未检出，酵母数也不多。因此，这成为"冬季产酒醇、热季产酒香"的科学依据之一。

白酒的芳香成分则十分复杂，四川省食品发酵工业研究设计院自20世纪60年代开始就采用捷克气相色谱仪对白酒中的微量成分做了大量的检测工作，20世纪80年代检测有了新的突破，但对酒中含量甚微的物质（复杂成分）至今尚有许多没有搞清楚，还需同行共同努力。

泸州老窖酒厂的"千年老窖、万年母糟、传统工艺"是珍贵的民族遗产，是国之瑰宝，我们愿与老窖人一起与时俱进，将这份中华民族特有的财富，代代相传，并运用现代科学技术不断创新和发展。

（原载《酿酒科技》2005年第5期）

/ 李大和 /

论川酒的特色

文 / 李大和

　　川酒历史悠久，地域特点明显，酿酒技艺世代相传并不断创新和发展，四川是中国浓香型白酒的发源地。第五届全国评酒会评出的17个名白酒中，浓香型占9个，川酒就占5个。"泸型"酒是"浓香型"白酒的早期名称。近半个世纪，川酒的查定总结和科学研究，推动了全国浓香型白酒的发展和技术进步。

一、浓香正宗

　　川酒历史源远流长。据《四川名酒史志丛书》载："在泸州酒史上，宋代之所以是一个相当重要的时期，还在于当时泸州人可能已经掌握了烧酒制法。……宋太宗太平兴国七年（982年）以来，四川境内的奉节、泸州等地已经出现了'小酒'和'大酒'，酿造工艺有了引人注目的变

化。"这种"大酒",在原料选用、工艺操作、发酵方式以及酒的品质等方面,都已与今天泸州酿造的浓香型酒非常接近。

1996年12月,中华人民共和国国务院在我国历史上第一次把一群古老的酿酒发酵地——泸州老窖窖池群,列为全国重点文物保护单位。始建于明代万历元年(1573年)的老窖窖池群,历400余载寒暑而完好无损。国务院文物专家委员会呈国务院报批的鉴定书称"泸州老窖特曲(大曲)老窖池,是我国保存最好、持续使用时间最长的酒窖池。其生产仍保持了传统工艺、以粮糟拌曲在该窖池发酵烤出的酒,酒质特好,成为中国浓香型

　　大曲酒的发源地，具有很高的科学价值和历史价值，属文物保护单位中的缺类"，是"文物保护工作的一项重要突破"。泸州老窖窖池当之无愧地享有"中国第一窖"之誉。泸州老窖拥有的百年以上窖池1600余口被列为省级重点文物①，堪称全国浓香型酒厂之最。

　　宜宾五粮液酒厂城区车间，拥有众多该厂前身"利川永""长发

---

① 编者按：2013年，泸州老窖1619口百年以上酿酒窖池、16处明清酿酒作坊及三大天然藏酒洞，入选"全国重点文物保护单位"。

升""德盛福""张万和"等作坊遗留下来的古老窖池遗址。坐落在宜宾市顺河街、长春街之间的五粮液酒厂顺字小组，还保留着具有典型明代建筑风格的"长发升"作坊，古朴、典雅的明初画栋雕梁，古老的土灶、天锅、木甑、石碾、石磨等遗留下来，充分展示出川酒的悠久历史、五粮液优美酒质的由来。

水井坊遗址位于成都老东门大桥外，一直是全兴大曲的生产场地，是一座元、明、清三代川酒老烧坊的遗址。其考古发掘成果于2000年被国家文物局评为1999年度全国十大考古发现之一。2001年6月由国务院公布为全国重点文物保护单位，以后又被载入世界吉尼斯之最。水井坊遗址有元、明、清古窖群，有明、清和现代三个晾堂。独特的斗檐房顶有利于摊晾时蒸汽散发。有酒窖8口、炉灶4座、灰坑4个。并出土大量的陶瓷酒具和用具。水井坊是一处前店后坊的综合经营场所，集生产和销售功能于一体。水井街酒坊遗址的发掘填补了我国酒坊遗迹专题的考古发掘空白。

绵竹剑南春天益老号酒坊遗址是继成都水井坊遗址和江西李渡烧酒作坊遗址之后，我国发现的又一处大型酒坊遗址，其生产规模之大、工艺要素之完整、保存之完整在全国均属罕见。获评2004年"全国十大考古新发现"。2005年被国务院列为"全国重点文物保护单位"。据《剑南春史话》载，从金、元到清代康熙年间，是绵竹酒史的重要发展阶段，产生了"烧春""蜜酒""鹅黄"等绵竹酒。数百年中绵竹酒又经历了数次酿酒技艺的变化，到清代康熙年间，绵竹人在原有白酒的基础上，酿造出"剑南春"的前身——绵竹大曲。绵竹大曲，又称"清露大曲"。绵竹大曲出现后，绵竹境内相继开办了成百家曲酒作坊，以"朱、杨、白、赵"四姓酿酒之家为代表，尤以"朱天益作坊"驰名。"天益老号"酒坊遗址位于绵竹市棋盘街传统酿酒街坊区，北起春溢街口，南至王麻巷口。从遗址的发掘中清理出一大批和白酒酿造工艺有关的遗迹，光是酒窖就分为7组26口，大的酒窖有2米深。除了酒窖，包括水井、炉灶、晾堂、水沟、池子、蒸馏设备、粮仓和墙基一应俱全，展现了从原料浸泡、蒸煮、发酵再到蒸馏的酿酒全过程。而且古代街坊酒肆布局规模也生动地展现出来。

沱牌曲酒的所在地射洪县，同样酿酒历史悠久。唐代即有"射洪春酒"。宋代，射洪、通泉二县春酒酿制业兴盛，有作坊二百余家。太平兴国年间，春酒作坊改进传统工艺，用多种谷物混合酿酒，采取"腊酿蒸鬻，倾夏而出"，酿成"大酒"。与泸州当时的酿酒相似。明嘉靖年间，县人谢东山（嘉靖二十年进士，历任兵部主事，右佥都御史）利用其家居古涌泉郡故城涌泉山下（今太和镇城南谢家坝），"山林茂密，涵濡水源，有泉甚旺，注入涪江"的自然条件，于家自设作坊，躬身实验。在继承发扬古遗六法的基础上，将"易酒法"应用于"春酒"酿造，形成固态发酵、固态蒸馏技术，创立独特的"谢酒"酿造工艺。沱牌曲酒继承"谢酒"传统技艺，创新发展。

二、地域特色

川酒独特的魅力与四川的气候、水土、生态环境紧密联系，不可复制。近一二十年，北方有些厂为了发展和提高自身的酒质，不惜花重金不远万里从四川酒曲、窖泥、酒糟、黄水等运往北方，建窖投产，还聘请了四川的酒师亲临督导。因投产时主要物料来自四川，头几排酒尚带"川酒"味，但一排不如一排，老师傅无计可施。这是气候、水土、微生物菌群之差异，非人力所能及。北方一些著名企业在半个世纪前就已派员入川取经，川酒人毫无保留地传授技艺，他们返回后经多方努力，结合本地实际，创新发展，使酒质大大提高，但风格各异。

（一）气候温和湿润适于酿酒微生物繁衍

"天府之国"地处中纬度地带，属于亚热带季风气候，空气温和湿润，日照量少。长年温差不大，极适于酿酒微生物繁衍，四川制的大曲，皮薄、菌丝分布均匀，有益微生物种类繁多，数量充足，曲香扑鼻，为生产浓香型优质酒提供足够的"动力"。由于气候温和湿润，窖泥保水良好，不会出现北方常见的"缺水、老化"现象，为浓香型酒生产提供了良好的"基础"。

（二）地产原料适于酿酒

四川泸州、宜宾、隆昌等地盛产优质糯高粱（红粮）。这些地区产的糯高粱，颗粒饱满，淀粉含量高，且几乎全是支链淀粉，吸水性强，易于糊化，出酒率和酒质远超粳高粱。川南一带产的软质小麦，适于制曲，加之得天独厚的自然条件和传统的制曲技艺，"平板曲"和"包包曲"各有特色，但外表都有颜色一致的白色斑点或菌丝，皮张薄，断面呈猪油色，并有黄、红斑点，具特殊的曲香。"水是酒的血"，四川水质优良，以泸州龙泉井水为例：无色透明，微甜，呈微酸性，矿物质含量适宜，有利于酿酒微生物的生长繁殖。宜宾、绵竹、沱牌、水井坊历史上都用泉水酿酒，以致酒质优美。

（三）优质黄泥与百年老窖

国家文物专家组组长罗哲文教授在考察泸州老窖时说："今天发现一样设备，别的设备越老越没用，唯有这种设备越古老越好，这就是具有400余年的泸州大曲酒老窖池，它继承了几千年来酿酒工艺的精华和奇妙的酿制技巧。泸州老窖的窖池精选城外五渡溪优质黄泥和凤凰山下龙泉水掺和踩揉建成，其酒窖历经数百年连续酿酒，已成为独有的富含各类有益微生物的庞大体系。窖池越老，有益微生物越多，泥窖连续投入时间越长，窖池中栖息的微生物越丰富，其生命活动代谢所产生的复合窖香气就越浓郁，酿糟发酵产酒，酒质就特好，成了中国浓香型白酒的发源之地。"

泸州老窖窖池用黄泥砌筑而成，经成千上万次循环往复的投粮装糟发酵，在酒曲微生物及其他自然力的作用下，黄泥逐渐变得迥然不同。新窖使用七八个月后，泥色由黄变乌；用上2年，变成灰白色，泥质由绵软变得脆硬，酒质便随窖龄增长而提高；30年窖龄的酒窖，窖泥乌黑，泥质重新变软，脆度增强（无黏性），并出现红绿等颜色，开始产生一种浓郁的香味，初步形成了"老窖"。

四川浓香型发酵酒窖还有一个重要的特点是长期得到"黄水"的浸润，为窖泥微生物提供足够的养分，加之发酵起落和开窖蒸酒及封窖发酵等原因，形成窖内压力和含氧量的变化，酒糟中的营养成分和酒曲、空气、环境中的微生物及其代谢产物，不断通过黄水进入窖泥中，而窖泥中的独特微生物菌群及其代谢产物，又不断进入发酵糟中，暗自生香，实现窖泥自身的新陈代谢。这种代谢400余年从未间断，使窖泥充盈着生命力旺盛的微生物，并形成特殊的生态体系。

白酒泰斗周恒刚先生到川考察后感叹：四川生产浓香型白酒占尽天

时、地利、人和。天时，是指得天独厚的自然条件；地利，是指优质酸性黄泥建造的百年老窖和保窖养糟的黄水；人和，是指传统的酿酒技艺和川酒人的团结奋进。周老的话，是对川酒地域特色的高度概括。

（四）精湛的酿酒传统技艺

四川浓香型白酒传统工艺采用固态混蒸续糟发酵法。酿酒原料（高粱或多粮）经粉碎，与母糟拌和润料，加熟糠拌匀后装甑，蒸酒蒸粮同时进行，缓火流酒，量质摘酒，大火蒸粮，出糟粮糟打量水，摊晾下曲，入窖密封发酵，出窖滴窖。如此循环往复。

泸州老窖酒厂所形成的浓香型大曲酒生产工艺，在全国是最早的范例，被列为国家级非物质文化遗产。早在1953年，东北、西北和川内各大酒厂便派出代表，前往泸州老窖酒厂参观学习、访问取经。1957年10月国务院指示要"提高名酒质量"，食品工业部委托四川省轻工厅、省酒类专卖局、四川糖酒研究室及宜宾、绵竹、万县、邛崃等酒厂到泸州老窖酒厂，对泸州老窖大曲酒传统工艺进行查定与总结，并据此写出《泸州老窖大曲酒》一书，由轻工业出版社于1959年正式出版发行，这是我国第一本关于浓香型曲酒酿造方法的技术专著。书中对泸州大曲酒传统工艺的操作做了科学的分析和阐述，对全国浓香型酒厂的发展起到了促进和规范作用。

（五）川酒工艺与北方的差异

周恒刚先生对北方浓香型酒与川酒的工艺差异有精辟论述。笔者于20世纪80年代始，有幸应众多厂家之邀，到北方各地酒厂实地考察，足迹遍及华中、华北、华东、西北和东北，既有国家名优酒厂，也有部、省双优酒厂，有老厂，也有新厂。对各厂制曲、窖池、酿酒、设备等进行了较细致的了解，深感南北之差距。

近二十余年，由于川酒技艺在全国的推广应用、人才流动、北方浓香型酒厂的努力，北方浓香型酒的酒质有很大的提高。但气候、水土、窖池、微生物菌群等是无法复制的，川酒与北方浓香型曲酒的风格差异是长期存在的。

（六）风味特色

1. 感官特色

川酒是我国浓香型白酒的典型代表。五粮液、泸州老窖、剑南春、全兴大曲、沱牌曲酒，包括现今市场上深受饮者喜爱的水井坊、国窖1573、东方红、舍得酒等，都是川酒的杰出代表。

查阅历届评酒会对川酒的几个国家名酒的评语：

五粮液：香气悠久，味醇厚，入口甘美，入喉净爽，各味谐调，恰到好处。

泸州老窖特曲：醇香浓郁，清洌甘爽，饮后尤香，回味悠长。

剑南春：窖香浓郁，味厚味绵，余香悠长，浓中带陈，恰到好处。

全兴大曲：窖香浓郁，醇和协调，绵甜甘洌，落口净爽。

沱牌曲酒：窖香浓郁，清洌甘爽，绵软醇厚，尾净余长，尤以甜净著称。

从国家评酒会对这些川酒风味的描述可见，川酒的特点是浓郁、味厚、绵甜、净爽、香长，这是浓香型曲酒典型的风味特点。虽然随着人们生活质量的提高，大家的喜爱各有不同，但川酒的典型特点不能丢掉，在保持"浓、厚、甜、净、爽"的基础上进行适当的调整是必要的，是传承、发展和创新。

2. 香味成分特色

浓香型白酒都具有"以己酸乙酯为主的复合香气"，但以人的感觉器官（嗅觉和味觉）来感受，却各有特点，香气、口味各有不同。就川酒而言，泸州老窖和五粮液，两厂距离并不远，气候条件基本相同，酿酒工艺亦大同小异，历史上经常切磋交流技艺，其产品特点却不相同。五粮液是"进口喷香，各味协调"，泸州老窖是"醇香甘洌，回味悠长"。其原因主要是制曲、酿酒工艺、微生物菌群和勾调造成香味成分上的差异。

口感、风格的差异，对同一香型的酒来说，因骨架成分大同小异，不易找出规律，应是"复杂成分"起主要作用。微生物种类、数量、盛衰交替、相互作用不同，其"复杂成分"就更"复杂"了。随着技术的发展，科研的深入，"规律"将会逐步被发现。

（七）推动技术进步

近半个多世纪以来，川酒在继承、发展传统酿造技艺的基础上，不断总结和创新。

1. 传统工艺的系统总结与推广

在1957年查定的基础上，1964年四川省食品研究所（现四川省食品发酵工业研究设计院）、中国科学院西南生物研究所（现中科院成都生物所）受轻工部委托，再次到泸州老窖（当时称泸州老窖曲酒厂）开展科学研究，承担的是国家十年规划项目"泸州老窖大曲酒酿造过程中微生物性状、有效菌株生化活动及原有工艺的总结与提高"，由泸州酒厂、五粮液酒厂、绵竹酒厂（现剑南春酒厂）、成都酒厂（现全兴酒厂）、文君酒厂、万县太白酒厂等单位30余名科技人员和老工人组成科研队伍，深入生产第一线，与工人"同吃、同住、同劳动"。通过近三年系统的查定、分析，对泸州老窖制曲、酿酒的传统工艺操作进行了更详细、科学的总结，将宝贵的经验在1967年泸州名酒协作会上公开介绍，相关论文以后陆续在专业刊物上发表，使浓香型酒生产的技术资料广为流传。

2. 人工老窖的创造

在1964年科研工作开展过程中，项目组重点对"百年老窖"进行了研究，对窖泥的pH值、水分、腐殖质、有效磷、氨态氮等进行了检测（窖泥的检测方法至今仍在许多厂应用），并对细菌（芽孢杆菌、2, 3-丁二醇菌、丁酸菌等）总数进行对比，为人工培窖奠定了理论基础，通过合理配料、补充养分，增加了人工培养窖泥中己酸菌、丁酸菌等的数量，创造了"人工培窖、新窖老熟"操作工艺，并得以推广应用。

3. 技艺公开，无私传授

20世纪50—60年代，省外同行到四川名酒厂来学习的"络绎不绝"，川酒企业热情接待，无私传授，学习人员在班组跟班操作，老师傅言传身教，学员得到真传，回厂后使各厂酒质大有提高，有的产品走进国家名优酒行列。数十年来，川酒还派出科技人员、老师傅亲自到省外许多浓香型酒厂传授技艺，所到之厂都大有收益。近二十余年，轻工部、中国食协、中国酿协等举办了许多技术培训班，数以万计的学员得到川酒专家的传授，学习了川酒技艺的真谛，受益匪浅。他们在各自的岗位上对产品质量的提高和效益的增加，发挥了很大的作用。

4. 微生物的选育与应用

川酒人对大曲、酿酒、窖泥的微生物进行了大量的研究。

①制曲、酿酒过程微生物消长情况；②从大曲、酿酒环境、窖泥中选育出霉菌、红曲霉、耐温耐酸酵母、产酯酵母、放线菌、己酸菌、甲烷菌、甲烷氧化菌等并应用于生产。

5. 工艺的改进与创新

①"双轮底"发酵工艺、"醇酸酯化"工艺；②原窖分层酿酒（六分法）工艺及强化窖内产酯；③"两高一长三适当"（高酸、高淀粉、发酵期长、温糠水适当）；④翻沙工艺与夹泥（沙）发酵；⑤入窖条件与产质量的关系；⑥己酸乙酯生成条件的查定与提高酒质的相应措施。

6. 川法小曲酒的总结与推广

川法小曲酒是川酒的重要组成部分，年产数十万千升，遍及城乡各地，以质优价廉而深受消费者喜爱。1958年受食品工业部委托，四川与山东烟台同时进行"四川糯高粱小曲酒"与"山东烟台白酒"操作法的总结与查定。通过对永川李友澄操作法的查定与总结，写出《四川糯高粱小曲酒操作法》，将川法清香型小曲酒优质高产的先进经验推向全国。20世纪60年代又进行了第二次较系统的工艺改革总结，使其生产技术进一步向前发展。1980年制定出川法小曲酒行业标准。

7. 微量成分的剖析

1966—1968年，四川省食品工业研究所就利用捷克进口的气相色谱仪，证实浓香型白酒的主体香味成分是己酸乙酯，初步发现了四大酯的比例与酒质的关系。20世纪80年代，该所进一步利用日本岛津气相色谱仪，自制毛细管和部分标样，剖析出浓香型白酒微量成分136种，定量108种，在当时"属国内领先水平",为浓香型酒质量的提高和勾调技艺的发展提供了科学依据。

8. 勾调技艺创新

酱香型的7次酒质量口感差异甚大,通过勾调才能统一口感,统一质量;浓香型白酒窖与窖、上中下层糟、不同季节等产的酒差异较大,通过勾调才能统一质量。1980年轻工部在成都举办了全国首届浓香型白酒尝评勾兑技术培训班,对全国白酒质量的提高起到很大的推动作用。

(原载《酿酒科技》2007年第5期)

川酒技艺早期的研究

酒

文 / 李大和

一、方心芳先生早期在川的工作

方心芳先生是我国工业微生物研究的开拓者、酒界权威，是我国迄今为止唯一的终生研究酿酒并获得中国科学院院士荣誉的工业微生物学家，为我国酿酒工业做出了重大贡献。

据浙江傅金泉先生撰文介绍，我国近代对中国酒曲微生物的研究出现在20世纪30年代初，"黄海化学工业研究社"是我国最早开展酒曲微生物研究与应用的科研单位，为我国培养了一批微生物研究人才并取得重大的科研成果。"黄海化学工业研究社"于1922年8月在天津塘沽创立，由孙学悟博士（留美化学家）任社长。该社把调整研究我国传统的化学工业作为重要任务之一，发酵工业是其研究的一个重要内容，并成立了发酵与菌学研究室，由魏岩寿教授主持工作。方心芳、金培松在魏岩寿教授带领下于1931年一同到黄海研究社工作，开始对中国酒曲微生物、高粱酒酿造、汾酒酿造等进行研究。

▲中国工业微生物学的开拓者方心芳先生

　　1935年，方心芳在著名实业家范旭东和化学家孙颖川等人士的关怀和支持下，到比利时鲁汶大学的酿造专修科学习，获酿造师称号；1936年，分别在荷兰菌种保藏中心和法国巴黎大学研究根霉和酵母菌分类学；1937年，在丹麦哥本哈根卡斯堡研究所研究酵母菌的生理学。在国外期间，方心芳发表了从国内带去的菌种的研究结果，发现了一些根霉和酵母菌新种。抗日战争爆发，他毅然回国，加入抗日救亡斗争。1938年1月，他奉范旭东之命到四川重庆，一面为"黄海"内迁做准备，一面开展用甘蔗糖蜜生产酒精作为汽车能源的研究。1938年8月，"黄海"在四川五通桥建址，方心芳即举家来此居住。1940年，他受乐山中央技艺专科学校聘请为农产制造科兼任教授，1946年兼任科主任，为我国培养了众多的农产制造（包括发酵酿酒）专门人才，我院许多老专家都是他的学生。

　　抗战期间，方心芳在四川五通桥与同事们成功地用人尿代替硫酸铵、以糖蜜为原料发酵生产出了酒精，为缓解大后方汽车能源困难做出了贡献。在四川乐山全华酿造厂，他进行改造酿酒用大曲的试验，在大曲中接种曲霉、根霉和酵母菌（强化制曲），提高了大曲的糖化和发酵效率。同时对制曲的场所、曲房进行了改造，实现了一年四季生产大曲。

黄海化学工业研究社在川期间，在方心芳的带领下，对川酒技艺（四川泸州大曲酒和四川小曲酒）开展了研究。1939年，方心芳在范旭东的支持下，创办了《黄海——发酵与菌学特辑》，这是我国创办的第一个发酵微生物学术期刊，它从1939年到1951年期间坚持出版了12卷72期，共刊载近300篇论文。这对学术交流和普及科学技术知识起到了很好的作用。

1949年底，方心芳由四川五通桥迁家于北京，在位于北京芳家园的黄海化学工业研究社任研究员兼副社长，并领导该社发酵研究室的工作。1952年1月，黄海化学工业研究社由重工业部接管；1953年2月，其发酵研究室并入中国科学院的菌种保藏委员会。

二、中央重庆工业试验所

据《中国科技史料》载，1930年7月，中央工业试验所正式成立，该所最初隶属于工商部，1930年12月，因工商部撤销，遂改隶实业部，以南京水西门外原江南造币厂旧址为所址。该所起初内设化学与机械两组，化学组分设分析、酿造、纤维及窑业四个试验室，陈陶声任酿造室主任。1937年，该所奉命西迁在重庆选址。1938年初，实业部改为经济部，该所亦奉命改隶。西迁后最先借用北碚西部科学院址办公，在重庆市上南区马路194号设立总办事处，并陆续在北碚、盘溪等处购地建房，以为各试验室和试验工厂使用。1945年9月，该所奉命还都，但为配合西南工业建设需要，特设置西南区办事处。1947年，经济部将其划为工业试验机构，为适应全国各地工业建设需要，又设立了北平工业试验所、兰州工业试验所、重庆工业试验所，分别负责推进各地方性工业试验的工作。至1948年，该所成为拥有26个试验室、7个试验工厂、在册人员达230多人（不完全统计）的极具规模的科研机构。

1951年，重庆工业试验所更名为西南工业部重庆试验所，四川省从事川酒研究的前辈陈茂椿教授，当时在该所糖酒组任副主任。

中央工业试验所于1932年设立酿造试验室，从事各项有关酿造与发酵的研究。该所内迁后，其历年开展的研究与试验项目有酒精制造、发酵菌类研究（包括曲菌、毛霉、根霉、青霉、柠檬酸霉、酵母菌、红曲霉、细菌等）、酱油速酿等。其中酒精制造包括糖蜜制酒精、淀粉制酒精、动力酒精的试验与研究。1938年夏，该所专门成立了攻关小组，由顾毓珍负责，先后有庞芳柏、傅天乔、郭益达、黄彬文、方景依、陈家仁、秦为仁等人参加试验，利用氯化钙脱水，成功地制造出高浓度酒精（浓度达98%vol以上），以替代汽油作燃料。

该所在工业研究与技术改进方面获得许多成果，且将对工业界确有贡献的成果撰写成论文与报告刊行于世。该所《工业中心》月刊自1932年8月创刊，先后发行65期，刊载论文与报告600余篇。其中对川酒研究的论文和报告，尚待查证。

三、泸州大曲酒的研究

由方心芳主持的黄海化学工业研究社开展了对酿造大曲的研究。李祖铭先生于20世纪40年代曾对泸州大曲酒酒曲微生物和酿造工艺进行了研究。这是笔者查阅资料所见的科技人员对泸州大曲研究的最早记载。

（一）大曲微生物研究

1. 菌种分离

采用"扁平分离"，稀释分离法，于25℃～35℃培养2～3天后，将单株菌落挑至斜面试管中，单独培养备用。

2. 形态观察

取分得的菌体于显微镜下观察，共有三大类：

（1）固体培养基上生长旺盛的微生物。此类有两种，一为先白而后黄（A_1），一为先白而后黑（A_2）。两种菌丝均有节，且异常分明，其顶部膨大呈一球囊，囊外生许多酒瓶样的小枝，每一小枝上有一串圆状孢子，此性状似曲霉属的一般性质，应是黄曲霉和黑曲霉。

（2）固体培养基上生长亦旺，菌丛灰白色，菌丝无隔膜，每菌丝顶端膨大为一圆球囊，为根霉属。

（3）另一类菌体为单细胞，以出芽繁殖于固体培养基上，菌落光滑，如凝固脂肪，此为酵母类，共有两种（Y_1、Y_2）。

3. 生理试验

（1）对分离的两株酵母进行了菌落形态、细胞形状、细胞大小、最适生长温度、发酵产酒力等的测定，并与该所保藏的菌株进行比较。

（2）对分离的黄曲霉、黑曲霉进行了菌落形态、分生芽孢的大小、糖化力等的测定。

（二）泸县大曲酒之调查

1948年4月初，李祖铭先生应泸县天成生主人郭龙先生邀请，到天成生、温永盛曲酒厂（现国宝窖池所在地）做实地调查，对泸县大曲酒生产技艺和装备进行写实，并整理出报告。

1. 设备梗概

（1）蒸馏锅灶。

天锅：平锅熟铁制，泸县有厂专造，重约50kg，直径约93cm，深13～16cm；

底锅：普通铁锅，直径约83cm；

蒸酒甑：柏木制成，高约117cm，直径93cm，在甑的一方侧面开一圆孔，接酒管由此通过；

接酒管：锡制，管的一端膨大成盘状，盘约20cm，中央有一孔，与锡管相通，酒液从中央孔经锡管流入酒篓中；

酒篓：竹编成，内外涂以油纸，与一般酒厂搬运酒的篓子相同；

糟袋：即围边，为布制成的长袋，中塞酒糟与谷壳，置于天锅与蒸酒甑之间；

搅拌器：动物毛制的长条形毛刷，安置长木柄，作搅动冷凝锅水用；

假底：即甑箅，竹制，承载酒糟，隔绝酒糟与水。

（2）地窖。

在厂房内地上挖宽100～133cm、长200～233cm、深133～167cm的窖池数个，一家厂至少有2个。

（3）制曲设备。

曲房：一般曲酒厂都没有特建的曲房，而以建筑普通的木质方形仓作为曲房，此仓与贮粮仓相同，其大小长200～233cm，宽133～167cm，高167～200cm；

拌曲台：系木质长方形木板，约长167cm，宽67cm，厚7cm；

曲模：木制，长方形，约长27cm，宽17cm，厚7cm；

石磨：以坚石制成，直径约67cm，用以磨碎原料与麦曲，使用黄牛为动力；

晾场：在厂房内，以黄土筑成一块地坝，面积5㎡左右，此场为晾冷粑子与拌曲的处所；

翻板：木制，后称木锨，板长约50cm，宽27cm，柄长100cm左右，此板用以翻拌粑子与拌曲；

竹篮：竹编成，作搬运粑子入窖内与运出酒醅蒸馏用。

2. 酿造步骤

（1）原料。

大曲酒主要原料为小麦、高粱、麦曲三种，也有用绿豆的，其中混合绿豆为原料酿的酒，名叫绿豆曲酒，其配比为高粱与小麦之比为2：1，高粱与绿豆之比为10：1，一般1个窖每次需添加新原料约1200kg（原文为8石，按每石150kg折算，下同），麦曲粉150kg（1石）左右。

曲酒用水的水质良否与酒质关系很大，不能用盐水、碱水、臭水，一般酒厂都用江水。

（2）制曲。

大曲原料为小麦，也有的加少许高粱（为小麦的1/10左右），大概每制一次曲需用原料75～90kg（原文为五六斗，按每斗5kg折算），其制曲时期，每年约有差异，一般在每年农历三月下旬开始，八月下旬终止，制得之曲为一年之用。

制法：先将原料磨碎后，加温水混匀，以不粘器具为度，立即将拌匀的麦粉纳入曲模子内，用脚踏紧成砖块状，同时另一部分工人把砖状麦曲块搬运到曲房中，曲房地板上垫一层稻草，一块一块地交互垒积，4～5层顶上覆盖稻草一层，用于保温，第三日曲块发高热，表面生长白色菌丝，此时即将曲块上下调换一次（翻曲），以后每调换一次增加一层，如此经过40天左右，菌体充分发育，曲块充分干燥，即可出曲，贮藏于干燥处备用。

从上述制曲设备和工艺的描述，可见与现时设备和工艺有诸多不同，可惜未对培菌温度做记录。曲块入房时即置"四五层"，"第三日发高热"，培养的应不是低温曲。

（3）发酵与蒸馏。

泸县曲酒系固态法发酵而成，其法先将小麦、高粱磨碎，同时开窖取出窖中发酵完毕的酒醅，置于蒸酒灶中蒸馏取酒，窖中酒醅（糟）共分为三层，即枯糟、糟食（粮糟）、红糟等。蒸馏次序，先蒸枯糟（面糟），取尽酒后，此糟即丢弃，用作饲料，粮食层（粮糟）分为两份，取1/5蒸尽酒后，置于晾场晾冷，一般酒师凭经验，以手试探，感觉秕子温热时（25℃～28℃）即可拌入曲粉（约占秕子的1/12），此秕子用作次窖的红糟，纳入窖底层，其余4/5混以磨碎的原料（小麦、高粱），置于甑中蒸馏约1.5小时，醅中酒分完全蒸出，新原料也达适宜熟度，立即由甑中取出，散布于晾场，直到如前感觉醅子温热，加入定量曲粉（约为秕子的1/10）拌匀，纳入窖中，位于红糟层上，即粮食层。最后蒸馏红糟，酒取尽后将此糟置于晾场，其品温仍如前时，拌入少量曲粉（约为醅子的1/14），纳入窖中，作枯糟层，此时在枯糟层上垫一层谷壳，其中涂一层泥土，做成丘状，再于泥土表面上堆积谷壳一层。据酒师说，在窖顶覆以泥土与谷壳的目的，是隔绝空气，可防止有害菌的侵入，以免窖中醅子腐败。

醅子入窖发酵大概经1个月，再如前取出酒醅蒸馏与新添原料，如此继续不断发酵与蒸馏，老窖曲酒名字由此而来。

将窖中的醅取出后，窖底剩下的水叫黄水，含酸量很高，一般酒厂都抛弃无用，也有用作醋的生产原料。据说重庆有厂在泸县专收此水作为醋的原料。

泸县曲酒产量以气候寒热而有所差异，一般以农历十月至次年四月产量最多，名为旺月，五月至九月间产量较弱，名为枯月，在旺月大概每150kg原料可产曲酒60～65kg，枯月每150kg原料可产曲酒50～52.5kg。

泸县曲酒工艺与设备的调查记载与现今泸州曲酒的工艺与设备有诸多不同，其中有不少仍值得我们借鉴。

四、四川小曲酒的研究

（一）酒曲微生物的研究

1938—1940年，黄海化学工业研究社高盈铭在方心芳指导下，对四川小曲微生物进行了研究，重点对内江米曲、内江糠曲、四川小麦粉曲、青神米曲中的酵母菌进行了分离与试验。

1. 酵母分离

增殖培养基：红糖15g、尿5mL、乳酸（25%）4mL，加水至100mL，配好后，分装20支试管，杀菌3次。

增殖纯化培养：取曲子之内部一小点，置于上述培养液中，保温25℃～30℃，24～48小时后，有CO_2产生，经24小时，用铁针接入另一管中，24～36小时后，同法再接，如此共10次，则内中细菌大致已无，再用平面分离法分离。

平面分离培养基：红糖10g、硫酸铵（6%）1mL、琼脂1.5g、麦芽汁10mL，加水至100mL。用划线法分离。

2. 酵母试验

对分离至纯的5株酵母进行菌落形态、细胞外形及大小、发酵力、生孢子试验等研究。在蔗糖中的发酵力，以内江酒曲中分离的酵母较强，25℃发酵5天，产CO_2平均数为4.03g（失重）；在麦芽汁中的发酵力，以青神酒曲中分离的酵母较强，28℃发酵4天，产CO_2平均数为3.55g（失重）。

（二）犍为烧酒

1940年，国立中央技艺专科学校（乐山技专）温天时先生对犍为烧酒（小曲酒）进行了调查，较详细地记录了小曲酒生产发酵、蒸馏、出酒率、税收及管理等方面情况。对了解20世纪40年代的川酒技艺与概况有所帮助。

1. 工艺流程

2. 制曲

原料是米谷、谷壳（糠）与水混合后，再加上甘草、陈皮、水红花等物。

先将米、谷壳碾碎，加上甘草、陈皮、肉桂、水红花等数10种药材（也有100种以上的）用水混合，制成饼形。置稻草坑上，每隔24小时翻一次，6天后拿出置干燥器内，待干后即成。其成品之好坏完全以经验测之，以生长毛者为不好，发黑者更坏，如发青包已无酿酒之价值，以发白色者为上等品，若带香气则更好。

3. 原料处理与蒸煮

犍为高粱酒原料之处理与其他地方不同点有下列两个：不破碎、不加水浸，故与华北之烧锅及其所用器具亦不相同。例如东北、唐山、汾阳均为高粱酒之盛产地带，其大多以磨碎法与大曲制成，而犍为烧锅所用之高粱不但不磨碎，用曲量亦特别少。酒师取生高粱175kg，在锅内煮至七八成熟（以手或小刀将高粱粒破为二，中心现出很小之白点）取出，放冷水内洗，洗过再捞出上甑蒸，蒸熟后温热6～7小时，取出置扬冷场上，至25℃左右，加酒药1～1.5kg，拌匀，装箱。

4. 糖化发酵

装箱后，待其渐渐起糖化作用，约10小时后，温度上升，原料上面盖以竹席，竹席上面再盖以稻草，待20小时后，温度升高至45℃，即以木锨翻之，使温度下降至约35℃，取出置扬冷场上，至20℃左右时，掺入已蒸过酒之糟（配糟），即行装桶，进行发酵。在装桶时并不压踏，装桶后上面以竹席盖之，在盖席以前有时加水（多少以发酵原料干湿为准），一般

175kg高粱加20~25kg水，上面涂泥约3cm，以后则进行发酵，待24小时即有气泡声音，24小时后声音更响，4~5天后则声音渐渐减弱，同时酒糟下降程度亦与声音减弱程度成正比，酒糟下沉约3cm即停止发酵。在停止发酵时从桶下侧面放出酒醪，第二天蒸馏。

5. 蒸馏

当时我国烧酒蒸馏器分为普通式和锡壶式两种。冀、鲁、东北各地多用锡壶式，犍为用的是普通式。蒸馏器全体分为灶、沸水锅（地锅）、甑、箅、冷云盘、承酒匙各部。灶建在地下，添煤时一人站在灶口外，将地平面之煤加入灶内。沸水锅口略与地平面齐，口径约133cm，深35cm左右，上口与甑接触（分两种，一用木制，一用石砌）。甑上是云盘，云盘上是天锅，天锅内放冷水，以凝结酒。天锅下面有酒匙，以盛所凝之酒。

6. 原料与出酒量

原料与出酒量至关重要，亦即烧锅家所最注意之点，也就是他们最不愿意公开的，所以只有估其大概：一般每个烧锅有发酵桶5个，每日蒸高粱170~175kg，出酒60~65kg（40%vol~60%vol），糟约150kg。由上述计算可知，当时四川小曲酒出酒率只有35%~37%，与现代相比，差距较大。

7. 税收及管理

税收由川康乐山征收局征收。每月每个桶9.75元，因每家烧锅有桶5个，每月则出酒税48.75元。而犍为全县烧锅约70家，每个可征3412.5元，即每年可收税金10965元。如有漏税者处10倍以上罚金。

犍为因糟坊众多，设有酒业工会之组织。该会定名为犍为县酿酒同业工会，凡酿造者均得参加，内有主席1人，对内负责监督糟坊之出品，对外负责社会各方面之交涉，主席下面设总务、文书两股，另有监察委员若干人，每月开常务会议1次，检查该月之出品及对外推销之情形，以求改良与进步。

（三）乐山烧酒酿造

1940年8月，黄海化学工业研究社谢光蘧、韩士沅、温天时等对乐山烧酒做了数月之调查，对当时之川酒酿造技艺及装备做了较详细的记载。

1. 酿造技艺及装备

（1）原料。

玉米及大麦，大麦为裸麦与小麦的混种。

（2）设备。

①蒸酒锅灶（兼蒸煮原料用）设备

天锅：锡制，重50kg以上，直径240cm，深39cm；

底锅：铁制，口径162cm；

天甑：天甑为木制，高78cm，上部直径78cm，下部直径104cm；

酒桌：红石砌成，圆形，直径180cm；

云盘：坚木制，直径180cm，厚5cm，为空心圆板，中空处直径104cm；

糟袋：为布制成的长袋，中塞谷糠，置于酒桌与云盘之间；

天锅座子：为连接天锅与天甑之物，其锡与木质之间用桐油石灰涂塞；

牛尾巴：由天锅底部通一锡管，穿过天锅座，为酒流出口；

炉火隔、烟道、火门等。

天锅亦有用铁锅代替者，但铁锅须先以嫩石磨光，然后新涂抹桐油，再用火燃之，复以桐油涂抹，如是反复数次，至发亮为止。若用久失去光亮，宜再以嫩石磨去油渍，仍以先法处理之。

②曲箱：箱为木制，长方形，长260cm，宽138cm，高27cm。

③簸簟：长约300cm，宽150cm，为拌曲扬冷之用。

④发酵桶：木制圆形，高110cm，直径139cm，可容500kg醅子。

⑤簸箕：竹编，为搬运酒醅之用。

（3）酿造技艺。

原料蒸煮：取大麦（或玉米、高粱）入沸水中煮之约30分钟，捞起，投入大桶冷水中，将锅中煮水放去，加上甑箅，即将冷却后之原料捞起入甑，焚煤蒸之，2～3小时即可，其适度以手捏之，白肉易现时为止，本法不加碾碎。

制曲：原料蒸毕，取出撒于簸簟上，时时用木锨翻拌之，冷至插手只感微温为止，以温度表试之，25℃左右，然后撒曲粉（原为方块状，打碎磨之），以木锨拌匀之。充分拌匀后，始入曲箱，此工作多在午前10时许完毕。冬季曲箱周围用棕褥保温，箱底铺稻草，稻草上撒上谷糠，然后铺篾簟，箱上再铺以厚棕。夏季则无需保温，箱底只一层篾簟而已。这里的"制曲"是指做糖化箱。入箱7小时后，品温升至28℃左右，自后渐渐上升，至24小时，麦粒之裂口遍生白衣，是为菌类繁殖之象征，同时有糖化及发酵之作用，此时以手插入，感觉微温（40℃左右），则应下桶。如以手紧握之，有甜味液体渗透而出，是为良醅。

发酵：将制成之曲（糖化糟）撒于扬冷场，凉28℃左右，则移入发酵桶，淋以冷水，每桶需水约25kg，冬季则淋热水，此谓之"温做"，"干做"则不淋水。入桶后，盖以篾簟，封湿泥约2cm厚，以后蒸之发干时，复需润湿，泥封后经24小时，则产生气体，由泥之空隙而放出，响声甚大，温度至35℃左右。经2～3天后，乃渐消弭，醅子亦沉下1cm左右，温度37℃～40℃。至4～5天后，醅子更见低落，温度亦降至38℃。至6～7天后，温度降至34℃，8天后便可蒸馏（俗称七生八熟）。亦有贮藏至数月之久者，但须注意湿润封泥。

蒸馏：蒸馏之时，先由发酵桶底放出酒醅（黄水），以作甑底水，酒醅流毕，取出桶面之封泥，以铲将醅子取入箕中，然后轻撒于甑箅上，6～7cm厚时待蒸汽冲出（见汽上甑），再添撒一层，以后逢汽透出处，则撒上醅，以少、稀为添醅秘诀，若醅子压紧，则出酒不齐；每蒸馏一桶，约有500kg醅，撒完，将湿糟袋妥置甑口（俗称酒卓），将天锅抬上压紧，安上出酒管（俗称牛尾巴），盛冷水入天锅，时时搅动，促进水之对流，如水太热则连换冷水。

出酒时常测酒花，以一碗盛酒，以另一碗盛水，以水注入酒中，以花大小不易消灭者为标准而决定掺水多少，其酒精浓度约在69%vol。

酒用瓦坛装，坛口封以麻布，涂以猪血石灰，干后可久藏。小坛约盛20kg，大者可盛200kg。

烤酒后之余糟，留下1/2～1/3为掺入新醅用，剩者作饲料。

2. 糖化发酵之物质消长

这是川法小曲酒发酵期间变化的较早记载。糖化发酵物质的变化见表1。

表1　糖化发酵物质变化

日期 （d，糖 化后）	室温 （℃）	品温 （℃）	干燥物 （g/100g）	溶解物 （g/100g）	酒精 （mL/100g）	酸度 （g/100g）	外观
1	23.5	33	46.0	14	—	—	裂口处有白 衣，有酒味
2	25	35	28.8	7.5	5	0.5941	桶内响声甚大
3	25	40	29.8	2.1	7	0.605	醅子下沉 1cm
4	24	39	29.2	1.1	7.5	0.627	醅子下沉 1.5cm，声音 变弱
5	21	38	29.0	0.5	9	0.66	醅子下沉 6cm，无声音
6	25.5	36	29.8	痕量	10	0.7425	无变化
7	23.5	34	29.9	0	10	0.776	无变化
8	24	30	—	—	10	0.82	无变化

注：第1天为醅料入箱后24小时的样，第2天为入桶后24小时的样，其余均为桶内醅子。

依以上所得结果，应在第7天蒸馏，因夏季气温高，发酵快，"七生八熟"不可一概而论。

3. 生产成本与出酒率

据20次的生产调查，核算其生产成本与出酒率，结果见表2。

表2　生产消耗物料与得率

次数	原料 （kg）	酒曲 （kg）	烧酒 （kg）	浓度 （15℃，%vol）	浓度 （15℃，Wt%）	煤炭 （kg）	纯酒精 （kg）
1	281.4	2	62	61.0	53.0	230	33
2	281.4	2	60	61.3	53.1	225	31.9
3	281.4	2	66	58.9	50.3	229	33
4	281.4	2	70	56.8	48.9	229.5	34.25
5	281.4	2	66	57.6	49.0	233.5	32.3
6	281.4	2	66	57.8	49.1	233.5	32.35
7	281.4	2	67	58.5	50.3	241	33.75
总数	1969.8	14	457			1621.5	230.55

四川小曲酒，从当时来看，与北方高粱酒比较，具有用曲量少（仅为0.7%）、出酒率高等优点，并指出若选择糖化力强的霉菌和产酒力强的酵母，则出酒率可提高。

五、五通桥酒厂之调查

1940年4月，乐山技专李大德、温天时等在五通桥竹根滩对永丰酒厂和春盛铨酒厂进行了实地调查。

（一）永丰酒厂

1. 原料

高粱：白壳高粱，粒大丰满，黏滞性甚大，产自本地及泸州一带；红壳高粱，粒小且色赤褐，性脆，产自成都一带，出酒率较高。

酒曲：为犍为酒曲，米作，状若白蜡，饼厚约2.5cm，直径约13cm。

水：岷江水，浊时要澄清。

2. 制造程序

高粱的浸泡及蒸煮：取高粱150kg淘净，倾入石缸浸泡（石缸高约67cm，直径167～200cm），沸水浸泡，10～12小时（破碎无粉粒）后取出蒸3小时左右。

拌曲：将浸蒸后的高粱移入木框（其高40cm、宽133cm、长266cm左右）冷至20℃～30℃，均匀撒入研细之曲粉（每150kg高粱用酒曲1.5kg，先拌1kg，再以0.5kg撒于表面），然后上盖竹席或草帘等物以保温，1天左右，便生白色之菌丛，酒糟变甜。入糖化箱时间随气温而变。

发酵菌：将糖化糟配以2.5倍配糟，装入发酵桶（桶为圆形，高约100cm，直径200～233cm），再加入热水1担（约60kg），水温随气温而定，盛好后盖上篾席，并以湿泥土密封，只开一孔，以排出CO_2，从CO_2逸出之高度（吹口），判断发酵之优劣，桶底有孔以放出醅水，约100kg，发酵5天。

蒸馏：第5天将醅水倾入铁锅内，放算子于锅上，撒以糠壳，再取发酵好的醅子33.5kg倾于甑内之算上，加上锡锅蒸馏。酒头、尾酒下次重蒸。将酒加水至酒度为50%vol出售。

（二）春盛铨酒厂

与永丰号做法大半相同。

高粱来自成都、泸县、宜宾等地，每日用高粱21kg；酒曲来自邛崃，形状椭圆，大小与犍为酒曲约等，发酵力较强，其外观粉粒甚细，附有稻草、表面凹坳处，生有绿色之霉菌。

其余工艺与永丰号基本相同。煮酒工人谓之烤酒匠，初至作坊担水之役随烤匠学习工作，数年能知煮料、下曲、验酒糟之温度、封桶烤酒诸法，即可充烤匠。

犍为之烧酒除江津白沙松溉酒外无有能及之者，故本地用户外，在屏山、马边、宜宾、乐山、雅安所属诸场镇畅销，成都亦有运销者，每年约产1000吨。

本文引用的黄海化学工业研究社杂志原文，系中国科学院微生物研究所程光胜先生提供，特此致谢。

本文介绍的史料可能挂一漏万，望同行不吝赐教。

（原载《酿酒科技》2008年第6期）

中国白酒『三大试点』研究回顾

文 / 李大和

一、白酒"三大试点"的产生背景

在百废待兴的新中国成立初期，举行一场全国评酒会，可见酒对中国之重要性。1952年启动的首届"全国评酒会"，在白酒领域评出了日后家喻户晓并影响产区格局的四大"中国名酒"——泸州老窖、茅台、汾酒、西凤。据史料记载，当时中国酿酒工业尚处于整顿恢复阶段，酒类的生产由国家专卖局进行管理，"全国评酒会"于会前收集了全国的白酒、黄酒、果酒、葡萄酒的酒样103种。由北京试验厂（后为北京酿酒总厂）研究室进行了化验分析，并向会议推荐了8种酒。根据分析结果和推荐意见，最终将8种酒命名为我国的"八大名酒"，分别是白酒4个（见以上）；葡萄酒3个："中国红（红玫瑰）""味美思""金奖白兰地"；

黄酒1个："绍兴加饭酒"。

当时"评酒会"确定的四条入选条件是：①品质优良，并符合高级酒类标准及卫生指标；②在国内获得好评，并为全国大部分人所欢迎；③历史悠久，在全国有销售市场；④制造方法特殊，具有地方特色，难以仿制。

"四大名酒"作为白酒中的元老，其独树一帜的酿造工艺、传承创新的科研技术、悠久的历史文化等具有"不可复制性"。

1956年，在国家制定的《1956—1967年科学技术发展远景规划纲要》中，泸州老窖大曲与茅台的酿造工艺被列为重点研究课题。酒，那时候被冠以一个响亮的名称——"精神原子弹"，而首届"全国评酒会"正是在"国家战略需要"的大背景下启动诞生的。

为探寻名酒成因，食品工业部、轻工业部先后安排实施白酒试点。这也就有了后来著名的"烟台试点"（1955年）、"永川试点"（1958年）、"泸州老窖试点"（1957—1958年、1964—1966年）、"汾酒试点"（1964—1965年）、"茅台试点"（1964—1966年）、"西凤试点"（1964—1965年）以及"涿县试点"等历史性的行业事件，为白酒生产能力和质量水平的根本提升奠定了坚实基础。

在20世纪50年代至60年代众多的白酒试点中，为何"三大试点"更为著名，在白酒行业中更具影响？①泸州老窖、茅台、汾酒是中国白酒三大基本香型的代表；②"三大试点"由专家团队组成；③"三大试点"可能是行业历史上首次较系统的查定总结，许多世代相传的传统操作被科学理论加以肯定，并沿用至今；④"三大试点"对白酒三大基本香型的生产技艺、微生物、香味成分特征等进行了卓有成效的研究，为后人继续深入探索奠定了基础。

二、泸州试点

（一）泸州老窖初步总结

1957年10月至1958年4月，在泸州老窖进行的工艺试点拉开了中国白酒发展史上著名的"三大基本香型工艺试点"工作的序幕，并首开中国白酒科学化研究与发展的先河。

根据食品工业部制酒局指示及全国名酒会议精神，四川糖酒研究室（现四川省食品发酵工业研究设计院）、四川省专卖公司和四川省工业厅食品工业局等单位，组织力量，于1957年10月成立"泸州老窖大曲酒操作法总结委员会"，负责整理历史经验，总结优良传统的老操作法，这是传统中国白酒历史上第一次较系统的总结。

"总结委员会"参加单位有16个，工程技术人员62人，四川糖酒研究室陈茂椿工程师（教授）任技术室主任。通过全体同志近半年的努力，完成了以下任务：

（1）系统梳理了"泸州老窖大曲酒操作法"400余年历史演变，针对传统操作法，进行系统整理。

（2）系统总结整理泸州老窖大曲酒传统操作法及制曲工艺，使之规范化、系统化，便于学习推广。

（3）用常规分析方法对"泸州老窖大曲酒"进行较全面的分析，从而对传统操作法有更深的认识，用生物化学、微生物学、发酵工程、有机化学等方面的理论，加以概括和初步总结。

（4）对400余年老窖进行了测定。坐落在营沟头车间的温永盛400余年老窖，最先用黄泥筑成，经数百年连续使用，泥质由脆硬逐渐变得无黏性、柔软，泥色变化为黄—乌色—乌白—乌黑，并出现黄红绿等彩色，产生一种浓郁的香味（特有的老窖味）。

（5）对制曲工艺和操作查定写实。对制曲工艺流程、原料处理（润麦、磨碎、粉碎度）、配料拌和、装箱踩曲、入室安曲、培菌管理、培菌温度变化、曲的感官鉴定等进行了详细的写实。

（6）对酿酒工艺和操作查定写实。总结了传统的混蒸连续发酵法的特点；对车间布置（平面布置图）、酿酒工艺流程、高粱和麦曲的粉碎、稻壳清蒸、开窖（剥窖皮、起面糟、起母糟、滴窖）、配料拌和（母糟润粮）、蒸酒、蒸粮、打量水（量水用量及温度）、截头去尾、不同馏分总酸总酯等成分检测、摊晾下曲、入窖（温度、酸度、淀粉、回酒、踩窖、窖帽）、封窖发酵、发酵期温度变化、发酵周期等用科学的方法进行了详细的查定总结。

（7）在深度认识传统操作的基础上，通过试验，反复对比，去伪存

▲泸州老窖试点

真，去粗取精，继承传统，发扬传统，建立了"新的泸州老窖大曲酒操作法"，其中"熟糠拌料""量水用量""麦曲用量""入窖温度""回酒发酵""踩窖""窖帽高低""延长发酵周期""截头去尾""原度酒加浆""不同容器贮酒对酒质的影响""贮存试验""麦曲制造"等14个方面，都分别进行了试验，并与传统方法对比，从而使新的操作法更加先进，提高了质量，提高了出酒率。

（8）写出了《泸州老窖大曲酒提高质量的初步总结》（内部资料）和《泸州老窖大曲酒》一书（1959年由轻工业出版社出版发行），顺利地完成了查定总结任务。这是泸州老窖大曲酒传统工艺操作第一次较系统的初步阐述。

（二）泸州老窖更深入的研究（1964—1966年）

1964年颁布《全国十年科学发展纲要》，国家把名酒的科研列入纲要内。全国三大香型的典型代表贵州茅台、山西汾酒、四川泸州老窖大曲酒都先后组织力量，组成专题研究组，史称"三大试点"。1965年"全国十年规划项目（1963—1972年）""泸州老窖大曲酒酿造过程中微生物性状、有效菌株生化活动及原有工艺的总结与提高"（序号：专13-015民族传统特产发酵食品的总结与提高）课题组由四川省食品研究所（我院前称）12名人员、中科院西南生物所（成都生物所前称）5名人员、泸州曲酒厂10名人员共同组成。泸州曲酒厂（泸州老窖公司前称）张福成厂长（主管生产、技术）任组长，食品所黄绍琴（酒组组长）、生物所吴衍庸（工业微生物组）任副组长。还有五粮液酒厂、成都酒厂、绵竹酒厂（剑南春集团）、万县太白酒厂、邛崃文君酒厂等8名技术工人参加。分设微生物组、工艺组、分析组（成品、半成品）。陈茂椿教授任高级技术指导，笔者有幸自始至终参加研究工作。厂所之间合作无间，各有侧重。西南生物所对麦曲微生物、窖池内外微生物区系、窖泥内微生物种属进行分离鉴定，了解酿造时微生物菌群及其生长繁殖过程的代谢产物对酒质的影响；厂方负责正常生产、查定总结贯彻实施，并为研究工作提供良好条件；四川食品研究所是课题承担单位，负责制定研究方案、计划进度，对百年老窖泥进行理化分析、生产工艺查定、发酵过程理化测定，成品酒的纸上层析和常规分析，提出人工培窖方案，进行"减粮、减曲发酵试验""合理调料、蒸粮时间试验""有效菌株强化制曲应用于生产试验"等，解决了当时棘手的问题——酒中蓝黑色沉淀现象。

为了完成任务，四川省食品研究所携带十余箱仪器（包括分析天平、保温箱、显微镜、干燥箱及玻璃器皿）到厂。省专卖公司拨专款修建科研楼（坐落在营沟头车间山麓）。试验组数十人，自带蚊帐、卧具，住在营沟

▲1965年，"泸州大曲酒酿造过程中微生物性状、有效菌株生化活动及原有生产工艺的总结与提高"研究方案报告

（国宝窖池所在地），吃在营沟，工作在营沟。大家团结一致，不分彼此，深入生产，亲自实践，认真负责，一丝不苟，所以，当时的分析数据、生产记录都真实可靠。

为了使数据真实、有代表性和规律性，半夜入窖槽的样品亦半夜检验，决不拖延，有时因取样问题对分析结果有怀疑，又重新取样分析，直至晨鸡高唱，大家都毫无怨言。

在近三年的项目研究中，取得如下主要成果：

1. 窖泥理化成分检测

在泸州老窖和五粮液经反复试验，证明接触窖底或窖壁的发酵糟，其酒就愈浓郁芳香，发现老窖大曲的特殊芳香与窖泥有极密切的关系。课题组为了揭示百年老窖的秘密，首次开展窖泥理化成分检测，发现老窖泥与新窖泥在pH值、氨态氮、腐殖质、有效磷等成分上有显著差异，为人工培窖提供了理论依据。

2. 窖泥中微生物的检测

老窖出好酒，根本原因在于长期连续的酿酒发酵中产生的有机酸、醇类、酯类、二氧化碳等浸润渗入窖泥中，逐渐富集培养与生香有关的一些厌氧功能菌。随着发酵生产时间越长，在窖泥中越来越多地聚积起这些厌氧功能菌，形成了泸型酒特有的微生物区系。正是窖泥中这些功能菌群参与了曲酒香味物质的合成，才产出了窖香浓郁、回味悠长的名曲酒。

1965年课题组开展研究工作时，微生物方面由中科院西南生物所牵头，微生物学家吴衍庸研究员主持，四川省食品所和泸州曲酒厂共同协助，对泸酒窖泥微生物进行了较全面的研究。

（1）不同酒窖窖泥中的微生物。

选取泸州曲酒厂的特曲窖（老窖）、头曲窖（中龄窖）、三曲窖（新窖）的窖泥进行细菌分离、分类计数。结果发现，老窖和新窖的窖泥微生物数量和类群有显著的差异。从数量看，老窖窖泥细菌总数为10^4万/g土，是新窖的3.1倍，是中龄窖的2.6倍多；嫌气菌亦是老窖明显多于新窖和中龄窖，老窖泥嫌气菌数为86.8万/g土，是新窖的4倍，是中龄窖的3倍；嫌气芽孢杆菌数，老窖是新窖的2.6倍，中龄窖的2.2倍；而好气菌数量则判别不明显。从类群看，嫌气菌数量多于好气菌，嫌气芽孢菌多于好气芽孢菌。老窖窖泥中的嫌气菌总数是好气菌总数的5倍，嫌气芽孢菌数是好气芽孢菌数的3.6倍；中龄窖则分别为2.6倍、3.1倍；新窖分别为1.8倍、2.1倍。浓香型曲酒的老窖是嫌气菌，特别是嫌气芽孢菌的主要栖息地，这是泸型酒老窖窖泥的独特微生物学特征。

（2）酒窖中不同部位的微生物。

研究发现，无论在老窖或新窖中，不同部位窖泥的微生物分布亦有较大差异。窖墙的细菌数多于窖底，黑色内层的细菌多于黄色外层，而产己酸的梭状芽孢杆菌主要栖息于黑色内层窖泥中。老窖窖底好气菌数与新窖接近，而嫌气菌数却比新窖多4.8倍；老窖窖墙和窖底的芽孢菌数是新窖的2.2倍，并突出表现在嫌气芽孢菌上，老窖的嫌气芽孢菌数大大超过新窖。再次证明，嫌气芽孢杆菌在酒窖窖泥中占主导地位。

（3）特曲窖（百年老窖）中的优势芽孢杆菌群。

课题组采集泸州老窖酒厂老窖窖泥，经3次分离纯化，根据菌落形态不同，挑选35个菌落，进行芽孢染色和显微镜观察，确定其个体形态。凡是芽孢膨大、菌体呈鼓槌形的确定为梭状芽孢杆菌属菌。泸州老窖中分离出的泸型梭菌，微生物学家、中科院微生物所所长方心芳教授认定为"北原梭菌"，它能发酵葡萄糖并产生己酸，与内蒙古轻工所分离的己酸菌不同，内蒙古所选出的是"克氏梭菌"，它不能利用葡萄糖，能代谢乙醇及乙酸形成己酸。

老窖泥中的芽孢杆菌，鼓槌形杆菌占65%以上。这些鼓槌状杆菌，多株混合发酵时可产生大量的己酸、乙酸。1966年课题组利用分离出的多株鼓槌状芽孢杆菌，混合培养物和老窖泥的人工培养液，接种于生黄泥培养成"香泥"，用于改窖和建新窖，第一排产酒就可产部分头曲，相当于30年以上的窖龄。证明老窖中优势微生物群落与泸型酒的香型及质量有密切关系。泸型酒老窖泥理化成分的检测和窖泥微生物的分离鉴定，初步揭示了"百年老窖"的奥秘，为人工培窖提供了理论依据。

3. 人工培窖，新窖老熟

运用上述研究成果，课题组于1967—1968年在泸州曲酒厂、五粮液酒厂进行了"人工培窖，新窖老熟"试验。使用黄泥、窖皮泥、肥田泥、老窖泥、P、N、腐殖质、曲粉、粮糟（或丢糟）、黄水、酒头、酒尾及液体窖泥等进行人工培养窖泥。通过合理配料、细致操作，经人工培养发酵后的窖泥，在色泽、气味和氨态氮、腐殖质、有效磷等方面都与老窖泥极为接近。从人工培养窖泥前后主要微生物来观察，一般泥土经培养发酵后，好气菌大大减少，嫌气菌则大大增加。白地霉和毛霉都大大减少，其他霉菌和酵母虽无什么规律，但基本上都是减少了。建窖后，由于糟子在窖内发酵的结果，各种微生物进行了自然淘汰，最后是嫌气芽孢杆菌等窖泥功能菌占了优势，使人工窖泥逐渐成熟，向老窖方向转化。

为了验证人工培窖的效果，该成果同时在多个酒厂推广应用：泸州曲酒厂消灭三曲，新窖产头曲获得成功；五粮液酒厂南岸车间优质品率大幅度提高；全兴酒厂第3排即产全兴大曲（国家名酒）。

百年老窖奥秘的揭示、人工培窖新窖老熟的成功，是我省酿酒科技人员、厂所共同协作的重大成果，为浓香型白酒在全国的普及和发展做出了重大贡献。

4. 泸型酒酿造有效微生物的选育和应用

20世纪60年代开始，泸州老窖酒厂在中科院西南生物所、四川省食品发酵工业研究设计院等单位配合下对麦曲、酒窖外环境、酿酒发酵过程的微生物进行了较系统的研究。

（1）泸曲中的主要微生物。

以具有代表性的泸州曲酒厂的传统大曲作研究对象。选取伏曲、四季曲、新成曲、隔年陈曲、涡水曲等10多个样品，采用平板分离法进行微生物分离，其分离到霉菌、酵母253株，细菌16株。经形态、生理鉴定的有65株。

霉菌：是大曲中数量、种类最多的菌类。其中以曲霉最多（曲霉中以黄曲霉为主），其次是根霉、毛霉、梨头霉、红曲霉、白地霉等。

酵母：是酿酒中重要的微生物，亦是大曲中种类、数量繁多的类群。大曲中的酵母主要为酵母属（Saccharomyces）酵母，其次还有假丝酵母（Candida）、汉逊酵母（Hansenula）、球拟酵母（Torulopsis）。这些菌种是乙醇发酵和产酯生香的重要微生物。在泸州大曲的酵母分离中还发现一类产生独特香味的酵母，这类酵母与泸州老窖大曲酒香味特点可能有关，而在分离全兴酒曲中没有发现这类菌存在。

细菌：在分离泸州大曲时发现存在的细菌量不少，种类也较多。分离出细菌16株，它们是乳酸菌、醋酸菌、芽孢杆菌、微球菌等。曾对几株芽孢杆菌和微球菌的代谢产物进行了测定，发现有乙酸、丙酸、异丁酸、戊酸等。

（2）酒窖外环境的微生物。

泸酒传统发酵不仅涉及窖泥微生物生态分布，也涉及窖外环境微生物生态分布。泸州所处的独特地域、传统工艺提供的条件，使窖泥、麦曲、窖外环境都成了特定的微生物区系。

（3）酿酒发酵过程微生物的变化。

粮糟加入曲粉后入窖，用窖泥封窖进行嫌气发酵，在入窖、封窖及发酵第3天、第8天、第15天、第20天、第30天、第40天时取样对发酵糟进行微生物的分析，结果表明发酵糟中酵母、霉菌、细菌的数量变化规律各异。一般在粮糟入窖后第3天，酵母增殖达到高峰，数量从10.5×10^4个/g达到5.05×10^7个/g，即增加了两个数量级以上，以后随着窖中氧气的逐渐减少，酵母的增殖受到抑制，酵母数量逐渐减少，发酵40天后酵母数量还低于入窖时的酵母数量。由于曲粉中存在大量霉菌，入窖时霉菌数量最高，但入窖后的嫌气条件不利于霉菌生长，因而封窖后数量骤减，但在发酵中期又有所增加，然后又下降。细菌数量变化相对较小，入窖后有所增加，以后稍有下降，到了发酵后期细菌数量均高于酵母和霉菌，说明细菌较适应窖内环境，在发酵后期生香作用甚大，主要是梭状芽孢杆菌及其他芽孢杆菌。

对于霉菌中的曲霉、梨头霉、毛霉、青霉、根霉及白地霉的数量变化分析，发现在整个发酵过程中曲霉占优势，在发酵初期数量有所减少，但在发酵中期又有所增加，后期又有所减少，其数量均高于梨头霉、毛霉和根霉。虽然曲粉中有根霉、毛霉、梨头霉存在，但它们均不适应窖内的生长环境。曲霉在泸酒糖化上是起主要作用的霉类，窖内发酵糟中有大量青霉存在，这是窖外环境青霉大量存在以及窖内又适合生长的缘故。

（4）泸酒麦曲中有效菌株的生产应用。

1965年10月课题组选用从麦曲中分离的有效菌株32株，其中糖化菌17株（曲霉9株、根霉7株、毛霉1株），酵母15株（其中麦曲酵母9株，其他来源酵母6株），分别制成麸曲和液体酒母，减少大曲用量，用于生产试验。试验窖的酒通过理化分析和尝评，保持了泸州老窖大曲酒的特有风味。

5. 入窖发酵条件对产品质量的影响

1965年，我院陈茂椿教授在泸州老窖主持试点技术工作期间，深入生产第一线，通过大量的技术资料和生产、分析数据，总结出"入窖发酵条件与产品质量和粮耗的关系"，在1968年名酒协作会上与同行交流，对泸型酒在全国推广应用和产、质量的提高，起到重要的作用。

泸州老窖大曲酒传统采用混蒸混烧续糟固态发酵法，黄泥老窖，万年糟，发酵周期长，母糟与空气接触的机会多，参与发酵的微生物类群众多，物理化学变化复杂，工序与工序之间、上排与下排之间，互相影响，季节的变化对品温的影响也难以克服，生产工艺条件随着客观条件而变化。因此生产波动大，质量不稳定，在这样一个错综复杂的情况下，只有掌握入窖发酵工艺技术条件的变化规律，才能达到均衡生产、质量好、粮耗低的目的。

所谓入窖发酵条件，包括不同的温度、水分、酸度、淀粉含量、用曲量和用糠量（粮糟比）等。要根据不同季节气温的变化，相应地变更其他条件，给有益微生物的繁殖创造良好的条件，达到高产优质。

通过查定分析，总结出入窖温度"热平地温冷13"的重要性；分析了入窖酸度增高的原因，并提出了解决措施；量水用量与1957年比较有所减少，使产质量提高；入窖淀粉浓度高，所

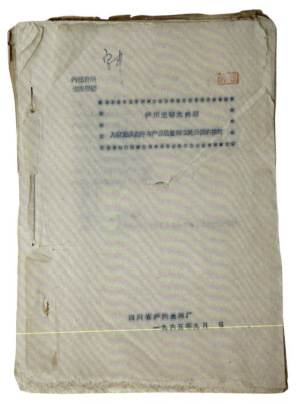

▲1965年，《泸州老窖大曲酒入窖发酵条件与产品质量和粮耗关系的探讨》

得基础酒的总酸和总酯比入窖淀粉低者为高；酒曲和糠壳用量应分别控制在18%～20%和20%～22%为宜；若出窖酸度在2.5以下，可增大母糟配比，减少糠壳用量，即"回醅减糠"。

入窖条件的总结、应用，经数十年众多厂家生产证实，仍然具有现实指导意义。

6. 泸型酒芳香成分剖析与应用

20世纪60年代中期我院在国内首家采用进口气相色谱仪，对泸酒芳香成分进行了检测，发现其中成分近40种，并对己酸乙酯进行了定量，首次对我国浓香型大曲酒主体香味成分进行了定性定量。

在此基础上，20世纪80年代初，我院承担重大攻关项目，继续与泸州老窖酒厂合作研究"泸州大曲酒芳香成分与酒质的关系"。采用日本毛细管气相色谱仪，开展对泸型曲酒芳香成分的研究。通过艰苦细致的工作，克服种种困难，自制毛细管和某些标样，共检出芳香成分136种，泸型曲酒成分定性定量108种，在当时居全国领先水平，为泸州老窖酒质量的提高提供了重要的科学依据。该项目获轻工部科技进步奖。

研究中对我省有代表性的泸型曲酒如五粮液、剑南春、全兴大曲、沱牌曲酒，特别是泸州老窖酒厂系列酒（特曲、头曲、二曲、三曲、调味酒、异杂味酒等），均做了系统全面的检测。通过近三年的研究，总结出微量成分种类和含量与浓香型酒质的关系，推动了浓香型曲酒技术的发展。

"从1957年国家对泸州老窖进行工艺试点以来，泸州老窖在技艺推广、人才培养等方面为全国浓香型白酒的发展做出了重要贡献。当时，泸州老窖总结了自己生产浓香型白酒的技艺，并敞开胸怀，将其技艺在白酒行业广为传播，不仅欢迎各类厂组织人员到泸州老窖参观学习，还派遣有名的技师到其他酒厂传授技艺。"

三、"汾酒试点"

1963年3月至1965年5月，"汾酒试点"以轻工业部发酵所所长秦含章为首，抽调轻工业部发酵所工程师熊子书、山西省轻化所35人以及无锡轻工业学院师生17人和山西汾酒厂工人、技术人员、领导干部共56人，组成

▲1965年汾酒《大曲初步探讨的报告》

"总结提高汾酒生产经验试验工作组"试点组。此次试点，为了研究和鉴定汾酒的质量，建立了汾酒品质尝评法、汾酒酿造化学分析法和汾酒质量标准，系统地总结和论证了汾酒生产工艺的科学性、正确性，为进一步开展对汾酒乃至中国白酒的科学研究奠定了基础。

对汾酒生产进行了较全面的研究总结，共研究了200多个项目，进行了3000多次试验，得到了20000多个数据，取得了良好的效果，撰写了《汾酒微生物分离法》《汾酒生产检验法》《大曲生产写实》《汾酒生产写实》《汾酒尝评法》等极有价值的资料。这次写实总结，确定了三种大曲生产和汾酒发酵生产的工艺，对汾酒微生物进行了分离鉴定，选育出汾酒生香酵母汾1号及汾2号等；使大家对汾酒生产中出现的许多问题由感性认识上升到理性知识，制定了一整套完整的汾酒品评及检验方法；使汾酒的产量质量有了质的飞跃；使汾酒的生产由传统的言传身教转变成以科学技术为标准的规范化生产。这些成果仍有其指导意义和应用价值。

（一）制曲方面

通过对清茬曲、后火曲和红心曲三轮伏曲的生产写实、研究，初步掌握了每种大曲在培养过程中的微生物和生化变化规律，从而制定了一套较完整、科学的汾酒大曲操作法。

（二）酿酒工艺

1. 高温润糁

这是清香型酒的典型工艺，经粉碎的高粱称为糁，润糁后要求物料不淋浆，手捻成粉无硬心、无疙瘩、无异味。润糁的作用是使物料吸水均匀，且蒸后、加曲入缸时不淋浆而发酵时能缓慢升温，最终成品酒较甜绵；高温润糁时，物料上的野生菌繁殖、代谢，生成某些香味物质，对促进酒的回甜很有作用。

2. 混合用曲

清茬曲糖化、液化、蛋白分解酶活力最高，后火曲发酵力最强。将三种曲混合使用，取长补短。清茬曲、后火曲、红心曲的比例为3：4：3。使用混合曲酿制的酒，具有清香纯正、醇和、爽口、回甜等特点。

3. 发酵

初步探索了酒醅发酵过程中的微生物消长状况和物质变化规律，为控制发酵条件提供了依据。采用"酒醅多点温度遥测仪"测量地缸发酵酒醅及保温材料的温度，总结出"前缓、中挺、后缓落"的发酵温度变化规律。

▲汾酒试点

4.　"四回"

为提高酒质，采用回糟发酵、回醅发酵、回糟发酵加"回糟香醅"蒸酒的措施。

（三）分析、品尝等研究

"汾酒试点"分析了汾酒的成分，采用"四度分级法"，即酒精度、总酸度、导电度、氧化度。按"四度"数值，将每天所产的酒分级归类，按类入库；产品出厂前再取样品尝，根据得分排序分级，进行勾调。此外，还解决了瓶装汾酒的蓝黑色沉淀（因瓶塞中的单宁和铁瓶盖或水中铁离子造成）及白色沉淀（水中钙、镁离子造成）问题。

四、茅台试点

（一）1959年调查研究

1959年，轻工业部为完成国家科委制定的十二年长远科学发展规划，首次组织总结贵州茅台酒工艺，后又被列入"中苏合作"重大科研项目，由刚组建的轻工部发酵所执行，并计划于半年内完成。从1959年4月至1960年3月的调查整理总结，去粗取精，去伪存真，完善了传统操作法，除提高了产品质量外，同时提高原料出酒率10%以上。

首次总结茅台酒工艺的，有轻工业部发酵工业研究所、贵州省轻工业科学研究所、茅台酒厂和中科院贵州分院化工研究所等10余名人员，他们组成总结工作组，讨论了总结工作的内容及方法，并进行了分工。同时在新老车间各选出总结试验窖，又在这两个车间进行夏季与冬季投料（下沙）的比较，找出不同窖龄和季节对酿酒的差异点。通过现场写实、调查访问、生产记录、取样化验、微生物检测、综合研究等，完成一个大生产周期，发掘其生产工艺特点。

茅台酒生产的传统工艺是：每年五月端午开始踩曲，九月重阳下沙酿酒，结合当地农业生产季节，此时小麦、高粱新原料上市，气温更适合制曲酿酒，有利于微生物生长繁殖。

茅台酒生产工艺的主要特点：原料粉碎粗，生沙为二八成，糙沙为三七成；用曲量大，与酿酒原料高粱之比为1∶1，如果把大曲折合成小麦，则小麦用量超过高粱；一年一个生产周期，两次投料，8次发酵，7次蒸馏，每轮发酵在30天左右；蒸出酒按酱香、醇甜及窖底香三种单型酒和不同轮次酒分别长期贮存，精心勾调后再贮存为成品酒。更重要的特点为"四高一长"，即高温制曲、高温堆积、高温发酵、高温馏酒和长期贮存，这是形成酱香风味的关键。

在总结茅台酒生产工艺中，提高产品质量的技术措施如下：

（1）踩曲时曲母用量从5%~8%降低至3%~5%，成曲仍可达到优级指标。

（2）用温度计代替传统的"手摸脚踢"。

（3）加强封窖泥管理，增加封窖泥厚度，确保不裂口、不生霉。

（4）强调上甑操作技术，要求轻撒匀铺、探汽上甑，提高产、质量。

（5）确定茅台酒蒸馏接酒方法和规定酒度。

（6）茅台酒贮存老熟后，取出老酒时在坛中留5%~10%陈酿酒，然后倒入新酒，可促进老熟。

（7）结合感官指标和理化分析，制定了入库酒和出厂酒的质量标准。

1959年的调查研究，经一个大生产周期的查定总结，从下沙到丢糟各

一排右四为周恒刚

▲茅台试点

工艺的实际操作，整理出一套完整的技术资料，使传统工艺建立在科学的基础上，使这份宝贵的民族遗产得到了继承与发展。

（二）"茅台试点"（1964—1966年）

1964年10月至1966年4月，中国白酒发展史上具有重大影响和意义的茅台试点在贵州茅台酒厂举行。"茅台试点"以轻工业部食品局工程师周恒刚为首，抽调辽宁、黑龙江、河北、河南、天津有关人员22名，贵州省轻工业科学研究所全体人员以及董酒厂2名技术人员共同组成试点组。此次试点通过对酱香型白酒制曲、酿造工艺、微生物特性及香味成分进行深入研究、成功检测和科学总结，终于揭开了茅台酒的许多奥秘。据笔者手中仅存的资料，"茅台试点"主要成果有：

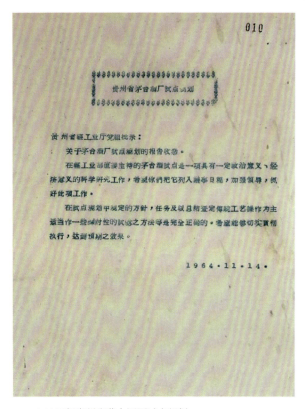

▲1964年贵州省茅台酒厂试点规划

（1）进一步规范了制曲、酿酒传统工艺和操作。

（2）对酿酒微生物进行了更深入的研究，初步掌握了制曲、堆积、发酵过程微生物的活动规律，为后来麸曲酱香型白酒的生产提供了丰富的微生物资源。

（3）确立了酱香型中的三个单型酒，即酱香、醇甜、窖底香。利用纸上和薄层色谱法，初步检测茅台酒的微量成分。后来通过气相色谱检测，证实酱香型三个单型酒在成分上有明显区别。

（4）此次试点率先报道了在生产茅台酒的窖池底部发现了杆菌和梭状芽孢杆菌，并认为它们是窖底香成分的主要制造者，是茅台酒主要成分之一，是组成茅台酒香味不可缺少的一种成分。后经分离鉴定才知道它们是丁酸菌和己酸菌。对己酸乙酯的发现和己酸菌的培养，最终证明了己酸乙酯的确是窖底香味成分，并对浓香型白酒的发展起到了促进作用。

三大名酒试点对于我国白酒行业的历史贡献是不可磨灭的。与其他白酒试点不同，名酒试点已经不仅仅局限于只开展提高出酒率等节粮降耗领域的课题，而是将重点放在稳定和提高名优白酒的工艺、质量和产品特征上，为我国名优白酒的发展壮大奠定了科学基础。名酒试点对于白酒香味成分、微生物菌种、生态技艺等的研究，开启了白酒迈向现代化和国际化的新时代。因此，某位白酒权威曾说过这样一句话："新中国白酒产业是靠试点起家的。"

（原载《酿酒科技》2017年第6期）

浓香型白酒的独特魅力

文 / 李大和　李国红

　　中国白酒现分为12种香型，除药香型外，其余都有国家标准。从以大曲为主要糖化发酵剂来说，分为三大基本香型，这已是业内的"共识"。米香型因是以小曲为糖化发酵剂，故单独列出，也无异议。"豉香型"主产在广东，历史上当地盛产大米，人们饮酒以米酒为主，配以清雅、保持原味的菜肴，十分舒适。将米酒从"米香型"变为"豉香型"，的确是创新发明，谁会想到将肥肉浸酝到米酒中，口味竟是如此美妙！

　　国标中其他6种香型，都是以"酱香、浓香、清香"三大基本香型为母体，以一种或两种以上的香型，将制曲、酿酒工艺加以融合，结合当地地域、环境、文化、饮食习惯加以创新，形成各自独特的工艺，衍生出多种香型。近几年出现的"馥郁香型"也是如此。可以看出，除三大基本香型外，许多香型只是区域性的产品，难以走向全国，在白酒总产量中占的比例也不大。当然，这些香型产品在该地区喜爱者心中，甚得青睐，作用不容忽视。

就目前白酒市场来说，据业内统计，浓香型白酒（含以浓香型酒为主的酒）占70%以上，可见消费者对浓香型白酒的喜爱。

一、浓香型白酒的独特风格

据国家标准（GB/T 10781.1—2006），浓香型白酒是以己酸乙酯为主体的协调的复合香气，酒体醇和协调，绵甜爽净，余味悠长，具有本品典型风格。

四川的浓香型酒具有香气幽雅舒适、醇厚绵柔、丰满协调、落口净爽的独特魅力。

二、四川浓香型白酒独特风格的成因

（一）独特的地域环境

四川主产浓香型白酒的企业主要分布在川南、川东和川中。这些地区气候温和湿润，水系发达，土壤微酸黏性好，适于酿造浓香型白酒的微生物丰富，具有生产优质浓香型白酒独特的地域环境。

（二）丰富的酿酒微生物资源

中国传统白酒是以粮谷为原料的固态发酵制品，是微生物菌群及酶的代谢产物，它有别于洋酒，更不是纯酒精。有实验表明，传统固态法白酒酿造中的微生物，大曲中的约占50%，其余是环境（地面、空气、工具等）所带入的，也就是说地域环境是酿酒微生物菌群的差异之根本。四川独特的地域环境造就了酿造浓香型白酒的微生物优势，其他地域无法复制。此外，浓香型白酒酿造，窖泥是基础，四川的老窖经数十年乃至数百年的连续使用，窖泥中的微生物在独特的环境中驯化，为四川浓香型酒的生产做出了重要贡献。可见，酿造浓香型白酒的微生物应以窖泥微生物为主，其余是环境（地面、空气、工具等），最后是酒曲。实验证明，在四川，只要有优质窖池，并认真贯彻传统工艺操作，无论用高、中、低温大曲，都可生产出浓香型白酒，但质量有差异。

（三）百年老窖，万年母糟

四川是浓香型白酒的发源地，拥有数量众多的百年老窖。泸州老窖拥有被列为国家重点文物保护单位连续使用400余年的老窖（全国仅此一家），还有被列为省级重点文物的百年以上老窖池1600余口（1996年统计数据）[①]。百年老窖中丰富独特的窖泥微生物菌群为四川浓香型酒的酿造做出了重要贡献。科研人员虽对窖泥微生物做了数十年的探索研究，仍有许多谜团未能破解，人工老窖与百年老窖比较仍有不少差距。混蒸混烧是浓香型白酒生产的典型工艺，采用续糟发酵，母糟循环使用，故称"万年母糟"。

（四）独特的窖泥微生物

四川酿造浓香型白酒的窖池，其窖泥中有在独特的生态环境中生长的微生物，有经百年以上不断驯化"千锤百炼"的窖泥微生物，奠定了四川浓香型酒的风味基础。

（五）窖池能保住黄水

黄水是浓香型白酒发酵过程中的必然产物。"黄水是个宝"，黄水中有丰富的白酒香味成分和酿酒微生物，有许多物质对提高曲酒质量、增加曲酒香气、改善曲酒风味有着重要的作用，特别是酸类及大量产酯的前体物质。四川的窖池是用优质黏性黄土筑成（有的是原地挖成），不渗漏，能保住黄水。黄水既能保养窖池，也能促进母糟生香。

（六）独特的传统工艺

已故白酒泰斗周恒刚先生到四川考察时曾说，四川浓香型白酒生产占尽天时、地利、人和，就是说有独特的地域环境，有优质的百年老窖，有历代相传的传统工艺和众多的技能性人才。

三、独特的生产工艺

浓香型大曲酒是中国白酒中的一朵奇葩。自第一届全国评酒会后，泸

[①] 编者按：1996年，国务院公布1573国宝窖池群为全国重点文物保护单位；2013年，泸州老窖1619口百年以上老窖池群、16处明清酿酒作坊与纯阳洞、龙泉洞、醉翁洞三大藏酒洞一起列入全国重点文物保护单位。

州老窖便成为浓香型大曲酒的典型代表，因此，在酿酒界又称浓香型大曲酒为泸型酒。该酒窖香浓郁，绵软甘洌，香味协调，尾净余长。这体现了整个浓香型大曲酒的酒体特征。

浓香型大曲酒酿造的基本特点可归纳为几句话，即以高粱或多粮为制酒原料，优质小麦、大麦、豌豆混合配料，培制中、高温曲，泥窖固态发酵，采用续糟配料，混蒸混烧，量质摘酒，原度酒贮存，精心勾调。最能体现浓香型大曲酒酿造工艺特点，且有别于其他诸种香型白酒工艺特点的三句话则是"泥窖固态发酵，采用续糟配料，混蒸混烧"。

泥窖，用泥料制作的窖池。窖池与缸、桶功能一样，是一种发酵设备，仅作为蓄积糟醅进行发酵的容器。但浓香型大曲酒的各种呈香呈味的香味成分与泥窖息息相关，故泥窖固态发酵是其酿造工艺特点之一。

质量合格的窖泥是浓香型大曲酒发酵不可缺少的先决条件。按四川的传统认为，50年以上的老窖才能产出特曲、头曲，20年左右的窖一般只产二曲、三曲。新建的窖泥用纯黄泥搭成，要经过相当长时间，泥色才由黄转乌，又逐渐变为乌白色，并由黏性绵软再变为脆硬。这个自然老熟过程一般需要20年以上的时间。老窖泥质软无黏性，泥色乌黑带灰，并出现黄红绿色彩，带有浓郁的窖香。窖龄越长，酒质越好。四川酿酒企业对老窖都倍加爱护。

"好窖出好酒。好酒的基础是优质窖泥、优良工艺和精心管理。"这是浓香型大曲酒生产必须遵循和认同的真理，而人工老窖泥的研究和应用就是利用各种科技手段、微生物和土壤等相关学科的成果，模拟老窖泥的老熟机理以及各种成分，尽量缩短自然老熟时间而达到优质窖泥的水平和实际效果。人工老窖的创造和发展，推动了中国白酒的技术进步和浓香型白酒在全国的普及。

在不同香型的大曲酒生产中，配料方法不尽相同，而浓香型大曲酒生产在工艺上则采取续糟配料。所谓续糟配料，就是在原出窖糟醅中，按甑投入一定数量的酿酒原料高粱（或多粮）与一定数量的填充辅料糠壳，拌和均匀进行蒸煮。每轮发酵结束，均如此操作。这样，一个窖池的发酵糟醅连续不断，周而复始，一边添入新料，同时排出部分旧料。如此循环不断使用的糟醅，在浓香型大曲酒生产中被人们称为"万年糟"。这样的配料方法又是其特点之二。"万年糟"因连续循环使用，故富含酒中的微量成分及其产生的前体物质，以及经长期驯化的酿酒功能菌。

所谓混蒸混烧是指在将要进行蒸馏取酒的糟醅中按比例加入原料、辅料，通过上甑将物料装入甑桶，调整好火力，做到首先缓火蒸馏取酒，然后加大火力进一步糊化高粱原料。在同一蒸馏甑桶内，采取先以取酒为主、后以蒸粮为主的工艺方法，这是浓香型大曲酒酿造的工艺特点之三。

四、融合其他香型酒生产工艺之精华，创新发展

（一）人工培窖

1960年以来，由于国家有关部门的重视，科研单位、大专院校与名优酒厂对窖泥进行了较深入的研究，对窖泥中的理化指标，如水分、pH值、氨态氮、腐殖质、有效磷、有效钾、有机酸、无机及微量元素、氨基酸等进行了系统的测定；对窖泥中的微生物，如己酸菌、丁酸菌、甲烷菌、甲烷氧化菌、放线菌、酵母菌（包括产酯酵母）等亦进行了卓有成效的研究。将这批研究成果综合应用于培养人工窖泥，使培养的窖泥在较短的时间内就达到相当于自然老熟10～20年窖泥的水平，可产部分优质酒。

人工老窖的研究和推广应用，为浓香型大曲酒在全国各地的普及和发展奠定了坚实的基础。

对浓香型大曲酒的主体香成分，自20世纪60年代中期开始，国内不少单位就进行了深入的研究，通过纸上层析和气相色谱的分析，一致确认，己酸及其乙酯类是浓香型大曲酒的主体香，梭状芽孢杆菌类是产生这两种成分的主要菌类。

（二）创造原窖分层酿制工艺

我国浓香型白酒生产的工艺操作方法习惯分为"原窖法""跑窖法"和"老五甑"法三种类型，其中"原窖法"适用最为广泛，是一种主要的传统方法。所谓"原窖法"，是指发酵酒醅在循环酿制过程中，每一窖的糟醅经过配料、蒸馏取酒后仍返回到本窖池；而"跑窖法"是将这一窖的酒醅经配料蒸酒蒸粮后装入另一窖池，一窖撵一窖地进行生产。

"原窖法"每窖的甑口（容量）不强求固定，窖内糟醅的配料上下一致，而不像"老五甑法"那样每窖固定为5个甑口，窖内糟醅的配料上下不同。

传统的"原窖法"工艺重视原窖发酵，避免了糟醅在窖池间互相串换，但对同窖池的糟醅则实行统一投粮、统一发酵、混合堆糟、混合蒸馏以及统一断花摘酒和装坛。这种"统一"和"混合"的结果，促进了全窖糟醅质量和酒质的均衡，这对于窖池生产能力的发挥、淀粉的充分利用、母糟风格的培养以及优质酒的提取和经济效益的提高都有一定的影响。

总结长期的生产实践经验和多年的科研成果，借鉴兄弟厂名酒生产工艺优点，泸州老窖酒厂创造了"原窖分层酿制工艺"，对传统的"原窖法"工艺进行了系统的改革，使之扬长避短，充分发挥老窖的优势和潜力，达到优质低耗高产的目的。

（三）双轮底发酵

双轮底发酵是在总结传统操作经验的基础上于20世纪60年代首先试验成功的，经多年的生产实践，证明双轮底发酵是提高产品质量极其有效的措施。凡经双轮底发酵的，酒质显著提高，从色谱数据看，虽然己酸乙酯等物质的含量没有增加很多，酒却香浓突出，味感特别丰厚。从常规化验得知，总酯含量由原来的0.7g/100mL上升至1g/100mL，提升30%。双轮底发酵总结了母糟长期与窖底泥接触，并被黄浆水浸没，酸、酯、酒精含量丰富的经验，使传统技艺得以创新。运用双轮底发酵制作优质基酒和调味酒，对增加酒的香浓味，提高名优酒质量发挥了很大的作用。此技术已在全国各地普遍推广应用。

（四）翻沙工艺

翻沙技术（也称复式发酵）是提高浓香型大曲酒质量的重要措施。翻沙是在糟醅酒精发酵基本完成后，同时投入常规酒曲、黄浆水、酯化液和工艺用酒（加水降度），拌和均匀，再继续入窖发酵。采用这种工艺，由于补充了黄浆水、酯化液和酒，增加了糟醅中酸、醇的含量，有利于浓香型酒风味物质尤其是酯类物质的产生和积累，大大提高了基础酒的质量。此法已在全国同类香型酒厂中广泛应用，均取得良好的效果。

通过多年的实践，人们认识到翻沙工艺仍有潜力可挖，于是从单翻沙到双翻沙，即在完成1次单翻沙发酵后，追加投入1次曲、黄浆水和酒等物料，再继续翻沙发酵。这样发酵期延长到9~12个月甚至更长，优质酒比例从40%左右提高到90%以上，但产量（出酒率）较低。由于双翻沙窖期太长，糟醅酸度大，一般用作生产调味酒。为了克服原翻沙工艺中的不足，泸州老窖酒厂又创造出"分段用曲翻沙工艺""规范分段用曲翻沙工艺""夹心曲翻沙""回菌泥翻沙"等新技术。

（五）高温堆积工艺在浓香型酒生产中的应用

采用高温堆积发酵工艺生产浓香型大曲酒，可有效提高酒的质量。堆积发酵工艺产酒香气复合幽雅，酒体丰满细腻，醇甜绵柔，尾净味长，陈味明显。

五、小结

浓香型白酒具有深厚的历史、文化底蕴，四川有数百年的浓香型白酒酿造历史，有400余年的国宝窖池和数以万计的优质窖池，有独特的自然生态环境，有独特的制曲酿酒技艺和历代相传的酿酒技艺人才，传承创新，酿制出精美绝伦、独具特色的浓香型白酒，深受饮者厚爱。

（原载《酿酒科技》2018年第7期）

后记

HOU JI

致敬时代 致敬宗师

酒

1949年10月1日，开国大典在北京天安门广场隆重举行，新中国的成立标志着从此"中国人民站起来了"。

70年风雨兼程，70年沧桑巨变。"杂交水稻之父"袁隆平、"铁人精神"代表王进喜、"两弹元勋"邓稼先等杰出人物为新中国经济建设、文化建设、社会建设发挥了重要作用。与此同时，在中国食品行业，也涌现出一大批优秀科研工作者，他们大胆探索、勇于开拓、坚持不懈地为拥有完全自主知识产权的民族产业奋斗终身。他们是被周总理接见过的秦含章先生、周恒刚先生；他们是参加过第一次名酒试点的陈茂椿先生，以及参与过泸州老窖、茅台、汾酒三大名酒试点的熊子书先生；他们是在酿酒微生物研究、食品科技运用技术研究方面有着突出贡献的沈怡方先生、高月明先生……伟大的时代造就了伟大的科研工作者，伟大的科研工作者又推动着优秀企业不断向前发展。

　　70年，在历史的长河里不过是一朵浪花；70年，在泸州老窖的发展中，也仅仅是一个注脚。然而，正是在这70年时间里，泸州老窖国窖人披荆斩棘、一路前行，书写下波澜壮阔、砥砺奋进的辉煌篇章。

　　从36家传统酿酒作坊群到国有大型骨干酿酒企业；从营销过亿至站稳百亿之巅；从泸州酒业发展区扬帆起航到泸州老窖产品出现在70多个地区和国家展台上……这是泸州老窖国窖人谱写的时代华章，这是泸州老窖国窖人的光荣与梦想。

　　这份光荣与梦想的取得离不开一代代酿酒宗师们的关怀与指导，离不开他们对泸州老窖给予的帮助与支持。致敬时代，致敬宗师。感谢以陈茂椿、熊子书先生为首的数十人专家团队对泸州老窖进行查定总结试点。他们克服困难，夜以继日地完成相关查定工作，在极其简陋的条件下废寝忘食地探索、挖掘、收集相关资料和数据。当温永盛作坊前秋风徐起、黄叶纷飞时，陈茂椿、熊子书等专家刚完成窖泥的取样工作，又马不停蹄开始了酒糟的分析；龙泉井旁、石榴树边潇潇雨歇，见证着科研工作者们耐得住生活清苦、耐得住物质匮乏的敬业精神。从1957年到1958年，在陈茂椿和熊子书等专家的努力下，科研工作者们找到了打开泸州老窖酒传统酿制技艺操作法的密钥，取得了突破性的成果，白酒质量和产量双双提升。这一成果汇集成新中国第一本名白酒酿造专业教科书——《泸州老窖大曲酒》，并于1959年正式出版。此后，浓香型白酒的火种在祖国大地以燎原之势蔓延开来。如今，以泸州老窖为代表的浓香型白酒，其产销量在市场上处于领先地位，占据了75%的白酒市场份额。当你手捧此书，我们便可追述那段难忘的岁月，走进那段特殊的时期，致敬那个时代和那些杰出的人物。

　　岁月不居，时节如流。我们仍然不能忘记，为中国白酒科学化发展做出重大贡献的周恒刚先生。周先生连续主持三届全国评酒会工作，在中国白酒试点、酒类香气成分剖析、白酒尝评、窖泥分析、酿造工艺、制曲研究、白酒香型划分、中国名酒评比等方面做出了开创性贡献。来到泸州老窖以前，周老已经是闻名遐迩的白酒泰斗，他凭借着一种忘我执着的精神、刚正不阿的品质，勤奋耕耘在中国酒海里，为广大酿酒人留下了宝贵的学术财富和精神财富。在他众多学术研究中，最亮眼的成果之一当属首次发现"窖底香"的主要香味物质——己酸乙酯,这正是浓香的主体香。周老的发现不仅对酱香型白酒做出了巨大的贡献,还对浓香型白酒在全国的普及做出了巨大贡献。

周老这位宗师从20世纪80年代开始,多次莅临泸州老窖指导调研,不仅为泸州老窖题写下"浓香正宗"的墨宝,手书"敢向酒坛争巧拙,仍须曲圃苦耕耘"赠予泸州老窖外,还盛赞国窖1573:"犹如一位美人,增之一分则长,减之一分则短,恰到好处,无可挑剔!"和赞誉相比,建言对企业的发展影响更为深远。1989年,周老考察泸州老窖后即向高层建议,凡新进大学生须把白大褂全部换成工人服装,让他们穿着工装下一线,到各个环节综合锻炼一年。周老强调,不管技术层多高,都一定要从一线做起,只有从一线做起,才会对酒产生比较完整的认知。周老的建议成为泸州老窖的一个制度,直到现在,新进大学生和员工,不论学历、专业,都会去到生产、销售一线进行全方位的系统锻炼,培养新员工吃苦耐劳的精神,增加新员工对行业、对公司的系统了解和整体把握。得益于周老等专家的指点和关怀,泸州老窖坚持技术创新,坚持科技创新,搭建起国家固态酿造工程技术研究中心、国家博士后科研工作站等多个国家级科研平台,引领固态酿造食品行业的技术进步。

"百二遐寿世纪龄,含章可贞铸酒魂。"2019年8月15日,著名食品工业科学家和工程技术专家秦含章先生离世,享年112岁。噩耗传至,全体泸州老窖国窖人衔哀致诚、悲痛万分。新中国成立后,秦含章先生历任食品工业部、轻工业部参事,第三、五、六届全国人大代表,中国食品工业协会顾问,中国食品工业协会白酒专业协会名誉会长,中国食品发酵工业研究所名誉所长。这位"酒界泰斗"1983年5月19日第一次来到泸州老窖时,在参观窖池、品尝美酒后,欣然题诗一首:"百年老窖久闻名,特曲浓香堪销魂。造化胜境千水滴,光辉冲破万云山。"表达了对泸州老窖的喜爱和殷切期望之情。

"去伪求真,笃行务实"是宗师精神的体现。曾经一段时间,酒界鱼目混杂,其中不乏对泸州老窖浓香鼻祖的质疑之声。2001年,时任泸州老窖股份有限公司董事长袁秀平邀请秦老参加在北京举办的"面向新世纪企业品牌战略研讨会",先生即兴赋诗,写下:"天府酒乡,历史悠长。泸州老窖，首创浓香。"肯定了泸州老窖开创浓香的丰功伟绩。秦老还在其自传——《含章可贞》一书中欣然写下："泸州老窖是中国历史上最悠久的，有400多年，一直到现在，知名度很高……泸州老窖从历史到现在，代表了我们中国酿酒工业的最高水平。"先生强调："在科学研究上，谁首先研究，谁首先推广，你就是发明，你就是老祖宗。研究泸州老窖，全面分析化验，以此作为依据来制定国家标准，人们才知道它是浓香型的鼻祖，所以它是浓香型的标准。方法的建立，标准的建立，首先是从泸州老窖出发，所以说它是鼻祖。"时光荏苒，岁月如梭，2018年，泸州老窖党委书记、董事长刘淼，副总经理张宿义拜访时年111岁的秦老，秦老谦逊地表示他曾多次到泸州老窖学习和参观，念及泸州的人和泸州的酒，秦老再次亲笔赋诗曰："泸州老窖浓香型，四百年来第一名。工艺独特第一等，四百年来大名声。"先生一生心系泸州老窖，先后为泸州老窖写下十余首诗歌，这些朴实而充满赞美之情的文字和话语，激励着一代代泸州老窖国窖人以工匠之心酿造大国浓香。

致敬时代，致敬宗师，感谢他们以科学技术推动中国白酒走上更广阔的舞台；感谢他们对中国传统白酒企业的提携和厚爱；更感谢他们用责任、敬业、执着和勤奋推动着中国白酒历久弥新、行稳致远。

编　者

2023年3月